Schriften des Händel-Hauses in Halle 12

HENRY JOACHIM KÜHN

JOHANN GOTTFRIED CARL LOEWE

Ein Lesebuch und eine Materialsammlung
zu seiner Biographie

Halle an der Saale 1996

Frontispiz: Carl Loewe. Gemälde von Anton Heydt, 1911

Titelaufnahme:

Kühn, Henry Joachim:
Carl Loewe : e. Lesebuch u. e. Materialsammlung zu seiner Biographie. - Halle an der Saale : Händel-Haus, 1996. - 320 S.: 21 Abb. (z. T. farb.)
(Schriften des Händel-Hauses in Halle ; 12)

Händel-Haus Halle, Gr. Nikolaistr. 5, D-06108 Halle,
Tel. (0345) 500 90 229, Fax (0345) 500 90 411
1996
Herstellung: Creativ Print Halle
ISSN 0232-3214
ISBN 3-910019-10-2

Inhalt

Vorwort

Zum letzten runden Jubiläum Loewes im Jahre 1969 veröffentlichte die Süddeutsche Zeitung einen Beitrag von Karl Schumann, in dem dieser folgendes feststellte: *"Am Sonntag jährte sich Carl Loewes Todestag zum hundertsten Male. Es wird wenig Aufhebens davon gemacht werden... In Großvaters Zeit war Loewe der musikalische Hausfreund gewesen... Aber Gestalt und Leben blieben seltsam anonym... Loewe hält einen negativen Rekord: über keinen populären Komponisten ist so wenig geschrieben worden wie über ihn. Die letzten Arbeiten über Loewe sind auf dem kräftigen Papier der Kaiserzeit gedruckt, schreiben Heimat mit th und münden in den Lobpreis des nationalbewußten, frommen Ehrenmannes, der durch gemütvolle Männerchöre jene Gesangvereinsbewegung beschwingt hat, von der es hieß, sie habe das Bismarck-Reich eigentlich 'zusammengesungen'"*.[1]

Das ist eine Reihe von Aussagen, die einerseits sehr der Wahrheit entsprechen und andererseits leider die bedenkliche Tendenz der unberechtigten Vereinnahmung bzw. Zuordnung Loewes in eine bestimmte politische Richtung erkennen lassen. Es bleibt die Hoffnung, daß mit dieser Schrift zum 200. Geburtstag Loewes, einem anderen runden Jubiläum, ein Versuch zur Aufarbeitung von Versäumnissen bezüglich der Biographie Loewes auf den Weg gebracht wird.

Nach der ereignisreichen Zeit des zwanzigsten Jahrhunderts mit den Katastrophen der beiden Weltkriege und einer nahezu hundertjährigen Vernachlässigung Loewes sollen hier einige Aspekte seines Lebens betrachtet werden, die in der bisherigen Literatur unbeachtet blieben, oder, was schlimmer ist, tendenziös oder falsch dargestellt wurden. Anspruch auf restlose Aufarbeitung wird dabei nicht erhoben, aber es soll hiermit ein Loewe-Verständnis aus der Sicht des ausgehenden zwanzigsten Jahrhunderts vorbereitet werden.

Hauptanliegen der hier vorliegenden Arbeit ist u.a. das Ausfüllen einer seit langem spürbaren Lücke in der Loewe-Literatur und damit verbunden die Absicht, den Menschen Carl Loewe den heutigen Zeitgenossen näherzubringen und sein Andenken zu bewahren. Dem ständigen Wunsche vieler Musikfreunde, mehr über das Leben Loewes zu wissen, soll damit entsprochen werden. Dieser Wunsch wird nicht nur von etlichen Einwohnern seiner engeren Saalkreisheimat ausgesprochen, sondern auch von zahlreichen heimatverbundenen ehemaligen Bürgern des mitteldeutschen Raumes sowie von Loewe-Freunden in allen Teilen Deutschlands. Auch den hinsichtlich gewisser Umstände des Lebens Loewes in verlegener

[1] Süddeutsche Zeitung, 21.4.1969

Unwissenheit gelassenen Musikwissenschaftlern können mit diesen Mitteilungen Hinweise und Material zu einer zeitgemäßen Interpretation des "ganzen" Loewe angeboten werden. Besonders werden einige Lebensumstände und -verhältnisse seiner Jugendzeit und seines Elternhauses im kulturgeschichtlichen Kontext dokumentiert. Literatur über Loewes Leben ist aus dem Buchhandel längst verschwunden und selbst in Bibliotheken oft nur unter Schwierigkeiten zu erlangen. Lediglich die Selbstbiographie ist als Nachdruck 1976 im Georg Olms Verlag Hildesheim - New York erschienen. Seit einem halben Jahrhundert ist über Loewe keine größere Veröffentlichung herausgegeben worden. Eine der wirklichen Bedeutung Loewes gerecht werdende neuere Darstellung seines Lebens und eine zeitgemäße Würdigung und Wertung seines Werkes stehen noch immer aus. Dazu kommt noch, daß in der wenigen vorhandenen älteren Literatur das Leben Loewes in manchen Abschnitten summarisch abgehandelt wird und daß weitgehend ein gewisser Mangel an dokumentierten Einzelheiten aus dem äußeren Leben Loewes besteht. Er ist in (sorgloser?) Vernachlässigung oder (bewußter?) Auslassung verschiedener Lebensumstände Loewes durch dessen Biographen begründet. Seit der Veröffentlichung der z. T. tendenziösen Loewe-Biographien von Bulthaupt 1898, Runze 1905, Anton 1912 ist immerhin fast ein Jahrhundert vergangen, so daß wegen der Veränderungen der gesellschaftlichen Verhältnisse in Deutschland seit 1900 eine kritische Neueinschätzung Loewes notwendig erscheint. Sie müßte befreit sein von Klischeevorstellungen, nach denen der Komponist postum beurteilt wurde, und ebenso müßten bestimmte Aspekte seines Lebens, die bisher unberücksichtigt geblieben sind, oder solche, deren Beschreibung von verschiedenen Autoren ohne eingehende Prüfung mehr oder weniger als wahre Allgemeinaussagen hingestellt wurden, mit einer entsprechend breiteren, auf Tatsachen gegründeten Darstellung behandelt werden. Aus diesem Grunde soll hier den Lebensspuren Loewes und seiner Familie nachgeforscht und einiges Material bereitgestellt werden, damit eine qualifiziertere Einschätzung dieses großartigen Balladenkomponisten und nationalen Künstlers vorbereitet und erleichtert wird. Die einzelnen Dokumentationen dürfen deshalb nur als Anregungen zur Darstellung des "ganzen" Loewe verstanden werden und können nur als vorausgehende Beiträge einer noch ausstehenden Arbeit aus anderer Feder selbst gelten. Dabei sollen die folgenden Exkurse in entfernt scheinende umfangreichere Zusammenhänge die Möglichkeit einer späteren Komprimierung der zugrundeliegenden Aussagen zu einem bis ins einzelne begründeten Resümee sowohl ermöglichen als auch rechtfertigen.
Zu der leidigen Situation nur geringer Verfügbarkeit von Loewe-Literatur und

deren teilweiser Unvollständigkeit kommt die unerfreuliche Tatsache, daß die Zahl der Fehler, Widersprüche, Mißverständnisse, Selbsttäuschungen und Unklarheiten in den Darstellungen von Loewes Leben, ja sogar in der Selbstbiographie, nicht klein ist. Besonders bedauerlich in diesem Zusammenhange ist die Tatsache (wenn sie zutrifft), daß der Herausgeber der Selbstbiographie C. H. Bitter die Aufzeichnungen Loewes offenbar teilweise redaktionell bearbeitet hat. Darauf machte schon Runze nur zwanzig Jahre nach Loewes Tode aufmerksam. Runze selbst hatte noch einige Jahre persönlichen Umgang mit Frau und Tochter Loewe, und ihm lag der literarische Nachlaß Loewes vor. Er konnte sich demnach ein genaues Bild machen. *"Es ist zu beklagen, daß, wie es scheint, und wie aus einer Vergleichung des literarischen Nachlasses Loewes, der mir vorliegt, hervorgeht, manches darin willkürlich abgeändert, und somit manche feine Bemerkung Loewes nicht zur richtigen Mitteilung gebracht ist. Vieles ist ganz übergangen worden, was nicht geringes Interesse gewährt hätte"*,[2] schreibt Runze, gibt aber die manipulierten Stellen oder Sachverhalte nicht an, trägt hingegen selbst in anderer Weise dazu bei, bestimmte Dinge in Loewes Leben in subjektivem Sinne zu interpretieren. Hierdurch wird die Aufgabe, auch nur den äußeren Ablauf von Loewes Leben heute objektiv darzustellen, sehr schwierig, und die Unsicherheit bei der Einschätzung einzelner biographischer Daten bleibt ohne die Kenntnis weiterer unumstößlicher Fakten bestehen. Die Frage nach dem Verursacher etwaiger Fehler, Unklarheiten usw. ist so lange nicht zu beantworten, wie die von Loewe geschriebene Originalfassung seiner Erinnerungen nicht wieder zugänglich ist.
Beispiele für fragliche Stellen mit allerdings geringer Bedeutung, aber mit deutlicher Unbestimmtheit oder Fehlerhaftigkeit in der Aussage sind den kurzen Zitaten zu entnehmen, die Runze aus dem Loeweschen Manuskript mitteilt, wobei darauf aufmerksam gemacht werden muß, daß hier die zu kritisierenden Stellen von Loewe selbst herrühren und nicht eine eventuelle Bittersche Redaktion betreffen. Der bei aller Kritik um Loewe verdiente Runze teilt mit: *"Loewe beginnt seine Lebensgeschichte, abweichend von der erschienenen Biographie, folgendermaßen: Ich bin 1796 am 30. November zu Löbejün, einem Bergstädtchen im Saalkreise... geboren, und war der zwölfte Sprößling musterhafter ehelicher Liebe. Mein Vater war Cantor und Schullehrer, und weinte laut vor Freuden, als ihm noch von seiner geliebten Frau, die schon nahe an 50 Jahre alt war, nach langer Pause (ich bin mit meiner jüngsten Schwester zehn Jahre auseinander) ein Knäblein, unendlich klein von Körperchen, eines Sonntags früh geboren wurde."*[3]
Hierzu nun ist folgendes zu sagen:
1. Die Mutter Carl Loewes wurde am 22. 0ktober 1752 geboren, sie war also am

[2] Runze, Loewe redivivus, S. 21
[3] Runze, a.s.O., S. 21

Tage der Geburt ihres Jüngsten 44 Jahre, einen Monat und 8 Tage alt. Eine zwölfte Geburt in diesem Alter ist eine bemerkenswerte Leistung - aber: "nahe an 50 Jahre alt" erscheint trotzdem etwas hochgegriffen.

2. Die jüngste Schwester Loewes, Johanna Sophie Henriette, wurde am 30. November 1794 geboren, starb aber schon am 30. Dezember 1795. Sie wäre also auf den Tag genau zwei Jahre älter gewesen als er selbst.

Die davor geborene Schwester Marie Rosine Caroline war am 15. Mai 1792 zur Welt gekommen, war also vier und ein halbes Jahr älter als Carl Loewe. Aus der Zeit vom Februar 1789 bis zum Juli 1790 fehlen aus unbekannten Gründen die Kirchenbucheintragungen. In diesem Zeitraum muß in der Familie Loewe ein weiteres Kind zur Welt gekommen sein, von dem nichts weiter bekannt ist, als daß es 1826 beim Tode von Mutter und Vater Loewe noch lebte. Nach den Kirchenbüchern der Löbejüner Petrus-Kirche sind fünf Kinder des Kantors früh gestorben. Von beiden Eltern wird im Totenregister angezeigt, daß sie sieben erwachsene Kinder hinterlassen haben. Demnach muß das neunte Kind, das in der Zeit geboren wurde, in der keine Kirchenbucheintragungen vorgenommen wurden, mindestens bis 1826 gelebt haben. Vor dem Anonymus wurde 1788 ein Sohn geboren, der nur etwa eine Woche lebte. Erst die davor im Februar 1787 geborene Schwester blieb wie der Anonymus am Leben und war etwa knapp zehn Jahre älter als Loewe. Zwischen Loewe und dieser Schwester hatte die Mutter noch weitere vier Geburten. Diese Tatsache wird von der Bemerkung "nach langer Pause (ich bin mit meiner jüngsten Schwester zehn Jahre auseinander)" verdeckt.

3. In dem von Runze zitierten Manuskript hat Loewe aufgeschrieben, daß er "eines Sonntags früh" geboren sei, also an einem Tage im Ablauf der Woche, der nach dem Volksaberglauben Glück verheißen sollte. Tatsächlich aber war der 30. November 1796 jetzigen Stils ein Mittwoch, was jede entsprechende Berechnung überzeugend nachweisen kann.

Für jene, die doch an Vorbedeutungen glauben, sei mitgeteilt, daß im November 1796 zweimal Neumond eintrat, nämlich am 1. und am 30. 11., dem Geburtstage Loewes. Auch die Tage des Neumonds galten im Volksaberglauben als glücksbringend, da man wegen der nun einsetzenden Zunahme der Mondgestalt an eine gleichsinnige, günstige Entwicklung dessen, was an solchen Tagen begonnen wurde, glaubte.

Kleine Ungenauigkeiten der geschilderten Art finden sich noch mehr. Ihre Beeinflussung des Loewe-Bildes ist unbedeutend, sie lassen eher Rückschlüsse auf die Denkweise dessen zu, der sie formulierte. Es gibt aber auch Tatsachen und Zusammenhänge, die Wesentlicheres beinhalten und deren Darstellung deshalb einwandfrei sein muß. Die Aufhellung dunkler, unklarer und die Berichtigung falscher Stellen sowie eine wirklichkeitsgetreue Wiedergabe aller Umstände des Lebens von Carl Loewe anhand von eindeutigen und unwiderlegbaren Fakten ist überfällig. Wenig oder überhaupt nicht untersuchte Komplexe im Leben Loewes oder solche mit unzureichender Darstellung und auch einige Beispiele bisher kritiklos und immer wieder ungeprüft übernommener Aussagen lassen sich thematisch zusammenfassen. Eine kurze Betrachtung der einzelnen Schwerpunkte soll die Notwendigkeit der Aufarbeitung des bisher Versäumten beispielhaft noch einmal vor Augen führen. Hierzu gehören:

1. der Versuch einer Konkretisierung des sogenannten "Armutsstatus'" des Elternhauses Carl Loewes,
2. die Mitteilung von Fakten über die materielle Lage Loewes während seiner Ausbildungszeit und die Darstellung der Stipendienangelegenheit,
3. die Aufhellung der noch nie in eine Biographie aufgenommenen Familiengeschichte und von Verwandtschaftsbeziehungen mit sozial-kritischen Bemerkungen, verbunden mit einer berechtigten Anzweiflung der Abstammung Loewes aus einer alten Pastorenfamilie.

Zu diesen drei Komplexen, deren Beschreibung in der bisherigen Loewe-Literatur uneinheitlich ist, wird hier mit neuen, bisher nicht berücksichtigten Dokumenten eine Annäherung an die wirklichen Zusammenhänge und Gegebenheiten versucht. Die Betrachtung dieser Schwerpunkte soll zu einer ersten grundsätzlichen Aufhellung der jeweiligen Sachverhalte führen, denn der praktische Lebensalltag mit seinen vielfachen materiellen Bedingtheiten ist der Boden, in dem die Wurzeln des intellektuellen und des musisch-emotionalen Lebens einer Persönlichkeit verankert sind. Im Prinzip beschränken sich dabei die folgenden Ausführungen auf die Beschreibung einzelner Zusammenhänge in der Familiengeschichte und auf herausgegriffene Etappen des Lebens von Loewe nach äußeren Merkmalen. Dabei wurden die einzelnen Abschnitte als in sich geschlossene Einheiten aufgefaßt, mit bekannten Daten und Geschehnissen aus dem Leben Loewes in Beziehung gebracht und chronologisch geordnet, damit im groben der Eindruck einer Vita Loewes entsteht. Weiterhin wurde eine vertretbare heimatkundliche und kulturgeschichtliche Einbettung der Ereignisse vorgenommen, indem ein zeitgeschichtliches und ein lokales Kolorit Beachtung fanden.

Carl Loewe ist Deutschlands unerreichter Meister der Balladenvertonung. Er wird mit Recht als erster der zweiten Reihe unmittelbar hinter die großen Romantiker Schubert, Weber, Mendelssohn-Bartholdy, Schumann gestellt. In seiner besonderen Musikgattung jedoch ist er unvergleichlich. Die Erinnerung an ihn soll seiner wahren nationalen Bedeutung gerecht werden. Insbesondere soll auch die innere Beziehung der Bewohner seiner Heimat zu ihm als einer von vielen anderen herausragenden Persönlichkeiten dieses Raumes gestärkt und das Verständnis der lokalen und regionalen Geschichte - die als ein Teilstrom der Geschichte des deutschen Volkes Bestandteil der nationalen Geschichte ist - vertieft und damit die gefühlsmäßige Bindung an die Heimat gefestigt werden.

Die Stadt Löbejün um das Jahr 1800

Im Dreißigjährigen Krieg - bis zu dem diese Betrachtungen teilweise zurückgehen - gehörte Löbejün als Stadt im Saalkreise zum Erzbistum Magdeburg. Nach Friedensschluß 1648 lasteten die schweren wirtschaftlichen und moralischen Schäden noch lange auf der Bevölkerung dieser leidgeprüften Landschaft. Mehr als ein Menschenalter verging, ehe man wieder Vorkriegsniveau in Handel und Wandel, in Leben und Streben erreicht hatte.

Den Bestimmungen des Friedensschlusses von 1648 zufolge sollte das Erzbistum Magdeburg nach dem Tode des noch regierenden Administrators in den Besitz des Kurfürsten von Brandenburg übergehen. Die Anwartschaft darauf erhielt Brandenburg als Entschädigung für das den Schweden zugesprochene Vorpommern. Der letzte Administrator war Herzog August von Sachsen-Weißenfels, ein Bruder des Kurfürsten von Sachsen. Er hatte Halle zu seiner Residenz erwählt und regierte von 1638 bis zu seinem Tode 1680. Unmittelbar danach huldigte 1681 die Stadt Magdeburg, danach die Stadt Halle und die übrige Landschaft (z.B. der Saalkreis) dem neuen Landesherrn, dem Großen Kurfürsten Friedrich Wilhelm (1640 - 1688) von Brandenburg. Unter seiner Leitung erfolgte zielgerichtet und planvoll die straffe Ausrichtung des jetzt "Herzogtum Magdeburg" genannten Staatszuwachses nach den Grundsätzen einer rationalen Autokratie. Zu den neuen, schrittweisen Maßnahmen gehörten nach 1680 die Errichtung eines Konsistoriums, die Durchsetzung einer Generalsteuerrevision 1682, die Einführung der Akzise[4] 1685, die Errichtung einer neuen Kirchenordnung 1685, die Einführung einer neuen Prozeßordnung 1686 und einer Polizeiordnung 1688. Obwohl der Kurfürst das Herzogtum Magdeburg als besonderes Territorium mit eigenen Landständen respektierte, setzte er doch die Beachtung der Verwaltungsprinzipien seines brandenburgischen Kernstaates durch. Als ab 1701, seit der Erhebung des Kurfürsten Friedrich III. von Brandenburg zum König Friedrich I. in Preußen, die Verschmelzung aller Landesteile zu einem einheitlichen Großstaat verstärkt einsetzte, nahm auch der Saalkreis an diesem Eingliederungsprozeß teil. Er verlief besonders ausgeprägt unter dem "Großen König", der als Friedrich II. (1740 - 1786) Preußen nach den Prinzipien eines aufgeklärten und mehr sachlich orientierten und weniger autokratischen Absolutismus zusammenfaßte. Diese Zentralisierung war für die damaligen Verhältnisse eine fortschrittliche Maßnahme, die trotz der Rückschläge durch die Schlesischen Kriege, besonders des

[4] Steuern für Waren, die vom Lande in die Stadt gebracht wurden

Siebenjährigen Krieges, eine allmähliche Verbesserung des allgemeinen Lebensstandards brachte.
Während der Regierungszeit Friedrichs II. lebten die Großeltern und die Eltern Carl Loewes. Die Angehörigen der Familie des Kantors waren auch Zeitzeugen der Französischen Revolution 1789 und der letzten Jahre Altpreußens bis zu dessen Untergang im Jahre 1806, sie erlebten die Jahre der Franzosenherrschaft und die Befreiungskriege von 1812 bis 1815 sowie das erste Jahrzehnt der Wiederherstellung des neuen preußischen Staates. - Mutter und Vater Loewe starben 1826.

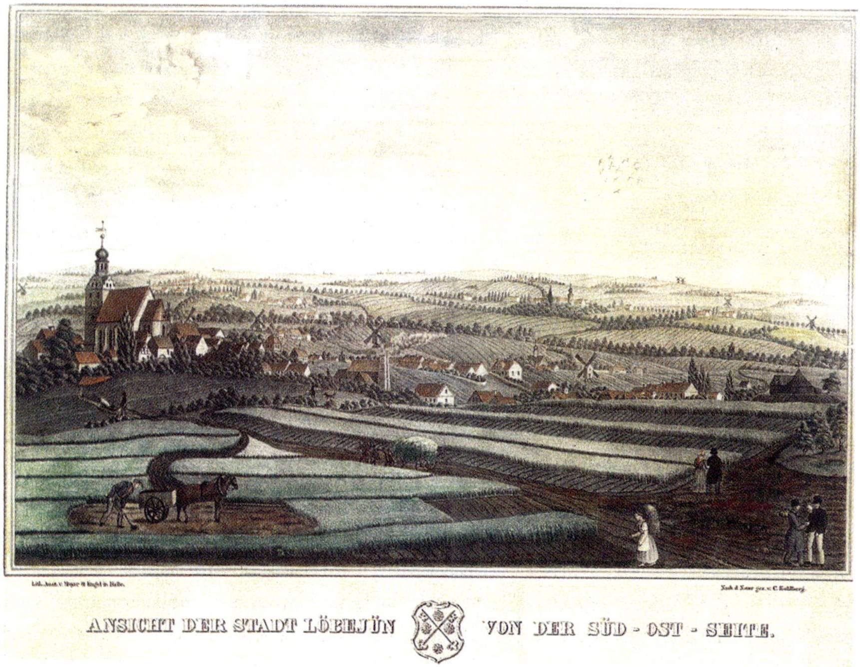

Löbejün. Lithographie von C. Kohlberg

Während der Regierungszeit Friedrichs des Großen entwickelte sich Löbejün - abgesehen vom Rückschlag durch den Siebenjährigen Krieg - erfolgreich und vorteilhaft. 1782 gab es hier 257 Häuser, 122 Scheunen und 1299 Einwohner. Unter ihnen waren 16 Schuster, 8 Schneider, 9 Leineweber, 3 Böttcher, 5 Maurer,

3 Zimmerleute, 5 Tischler, 4 Müller, 7 Fleischer, man zählte 93 Pferde, 231 Rinder, 722 Schafe und 125 Schweine, die Gesamtflur erstreckte sich über 2418 Morgen Acker, 90 Morgen Wiesen, 34 1/4 Morgen Gärten, 6 Morgen Gemeindewiesen und 24 Morgen (stadteigenes) Holz.
Um diese Zeit herum ist Löbejün eine typische Ackerbürger- und Handwerkerkleinstadt mit einem hohen Anteil von Bergleuten, Handarbeitern, Tagelöhnern, Knechten und Mägden, die häufig eine Nebenbeschäftigung in Ackerbau und Viehzucht, in den königlichen Steinkohlenbergwerken und in den (privaten) Porphyrsteinbrüchen, in einer Kalkbrennerei und in einer Salpetersiederei hatten. Im Jahre 1800 hatte die Stadt 1537 Einwohner, und zwar 378 Männer, 435 Frauen, 376 Knaben und 348 Mädchen. Am 23. Dezember 1806 zählte man 1656 Einwohner. Das Stadtgebiet umfaßte den eigentlichen historischen Stadtkern, der von einer steinernen Stadtmauer eingeschlossen wurde. Außerhalb dieser Mauern gab es nur vor dem Plötzer Tor die technischen Anlagen mehrerer Steinkohlenschächte mit zugehörigen Verwaltungsgebäuden. Das Bauen von Häusern entlang schon vorhandener Straßen und Wege außerhalb der Stadtmauer erfolgte erst in der ersten Hälfte des 19. Jahrhunderts: 1817 vor dem Halleschen Tore, als erster ein Bergmann Bunge, 1851 vor dem Kochstore und 1852 verstärkt vor dem Plötzer Tore.
Die Stadt war noch weitgehend von umfangreichen Restbeständen alter Waldungen umstanden, im Norden der Fuhnemorast mit Weidendickicht und Strauchwerk, nach Krosigk zu am Haltberge das Mühlenholz und das Köhlerholz, daneben das Gutenberger Holz und der Zeising, an den Neuen Häusern das Bürgerholz, und am Dohlenbruch (am Pflaumenweg nach Krosigk rechts am Haltberg vorbei) das Hallesche Holz, vom Merbitzer Berg bis nach Domnitz hin das Budenholz und das Spittelholz. Bis 1838 wurden alle diese Bestände innerhalb von dreißig Jahren um 1400 Morgen abgeschlagen und in Ackerland verwandelt.
In ländlicher Gemeinschaft lebte man bescheiden und in jahrhundertelang gewachsener Ordnung und Gewohnheit. Die ganze Aufmerksamkeit und Tätigkeit war auf die Sicherung des täglichen Auskommens gerichtet. Seit vielen langen Jahren ausgeübte altgeheiligte Rechte der Einzelbürger und übernommene Pflichten gegenüber der Gemeinschaft regelten das Kleinstadtleben nach peinlich beachteten Grundsätzen, z. B. galten ein strenges Innungswesen für die Handwerker und eine verbindliche "Feuerordnung" (eine Pflichtfeuerwehr für die Einwohner, die den Bürgereid geleistet hatten). Das verständliche Streben nach Ordnung, geregeltem Zusammenleben und abgegrenzten Zuständigkeitsbereichen in der Verwaltung, bei Dienstleistungen und in der Schule trieb zum Teil bizarre

Blüten, wie dem folgenden Fall zu entnehmen ist.
So beschwerte sich im Jahre 1750 der Rektor der Löbejüner Knabenschule über den Küster Rosencrantz, der als Mädchenlehrer unbefugterweise eine Anzahl Knaben unterrichtet und sich damit "eines anderen Amt angemaßt hatte":[5]

Hoch-Ehrwürdiger, Großachtbarer und Hochgelahrter Herr, wie auch Hoch-Edler, Vest-, Hoch- und Wohlgelahrter Herr, Hochgeehrteste Herrn Schul-Inspectores.
Ew. [Euer] *Hochehrwürden, wie auch Hoch- und Wohl-Edlen, gebe* [ich] *hiermit gehorsamst zu vernehmen, daß der hiesige Custos Herr Rosencrantz nicht allein viele kleine Knaben in seine Schule durch eine bißher übel eingerissene Gewohnheit, und vielleicht auch wohl einiger dabey gebrauchten Persuasion* [Überredung] *an sich gezogen, und sie informiret* [unterrichtet]; *sondern er unterstehet sich auch so gar, wie gewiß verlauten will, einige große und erwachsene Knaben des Abends in seiner Schul-Wohnung zum Unterricht auf und anzunehmen. Wie nun dieses nicht anders als unserer Knaben-Schule höchst praeiudicirlich* [hier: nachteilig] *seyn, und mir ohnedem zum größten Nachtheil nicht geschehen kann, weil mein ohnedeß geringer Gehalt dadurch nur verkürzet wird; so läuft es wider alle hergebrachte nützliche Anstallten und einmal eingeführter gute Ordnung weil selbige dadurch nur zertrennet und aufgehoben wird. Bey so bewandten Umständen nun ergehet an Ew. Hoch-Ehrwürden wie auch an Ew. Hoch- und Wohl-Edlen mein dienstfreundliches Suchen und Bitten, dieselben wollen erstbemeldeten Herrn Rosencrantzen solche unbefugte und unserer Knaben-Schule höchst nachtheilige Information nachdrücklichst inhibiren* [untersagen], *damit alle daraus entstehende Unordnung bestmöglichst vermieden, und aller Eingriffe in eines andern Amt eingestellet werden möge. Wie* [ich] *nun an Dero sämtl*[icher] *guten Resolution und Inhibition* [Beschluß und Aussprechen des Verbots] *im geringsten nicht zweifele, als verharre* [ich] *iederzeit mit aller nur ersinnlichen Hochachtung*
Ew. Hochehrwürden, wie auch Ew. Hoch- und Wohl-Edlen, Meiner insonders Hochgeehrtesten Herrn Schul-Inspectorum treugehorsamster

Carl Thürnagel Rector
Löbejün den 22ten Jan. a[nn]*o 1750*

Der Herr Rektor Thürnagel fühlte sich ganz im Recht, denn Rosencrantz hatte gegen Syrach - wie er in einem anderen Schreiben anführt - verstoßen: "Und was deines Amtes nicht ist, da laß deinen Vorwitz"[6].

5 Es ist zu beachten, daß es das von den Schülern an den Lehrer zu zahlende Schulgeld war, also die Einkommens- und Finanzfrage, die den Hauptanlaß für die Denunziation gab.

6 Apokryphen, Syrach 3,24; in modernerer Übersetzung: "mit dem, was dich nichts angeht, gib dich nicht ab".

Die geistige Führung der Bevölkerung übte in Preußen, der damaligen Zeit entsprechend, die evangelische Kirche aus. Sie trat durch Pfarrer, Organist, Kantor und andere "Schulkollegen" auch künstlerisch bei verschiedenen Anlässen öffentlich in Erscheinung. Dies geschah vornehmlich auf musikalischem Gebiet, wobei besonders die Schuljugend z. B. bei Hochzeiten, Leichenbegängnissen, Darbietungen der Kurrende unter der Leitung des Kantors (das war um 1800 Johann Andreas Loewe, der Vater von Carl Loewe) auftrat oder auch die christliche Kirchengemeinde im Gottesdienst durch Chorgesang beteiligt war. Eine besonders anschauliche Beschreibung einer solchen mehr weltlichen Gelegenheit hat der Löbejüner Zimmermeister Johann Carl Teichmann gegeben, der die Festlichkeiten anläßlich der Wende vom 18. zum 19. Jahrhundert miterlebte. Weil der Vater Carl Loewes als Mitwirkender vorkommt und Carl Loewe in der Selbstbiographie dazu eine amüsante Episode schildert[7] und weil ein Teil des Löbejüner Musiklebens beschrieben wird, sei der Bericht hier mitgeteilt.

Im Jahre 1800 den ersten Januar ist auch in unserm Löbejum die hundertjährige Jubelfeier hier begangen worden. Schon im letzten Jahre[8] dieses nun dahin geschwundenen Jahrhunderts, am Neujahrsheiligabend als den 31. Dez. 1800[9] wurde dieser so wichtige als hochbedeutende Abschnitt eines Jahrhunderts durch das Läuten aller Glocken unter drei Pausen angedeutet. Abends 6 Uhr gingen die sämmtlichen Bergleute nebst ihren Vorgesetzten, auf den Schachtberg die Crone genannt,[10] am sogenannten Holzplatze gelegen: und sungen etliche Lieder, und ihre Bergsänger spielten dabei die herrlichste Musici. Abends 9 Uhr wurde wieder eine Pulse geläutet, alsdann ging der Herr Kantor Loewe mit 12 Schulknaben auf den Kirchthurm und sangen aus den Schallöchern unter der Musici des Stadtmusikus Herr Wieprecht die ersten 6 Verse des Liedes: "Ich singe dir mit Herz und Mund", alsdann ward wieder eine Pulse geläutet, und die anderen 6Verse gesungen, alsdann wurde die dritte Pulse gelautet, und nach diesen die letzten 6 Verse gesungen.

Den Neujahrs und Jubeltag früh um 7 Uhr ward wieder die erste Pulse geläutet, alsdann wurden die ersten Verse des: "Wie schön leucht uns der Morgenstern" unter Pauken und Trompeten von hiesigen Kirchthurme gesungen. Um 8 Uhr wurde die zweite Pulse geläu-

[7] Selbstbiographie, S. 2

[8] soll heißen: Tage

[9] Es muß heißen: 1799

[10] heute: Martinstraße

tet, und die letzten Verse dieses angefangenen Liedes gesungen. Dann versammlten sich die Schulknaben und Mädchens in ihren Schulen. Um 9 Uhr kamm die auf den Schachtberge versammlte hiesige Knapschaft unter Anführung ihres Herrn Geschworen[en] Reising vor dem Plötzer Thor an, und sangen das Lied: "Ich singe dir mit Herz und Mund". Die Bergsänger spielten dazu die Blasenten instrumente. Hier wurde Halt gemacht. Die Knaben und Mädchens hatten sich unterdeß auf dem Kirchhoffe in Reih und Glied aufgestellt. Die Bürgerschaft hatte sich auf den Marktplatze versammelt. Nun ging der ganze Zug, erst die kleinen Mädchens unter Führung des Herrn Cantaten [Kandidaten] Breidung, dann folgten die Knaben unter Führung ihrer Lehrer, den Herrn Rector Nössel, den Conrector Herrn Reichelt, den Orgelisten Herrn Frank und den Kantor Loewe, voran ging der Stadtmusikus mit seinen Leuten, dann folgten die kleinen Mädchens, dann die großen, nach diesen die kleinen Knaben und alsdann die großen.

Dann folgten die Bergsänger und die ganze Knapschaft mit ihren Führern und Fahnen, und zuletzt der Magisthrat und die ganze Bürgerschaft. Der Zug ging über den Markt die Langestraße hinunter und den Doctorberg wieder herauf. Unter diesen umherziehen wurde das Lied gesungen "Sei Lob und Ehr des höchsten Gut", und als dieses Lied ausgesungen war, wurde "Dir, dir Jehova will ich singen" wieder gemeinschaftlich angestimmt. Vor der Kirche angelangt formierte die Knapschaft 2 Glieder, wo die Mädchen und Knaben und die ganze Bürgerschaft regelmäßig durch und in die Kirche einzogen, in der Kirche spielte die Orgel und Pauken und die blasenten Instrumente der vereinigten Musici, bis sich alles ruhig hingesetzt hatte. Die Schuljungens setzte sich vor und neben den Altar. Jetzt wurde das Lied angestimmt "Lobe den Herrn den mächtigen König der Ehren" unter Pauken und Trompetenschall. Nach beendigung des Liedes, ging der Herr Pastor Ber[n]hardi auf die kleine Kanzel, und hielt eine sinnreiche passende kurze Rede. Nach Beendigung dieser wurde das Lied gesungen: "Bringt her den Herrn Lob und Ehr". Nach diesen gesungenen Liede ward die Hauptpredigt von der großen Kanzel vorgetragen, der Text war der 100. Psalm. Nach dieser Predigt ward das Lied "Herr Gott dich loben wir" unter Pauken und Trompeten gesungen. Der Herr Diaconus Schäffer hat den Nachmittagsgottesdienst gehalten. Nach gehaltenen Gottesdienst ging der Herr Kantor Löwe abermals mit den Schulknaben auf den Thurm und sangen das Lied: "Nun danket alle Gott" unter Pauken und Trompetenschall wozu wieder 3 Pulsen gelautet wurden, und so war nun die Feierlichkeit für diesen so wichtigen Tag beendigt. Am Abent hatten die Vornehmen einen Baal auf den hiesigen Zechenhause in der Conferenzstube[11]. Die Knapschaft hatte freie Musick in der Zechenhausstube, und die Bürgerssöhne und Töchter

[11] heute Martinstraße

einen Baal in der hiesigen Schulstuben. Wobei alles sehr schön und ruhig zugegangen ist. Noch ist zu bemerken das am 13ten Januar die 4 Herren Schulkolegen auf ihre eigene Kosten, und nehmlig der Herr Rector Nösselt, der Konrector Reichelt, der Orgeliste Frank und der Herr Kantor Löwe so wie der Mädchenslehrer Herr Richter ihren Schulkindern einen freien Baal veranstaltet. Des Nachmittags um 3 Uhr zogen die Lehrer mit den Schulkindern von den Kirchhoff aus über den Markt unter der Musici des Herrn Stadtmusikus Wieprecht die Langestraße hindurch und den Doctor Berg wieder herauf bis wieder vor ihre Schulen. Des Abents hatten sie freie Musick bis 10 Uhr wo sie unter während dieser Zeit einmal Kaafe getrunken und freies Bier erhielten.[12]

Löbejün lag damals an zwei "Postkursen", einmal an der Linie Halle - Petersberg - Löbejün - Köthen und zum anderen an der von Halle - Petersberg - Löbejün - Bernburg - Magdeburg. Die allgemeine Lebenshaltung war einfach, die Nahrung recht frugal. Nur an hohen Festtagen gab es Gastereien und Schmausereien, die meisten Menschen mußten im allgemeinen mit grobem Brot, mit Kartoffeln (deren Anbau erst wenige Jahre zuvor von Friedrich II. durchgesetzt worden war!), mit Mus und Grütze vorliebnehmen. Fleisch gab es längst nicht so häufig wie heutzutage, aber ein beliebtes und wohlschmeckendes Dünnbier (der "Löbejüner", der auch bis Halle verkauft wurde) wurde gern getrunken, zuweilen in beachtlicher Menge. Sonst trank man Milch, Buttermilch, vor allem Wasser.
Für die damalige Zeit völlig ungewöhnlich in der Monarchie Preußen war die in Löbejün ansässige Steinkohlenindustrie, die hierorts schon eine sehr lange Tradition hatte und ein wichtiger Erwerbszweig der Stadtbewohner war. Frauen- und Kinderarbeit war schon um 1800 bei Transport, Sortierung bzw. Bearbeitung der Stück- und Feinkohle üblich. 1824 wurden 122 Bergleute mit 94 Frauen und 188 Kindern aufgeführt. - Größtes Aufsehen erregte damals die "Feuermaschine", eine der ersten Dampfmaschinen in Deutschland überhaupt. 1785 war in Burgörner bei Hettstedt *"zum erstenmal eine aus deutschem Material und von deutschen Arbeitern hergestellte Feuermaschine zu dauernder gewerblicher Nutzung in Betrieb gekommen"*. Sie wurde wegen verschiedener technischer Unzulänglichkeiten verbessert und mit einem neuen, 1788 in England hergestellten Zylinder ausgestattet, 1795 aber abgebaut und im königlichen Löbejüner Steinkohlenrevier wieder in Gang gebracht, wo sie von 1797 bis 1848 zur Wasserhaltung eingesetzt blieb. Lediglich der Zylinder hat die Zeiten überdauert und steht als einzigartiges technisches Denkmal auf der Löbejüner Promenade. Über die Errichtung der Maschine teilt der Löbejüner Heimatchronist Teichmann mit: *"Im Jahre 1798 wurde die hiesige*

[12] Teichmannsche Chronik, Pfarrarchiv Löbejün

Maschine auf den Schacht, 'die Hoffnung' genannt, allhier erbauet. Früher war eine Kunst[13] *unten an der sogenannten Fließe, wo das Wasser durch Pferde heraus getrieben wurde, diese Pferde wurden alle zwei Stunden abgelöst. - Auch auf dem Maschinenschachte wurden früher die Kohlen auch durch Pferde herausgezogen."*[14] Die Maschine hat damals fassungsloses Staunen erregt und mit ihrem mächtigen Balancier gewaltigen Eindruck gemacht, wenn sie knarrend und knackend schwerfällig ihre Arme hob und senkte, wobei sie zischte und dampfte und mit ihrem Feuermaul Unmengen von Kohle als Nahrung fraß.

Von großer Bedeutung für die örtliche Wirtschaft der damaligen Zeit waren auch die Steinbrüche mit zahlreichen Arbeitern und, im Zusammenhang mit der Steinkohlenförderung, eine starke Zunft von Fuhrleuten. 1837 wurden 21 Kohlenfuhrleute, 1852 22 Fuhrleute nachgewiesen, die den Ab- und Ferntransport der gebrochenen Porphyrsteine und der geförderten Steinkohle besorgten.

Wie sah es in der Schule aus, als Carl Loewe lesen und schreiben lernte? König Friedrich II. hatte 1763 das General-Landschul-Reglement verkündet, wonach alle Kinder bis zur Konfirmation (etwa bis zum 14. Lebensjahr) wochentäglich in der Regel drei Stunden vor- und drei Stunden nachmittags unterrichtet werden sollten, außer am Mittwoch und am Sonnabend. Dafür war Schulgeld zu entrichten, und zwar:

§ 7

Was das Schul-Geld betrift, so soll für jedes Kind, bis es zum Lesen gebracht wird, im Winter Sechs Pfennige, wenn es aber zum Lesen gekommen, Neun Pfennige, und wenn es schreibet und rechnet Ein Groschen wöchentlich gegeben werden. In den Sommer-Monaten dagegen wird nur Zwey Drittheil von diesem angesetzten SchulGelde gereichet, so daß diejenige[n]*, welche Sechs Pfennige im Winter gegeben, nach dieser Proportion Vier, welche Neun Pfennige gegeben Sechs, und welche sonst Einen Groschen gegeben, nunmehro Acht Pfennige geben sollen. Ist etwa an ein und dem andern Orte ein mehrers an Schul-Geld zum Besten der Schulmeister eingeführet, so hat es dabey auch ins künftige sein Bewenden.*

§ 8

Wenn aber einige Eltern notorisch so arm wären, daß sie für ihre Kinder das erforderliche und gesetzte Schul-Geld nicht bezahlen könten, oder die Kinder, welche keine Eltern mehr haben, wären nicht in Stande, das Schul-Geld zu entrichten, so müssen sie sich deshalb bey den Beamten, Patronen, Predigern und Kirchen-Vorstehern in so ferne dieselbe über die Kirchenmittel zu disponiren haben, melden: da denn, wenn kein anderer Weg

13 also eine "kunst"-volle Wasserpumpenanlage

14 Teichmannsche Chronik, Pfarrarchiv Löbejün

vorhanden, entweder aus dem Klinge-Beutel, oder aus einer Armen- oder Dorf-Casse die Zahlung geschehen soll, damit den Schulmeistern an ihrem Unterhalt nichts abgehe, folglich dieselbe[n] *auch beydes armer und reicher Leute Kinder mit gleichem Fleiß und Treue unterrichten mögen.*[15]

Die einkommenden Gelder dienten der Mitfinanzierung der Lehrergehälter. Mit regelmäßigem Schulbesuch sah es um 1800 nicht so gut aus. Armut, Teuerungen, weitverbreitete Kinderarbeit in Verbindung mit den unruhigen Zeitläuften der Revolutions- und der Napoleonischen Kriege waren die Ursache dafür, daß die Kinder in der Schule "fehlten". Dem Ermessen der Eltern stand es mehr oder weniger bewußt frei, ob sie die Kinder zur Schule schickten oder nicht.

Erst wenige Jahre zuvor hatte der König persönlich auf einen besseren Schulbesuch der Kinder hingewirkt:

"*F*[ridericus] *R*[ex] *pp*[16]

Unsern [Gruß zuvor, Liebe, Getreue] *Da bey Unserer höchsten Person angezeiget worden, daß der Erfolg der neuen Schul-Anstalten dadurch mit behindert werde, daß die Eltern auf dem platten Lande ihre Kinder in denen Sommer-Monathen von der Schule zurückhalten, und zu ihrer Feld-Arbeit gebrauchen: So befehlen Wir Euch in Conformitaet* [Übereinstimmung] *des an Unsere Magdeburg*[ische] *Kriegs- und Dom*[ainen]-- *Cammer erlaßnen allergnädigsten Rescripti* [Verordnung] *von 1ten hujus* [dieses Monats] *hiermit in Gnaden, sämtliche Magistraeten in denen unter Eurer Inspection stehenden Städten, gemeßenst* [angemessen] *aufzugeben, Gedachte Eltern mit mehrer Sorgfalt dahin an zu halten, daß sie ihre Kinder so viel möglich, die 3 Sommer-Monathe wöchentlich wenigstens zweymal, die übrigen Monathe hingegen täglich in denen gesetzten Stunden zur Schule schicken müßen.*

Sind [Euch in Gnaden gewogen]

Geben, Magdeburg, den 11ten Januar 1768

K[öniglich] *P*[reußisch] *M*[agdeburgische] *K*[riegs-] *u*[nd] *D*[omainen] *Cammer.*

v. Auer *Cantius* *v. Jariges*

Die Löbejüner Schule leitete der Rektor Samuel Christoph Nösselt von 1779 bis 1818, er führte die erste Knabenklasse, die zweite war dem Konrektor Andreas Reichel (1784 - 1820) anvertraut, Kantor war Andreas Loewe, er war für die Gesangsausbildung und den Kirchengesang verantwortlich und unterrichtete die dritte Knabenklasse. In einer weiteren Knabenklasse unterrichtete der Organist Georg Salomo Frank von 1788 bis 1826, der Mädchenklasse stand der Küster

[15] enthalten in der Stipendienakte rot 837, Archiv der Stadt Löbejün

[16] Kürzel für sämtliche Titel

Christian Richter von 1791 bis 1831 vor. Die Zahl der Schulkinder betrug fast 500, in stark besetzten Klassen saßen manchmal weit mehr als 50 bis nahezu 100 Kinder.

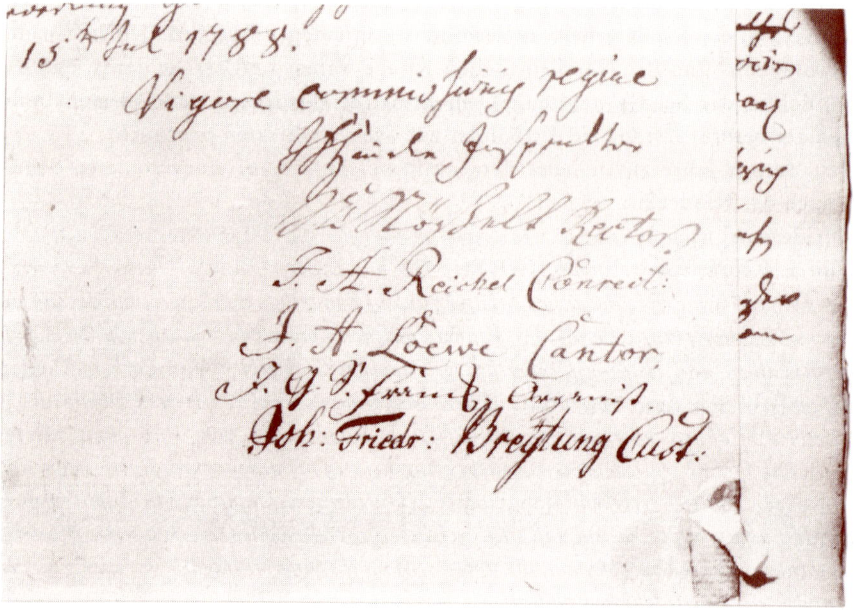
15ten Jul 1788.
Vigore commissionis regiae
F. A. Reichel Conrect:
J. A. Loewe Cantor.
Joh: Friedr: Breytung Cust.

Unterschriften der Löbejüner "Schulkollegen" im Jahre 1788, darunter "J. A. Loewe Cantor."

Im Schoße der feudalen königlich-preußischen Monarchie war bis zu dieser Zeit eine festgefügte Ordnung entstanden, die - wie die vorausgehende Akte über Custos Rosencrantz belegt - weitgehend bis zu Kleinigkeiten geregelt war. Diese Ordnung erwies sich im Fortgange der Zeit in vielen Bereichen als Fessel der gesellschaftlichen Entwicklung. Das war auch in anderen vergleichbaren Staaten gegen Ende des 18. Jahrhunderts der Fall, aber es blieb nicht so. Besonders in Frankreich wetterleuchtete es am politischen Himmel, und in der Französischen Revolution 1789 entluden sich die unerträglich gewordenen Spannungen der dortigen Gesellschaft. Das Unterste wurde zuoberst gekehrt, und eine bis dahin

als "geheiligt" anerkannte Person, der König von Frankreich, wurde als einer von vielen von der französischen Nationalversammlung als Staatsfeind angeklagt, zum Tode verurteilt und am 21. Januar 1793 auf der Guillotine hingerichtet. Die von den feudalen Herrschern als "gefährliche Ideen" bezeichneten Gedanken strahlten auch in die Nachbarländer aus, die aber von ihren Machthabern vorläufig in Ruhe gehalten werden konnten. Erst als im weiteren Verlauf der Revolution Napoleon Bonaparte an die Macht gelangte, wurden durch Kriege die neuen Ideen der bürgerlichen Freiheiten auch nach Preußen getragen.
Als Napoleon im Jahre 1796 mit dem Italienfeldzug seinen Siegeszug durch Europa begann, wurde Carl Loewe im tiefsten Frieden eines auf seinen Lorbeeren und Traditionen schlafenden Preußen geboren. Wenn auch viele bestürzende Nachrichten bis nach Löbejün gelangten, so blieb hier doch noch lange alles beim alten. Erst im Jahre 1805 erlebten Halle und der Saalkreis starke Erschütterungen, die an der alten Ordnung rüttelten. Eine Mißernte im ganzen Lande rief eine Hungersnot, verbunden mit Hungerrevolten und Tumulten, hervor. Zusätzlich durchstreiften drei vermeintliche Räuberbanden und Zigeunertrupps das Land, sie beunruhigten die Bevölkerung und störten den althergebrachten Gang der Dinge. Völlig aus den gewohnten Bahnen aber geriet das öffentliche Leben durch den Einmarsch der Franzosen auch in Löbejün nach der Schlacht bei Jena und Auerstedt im Oktober des Jahres 1806. Die Bürgerschaft Löbejüns hatte harte Beschwerungen durch Einquartierungen, durch Kontributionen von Lebens- und Futtermitteln und durch Erpressung sehr hoher Geldabgaben zu ertragen.
An einem Montag, dem 20. Oktober 1806, vormittags 10 Uhr kamen die ersten plündernden und erpressenden fünf Chasseurs[17] und ein Husar der französischen sogenannten "Löffelgarde" vor das Löbejüner Rathaus, rissen hier den preußischen Hoheitsadler ab[18] und verlangten *"32 Stück Pferde* [und 1600 Rationen Hafer] *um die von den Preußen bei Halle eroberten Kanonen nach Magdeburg zu fahren. Die Pferde wurden in kurzer Zeit hier auf dem Markte vorgestellt. Allein es mochte nicht die Absicht der Franzosen sein, Pferde zu nehmen, so forderten sie unter dem Vorwande, das die Pferde zu dem Behufe nicht brauchbar wären, forderten sie 400* *r*[eichs-]*th*[a]*l*[er] *Geld, welches ihnen dann auch sogleich ausgezahlt wurde, und so ritten sie um sich nicht weiter um Löbejün zu kümmern wieder nach der Chaussee zu. Wo von dem Dorfe Beidersee bis nach den Berge hinter Domnitz nichts als Himmel und Franzosen zu Fuß und zu Pferde zu sehen war."*[19]

[17] leicht bewaffnete "Jäger" als Vorausabteilung

[18] Er wurde erst am 28. Oktober 1813 wieder angeschlagen.

[19] Teichmannsche Chronik, Pfarrarchiv Löbejün

Titelblatt zur Ballade "Die nächtliche Heerschau", die Loewe in der Erinnerung an den ihn einst stark beeindruckenden Einzug der napoleonischen Truppen in Halle komponierte

Von nun an wurde das politische Leben in Mitteleuropa durch Napoleon bestimmt - bis zu seinem spektakulären Absturz im Jahre 1813 und dem endgültigen "Aus" bei Waterloo im Jahre 1815. Obwohl in der "Franzosenzeit" fortschrittliche Neuerungen für weite Bevölkerungsteile eingeführt wurden, gab es trotzdem verbreitet Unmut gegenüber der französischen Bevormundung. Besonders unter königstreuen und national gesinnten Löbejünern befand sich das folgende "Gebet" im Umlauf, das durch das alte Löbejüner Bürger- und Bauerngeschlecht der "Scherfs" bis auf unsere Tage bewahrt wurde und auch von Carl Loewe gesprochen worden sein könnte:

Stiefvater Bonaparte, der du bist in Paris,
vermaledeiet sei dein Name.
Dein Reich bleibe uns vom Halse.
Dein Wille geschehe weder im Himmel noch auf Erden.
Unser täglich Brot nimm uns doch nicht gänzlich,
vergib uns, wenn wir dich nicht lieben,
wie wir dir vergeben, wenn du uns nicht liebst.
Führe uns nicht in noch größeres Elend,
sondern erlöse uns von deinem Lumpengesindel,
denn dir gebührt kein Reich, und keine Macht,
sondern Hohn und Spott in Ewigkeit. Amen!

Unter diesem Aspekt der Ablehnung der französischen Vorherrschaft verlief das Leben Carl Loewes bis zu seinem 18. Lebensjahre. In der Selbstbiographie bekundete er zwar seine Liebe zum angestammten preußischen Herrscherhause, was ihn aber nicht davon abgehalten hat, vom Bruder Napoleons, Jérôme, ein Stipendium anzunehmen. Das Hemd war ihm da wohl näher als der Rock.
Bis März 1808 wurden insgesamt rund 21 000 Taler als Kriegstribut aus der Löbejüner Bürgerschaft erpreßt. Auf die Familie des Kantors Loewe kamen nach der Aussage Loewes in der Selbstbiographie - wenn die Zahl stimmt, sie ist sonst nirgends belegt - allein 200 Taler. Das Jahreseinkommen des Kantors betrug im Jahre 1816 rund 90 Taler, in der Zeit des sich etablierenden Königreichs Westphalen ist es sicher weniger gewesen.

Nach dem Einmarsch der französischen Truppen beruhigten sich die Zeiten etwas, dem bisherigen Königreich Preußen wurde im Juli 1807 in Tilsit[20] ein harter und erniedrigender Frieden diktiert. Gemäß dessen Festlegungen wurde Löbejün im Distrikt Halle gemeinsam mit denen von Halberstadt und Blankenburg als das "Departement der Saale" u. a. von Preußen abgetrennt und einem neugebildeten Königreich Westphalen zugeordnet. Vorher hatte der preußische König Friedrich Wilhelm III. seine "lieben und getreuen Untertanen" und Beamten ihres ihm geleisteten Gehorsams- und Amtseids entbunden. In Löbejün wurde zwischenzeitlich vom alten Rat - ohne Stadtoberhaupt - die Verwaltung fortgeführt.

[20] Ostpreußen, an der Grenze zum Kaiserreich Rußland gelegen

Als neuer König wurde bald durch Napoleon dessen jüngster Bruder Jérôme (Hieronymus) mit 23 Jahren eingesetzt, der ein gutmütiger, aber auch vergnügungssüchtiger und verschwenderischer, ein leichtsinniger und leichtlebiger Mensch war. Als Staatsmann wie als Heerführer war er unfähig und unzuverlässig. Er regierte von Kassel aus selbstherrlich - wenn auch unter Napoleons Aufsicht - ein zusammengeworfenes und ungefragt gebliebenes Volk in einem eigens für ihn geschaffenen Königreiche: Napoleon hatte in egoistischer Familienpolitik auch für das Sorgenkind seiner Familie Bonaparte gesorgt und für Hieronymus eine fette Pfründe geschaffen.
Im Jahre 1807 berichtete der Magistrat der Stadt Löbejün anläßlich der zum 24. Dezember dieses Jahres bevorstehenden Einrichtung des Saaledepartements im Königreich Westphalen auf Anfrage der französischen Besatzungsmacht nach Halle, daß sich an studierten Leuten, also Bürgern mit Universitätsausbildung, *"als sich zu den constitutionsmäßigen Wahlversammlungen sich qualifizierende Subjecte"*, lediglich zwei Personen hier befinden (von den studierten Theologen abgesehen):
"Als Gelehrte waren in diese [Liste] *blos aufzunehmen*
1. d[er] *H*[err] *Stadtschultheiß Dieterici*
2. d[er] *H*[err] *Bürgermeister Gericke als welche beide stutiert und ihren resp*[ectiven] [jeweiligen] *Aemtern dem Staate ersterer 2 und lezterer 20 Jahre gedient haben.*
Ausgezeichnete Künstler und Bürger welche große Verdienste um den Staat haben waren [fehlt offensichtlich: keine] *aufzuführen weil von ersterer Art keiner hier vorhanden und leztere sich zu erwerben hiesigen Orts keine Gelegenheit gewesen ist*[!]...[21]

Als um den Staat verdient gemacht, wird vom Bürgermeister Gericke schließlich noch Gottlieb Teichfischer genannt, *"ist hier Stadtsekretär, das seit 1800; vorher hat er seiner Angabe nach 29 Jahr unter dem Leibkürassierregiment, theils als Gemeiner, theils als Wachtmeister gedient und hat in dem französischen Feldzuge bei Zweibrücken die goldene Ehrenmedaille und mit ihr das Versprechen einer Zivilversorgung erhalten, welches durch Ertheilung dieser Stelle erfüllt ist. Er glaubt daher: sich durch Militärdienst um den* [altpreußischen] *Staat verdient gemacht zu haben."*[22]
Die an theologischen Fakultäten ausgebildeten Akademiker (Pfarrer, eventuell Rektor und andere Schulbedienstete) sind in der Liste nicht aufgeführt. Die Liste "der Wohlhabendsten mit liegenden Gründen angesessenen und in der Stadt wohnhaften Eigenthümer" nennt mit geschätztem Jahreseinkommen:

[21] Stadtarchiv Löbejün, Akten Bezug habend auf die Organisazion des Königreichs Westphalen überhaupt..., rot 57

[22] ebd.

1. Stadtkämmerer Opiz	*600 Rthl.*
2. Titularakziseinspektor Mizius	*800 Rthl.*
3. Oekonom Penne	*400 Rthl*
4. Oekonom Schnapparelle	*350 Rthl*
5. Oekonom Jänicke	*400 Rthl*
6. Oekonom Gallrein	*360 Rthl*
7. Oekonom Mänicke	*200 Rthl*
8. Amtsverwalter Adamis	*300 Rthl*
9. Bötcher und Stadtdeputirter Pitschke	*200 Rthl*
10. Satler Mundt	*200 Rthl*
11. Seiler Birkhold	*200 Rthl*[23]

Es gibt noch eine "Liste der reichsten Hausleute und Fabrikanten", die zur Zeit von Loewes Kindheit in Löbejün wohnten, nämlich Christian Friedrich Knöfler und Fr. Leberecht Jänicke, beide "sind blos Hausleute die mit Schnitt- und Materialwaren handeln" und beide je ungefähr 500 Rthl. jährliche Einkünfte haben, sowie der Apotheker Johann Arnhold Ritter mit etwa 400 Rthl. ungefährem Jahreseinkommen.

Dieser Bericht erlaubt mit den anderen Darstellungen einen ersten Einblick in die soziale Struktur der Stadt um 1800. Die Einkommensverhältnisse einzelner "reicher" Bürger sind damit unter jeglichem Vorbehalt etwa fixiert. Auch die kommunale Verwaltung, die nun übrigens bald umgestaltet werden sollte, wird in ihm beschrieben. Mit der Einrichtung einer neuen Verwaltung in Löbejün wurde der bisherige Bürgermeister Gericke beauftragt:

Saal-Departement Distrikt von Halle Königreich Westphalen

Durch das Königl[iche] *Dekret vom 9. Juli d*[es] *J*[ahres] *ist der Bürgermeister Herr Gericke in Löbejün zum Maire* [Bürgermeister] *der Kommune zu Löbejün mit der gottgauischen Mühle ernannt worden, u[nd] soll als Adjuncten haben den Herrn Stadtsekretär Teichfischer. Dis wird denselben hierdurch mit der Aufforderung bekanntgemacht, hiervon nicht allein den Adjuncten u[nd] alle Einwohner, sondern besonders auch die bisherige Municipalität* [Stadtobrigkeit] *der Kommune durch Vorzeigung dieses [Schreibens] zu unterrichten und sich mit der letztern wegen Unterbrechung der Geschäfte schleunigst zu einigen, auch sich allem zu unterziehen, was die gesetzlichen Vorschriften von einem Maire fordern. Mit Zuversicht kann man von dem bisher schon bei manchen Vorfällen sichtbar gewordenen Eifer u. der Thätigkeit des Herrn Bürgermeisters erwarten,*

[23] ebd.

daß er sowohl das Zutrauen des Gouvernements zur Besorgung des Wohls der Kommune und Erreichung der allgemein beglückenden Absichten der Regierung rechtfertigen, als sich Rechte auf die Dankbarkeit der Kommune erwerben werde. Die Vereidigung kann so lange ausgesetzt bleiben, bis Gelegenheit zu einer Canton-Bereisung[24] *vorkommen, oder der Herr Bürgermeister bald hierher kommen oder besonders zu rufen werden wird.*
Halle den 15. Juli 1808
Königl[iche] *Westph*[älische] *Unter-Präfektur des Districts von Halle*[25]

Daraufhin brachte der neuernannte Bürgermeister den folgenden Umlauf zur Kenntnis der Stadtdeputierten, unter denen sich auch ein Pate Carl Loewes, der Seilermeister Gottfried Hieronymus Leopold, befand:
"Für diesen Augenblich eile ich nur: meinen bisherigen Herren Kollegen, wie auch den vier Herren Stadtdeputierten die Nachricht zu geben: daß, zufolge der Originaleinlage, ich allerhöchsten Orts, vermöge Königl[ichen] *Dekrets vom 6ten d*[es] *M*[onats] *zum Maire hiesiger Stadt, der bisherige Stadtsekretär H*[err] *Teichfischer aber zum Adjunkten ernannt worden, und ersuche Sie, diesen Umlauf zu unterzeichnen. Was hiernach ferner nötig ist, wird demnächst baldigst zur Verhandlung kommen."*[26]

[24] Reise in den Bereich Löbejün

[25] Archiv der Stadt Löbejün, rot 57

[26] ebd.

Die Situation der Familie Loewe

Lange bevor die geschilderten Ereignisse und deren Folgen das politische Bild vieler Staaten in Mitteleuropa grundlegend wandelten, herrschten noch scheinbar festgefügte, unveränderliche Verhältnisse in Preußen, wo alles seine Ordnung hatte und das meiste seinen geregelten Gang ging. Im Gegensatz dazu war zu dieser Zeit die Familiensituation bei Loewes nicht so ruhig. Im Haushalt des Kantors vollzogen sich Änderungen hinsichtlich der Personenzahl und, dadurch bedingt, wenn auch nicht nachweisbar, der Lebensverhältnisse. Die beiden ältesten Kinder der Loewes, die Söhne August Friedrich und Ludolph Andreas, hatten im Jahre 1787 - zwei Jahre vor der Erstürmung der Bastille - gleichzeitig die schulische Ausbildung am lutherischen Stadtgymnasium in Halle (wo auch der Vater schon gelernt hatte) begonnen und waren nun dabei, nacheinander die Friedrichs-Universität in Halle zu beziehen.

Die älteste Schwester Marie Luise war eine blauäugige Schönheit mit Grübchen auf den Wangen, wenn sie lachte, und mit einem reichen Geistes- und Seelenleben. Sie gab um 1800 nur noch Gastrollen im Elternhause. Als Neunzehnjährige hatte sie am 22. April 1799 den 21 Jahre älteren Bäckermeister Johann Samuel Schertling aus Löbejün geheiratet und lebte in einer scheiternden Ehe. Ihre Liebe gehörte dem katholischen (!) Bergmann Johann Franz Härzer aus Förstersgrund bei Joachimsthal[27], und diese Liebe zu einem "Andersdenkenden", der mit seinem Bruder aus dem sächsischen Erzbergbau am Südhang des Erzgebirges in den Königlichen Steinkohlenschacht des preußischen Löbejün gekommen war, bezeugt für sie ein hohes Maß an religiöser Liberalität, wenn man bedenkt, wie schwärmerisch sie die ihr trocken und wenig aussagestark erscheinenden Sonntagspredigten der damaligen evangelisch-lutherischen Geistlichen in Löbejün interpretierte.[28]
Aus welchen Gründen auch immer, die Ehe der Marie Luise mit dem Bäckermeister Schertling wurde 1802 geschieden. Am 14. November 1803 bringt Frau Marie Schertling - die Lieblingsschwester Carl Loewes - ein "Hurenkind"[29], wie man damals sagte, zur Welt. Im Kirchenbuch steht: *"...ein uneheliches Söhnlein geboren, auch noch am selben Tage getauft und Andreas Franz genannt worden. Die Pathen sind 1. d*[er] *H*[err] *Kantor Löwe 2. Fr*[au] *Marie Löwe* [also Vater und Mutter der

27 heute Jachimov in Tschechien

28 Selbstbiographie, S. 12 f.

29 Dieses harte Wort wird im Kirchenbuch vermieden; sicher hat der Pfarrer mit Rücksicht auf den Vater der Wöchnerin den Ausdruck gemäßigt.

Wöchnerin]. *Der Vater des Kindes ist dem Vorgeben der Mutter nach Franz Härzer, ein hiesiger Bergmann.*"[30]

Das alles muß dem christlich frommen, evangelisch-lutherischen Vater hart angekommen sein. Diese Tatsachen passen auch nicht in das sympathische Bild der Familienharmonie und der abendlichen Idylle, wie sie Carl Loewe in der Selbstbiographie schildert. Es mag ein schwacher Trost gewesen sein, als am 2. Juli 1804 die vierundzwanzigjährige Marie Luise den gleichaltrigen Franz Härzer heiratete. Ihr erster Ehemann heiratete kurz darauf die einzige Tochter eines Fleischermeisters in Löbejün.

Franz Härzer starb am 22. Februar 1839 fast 59 Jahre alt an der Bauchwassersucht, er hinterließ seiner Frau außer zwei erwachsenen auch noch zwei minderjährige Kinder. Maria Luise überlebte ihn um fast 17 Jahre, sie starb 76 1/2 Jahre alt "an einem äußeren Schaden" am 16. Dezember 1856.

Während also die drei ältesten Kinder in ein selbständiges Leben traten und das elterliche Haus nach und nach für immer verließen, blieben um 1800 die siebzehnjährige Friederike und die fünfzehnjährige Marie Rosine - die die neuen Bürgerschen Balladen so gekonnt rezitieren konnte - zurück. Bestimmt war die dreizehnjährige Christiane noch ständig da. Carl Loewe wuchs also in einer Familie heran, in der er das einzige männliche Kind im Hause war, vom im Kirchenbuch nicht enthaltenen Anonymus oder einer Anonyma abgesehen. Es waren wahrscheinlich lauter größere Mädchen, die den Kleinsten umgaben und bei denen das Nesthäkchen den erwachenden Mutterinstinkt ansprach. Von den zwölf Kindern, die die Mutter zur Welt gebracht hatte, waren vier verstorben, ehe Carl geboren wurde, davon eine Schwester genau elf Monate vor seiner Geburt. Ein weiteres Kind, eine sechseinhalbjährige Schwester, starb fast genau ein Jahr nach Carls Geburt wie die vorherige an Auszehrung. So ist verständlich, daß der dritte und jüngste Sohn mit Aufmerksamkeit behandelt wurde. Dieses letzte Kind der Kantorsfrau erhielt eine durch zahlreiche tiefgreifende Erfahrungen der Mutter geprägte Erziehung, die durch liebevolle Anteilnahme der noch im Hause weilenden Schwestern ergänzt und, wie Loewe angibt, bereichert wurde.

War diese mehr weiblich bestimmte familiäre Situation ein ausschlaggebender Faktor für Carl Loewes Charakterentwicklung, in der es während der Jahre Loewes eine Komponente gab, die als starke Affinität mindestens zur Mutter beschrieben werden kann? "*Die innige Liebe zu meiner Mutter war bis zum Krankhaften gesteigert. Auch die Tochter des Pastors liebte ich, ohne es zu wissen, mit dem zartesten Hauche des*

[30] Kirchenbuch Löbejün, 14.11.1803

ersten Frühlingstages und mit dem Blüthenstaube einer Blume... Sie machte auf mich vom 7. Jahre an einen besonderen Eindruck."[31]

Wie arm waren die Loewes

Es gibt Zeitungsveröffentlichungen (die in der Bevölkerung das Loewe-Bild erzeugen halfen), die den Eltern Loewes "Armut" nachsagen, ohne einen konkreten Anhaltspunkt dafür anzugeben. Meist wuchs so Loewe angeblich in "ärmlichen Verhältnissen" auf. Welcher Art diese Ärmlichkeit war und welchen Grad und Umfang sie hatte, blieb bisher ununtersucht. Der interessierte Leser hätte lediglich aus der kaum verfügbaren Selbstbiographie durch indirekte Schlüsse aus den Mitteilungen Loewes über seine Kindheit eine ungefähre Vorstellung darüber gewinnen können.

In dem Roman "König Mys von Fidibus oder drei Jahre auf der Universität" (Wahrheit und Dichtung aus dem Leben eines Künstlers), einem in vielen Zügen authentischen Roman seines Studienfreundes Keferstein über den Universitätsstudenten Carl Loewe, lauten die ersten Zeilen, die den Weggang Loewes von zu Hause und den Aufbruch zur Universität in Halle zum Inhalt haben: "*Gott segne dich, mein lieber Leo* [im Roman heißt Carl Loewe: Leo Tonleben], *und helfe dir bald zu Brod und Ehren!... Also sprach der alte biedere Tonleben... drückte ihm zehn blanke mühsam ersparte Thaler in die Hand und ließ ihn von sich...*",[32] womit zum einen wegen des Fehlens sonstiger Mittel auf den Zwang des Erwerbs einer baldigen gesicherten Lebensstellung hingewiesen und zum anderen die Mühseligkeit des Sparens einer relativ kleinen Summe angedeutet wird, *"denn Vater Tonleben habe bei all seinem sauern Orgelschlagen, Singen und Informieren* [Unterrichten] *doch immer nur ein kärgliches Brod gehabt."*[33]

Über Leo Tonleben/Carl Loewe heißt es wenig später, "[In Halle angekommen,] *öffnete er sein Reiseränzchen, welches ihm die Mutter beim Abschiede, wohlgepackt, übergeben hatte... Unter verschiedenen Schulzeugnissen, Vorhemdchen und Vatermördern fand er hier bald etwas Gehaltvolles. Es war das Beutelchen mit den Mutterpfennigen... Nur bei vieljähriger strenger Sparsamkeit konnte die gute treue Mutter solch einen Schatz erübrigt haben..."*.[34] In dieser durchaus zutreffenden Bemerkung drückte sich im

[31] Runze, Loewe redivivus, S. 26

[32] Keferstein, König Mys, S. 1

[33] ebd., S. 1

[34] ebd., S. 30

dichterischen Rahmen die Wahrheit aus, die dem Autor durch Loewes freundschaftliche Mitteilungen bekannt war.
Bulthaupt schreibt, Loewe sei "*das Kind der beschränktesten Einfachheit, die fast Bedürftigkeit war.*"[35] Anton teilt nichts über die materielle Lage der Eltern mit. Runze aber, ein vorbehaltloser, enthusiastischer Loewe-Anhänger, bringt eine Teilwahrheit über die Besitzverhältnisse, die den Anschein erweckt, als hätten die Loewes in einer gewissen Wohlhabenheit gelebt: "*Sie* [die Mutter Carl Loewes] *brachte ihrem Manne ein für damalige Zeit annehmbares Vermögen von 1500 Thalern mit.*"[36] Er verschweigt aber, daß dieser Besitz nicht in bar vorlag, sondern in Gestalt "*von einem Hause, einer Scheune und von sechs Morgen Ackerfeld*"[37] bestand. Der Wert von Immobilien aber ist nicht absolut und feststehend, sondern schwankend, und außerdem muß man oft unter dem Zeitwert verkaufen oder verpfänden, wenn einen eine Notlage dazu zwingt. Die Fragen, wie der "Kleinstadt"-Reichtum der Mutter entstanden und was aus ihm geworden ist, wurden bisher nicht aufgegriffen.
Eine vorsichtige Formulierung über den Lebensstandard der Familie Loewe findet sich bei Wellmer; er teilt mit: "*trotz reichen Kindersegens scheinen Loewes Eltern doch ein den damaligen Verhältnissen entsprechendes hinreichendes Auskommen gehabt zu haben, wozu die rege Arbeitsamkeit des Vaters und die häusliche Tüchtigkeit der Mutter das ihrige beitrugen.*"[38] Hier fehlt nur noch die Erwähnung der fleißigen Mitarbeit der Kinder bei vielfältiger Arbeit in Haus und Garten und auf dem Acker, um die tatsächlichen Verhältnisse wohl am besten zu beschreiben. Lediglich das "hinreichende Auskommen" in "damaligen Verhältnissen" bedürfte bei dem großen zeitlichen Abstand für den heutigen Menschen einer detaillierten Konkretisierung.
In einem gewissen Sinne mag es zutreffen, daß die Familie Loewe arm war. Aber der Status "arm sein" ist natürlich auch eine Frage des Standpunktes und der eigenen Ansprüche. Loewe selbst schrieb in diesem Zusammenhange: "*Wenn ich gesagt habe, daß meine Mutter ein reiches Mädchen gewesen sei, so muß ich dem hinzufügen, daß das "große Vermögen" meiner Mutter aus 1500 Thalern bestand. Nach den Begriffen, welche in meiner Vaterstadt damals maßgebend waren, war dies ein bedeutender Reichtum...*"[39]

[35] Bulthaupt, Carl Loewe, S. 24

[36] Runze, Carl Loewe, S. 7

[37] Selbstbiographie, S. 1

[38] Wellmer, Karl Loewe, S. 7

[39] Selbstbiographie, S. 1

Wie schon ausgewiesen, gab es damals auch in Löbejün begütertere Leute, deren Kinder unter viel günstigeren Umständen aufwachsen konnten, als es Carl Loewe möglich war. Beim näheren Hinsehen aber wird das Bild genauer. Man erkennt, daß er zwar "kleiner Leute" Kind, aber weder materiell und schon gar nicht geistig Armenkind oder Hungerleider war. Das Leben in der kinderreichen Lehrerfamilie war gewiß bescheiden, einfach und schlicht und mag dem allgemeinen Stand in den Familien der niederen Bediensteten in öffentlichen Ämtern in Preußen entsprochen haben. Der Vater erhielt für seine Lehrer- und Kantortätigkeit in den Jahren kurz vor seiner Pensionierung Ende 1820 etwa 130 Taler jährlich, vorher war es merklich weniger. Damit konnten natürlich keine großen Sprünge gemacht werden, das Auskommen der Familie jedoch war auf anspruchslosem Niveau gesichert. Man behalf und beschied sich, ausgesprochene Not aber herrschte nicht. Sogar die abendliche Pfeife Tabak des Kantors fiel immer ab, eine Geige war auch vorhanden, und der kleine Hausgarten sowie ein Ackerbesitz gewährten zusätzlich kleine, in diesem Rahmen aber auch unverzichtbare und notwendige Einkünfte. Was das Einkommen des Vaters nicht erbrachte, das mußte vom Acker und aus dem Garten gewonnen werden, um Mangel zu vermeiden.

Für Löbejüner Verhältnisse gehörten Loewes sogar zu den Bessergestellten im Städtchen, weil sie mit einem festen und sicheren, wenn auch kleinen Einkommen rechnen konnten. Im Ort gab es Hunderte von schlechter situierten Leuten, die sich durch ihrer Hände Schwerstarbeit als Steinbrecher in den Porphyrbrüchen oder als Bergmann in den Steinkohlenschächten, also als "Muhld", als Maulwurf, wie man hier scherzhaft zum Bergmann sagte, einen weit weniger sicheren Lebensunterhalt für sich und ihre Angehörigen mühsam erarbeiten mußten. Es kann nur der Blick auf diese Handarbeiter und Tagelöhner gewesen sein, der Loewe bewogen hat, in der Selbstbiographie die Mitgift seiner Mutter als "bedeutenden" (Kleinstadt-)Reichtum auszugeben.

Die etwas bessere Lage der Familie Loewe soll nicht überbewertet, aber auch nicht unterschätzt werden. Wenn die finanzielle Lage über einzelne Jahre teilweise sogar angespannt gewesen sein mag (worauf noch eingegangen wird), so halfen die geringen Ansprüche an das Leben und die Ausnutzung der örtlichen Verhältnisse über Engpässe hinweg. Loewes lebten in einer solchen "Armut", die durch strenge Sparsamkeit und durch eigene Beschaffung und restlose Verwertung von Lebensmitteln und Lebensgütern gemildert wurde und dadurch erträglich war, daß wenig Ansprüche gestellt wurden. Das alles war zwar mit erheblichem Arbeitsaufwand und Verlust an Freizeit verbunden, galt aber in den betreffenden kleinstädtisch-plebejischen und zum Teil ackerbürgerlichen Kreisen als gegeben und durchaus zumutbar. Infolgedessen gehörten z. B. Anbau von Feldfrüchten auf Kleinstflächen, Ähren lesen, Kartoffeln stoppeln, Beeren und Nüsse sammeln, Apfel- und Pflaumenmus kochen usw., aber auch Spinnen und Stricken zu den jahreszeitlich wiederkehrenden selbstverständlichen Arbeiten. Dabei waren Spinnen und Stricken nicht Ausdruck bloßer häuslicher Feierabendbehaglichkeit im romantischen Stile, sondern diese Tätigkeiten waren "Arbeit" und entsprachen ökonomischer Zweckmäßigkeit und Notwendigkeit.

"*Du sollst Nachmittag mit mir auf unser Kartoffelfeld gehen und die Kartoffeln einsammeln, welche ich aus der Erde nehme...*"[40] - "*...ich mußte mich fleißig nach jeder Kartoffel bücken... Wenn wir so des Weges gingen, durfte ich nichts, was des Aufhebens werth gewesen wäre, liegen lassen...*"[41] - "*In den nahegelegenen Wäldern sammelte* [ich] *Heidelbeeren in einem Töpfchen, pflückte mir Nüsse frisch vom Strauche, und kam dann, im Sinne meines Vaters, beladen mit Schätzen, die alle die gütige Natur aus ihrem reichen Füllhorn für uns ausschüttet... nach Hause.*"[42] - "*Die Mutter und zwei Schwestern spannen in diesen Abendstunden.*"[43]

Das alles war um 1800 in ländlichen Gegenden bei der "ärmeren" Bevölkerung gang und gäbe und der älteren Generation von heute aus der Zeit nach dem Zweiten Weltkrieg (bis auf das Spinnen) teilweise noch gut in Erinnerung.

Außer dem eigenen Land nutzten die Kirch- und Schulbediensteten noch weiteres Ackerland aus Kirchen- und Kommunalbesitz. Eine Akte aus dem Jahre 1816 teilt mit: "*...es ist aber bekannt, daß den hiesigen Schullehrern mehrere von den Hospitaläkkern zugelegt worden sind, so benutzt gegenwärtig... der Kantor* [Loewe] *1 Morgen hinter Plötz*[!]*..., 1/2 Morgen vor dem Rathssteinbruch..., 1/2 Morgen auf dem Hohenleden...*"[44] Auch das Halten von kleinerem Nutzvieh wie Ziegen, Schafen, Schweinen, Geflügel wurde betrieben, was im Einkommensverzeichnis des Nachfolgers von Kantor Loewe selbst noch aus dem Jahre 1836, als die meisten Naturalleistungen bei der Bezahlung der Schullehrer schon in Fortfall gekommen waren, so verzeichnet stand: "*6. Viehstand: ein Recht auf Viehhaltung steht dem Lehrer nur als Einwohner gleich jedem Bürger* [nach Verhältnis des Ackerbesitzstandes] *zu. Viehgattung und Zahl steht nicht fest.*"[45]

[40] ebd., S. 3

[41] ebd., S. 4

[42] ebd., S. 9

[43] ebd., S. 12

[44] Magistratsarchiv Löbejün, Akte 9, rot

[45] Zwei kleine Ställe gehörten vertraglich zur Lehrerwohnung. Magistratsarchiv Löbejün, Lehrerbesoldung, ungeordnete Akten

Noch in einer Ergänzung aus dem Jahre 1846 wird für den Nachfolger des Kantors Loewe, Kantor Poppe, festgestellt: "*...hält sich gegenwärtig 6 Schafe und 2 Ziegen.*"[46]

All das charakterisiert den Lebensstandard der Familie Loewe auch noch im nachhinein. Viele mühselige Alltags-Kleinarbeit mag mit dazu beigetragen haben, die Familie vor akuter Bedürftigkeit zu bewahren. Wenn es überhaupt nötig war, alle angeführten Hilfsquellen bis zur äußersten Grenze zu beanspruchen, so waren diese Beiträge sicher hochwillkommene Ergänzungen des Familieneinkommens.

Carl Loewe beschreibt es in der Selbstbiographie als völlig selbstverständlich und alltäglich, daß er mit seinem Vater im Garten und auf dem Acker gemeinsam tätig war und so zum Unterhalt der Familie beitrug. Bestell-, Pflege- und Erntearbeiten waren ihm durchaus vertraut, und auch handwerkliche Verrichtungen waren ihm nicht fremd. So seilerte er eine kurze Zeit lang nach dem Vorbild eines entfernten Verwandten mütterlicherseits, was übrigens auf Veranlassung des Vaters geschah, der mit dieser praktischen Beschäftigung einer Überhitzung der kindlichen, sehr lebhaften Phantasie seines Jüngsten entgegenwirken wollte. - Wie die anderen "kleinen Leute" damals und auch heute noch war man sich auch für allertrivialste Arbeit nicht zu fein: Carl sammelte beispielsweise - wohlversehen mit Säckchen, Handbesen und einer kleinen Schaufel - Pferdeäpfel als Dung für die Obstbäume im Garten auf, und das war für ihn die natürlichste Sache, deren Banalität nur vor dem Hintergrund seiner späteren musikalischen Laufbahn und künstlerischen Meisterschaft in einer ganz anderen Welt so deutlich hervortritt.

Schon Vater Loewes Amtsvorgänger mußten mit einem geringen Gehalt auskommen.[47] Ob sich 1772 mit der Neubesetzung der Kantorstelle auch an der Höhe der Besoldung etwas geändert hat, ist nicht bekannt. Wenn überhaupt, dann kann sich das Gehalt nur geringfügig verbessert haben, denn als Vater Loewe sein Amt antrat, waren die Folgen des Siebenjährigen Krieges noch nicht überwunden. Die Stadt Löbejün trug damals schwer an den Kriegsschulden und hatte diese noch lange abzutragen. An ein spürbares Steigen des Kantorgehalts war unter den auch sonst schon bescheidenen Umständen nun gleich gar nicht so schnell zu denken.

Nebentätigkeiten des Vaters

Carl Loewe hat eine Reihe liebenswerter anekdotischer Kindheitserinnerungen an

[46] ebd.

[47] s. auch das Kapitel: "Die materielle Lage der Amtsvorgänger des Vaters"

seinen Vater hinterlassen, denen einige weitere Fakten über sein Wirken in Löbejün nachgetragen werden sollen.
Außer seinen Dienstpflichten als Kantor und Lehrer hatte Vater Loewe zumindest noch das Ehrenamt des Kirchenrendanten wahrgenommen. Vom 24. Januar 1785 existiert die folgende Aktennotiz:
"*In praesentia magistratus* [in Anwesenheit des Magistrats]
Erschien der hiesige Bürger Johann Christoph Koch und bath, Magistratus möchte ihm das ehemalige Kummersche Begräbniß auf hiesigem Gottesacker käuflich überlassen, er offerire davor 2 rthl 12 gr. Magistratus hat solches acceptiret und dem p [genannten] *Koch anbefohlen, an den hiesigen Kirchenvorsteher H*[errn] *Cantor Loewe diese 2 rthl 12 gr zu bezahlen und dessen Quittung zu produciren* [vorzulegen], *als dann ihm das Begräbniß überlassen werden sollte.*"[48]
Diese Tätigkeit im Interesse der Verwaltung der Kirchengemeinde hat Vater Loewe offensichtlich lange Jahre ausgeübt, denn es hat sich weiterhin in Privathand ein kleines Heftchen erhalten, in dem Quittungen über Pachtzins erteilt wurden. Auf dessen erster Seite steht u. a. : "*J*[ohann] *A*[ndreas] *Loewe Kirchen Vorsteher 1799*" In diesem Jahre zieht er einen Pachtrückstand von 2 Groschen 6 Pfennigen (!) von 1/2 Morgen Acker, "*welcher hinter dem Kalten Thal belegen*", für fünf Jahre ein (!) und tut das bis zum Jahre 1810, in dem die abgelieferte Pacht durch einen anderen quittiert wird. Man kann annehmen, daß er bis zu diesem Jahre Kirchenvorsteher gewesen ist.

Weiterhin beanspruchte der Magistrat Andreas Loewes Rat und sein Urteil, als verschiedene Bewerber für das Amt des Organisten in der Kirche vorgespielt hatten und eine fachmännische Einschätzung ihres Könnens erwünscht war (Vater Loewe soll selbst ein guter Orgelspieler gewesen sein). Eine Akte meldet:
"*In praesentia magistratus, Actum* [geschehen, verhandelt] *Löbejün am 19. Nov. 1787 erschien gleichfalls auf Erfordern der Herr Cantor Löwe und auf Befragen: wie das Subject* [der betreffende Bewerber] *so am 11. d*[ieses Monats] *die Probe gethan, bestanden sei? läßt er sich folgendergestalt vernehmen: Im Tacte wäre er gut gewesen - ob er aber das Pedal getreten, könne er nicht gewiß sagen, weil er in seine Partitur gesehen - über dem Rezitativ selbst aber habe die Singstimme gestanden. Praelecta* [das Vorgelesene] *hat der HErr Comparent* [der Erschienene] *unterschrieben...* [J. A. Loewe, Cantor]"[49]
Anläßlich der Probe eines weiteren Bewerbers äußert er sich bestimmter:

[48] Archiv der Stadt Löbejün, rot 837
[49] Archiv der Stadt Löbejün, rot 652

"In praesentia magistratus, Actum Löbejün am 26. Nov. 1787 Erschien auf Erfordern der hiesige Cantor Herr Löwe, um von demselben zu vernehmen, wie der gestrige Candidat Franke, welcher die Probe am 25ten d[ieses Monats] *auf der Orgel gethan, bestanden habe, deponirt* [hier: gibt er zu Protokoll]: *daß er sehr wohl bestanden habe, und ein starker Musicus sei.*
Praelecta hat der Herr Comparent eigenhändig mitunterschrieben..."[50]
Vater Loewe hat demnach in Löbejün als musikalische Autorität und als die Nummer 1 des Orgelspiels gegolten.
Übrigens hat die Gutachtertätigkeit nichts eingebracht, ebensowenig die des Kirchenvorstehers. Diese Beschäftigungen gehörten nicht in den Bereich der Akzidentien seiner Einnahmen, d. h. zu den gelegentlichen, zufälligen Gebühren, die an ihn anläßlich von Kindtaufen, Hochzeiten, Begräbnissen für seine musikalische Mitwirkung als Kantor zu entrichten waren. Hierfür gab es genau festgesetzte Pflichtbeiträge, die noch einmal gestaffelt waren je nach dem Platz, den der nach Kirchenordnung Empfangsberechtigte in der Rangfolge der kirchlichen Würdenträger und Schulbedienten einnahm. Es war festgesetzt z. B.: *"daß von einer Copulation* [Eheschließung], *wobey nicht gesungen wird, und die in loco* [am gleichen Ort] *ist, jedem Schul-Collegen 4 Groschen gegeben werden sollen, und ferner,... die Gebühren müßen gegeben werden, wenn die Braut in loco, es mag die Copulation hier oder anderswo geschehen, welches der Regel: ubi sponsa, ibi nuptiae* [wo die Braut her ist, da ist die Hochzeit, und da müssen die Gebühren bezahlt werden] *abgefaßet ist..."*[51]
Mit der pünklichen Entrichtung solcher Gebühren hat es oft gehapert, es gab sogar hartnäckige Weigerungen, gegen die mit der vollen Hilfe der Autorität des Magistrats - dem Verantwortlichen für die Lehrerbesoldung - eingeschritten wurde. Das schmal bemessene Einkommen der Lehrer erlaubte keinen Verzicht, die Nebeneinkünfte waren nur in ungefährer Höhe angegeben, aber, wenn sie schon erhoben werden konnten, als fester Bestandteil der Lehrergehälter bei der Anstellung der Lehrer vertraglich vereinbart worden.
Das folgende Beispiel beweist die Konsequenz bei der Eintreibung der Gebühren:
"*In Gegenwart des Magistrats, Geschehen Löbejün am 12ten Jan. 1789*
Es erschienen die hiesigen Schul-Collegen, und beklagten sich: daß der hiesige Bürger und Einwohner Lohse eine Tochter nach Halle verheiratet habe, wofür nach hiesigem Herkommen ihnen die Gebühren zukämen, er aber ihrer vielen Erinnerungen und Beschickungen ohngeachtet, ihnen nichts geben wolle. Sie baten daher, der Magistrat mögte ihnen zu

[50] ebd.

[51] um 1750, Archiv der Stadt Löbejün, bisher ungeordnete Akten

ihrem Recht verhelfen, weil ihr Gehalt ohnehin schon sehr gering wäre.
Da nun die Schulkollegen nach hiesigem Herkommen, und Allerhöchster Bestättigungen vom 14ten Jan. 1751 an die Braut gewiesen sind, so wurde ihnen alle Hilfe versprochen."

Gericke (Bürgermeister)[52]

Am 17. Januar 1789 wurde Lohse hierauf vorgefordert und befragt: *warum er sich so lange geweigert, die den Schulkollegen zukommenden Gebühren abzutragen?* - Die hier zu weit führenden Verhandlungen endigten schließlich mit der lapidaren Feststellung:
"Der Lohse mußte also die den Schulkollegen zustehende[n] *Gebühren bezahlen."*

Gericke (Brgmstr.) Lohse[53]

Konkurrenzkampf unter Schulbedienten

Als im Jahre 1787 die Organistenstelle an der Kirche St. Petri in Löbejün neu besetzt werden soll und sich ein Leineweber Meister Christoph Werner aus Friedrich Schwerz zum Organisten und Schuldienst meldet, *"erscheinen die hiesigen Schulkollegen als der Rector Noesselt, der Herr Conrector Reichel und der Herr Cantor Löwe* [vor dem Magistrat und bitten], *ihnen nicht dergleichen Subject an die Seite zu sezzen, mit dem sie gemeinschaftlich in der Klasse arbeiten müßten, weil es ihnen zum Despect* [Schimpf, Verachtung] *gereichen würde, wenn ein Leineweber ihr Kollege seyn sollte. Sie wollten lieber die Stunden, die dem Organisten zukommen, mit versehen, bis ein ander tüchtiges Subject sich zu diesem Dienst anfinde. - Lieber wäre es ihnen aber, wenn dieser Dienst eingezogen, und einer von den Schulkollegen den Organistendienst mit versähe; und da sie schlechten Gehalt hätten, der Ertrag dieser Stelle unter sie getheilt würde."*
Gericke Noesselt Reichel J. A. Loewe[54]

Aus diesem Dokument sprechen sehr deutlich auf der einen Seite Standesdenken und Prestigebewahrung, auf der anderen Seite die oft beklagenswerte Lage des "armen Dorfschulmeisters" mit schlechtem Gehalt.
Der Bewerber um die Organistenstelle, besagter Meister Werner, wußte sehr wohl,

[52] Stadtarchiv Löbejün, rot 837

[53] ebd.

[54] Archiv der Stadt Löbejün, rot 652

daß er um eine schlecht bezahlte Stelle nachsuchte. Trotzdem bot sie ihm (und seinen anderen Mitbewerbern) eine gewisse Sicherheit, die seine bisherige Lebenslage nur verbessern konnte und die er durch eigenes Zutun - im Fall, er bekäme die Stelle - noch weiter verbessern wollte.

In einem anderen Schreiben erklärt er nicht ungeschickt und angesichts der Bemühungen des gerade verstorbenen Königs um die Seidenraupenzucht und den damit verbundenen Anbau von Maulbeerbäumen in diplomatischer Weise: "...*ob ich zwar meiner Proffession ein Leineweber bin, so bin ich doch in meiner Jugend auf Schulen gewesen, das ich diesen Dienst wohl vohrstehen könnte, habe mich auch erklährt, wenn ich Organist werden sollte, die Proffession nicht mehr zu betreiben, weil aber auf diesen Organistendienst allein keiner subsistiern kan, weil ein geringer Gehalt davor gegeben würde, als wolle ich den Seidenbau noch darneben betreiben, indem ich demselben gründlich verstehe, und in Löbejün keiner vorhanden, der sich mit denselben abgiebet...*"[55]

Auch diese Auslassungen werfen ein bezeichnendes Licht auf die wirtschaftliche Lage der Löbejüner Schulkollegen, von denen der Organist gleichzeitig der vierte Knabenlehrer und der am schlechtesten bezahlte Schulbediente war.

Übrigens bekam der "Leineweber" Meister Werner die Organistenstelle nicht, sondern "der frisch von der Schule" gekommene Mitbewerber Franck, dessen Vorspiel auf der Orgel in der Löbejüner Kirche durch den Kantor Loewe ausgesprochen günstig beurteilt worden war.

Nach der Anstellung des Franck war der Magistrat besorgt, ob er diesen jungen, gut beurteilten Mann bei der anerkannt schlechten Bezahlung würde halten können. Es war nämlich erst drei Jahre her, daß man die Organistenstelle mit Leberecht Schramm besetzt hatte, der aber wegen der allzu erbärmlichen Lage in diesem Dienst seinen Posten wieder verlassen hatte.

Dazu noch ein illustratives Schreiben des Magistrats an die Königliche Regierung und an das Konsistorium in Magdeburg, das ebenfalls wegen seines Stils interessant ist:

"Allerdurchlauchtigster, Grosmächtigster König, Allergnädigster König und HErr

Ew. Königl. Majestät wollen allergnädigst geruhen, sich allerunterthänigst gehorsamst vortragen zu lassen: wie der hiesige Organist so äußerst schlecht im Gehalt stehet, daß er bei seiner sauern Arbeit kaum kümmerlich davon leben kan; daher es dann kommt: daß wir nur mit größter Mühe ein Subject bekommen können, und solches wegen des gar zu schlechten Auskommens nicht lange behalten, wie sich dieser Fall vor kurzem hieselbst ereignet hat.

[55] ebd.

Der ganze Gehalt, die Emolumente [Nebenerträge] *mit eingeschlossen, beträgt jährlich ohngefähr 42 rthl; wenn nun hiervon Hausmiethe, Kleidung, Feuerwerk, und einige höchst nötige Aufwartung abgerechnet werden, so bleibt kaum die Summe von 24 rthl zu seinem Unterhalt.*
Ew. Königl. Majestät bitten wir demnach nochmals allerunterthänigst gehorsamst den jezzigen Organist Franck, der ein geschickter Organist und Schulmann ist, aus der hiesigen Hospitalkasse annoch eine jährliche Zulage von 15 rthl. allergnädigst zu bewilligen, weil dieses für das Hospital ein kleiner Schade, für den Organisten aber eine große Hülfe wäre, der, wenn er nicht bei einigen gutgesinnten Leuten einige Mahlzeiten Brod bekäme, ganz gewis Not leiden müßte, und alsdann gezwungen wäre, wieder abzugehen, weil einer mit Information [höherer Schulbildung] *jährlich zweimal so viel verdienen kan, als dieser Organisten Dienst einbringt. Ew. Königl. Majestät bitten wir nochmals flehentlichst, unseren allerunterthänigsten Vorschlag allergnädigst zu genehmigen, und diesen armen Menschen mit einer jährlichen Zulage von 15 rthl aus hiesigem Hospital huldreichst zu erfreuen.*
Wir ersterben in tiefster Devotion
Ew. Königl. Majestät allerunterthänigste treu gehorsamste
Bürgermeister u[nd] *Rat, wie auch Kirchen-, Schul- und Hospital Inspectores allhier.*
Löbejün am 16ten Febr. 1788"[56]

Johann Georg Salomon Franck erhielt übrigens die Zulage und blieb als Schulkollege des Vater Loewe im Amt bis 1826, er bekleidete auch das Amt des Hospitalvorstehers (wahrscheinlich mindestens von 1802 bis 1816).
Leider war die Lage der Stadt Löbejün so, daß sie derartige Bettelbriefe schreiben mußte, um ihre Lehrer behalten zu können. Die eigenen Mittel waren damals in einem traurigen Zustand. In einer Akte vom 6. Dezember 1790 über die Verwaltung nicht verwendeter Gelder aus einem Legat (einer Schenkung) enthält die folgende aufschlußreiche Feststellung: *"Die Schule* [d. h. der von der Stadt verwaltete Fonds zur Unterhaltung der Schule] *ist arm, und kann weder die alten Rückstände der Schulbedienten, noch weniger aber zu anderen Erfordernissen etwas auszahlen - einen anderen Fond gab es hierzu nicht."*[57]
Demnach hatten zu dieser Zeit die Löbejüner Lehrer Anspruch auf nicht gezahlte Gehaltsanteile, sicherlich war auch die Familie des Kantors Loewe davon betroffen. Das war bei dem an und für sich knappen Gehalt eine weitere Erschwerung.

[56] Archiv der Stadt Löbejün, rot 652

[57] ebd.

Die Finanzierung des Studiums der Söhne des Kantors

Es ist verständlich, daß unter diesen finanziellen Umständen die zu Ausbildung und Studium drängenden herangewachsenen Söhne solcher relativ unbemittelten Familien größte Schwierigkeiten hatten, ihren Lebensunterhalt während der Ausbildung zu sichern. Soziale Einrichtungen, wie z. B. die Magdeburgische Freitisch-Stiftung, die 1694 von den Ständen des Herzogtums Magdeburg errichtet und 1717 vom Königreich Preußen staatlich übernommen worden war und die der Stadt Löbejün aller sechs Jahre eine Freitischstelle zubilligte, waren deshalb heiß begehrt. Ihr Genuß wurde mit aller Kraft durch eigene Bewerbung und - sehr wichtig! - fremde, am besten behördliche Fürsprache angestrebt. Durch solche Freitische und noch zu beschreibende Stipendien wurden mehrjährige Universitätsstudien für manchen überhaupt erst möglich.
Auch die beiden ältesten Brüder Carl Loewes erbaten und erhielten den "Freitisch". In der Fürsprache des "Bürgermeisters und Raths Löbejüns" vom 18. Oktober 1796 - sechs Wochen später wird Carl Loewe geboren - zugunsten des Zweitgeborenen Ludolph Andreas für eine Freistelle findet sich eine Nebenbemerkung, die erneut ein Schlaglicht auf die Lebensumstände der Familie Loewe wirft: *"Mit Ostern d*[ieses] *J*[ahres] *ertheilten wir dem Stud*[enten] *H*[errn] *Friedrich Andr*[eas] *Breitung die Provision auf den magdeburg*[ischen] *landschaftl*[ichen] *Freitisch von Ostern 1796 bis dahin 1797. Da dieser aber mit Michael d. J.* [Ende September] *die Universität verlassen, dagegen ein anderer, ebenfalls aus hiesiger Stadt gebürtiger Stud*[ent] *Namens Andreas Löwe, welcher Ewr. p* [Hochwohlgeboren] *sich vorzustellen angewiesen ist, um diese erledigte Stelle nachgesucht hat, und wir, seiner beschränkten Umstände wegen, sie ihm gern gönnen, so ersuchen Ewr. p wir hiermit ergebenst: den p* [hier: betreffenden] *Löwe zum Genus des Freitisches von jezt bis Ostern 1797 gefälligst gelangen zu lassen, wogegen wir mit größter Hochachtung beharren Ewr. Bürgermeister und Rath."*[58]
Sehr begehrt war auch das sogenannte Stoyesche Stipendium. Am 24. Mai 1796 - Mutter Loewe ist seit einem Vierteljahr zum zwölften Male schwanger - erscheint *"vor dem Magistrat... der hiesige Kantor H*[err] *Andreas Löwe, und trägt vor: sein jüngster Sohn Ludolph Andreas habe an Ostern d*[ieses] *J*[ahres] *die Universität Halle bezogen, wozu er durch ein Zeugnis der Reife, ausgefertigt zu Halle am 3. Mai d*[es] *J*[ahres] *und den darauf erhaltenen Erlaubnisschein der Kantonrevisionskommission*[59] *gegeben Halle d*[en] *31. März 1796 in den Stand gesetzt sei, und auf beides unterm 23.*

[58] Archiv der Stadt Löbejün, Stipendienakte

[59] betr. Befreiung vom Soldatendienst

April d[es] *J*[ahres] *auch die Universitätsmatrikel erhalten habe, welches alles er in Urschriften vorzeigte. Nunmehr fehle seinem Sohn nichts weiter, als daß er noch das hiesige stoische* [Stoyesche] *Stipendium bekomme, um welches er, der Erschienene, hiermit für ihn anhalten wolle..."*[60]

Zunächst bezieht also der jüngere der Brüder am 23. April 1796 die Universität. Um das erwähnte Stipendium bewirbt er sich erneut am 7. Januar 1797 schriftlich von Halle aus:

"Ew. [Euer] *Hochwohlgeboren wollte ich p* [untertänigst] *anflehen, mir, einem armen Cantors Sohn aus Loebejühn, nach eingehändigtem Zeugnis der Reife, das von mir p* [gehorsamst] *erbethene Stoische Stipendium zur Fortsetzung meiner theologischen Studien auf der Akademie p* [großmütig] *angedeyhen zu lassen.*

In der großen Zuversicht einer allergnädigsten Erhörung meiner p [untertänigsten] *Bitte pp* [verbleibe ich Ihr ergebenster] *Ludolph Andreas Loewe."*[61]

Bezeichnend, daß er seine eigene soziale Lage als "eines armen Cantors Sohn" charakterisiert.

Das in dem Schreiben erbetene Stoyesche Stipendium nun wurde aus den Zinsen einer barmherzigen Stiftung des wohlhabenden Löbejüner Bürgers Clemens Stoye vom 15. Oktober 1599 gezahlt. Dieser hatte testamentarisch festgelegt:

"Den Nachstand [das, was übrig bleibt] *der 2 000 fl.* [Gulden] *belangend, die will ich hiermit zum ewigen Testament verordnet und vermacht haben, also, daß von den jährlichen Zinsen der 100 fl. ein Knabe, wenn er zum Studieren tüchtig und fleißig befunden worden, erhalten werden soll. Die aber von den vorgedachten 3 Geschlechtern* [das sind die Familien Hardtwig, Eisentraut und Stoye] *wenn sie alhier zu Löbejün wohnend vorhanden, sollen vor allen anderen den Vorzug haben und die 100 fl. fordern und gebrauchen. So aber unter denselben keiner seyn würde, soll anderen Bürgerkindern so sich des Studii gebrauchen dazu tüchtig, jedem jährlich 50 fl. auf 6 Jahr gefolget werden. Würde sichs aber zutragen, daß kein Stipendiat vorhanden, soll solcher Zins an der Kirche und gemeiner Stadtnothdurft verbauet und angewendet werden."*[62]

Die 100 fl. wurden von Stoyes ehemaligem, dem Magistrat vermachten Ackergut gezahlt. Da sich das jährliche Pachtgeld später erhöhte, so wurde auch das Stipendium auf 105 Taler mit der Einschränkung erhöht, daß kein Stipendiat, wenn er auch allein da sei, mehr als die Hälfte mit 52 rthl 12 gr beziehen solle. Diese

60 Stipendienakte, Archiv der Stadt Löbejün

61 ebd. Das Kürzel "p" wurde im Sprachstil der damaligen Zeit durch die in Klammern gesetzten Wörter sinngemäß ersetzt.

62 Wilcke, Chronik von Löbejün

Summe erhielt Ludolph Andreas jährlich von 1796 bis 1799. Bei einer mündlichen Beantragung des Stipendiums hatte der Vater zu Protokoll gegeben, "*daß sein Sohn dessen so bedürftig wäre, als irgend einer seiner Vorgänger*",[63] und auf die Behördenfrage, "*ob er außer dem Stipendio noch einen jährlichen Zuschus von seinem Vermögen oder von den Seinigen habe*", antwortet der Stadtkämmerer, "*er selber hat kein Vermögen, und auch sein Vater ist unbemittelt*",[64] welche Formulierung jeweils in den jährlichen Berichten an die Regierung im Dezember 1798 und 1799 weiter benutzt wird.

Als Student ist Ludolph Andreas fleißig, und die Eltern können sich über ihn freuen. Zwei Professoren bezeugen das folgende:

Herr Lud[olph] *Andr*[eas] *Löwe aus Löbejün gebürtig, studiosus theologiae auf der hiesigen Friedrichs-Universität hat mit vorzüglichem Fleiß meine akademischen Vorlesungen abgewartet und sich durch musterhafte Aufführung ausgezeichnet.*

Halle d[en] *28. Dez*[ember] *1798 H. E. Güte, Professor der Theologie*

m[a]*n*[u] *p*[ro]*pria*[65]

Der Studiosus theologiae H[err] *Ludolph Andreas Löwe, aus Löbejün gebürtig, hat über drittehalb Jahre auf hiesiger Universität studiert, meine Lektionen über die Bücher des neuen Testaments fleißig besucht, und sich, wie ich ihn kennengelernt, immer ordentlich und anständig betragen. Welches ich auf sein Verlangen gern bezeuge.*

Halle d[en] *29. Dez*[ember] *1798* D[octor] *Joh. Aug. Nösselt*[66]

Inzwischen hatte auch der älteste der nunmehr mindestens drei Brüder, August Friedrich, die theologische Fakultät der Universität bezogen, zwei Jahre später als Ludolph. Er hatte am 2. März 1798 das Zeugnis der Reife erhalten und am 8. September die Universitätsstudien begonnen. Das genannte Stipendium, d. h. die andere Hälfte der ausgesetzten Summe, erhielt er von der Stadt Löbejün von 1798 bis 1801, also fast zeitgleich mit seinem jüngeren Bruder. Warum der ältere Sohn zwei Jahre später auf die Universität ging, ist nicht bekannt.[67]

63 14. April 1796. Archiv der Stadt Löbejün, Stipendienakte

64 16. Dezember 1797, ebd.

65 mit eigener Hand; ebd.

66 ebd.

67 Beide Brüder hatten übrigens wie etwa 10 % der Studienanfänger ihres Jahrgangs nur die Hälfte der Einschreibgebühren zu bezahlen, weitere etwa 10 % waren davon ganz befreit. Die Gebühren betrugen damals etwa 2 Reichsthaler, 1817 wird Carl Loewe ebenfalls die Hälfte bezahlen, nämlich einen Reichsthaler und 4 Groschen. Demnach gehörte der Kantor Loewe nicht zu den Eltern der Studenten, die am wenigsten bemittelt waren. Alle diese Angaben lassen sich z. T. indirekt aus der Stipendienakte des Löbejüner Ratsarchivs und des Universitätsarchivs Halle/S. erschließen.

Auf die oben angeführte Frage nach seiner pekuniären Lage wurde im Dezember 1800 bemerkt: "*eigenes Vermögen hat er nicht, doch unterstützt ihn sein Vater nach seinen Kräften*",[68] was wieder auf den geringen Umfang der finanziellen Mittel der Familie Loewe hinweist. Wie knapp sie waren, ersieht man aus der Antwort auf die im gleichen Zusammenhang gestellte Frage, "*ob der Stipendiat ohne Hülfe des Stipendii seine Studia auf der Schule oder Universität würde treiben können*", sie lautet lapidar: "nein".[69]

Den Wiederholungsantrag auf Fortzahlung des Stipendiums begründete August Friedrich am 17. Juni 1800 in seinem Schreiben aus Halle mit "*da ich ganz Vermögenloß bin*"[70] und bezieht sich dabei auf das Stipendium, das er sich für das dritte Jahr auf der Universität erneut erbittet, folgendermaßen: "*Denn selbiges war bis hieher mit das Mittel zur Erreichung meines Zwecks, nemlich ungehindert die Studia der Gottes Gelahrheit fortsetzen können und in Hinsicht der Lebensmittel n i c h t N o t l e i d e n d ü r f e n*",[71] d. h. ohne das Stipendium hätte er mehr oder weniger Hunger leiden müssen.

August Friedrich studierte von Herbst 1798 bis Sommer 1802, also statt der üblichen drei Jahre deren vier, für welches zusätzliche Jahr das auch ihm sonst gewährte Stoyesche Stipendium generell nicht gezahlt wurde. Als Vater Loewe im Januar 1802 trotzdem darum nachsuchte und die Regierung darauf aufmerksam wurde, rechtfertigten Bürgermeister und Rat ihr diesmal und auch sonst immer korrektes Vorgehen bei der Verweigerung des vierten Jahres "ersterbend" mit der zusätzlichen Begründung:

"*Übrigens würden wir uns so wenig ermächtigen, einseitig das Stipendium auf das 4te Jahr zu ertheilen, als wenig es auf 3 Jahr von uns einseitig geschieht. Und wie gewissenhaft wir bei dergleichen Fällen vorschreiten, können wir daraus beweisen:*
daß wir den Vater der Gebrüder Löwe, der ganz neuerlich für seinen jetzt studierenden Sohn August Friedrich das 4te Jahr nachsuchte, mit seinem Gesuche deshalb abwiesen, weil der andere, Ludolph Andreas, sich gegenwärtig in eine Lage begeben hat, zu der es des Studierens nicht bedurft hätte".[72] August Friedrich wird also deshalb nicht weiter begünstigt, weil sich sein Bruder Ludolph Andreas nachträglich in den Augen der Stadtoberen nicht würdig der empfangenen Wohltat erwiesen hat.

[68] ebd.

[69] ebd.

[70] ebd.

[71] ebd.

[72] 16. Januar 1802, ebd.

Für die Eltern gesellte sich so neben der ständigen Aufmerksamkeit für das Auskommen aller Familienmitglieder noch ein völlig unerwarteter persönlicher Kummer. War Ludolph Andreas noch Ende 1798 für seinen Eifer im Studium gelobt worden, so sieht es nun, drei Jahre später, ganz anders aus. Diese Aktennotiz ist neben der Bemerkung in der Selbstbiographie[73] die zweite bisher bekannt gewordene Mitteilung über das Versagen des Ludolph Andreas, sich nach dem Studium eine bürgerliche Existenz einzurichten, was nach allen bisherigen Anstrengungen bezüglich Studienfinanzierung für die Eltern besonders enttäuschend gewesen sein muß. Darüber schreibt Carl Loewe mit eigenartigerweise kaum erkennbarer persönlicher Anteilnahme oder Wertung:
"*Mein Bruder Andreas war von uns allen der am meisten Befähigte. Er sprach Latein so fließend wie deutsch, aber trotz seiner erfolgreichen Studien hatte er nicht die moralische Kraft, sich in einem Amte zu erhalten. So wenig in der Philologie wie als Theologe glückte es ihm. So wurde er der Lebenskummer meines alternden Vaters.*"[74]
Der Kummer des Vaters kam mit aus den enttäuschten Erwartungen, die er bezüglich seines hochbegabten Sohnes hatte. Die mühsam aufgewendeten Mittel für dessen Studium waren offenbar nutzlos vertan, im Verhältnis zum Ergebnis war der Aufwand zu groß. Die psychologische Aufhellung dieses kleinen Dramas kann aber nicht erfolgen, weil dessen Ursachen und Umstände noch verborgen sind, von den individuellen Konsequenzen für Ludolph aus dieser persönlichen Katastrophe einmal ganz abgesehen.
Welcher Art das Fehlverhalten Ludolphs war, ist nicht bekannt.[75] Um 1800 also muß der Prozeß im Leben Ludolphs eingesetzt haben, der ihn im bürgerlichen Leben scheitern ließ. Ludolph Andreas starb am 4. Februar 1859 mittags 11 Uhr "erblos", also ohne Gatten oder Kinder zu hinterlassen, in Löbejün. Sein Stand wird als "Hospitalit" (Insasse des Alten- und Armenheimes St. Cyriaci in Löbejün), "früher Lehrer" angegeben. Der Tod wird vom "Hofemeister des Spittels" angezeigt, sein Grab war auf dem Armenfriedhof St. Cyriaci vor dem Kochstor außerhalb der Stadt. Er war 81 Jahre alt geworden. Mehr ist über ihn nicht bekannt. Carl Loewe hat sich um das offenbar konfliktreiche Leben seines Bruders Ludolph nicht weiter gekümmert.
Wie August Friedrich sein viertes Jahr an der Universität finanzierte, wissen wir nicht. Wahrscheinlich hatte er ein gewisses Einkommen aus einer Tätigkeit als Lehrer an den Franckeschen Stiftungen in Halle. Im Gegensatz zu dem von

[73] S. 13

[74] ebd.

[75] ebd.

Ludolph Andreas verlief sein Lebensweg ohne Komplikationen. Nach einigen Zwischenstationen war er Konrektor in Wettin, wo ihn seine Eltern vom nahen Löbejün aus gelegentlich besuchten. Von 1821 bis zu seinem Tode 1846 war er Pfarrer in Leiha bei Weißenfels bzw. Merseburg, von wo aus er am 19. April 1824 eine Bewerbung um die Stelle des Diakonus in Löbejün richtete, die er aber nicht erhielt. Er war zweimal verheiratet und führte glückliche Ehen.[76]
Als seine beide älteren Brüder in Halle studierten, war der spätere Balladenkomponist Carl Loewe ein Junge von vier bis sechs Jahren. In Löbejün mag damals, um die bisher vermittelten Eindrücke zusammenzufassen, folgendes als allgemein bekannt und anerkannt gegolten haben:
Loewes sind mit materiellen Gütern nicht besonders gesegnete Leute, die sich mit vielerlei Einschränkungen und manchem (nicht als schmerzlich empfundenen) Verzicht rechtschaffen durchschlagen und damit auf einem bescheidenen Niveau ihr Auskommen haben und den gesellschaftlichen Status der Kantor- und Schullehrerfamilie, ohne große Ansprüche stellen zu können, zu wahren vermögen. Die zwei ältesten Söhne studieren sogar, und das ist für das Ehepaar mit noch anderen Kindern im Haushalt eine beachtenswerte Leistung. Den meisten Familien in Löbejün wäre eine solche Erziehung und Ausbildung geeigneter Söhne - abgesehen von der dazu erforderlichen geistigen Ambition - nicht möglich gewesen.

[76] Die heute noch lebenden Leoniden - Abkömmlinge des Kantors Johann Andreas Loewe - lassen sich einzig auf ihn zurückführen.

Carl Loewes Kindheit und Jugend

Am 30. November 1796 wurde Carl Loewe in Löbejün geboren. Das Löbejüner Kirchenbuch meldet:
Nr. 63. November 1796 den dreißigsten 30ten ist d[em] *H*[errn] *Kantor Andreas Löwe von seiner Ehefrau Marie geb. Leopold ein Söhn*[chen] *geb*[oren], *d*[en] *nemlichen Tag auch noch getauft und Johann Gottfried Carl benennt worden. Die Pathen sind 1. d*[er] *H*[err] *Konrektor Reichel, 2. des vor-genannten Ehefrau,* [3.] *M*[eister] [Gottfried Hieronymus] *Leopold, Bürger und Seiler allhier.*

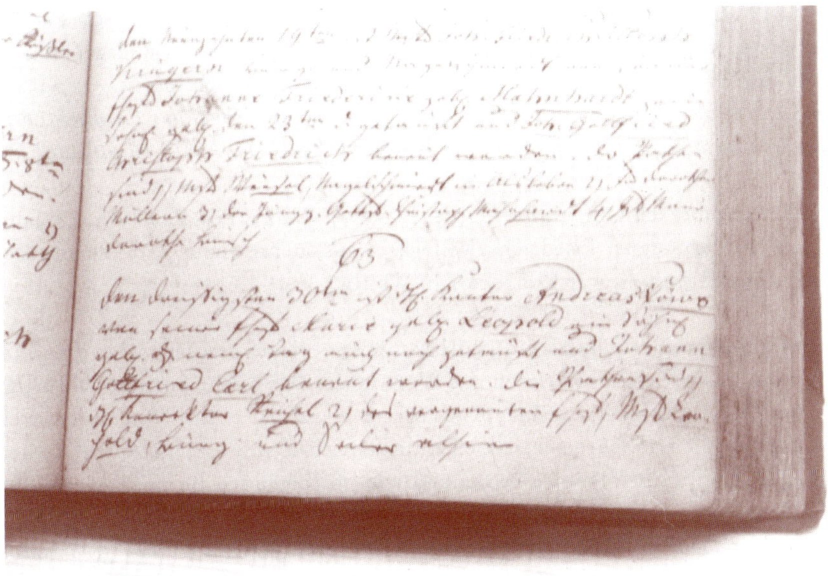

Geburtseintragung Carl Loewes in das Löbejüner Kirchenbuch

Die Namen Carl Loewes

Carl Loewe ist nicht nur in Löbejün geboren, er lebte und verhielt sich auch wie ein richtiges Löbejüner Kind und wurde so behandelt. Das zeigt sich unter anderem auch an seinen Rufnamen in der Kinder- und Schülerzeit. Dem damaligen Brauche entsprach es, daß er bei der Taufe gleich drei - heute altväterlich anmutende - Vornamen erhielt: Johann Gottfried Carl. Gerufen wurde er aber in der Kindheit nach seinem mittleren Namen, jedoch in einer typischen Form, wie sie damals schon und auch heute noch im sächsisch-anhaltinischen Raum üblich ist. Seit jeher nämlich werden bestimmte Namen umgangssprachlich gewandelt und dem zwischen dem "halleschen" und dem "anhalt-köthenschen" Dialekt liegenden lokalen Sprachgebrauch angepaßt.[77]

Friedrich und Gottfried wurden zu "Friede", und so rief man den kleinen Carl im Elternhaus und in seiner Heimatstadt. Hier war der Rufname "Friede" so gang und gäbe und populär, daß der damalige Bürgermeister Teichfischer in einem amtlichen Schreiben an die Königliche Regierung in Merseburg vom 19. November 1819 diese Abkürzung fälschlich als "Friedrich" in Amtsdeutsch zurückübersetzte, weil dieser Ursprung wohl häufiger vorkam als das weniger übliche "Gottfried". Er schrieb nämlich über die Vergabe eines Stipendiums:

"*Im Genusse zur Hälfte mit 52 rthl. 12 gr. befindet sich der Studiosus Friedrich Loewe Sohn des Kantor Loewe hierselbst auf den Zeitraum vom 1. Jan. 1819 bis ult*[imo] *Dec. 1821.*"[78]

Die Zeitangabe schließt eine eventuelle Verwechslung mit dem um 20 Jahre älteren Bruder August Friedrich zweifelsfrei aus, denn dieser hatte zu der Zeit längst ausstudiert und war Konrektor in Wettin.

Auch während seiner Schulzeit in Halle wurde er "Friede" gerufen, seine Freunde - Lateinschüler wie er - übersetzten das Wort in die lateinische Sprache und nannten ihn "Pax". Einige Manuskripte aus seiner Hand hat er mit "Pax" unterzeichnet. Auf amtlichen Schreiben jedoch unterschrieb er mit seinem vollen Namen, wobei er die Reihenfolge der Vornamen wie im folgenden Beispiel gelegentlich abänderte:

"*Eines Hochlöblichen Bürgermeisters und Raths ganz ergebenster und gehorsamster Johann Carl Gottfried Loewe. Stud. Th.*"[79]

[77] So wurde aus Maria die Mari-e und aus dieser im schönsten "lewwejiensch" die Miehe, Ludwig wurde zu Lude, andere Beispiele sind Wilhelm - Wiele, Helmut - Mute, Hermann - Männe, Kurt - Kurtte, Ruth - Rutte, Gustav - Täve, Reinhold - Holde, Johannes - Hannes.

[78] Stipendienakte, Archiv der Stadt Löbejün

[79] Bewerbungschreiben um das Stoyesche Stipendium

Frühe Kindheitseindrücke

Über die Kindheitseindrücke des Komponisten weiß man vor allem aus Loewes Selbstbiographie, die dieser als etwas älterer Mann verfaßte. Manche von ihm erwähnte örtliche Gegebenheit, die seine lebhafte Phantasie beschäftigte, hat sich erhalten und vermag auch heute noch zu beeindrucken. Wenngleich dem gereiften Loewe die eigene Kindheit vergoldet erschienen sein mag, so lassen seine in Erinnerung gebliebenen Eindrücke doch Rückschlüsse auf die Ursprünge und Wurzeln seines später entfalteten Gemüts- und Gedankenlebens zu.

Carl Loewes Geburtshaus in Löbejün. Zeichnung seiner Tochter Julie

In seiner Kindheit findet man die ersten Anregungen zur Ausbildung seiner Anlagen, zu den im Mannesalter so herrlich entwickelten musischen Gaben. Da wäre zunächst der trauliche Kreis der Familie mit einem ausgeprägten musischen Klima, das nachhaltig langwirkende Eindrücke schaffen konnte. Tief rühren den

Knaben die abendlichen Dämmerstunden an mit ihrer Besinnlichkeit und stillen Einkehr. Emotional anregend kam das gelegentliche Geigenspiel der Mutter hinzu, und besonders der Vortrag Bürgerscher und anderer Balladen durch die um fast zwölf Jahre ältere Schwester Marie Rosina erregten die Phantasie des Knaben auf die nachhaltigste Weise. Märchen und Sagen wurden eindrucksvoll vorgetragen, gruselige Geschichten von Räuberbanden und Zigeunern, verbunden mit den Schicksalen von deren großen Häuptlingen und Anführern und deren Gräbern mit Totenspuk auf dem Friedhofe, sprachen die dunkel-romantische Seite des Kindergemüts nachdrücklich an. Schaurig waren auch die Erzählungen des Schwagers Bergmann Härzer über die unheimlichen Steinkohlenschächte in den Tiefen der Erde, vor denen der Knabe einen heimlichen Schauder hatte. Aber auch der monumentale hohe Kirchenbau mit dem unerwartet weiten dunklen Raum unter dem steilen Kirchendache und der mächtige Turm - in dem Gespenster umgehen sollten! - als ein mit banger Erwartung betretener "Lug-ins-Land" beeinflußten das Kindergemüt stark. Ganz in der Nähe des nördlichen Stadttores lag ein trügerischer Sumpf, die morastige Fuhneniederung mit alten Kopfweiden und häufigem Abendnebel, eine Erlkönig-Landschaft, wie geschaffen für das freie Spiel der Phantasie. Gleich benachbart auch eine alte Wassermühle, um die sich Sagen und Geschichten rankten und ranken, wie die des Schönen Ännchens von Gottgau und ihrem tragischen Schicksal. Zum Petersberg hin war der "Teufelsgrund", eine damals steinige Waldschlucht, die der Aberglaube des einfachen Volkes mit Geistern und Feen bevölkerte, mit Kobolden, die Schabernack trieben, mit Zauberern und Hexen und anderem Gelichter, denen man im Dunkeln lieber nicht begegnete.

Dann die geheimnisvollen mittelalterlichen Schlauflöcher und Erdgänge, von denen man in der Oberstadt bis auf den heutigen Tag immer wieder welche entdeckte, einmal lag gar noch Menschengebein darin. Das sollen (was bezweifelt werden kann!) Verstecke der frühen Stadtbürger vor fremdem Kriegsvolk aus der Zeit der Hussitenzüge und des Dreißigjährigen Krieges gewesen sein, die aber jetzt nichts weiter waren als Bierlager und Eiskeller, die manchmal zugemauert und vergessen wurden, aber bei zufälliger Wiederentdeckung reichlich Anlaß zu vielerlei Vermutungen und geheimnisvoller Deutung gaben. Auf alle Fälle boten auch diese rätselhaften Gänge Gelegenheit zu unbeherrschtem Spiel der Phantasie, an dem "Kantersch Friede" gruselig-interessiert Anteil nahm. Dazu die kleine Stadt mit damals vollständiger Stadtmauer und vier Stadttoren, umgeben von ausgebreiteten Wäldern: Das war der Rahmen für schaurig-dunkle Eindrücke und Erfahrungen, die die Ausbildung einer wichtigen psychischen Komponente im späteren Wesen Loewes einleiteten.

Neben dieser dunkel-romantischen Seite im Erleben seiner Kindheit gibt es aber viel stärker auch eine licht-romantische, eine idyllische Seite, mit realistischem Vorder- und Hintergrund. Sie wird akzentuiert durch eine bemerkenswerte Naturverbundenheit und eine tiefe Liebe zur Natur, durch eine Vertrautheit mit Pflanzen, Tieren und Vögeln, die sich in genauer Kenntnis der Arten nach Aussehen, nach Spur und Flug und - als einem sehr wichtigen Merkmal - nach dem Gesang seiner bis ins hohe Alter geliebten Vogelschar bewies. Als gute Mentoren hatte er den Vater und den Bergmann Härzer, seinen Schwager, die ihn in Feld und Flur freundlich und heiter die unbeschwert-sorglose Beschäftigung mit der Natur (aber auch die Fallenstellerei!) lehrten. Realistisch erlebt wurde dann auch die nächtliche Feldwache in der Strohhütte auf dem Hohenleden (wo ein Garten der Eltern lag), ausgerüstet mit einer kleinen Pistole, die des Effektes wegen mit etwas Pulver versehen war, zu einem harmlosen Abenteuer, bei dem Lagerfeuer und staunender Blick zum Sternenhimmel den teils verspielten, teils heiter-romantischen Charakter seiner Kinderseele ansprachen und sicherlich auch naturwissenschaftliches Interesse weckten. Dies alles und eine von ihm selbst bezeugte naiv-kindliche Knabenliebe zu des "Pastors Töchterlein" als persönliche Herzenserfahrung sowie die vom Vater gegen allzu weit schweifende Phantasie verordnete praktische Arbeit im Seilerhandwerk, im Garten und auf dem Acker boten im Alltag ein nicht nur ausgleichendes, sondern ein überwiegendes Gegengewicht zum Phantastischen im Geistesleben des Jungen, der noch nicht zehn Jahre alt war. Die alltagspraktische Denkweise im Leben des kleinen "Friede" überwog und machte ihn fähig, zwar für die dunkel-romantische Seite im Fühlen und Denken empfänglich zu sein, sie aber mit optimistischen, man möchte sagen: real-romantischen Charaktereigenschaften - wie sie ein lebensbejahender Künstler benötigt - zu beherrschen und zu übertönen und damit trotz aller später auf ihn zukommenden Widerwärtigkeiten, Enttäuschungen und Rückschläge im Leben zu bestehen.

Die Natur hatte seinem Geist und seinem Herzen eine reiche Fülle hoher Gaben verliehen. Das machte ihn aufnahmebereit und empfindsam für das Schöne und für alle Glücksfälle, aber auch für alles Belastende und die schweren Schicksalsfügungen seines Lebens, das machte ihn "mit"-leidensfähig, erlebensfähig für jegliches und alles, was ihm im Leben begegnete. So kommt es, daß in den späteren Kompositionen neben anderem einmal die verklärte Welt des Kindererlebens und der entschwundenen Jugendjahre und zum anderen das durch Menschenlust und -leid angeregte Eigenempfinden und Mitgefühl vielfältig widerklingen und zum Ausdruck kommen:

Als eine Abordnung des Köthener Kantors Lehmann[89] dem jungen Loewe bei Eintritt in dessen Chor neben der freien Wohnung mit Licht, Holz, Tisch und Schule auch freien Unterricht in der Gesangskunst in Aussicht stellte, mag das bei dem Kantor Loewe den Ausschlag gegeben haben: "*Mein Vater ging auf diese Vorschläge ein. Sie waren für unsere immerhin beschränkten Verhältnisse gewiß nicht zu verwerfen.*"[90]

Die finanzielle Belastung und die unsichere politische Lage im ersten Jahr der französischen Besetzung mögen den alternden Kantor bewogen haben, den Jüngsten nicht gleich nach Halle in das Stadtgymnasium (wo auch dessen Brüder schon waren) zu schicken - das Alter dazu hätte er gehabt -, sondern mit der Annahme des günstigen Angebots aus Köthen erst einmal abzuwarten, um später weiterzusehen.

Runze kommentierte den 1807 erfolgten Weggang Loewes von Löbejün nach Köthen folgendermaßen: "*Seitdem bedurfte der Knabe der elterlichen Mittel nicht, auch nicht für Schule und Gesangsunterricht...*",[91] was einen unkritischen Leser veranlassen könnte, bezüglich Loewes damaliger Lebensumstände in eine falsche Richtung zu denken, daß er nämlich von nun an frei und unabhängig von Unterstützung hätte leben können. Dem war aber ganz und gar nicht so. Das galt auch noch für den Studenten Loewe. Keferstein hält im "König Mys" folgendes fest: "*Als er aber das dargebotene Pumpbüchlein* [das Verzeichnis der geborgten Gelder] *untersuchte, erschrak er selbst über die Größe der aufgelaufenen Summe, welche, wenn auch für einen bemittelten ziemlich unbeträchtlich, doch zu seinem Budget offenbar in einem sehr ungünstigen Verhältnisse stand. Vom Vaterhause her konnte er, wie er wohl wußte, für dieses Semester keine Nachschüsse mehr erwarten.*"[92]

Wie noch gezeigt werden soll, war Loewe wohl auf dringend benötigte Zuschüsse und Unterstützungen angewiesen, wenn sie auch vom Eltemhause her sicherlich nur in kleineren Beträgen gewährt werden konnten. Ebenfalls im "König Mys" findet sich die folgende Stelle: "*Leo erwiderte, daß er vom Vaterhause für dieses Semester gar nichts mehr und überhaupt äußerst wenig für die Zukunft zu erwarten habe,*

[89] Übrigens meldet das Hohnsdorfer Kirchenbuch, S. 291: "*Den 13. Juni 1820 starb der lutherische Cantor, H*[err] *Johann Christoph Lehmann, in einem Alter von 74 Jahren, nachdem er seit 1769, also 51 Jahre, bei Kirche und Schule sein Amt gewißenhaft und treu verwaltet.*" Demnach ist der Kantor Lehmann mit 23 Jahren in sein Köthener Amt gekommen. Als er Loewe von 1807 bis 1809 unterrichtete, war er 61 bis 63 Jahre alt.

[90] Selbstbiographie, S. 18

[91] Runze, Loewe redivivus, S. 388

[92] ebd., S. 46

und eben deshalb auch das Anerbieten im Betreff des Vorschusses, nicht annehmen könne, denn er sehe voraus, daß es ihm unmöglich sein werde, irgend eine geliehene Summe zurückzuerstatten. Er wolle aber Einiges komponieren und hoffe sich dadurch vieles Geld zu verdienen."[93]

Köthener Zwischenspiel

In Köthen hatte sich hinsichtlich der materiellen Lage Carl Loewes gegenüber der in Löbejün nicht viel verändert. Zwar gibt er nichts über den Verlust der elternhäuslichen Atmosphäre an, aber er muß den empfindsamen Zehnjährigen doch sehr getroffen haben. Genügend Ablenkung durch den Kurrendechor und ein in der Selbstbiographie beschriebenes buntes und abwechslungsreiches Leben in der kleinen Residenz werden ihn von allzu vielem Heimweh gerade in diesem Alter abgelenkt haben.

Das alltägliche Leben blieb einfach und anspruchslos. In Köthen hatte er einen Schulfreund, bei dem er einige Freitische in der Woche bekam, die ihm sehr lieb waren,[94] denn wenn auch "*die Kost bei dem alten strengen Kantor Lehmann zwar sonst wohl leidlich war*",[95] so ist es am Tisch der sechzehn Kurrendaner gewiß nicht üppig zugegangen. Zudem war Bargeld für den damals etwa 10- bis 11jährigen Loewe sicher knapp. So vermerkt er, daß ein anzuschaffender Zopf "zu seiner Freude sehr billig" war,[96] und die in der Freizeit gestatteten privaten Aufführungen bei begüterten Bürgern Köthens brachten "*zur Belohnung ein vortreffliches Abendbrot, was in der Jugend und bei magerer Beköstigung stets eine froh willkommene Gabe zu sein pflegt. Doch erhielten wir auch Geld...*"[97] Außerdem erinnert sich Loewe: "*An Freitischen fehlte es mir nicht. Ich erhielt aber auch Bücher, Kleider [!] u.s.w...*",[98] wodurch ebenfalls bezeugt wird, daß er für solche Zuwendungen dankbar war, weil er sie sehr gebrauchen konnte. "*Überdies fühlten wir Alle das Ärmliche* [!] *unserer Lage umso weniger, als einige Sänger weit über unsere Alterszeit hinaus waren; der Präfectus war gewiß einige dreißig Jahre alt.*"[99]

93 ebd., S. 105
94 Selbstbiographie, S. 19
95 ebd., S. 20
96 ebd., S. 20
97 ebd., S. 22
98 ebd., S. 22
99 ebd., S. 22

Die erste Aussage ist überaus aufschlußreich. Einerseits bezeichnet sie für die Älteren deren hoffnungsarme Abhängigkeit von Kantor Lehmann und andererseits für die Jüngeren deren notgedrungene Einsicht in den angeblich unabänderlichen (!) Zwang der bestehenden Verhältnisse. Auch hier aber begnügte man sich mit dem, was man hatte, und war dankbar für das wenige, das man erhielt. Auch bei den Köthener Kurrendanern herrschte eine Genügsamkeit auf niedrigem Niveau mit gerade gesichertem Auskommen, womit eine Geisteshaltung bezeichnet wurde, die zu etwas späterer Zeit von Loewe (auch eingedenk der Löbejüner Erfahrungen) noch deutlicher im Alltag vorgelebt werden sollte. Über die fehlenden Qualitäten der geistigen Ausbildung in Köthen gewann er erst später durch seinen Vater Einblick.

Die erste Zeit in Halle

Vater Loewe hat gewußt, daß der Aufenthalt seines Sohnes in Köthen nur eine sehr enge und kurze Sackgasse sein konnte, die seinen Sohn bestenfalls auf eine dörfliche Kantor-, Organisten- oder Küsterstelle des Köthener Ländchens geführt hätte. Die geistige und musikalische Ausbildung Carls wäre dabei mehr als dürftig geblieben. Kantor Loewe aber hatte mit seinem begabten Jüngsten mehr vor und wußte ihn darauf einzustimmen. Augenscheinlich hielt er auch nach der Errichtung des Königreiches Westphalen nun die politische Lage für ausreichend gefestigt und damit die Zeit für gekommen, die eigentliche Ausbildung seines Sohnes an der einzig dafür in Frage kommenden Einrichtung zwar etwas verspätet, aber nun mit aller Kraft und Gründlichkeit beginnen zu lassen - an der Schule, an der der Vater selbst und auch die älteren Brüder ausgebildet worden waren.

Deshalb folgte der dreizehnjährige Carl dem in die Zukunft weisenden Wunsche des Vaters und verließ eines schönen Sommertages 1809 die Köthener Chorschule, wahrscheinlich ohne das dort vorher anzukündigen und ohne wieder dorthin zurückzukehren. Die Ausbildung sollte in Halle an der Saale weitergehen.

Über die Verhältnisse in Halle wußte der Vater aus eigener Erfahrung gut Bescheid, auch weil seine beiden ältesten Söhne August Friedrich und Ludolph Andreas ebenfalls als Schüler und auch als Studenten in Halle gewesen waren. Trotz ihres Altersunterschiedes von anderthalb Jahren waren diese beiden damals gleichzeitig am 17. Mai 1787 als Choristen in die Klasse 8 des lutherischen Stadtgymnasiums eingetreten. Als Alter vermerkt das Schülerverzeichnis 13 und 11 Jahre, obwohl sie in Wahrheit nur 11 und 9 Jahre alt waren. Beide verblieben

hier bis zum Abitur, das sie beide bestanden und das während ihrer Schulzeit erst eingeführt und als "öffentliches Examen... den 2. März 1789 das erstemal, und zwar sehr glücklich gehalten wurde".[100] Beide waren während ihrer ganzen Schulzeit Mitglieder des Stadtsingechores.
Nun sollte auch der jüngste Sohn Carl seine eigentliche Ausbildung an der gleichen hochgeachteten Schule aufnehmen. Dort war aber schon seit mehreren Jahren bezüglich der Organisation der höheren Schulen eine Neueinrichtung geplant gewesen, aber zu altpreußischer Zeit nicht durchgeführt worden. Sie fand schließlich durch eine von König Jérôme am 17. Juli 1808 verfügte Vereinigung des älteren lutherischen Stadtgymnasiums mit der Latina der Franckeschen Stiftungen zu einer ganz neuen (damals "Collège de Halle" genannten) "lateinischen Hauptschule" statt. Damit verbunden war eine ganze Reihe neuer Regelungen, zu denen die Schulgeldfrage gehörte und auch (nach einer Zeit der Unentschlossenheit) die Entscheidung, den Stadtsingechor weiterexistieren zu lassen, ihn der neugegründeten lateinischen Hauptschule anzugliedern und zu seinem ersten eigentlichen Direktor am 22. Oktober 1808 Daniel Gottlob Türk zu berufen. Das alles waren Regelungen, die für Carl Loewes erste Jahre in Halle äußerst günstig und von größter Wichtigkeit waren.
Der Stadtsingechor war bis dahin dem lutherischen Stadtgymnasium zugeordnet gewesen und hatte sich schon seit einigen Jahren in einer Phase des Rückganges befunden. Nach einem starken Verfall des Gesangsunterrichts und dadurch mitbedingtem Verlust an Fertigkeiten der Choristen war auch ein Rückgang des Interesses des Publikums eingetreten.[101] Begleitet wurde dieser innere Qualitätsverlust durch finanzielle Einbußen, personelle Abgänge sowie Unterbrechungen der öffentlichen Chorarbeit im Gefolge der politischen Wirren der Jahre 1805 (Teuerung und Hungerunruhen) und 1806 (Zusammenbruch Altpreußens, eingeleitet durch die Doppelschlacht von Jena und Auerstedt). Mit Türks Ernennung zum Chordirektor erwartete man einen Aufstieg in künstlerischer Hinsicht. Dieser trat auch ein, und es ist ein nicht zu unterschätzender Glücksumstand, daß in dieser Phase des Neuaufbaus des Chores Carl Loewe in ihn aufgenommen wurde, zu einer Zeit also, in der parallel dem guten Verlauf der Chorarbeit auch eine stürmische Entwicklung der Persönlichkeit Carl Loewes begann, die so erfolgreich verlief, daß er für mehrere Jahre das Profil des Chores mitbestimmen konnte.
Die Verbesserung der finanziellen Lage des Stadtsingechores dagegen ließ noch

[100] Francke-Archiv Halle, Chorbuch D 132, S. 98

[101] Musketa, S. 13

lange Jahre auf sich warten.[102] Auch das hatte natürlicherweise Einfluß auf Loewe, diesmal hinsichtlich seines Lebensstandards.
Im Sommer 1809 ging Vater Loewe mit seinem musikbegabten Sohn zum Direktor des Stadtsingechores Daniel Gottlob Türk, der gleichzeitig "Professor und Direktor der Musik auf der hiesigen [halleschen] Friedrichs-Universität" war. Vater Loewe bat Türk, seinen Sohn in den Stadtsingechor aufzunehmen. Eine zu diesem Zweck durchgeführte musikalische Probe bestand Carl Loewe glänzend, so daß er Mitte August 1809 ohne weitere Vorbehalte Vollmitglied des Stadtsingechores wurde. Seit dieser Zeit wird er in den Abrechnungslisten des Chores geführt.[103]
In der Periode des organisatorischen und künstlerischen Neuaufbaus des Chores unter Türk war der Eintritt Loewes in den Chor eine wertvolle Bereicherung für diese stadtbekannte Einrichtung. Als hervorragender Sänger bestimmte er schon nach drei, vier Monaten die sangeskünstlerische Qualität des Chores mit.
Über den Chor erhielt er freie Unterkunft und Mittagstisch "auf der Stadtschule", also im Internat der Franckeschen Stiftungen. Bald wohnte er - ebenfalls mietfrei, die Miete bezahlte der Stadtsingechor - bei seinem musikalischen Lehrer Türk in der Großen Steinstraße 82.[104]
Als Chorist fand Loewe automatisch Zugang zur lateinischen Hauptschule, in die er am 13. Oktober 1809 - zwei Monate nach seinem Eintritt in den Chor - aufgenommen wurde. Es war für Loewes weiteren Lebensweg von großer Tragweite, daß er seine humanistische Ausbildung an dieser in der ganzen zivilisierten Welt berühmten Schule erhielt. Das Schulgeld von immerhin 8 Talern jährlich brauchte er als Chorist nicht zu bezahlen, und das war nun wieder dem Vater zum Vorteil.
Auf diese Weise war es also gelungen, Carl Loewe unter günstigen Bedingungen in einem in zweifacher Hinsicht erfolversprechenden Ausbildungsgang unterzubringen: Erstens fand die schulische Ausbildung nach dem Köthener Intermezzo in einer der besten Schulen, die im damaligen Deutschland vorhanden waren, statt, und zweitens übernahm Professor Türk sehr bald neben der Ausbildung Loewes als Chormitglied auch dessen mehr individuelle Anleitung als Gesangssolist und weiterhin auch auf musiktheoretischem Gebiet, was im Laufe von etwa zwei Jahren in den Vordergrund treten und bis zu Türks Tode anhalten sollte.

[102] ebd., S. 17

[103] Francke-Archiv, Chorbuch D 132

[104] Dieses Haus wurde scherzhaft die "Türkei" genannt, es wurde im zweiten Weltkriege durch Bombenangriffe zerstört.

Der Stadtsingechor als geistige Heimat

Mit dem Eintritt Loewes in den Chor gelangte Carl Loewe in eine Gemeinschaft, die geistig schon immer nach christlichen Grundsätzen geführt wurde und die starken erzieherischen Einfluß auf ihre Mitglieder ausübte. Streng verpflichtet dem traditionsreichen Erbe Franckescher Ideen, erfolgte die Bildung und Erziehung der jungen Menschen im Chor mit protestantischem Gedankengut, das wiederum durch pietistisches Verantwortungsgefühl und Pflichtbewußtsein geprägt war. In diesem Sinne wurde den Choristen regelmäßig aller Vierteljahre anläßlich der Verteilung des Quartalsgeldes das "Grundgesetz" des Chores verlesen. Dieses Vorgehen bot sich an, weil bei dem gegebenen Anlaß alle Choristen versammelt waren und weil bei dieser Gelegenheit der Verteilung von Geldanteilen das patriarchalische Abhängigkeits-, aber auch Verantwortungsverhältnis zwischen Chorleitung und Choristen eine besonders nachdrückliche Unterstreichung erfuhr.

Die geistigen Leitlinien wurden u. a. durch die folgenden Grundzüge der "Leges", das ist eine Zusammenstellung von Hinweisen und Geboten für die Choristen,[105] mitbestimmt:
Nachfolgende Gesetze werden jetzt in der Gegenwart des allerheiligsten Gottes verlesen, damit ein jeder sich darnach mit allem Gehorsam achte und sich vor Strafe hüte.
I. Die Schüler sollen bey allen ihren Werken und allenthalben bedenken, daß Gott alles sehe und höre und auch alles Gute belohne und hingegen alles Böse zeitlich und ewig bestrafe.
VI. Beym Singen sowohl in den Precibus [Gebeten] *als auf der Straße und in den Kirchen sollen alle Symphoniaci* [eigentlich: Musiker, hier: Chormitglieder] *wohl bedenken, daß es Gott zu Ehren geschehe, und daß er sich weder verachten noch spotten lasse.*
Denn eben deswegen genießen die Schüler so viele Wohltaten, damit sie durch ihr andächtiges Singen die Andacht ihrer Wohltäter erwecken. Ja, man weiß schmerzlich, daß öfters äußerst betrübte Personen durch dergleichen Gesang sind auf einmal erquickt und wieder aufgerichtet worden. Sie müßen sich zu dem Ende fleißig vorstellen, daß sie das auf Erden thun sollen, was die heiligen Engel und die Seeligen im Himmel [thun], *mit einer unaussprechlichen Lust erquicken.*
VII. Und da die Chorschüler arm sind, so haben sie ja doppelt Ursache, sich um die Gnade

[105] zu finden im Francke-Archiv, D 132, Anhang

des großen und allmächtigen Gottes zu bewerben und durch einen heiligen Wandel sich beständig in derselben zu erhalten.

IX. Ferner müßen sie wenigstens des Tages einmal sich sorgfältig prüfen, ihre Sünden Gott abbitten, mit Gott vertraut umgehen und herzlich im Verborgenen Beten, damit ihr Studiren und Singen dadurch geheiliget und sie also von Jugend auf lebendige und Gottwohlgefällige Opfer werden mögen. Dieses wird geschehen, wenn sie alles, was sie thun müßen Vor Gott und um Gottes Willen freudig und gehorsamlich verrichten. So wird Gott lebenslang ihr Helfer, Patron und gnädiger Vater seyn und sie niemals verlassen.

Zur Regelung von Ordnung und Disziplin war eine hierarchische Struktur vorgesehen, in der die Jüngeren den Älteren zu gehorchen hatten und ihnen in Maßen kleine Dienstleistungen schuldeten. Bei Meinungsverschiedenheiten oder bei Streit hatten alle einen "Dienstweg" über den Präfekten, den Stellvertreter des Chorleiters, zum Chordirektor einzuhalten. Das Prinzip väterlicher Verantwortung und Güte sowie der Schutz der Schwachen wurden ausdrücklich vermerkt. Die folgenden Grundsätze beschreiben eine wesentliche Eigenart des Pietismus:

XX. Es sollen zwar die Kleinern den Aeltesten in billigen [zumutbaren] *Dingen und NB* [nota bene = merke wohl] *dreymal des Tages zu einer gesetzten Zeit unentbehrliche Dinge holen: aber dabey weder an ihrem Lernen gehindert, noch viel weniger mit Schimpfworten oder gar mit Schlägen gemishandelt werden. Ein jeder soll bedenken, was er in gleichen Umständen für eine Begegnung* [Behandlung] *verlangte. Der Rector wird sich allemal des Schwächeren väterlich annehmen. Ist Klage wider die Kleinen, so muß es erst dem Praefecto gemeldet werden und dieser hat es dem Rectori anzuzeigen, wenn er es nicht beylegen kann.*

XXI. Gleichwie der Praefectus an des Rectors statt die Aufsicht über die Chorschüler hat: also sollen sie ihm in allen vorhergehenden und andern billigen Puncten folgen, sich nicht wider ihn auflehnen, sondern wo sie sich [für] *beleidigt halten, beym Rectore Recht suchen.*

Um den Schülern die Einrichtung des Chores auch als eine Benefizien-Anstalt (Wohltätigkeitseinrichtung) vor Augen zu führen, bildete die folgende Darlegung den vorletzten Punkt der jeweiligen Vergatterung:

XXIII. Wer nun von den Chorschülern Gott wahrhaftig fürchten, fleißig seyn, sich gut aufführen und die Gesetze beobachten wird, der kann sich von Gottes Gnade und der Gewogenheit aller Rechtschaffenen versichert halten. Wie denn der Rector auch bey Vertheilung der Beneficien [Wohltaten] *und bey Recommendationen* [Anerkennungen] *einzig und allein auf eines jeden Fleiß und Wohlverhalten* [!] *sehen und dabey sich allein nach seinem Gewissen richten wird.*

In diesem Punkt wird zum Ausdruck gebracht, daß der Empfang der Wohltaten -

beim Stadtsingechor waren das z. B. der Genuß eines Freitisches oder die Verteilung des "ersungenen" Geldes nach noch zu beschreibenden Regeln - kein Recht der Choristen ist, sondern abhängt vom Wohlverhalten der Choristen, von ihrem Fleiß und Einsatz, von ihren gezeigten Leistungen und natürlich von der verantwortungsvollen Entscheidung des Chordirektors, der nach Anlage der "Leges" als unvoreingenommen und als letzte Instanz vorausgesetzt wurde.

Der Anteil des einzelnen bei der Gestaltung des persönlichen Geschicks und sein Beitrag zur Erringung der ewigen Glückseligkeit wird abschließend sehr eindrucksvoll in einem Appell an die eigene Verantwortung in Erinnerung gebracht:

XXIV. Ein jeder Chorschüler wird jetzt bedenken, daß er dermaleinst vor dem allwissenden und gerechten Gott ein Gerichte, vor Engeln und allen Heiligen erscheinen wird, um Rechenschaft zu geben, von allem was er gedacht, geredet und gethan hat. Der HErr schreibe selbst sein Heiliges Gesetz und seine Furcht in ihr Herz um JEsu Christi willen, Amen.

Die zitierten Stellen entstammen einer Fassung der "Leges", die mindestens fünfzig Jahre früher, nämlich vor 1758 erstellt wurde. Die beiden ältesten Brüder Loewes wurden nach den in ihnen ausgesprochenen Grundsätzen angeleitet und erzogen.

Eine zweite Fassung ist nach der Schulvereinigung zwischen 1808 und 1816 (Amtsantritt Naues) entstanden, eine genaue Datierung ist nicht möglich. Die zweite Fassung enthält die ausdrücklichen Grundsätze der christlichen Moral und Ethik als Richtschnur allen Tuns nicht mehr, sie geht dafür stärker auf technisch-organisatorische Regelungen ein. Ob sie zu Loewes Zeit schon von Anfang an verbindlich war, ist nicht feststellbar, aber auch unerheblich, denn die Einrichtung Stadtsingechor war auch nach ihrer neuen Zielsetzung "Pflege des religiösen Gesanges" in Geist und Sinn der alten Tradition und Ausstrahlung noch immer verbunden. Die bisherigen Grundsätze wirkten auch in die neue Zeit hinein, wenn auch gerade die für Halle wichtigen aufklärerischen Bestrebungen, die Revolutionskriege, der preußische Zusammenbruch, die Franzosenherrschaft und die Befreiungskriege viel Unruhe brachten und neue geistige Strömungen sich Bahn brachen, von den neuen rationalistischen Richtungen, wie sie von Niemeyer und Knapp, den damaligen Direktoren der Franckeschen Stiftungen, repräsentiert wurden, ganz zu schweigen. Mit deren Ansichten allerdings wurde Carl Loewe konfrontiert.

Carl Loewe wird es nicht schwergefallen sein, sich dem traditionellen Gedankengut entsprechend aufzuführen und in den Chor einzuordnen. Dazu hatte sein Vater während der Kindheit in Löbejün sorgfältig und lebenspraktisch gute Vorarbeit geleistet und feste Grundlagen geschaffen. Das von Francke beeinflußte geistige Umfeld in Halle - an dem ja auch der Vater selbst vor Jahren Anteil hatte - war immer noch ausstrahlungsstark genug, die väterliche Erziehung im gleichen Sinne fortzusetzen und eine Vertiefung und Festigung der sittlichen Grundsätze, nach denen Carl Loewe später sein Leben führte, zu bewirken.

Der Stadtsingechor als eine Benefizien-Anstalt

Wenn man den Stadtsingechor - dem Loewe nun angehörte - weder nach seiner künstlerischen Bedeutung noch nach seiner liturgischen oder allgemein-kulturellen Funktion beurteilen, sondern nur nach einer ganz bestimmten Komponente seines sozial-ökonomischen Aspekts betrachten will, dann ist das "Chorbuch" mit seinen Finanzabrechnungen und einer Fülle von Nebenbemerkungen eine aufschlußreiche Quelle.[106] Hier interessiert zunächst nur die Tatsache, daß der Chor als künstlerische Dienstleistungseinrichtung auch zur materiellen Versorgung seiner Mitglieder beitrug. Dies wurde möglich, weil die "Dienstleistungen" Geld einbrachten.

Um Ostern 1782 hatte Benjamin Friedrich Schmieder, letzter Rektor des lutherischen Stadtgymnasiums und damaliger Leiter des Chores, nachrichtlich im "Chorbuch" festgehalten, was z. T. seit Jahrhunderten geübte Praxis war und auch noch zu Carl Loewes Zeiten galt. Er erläuterte kurz die Herkunft der Einnahmen und deren Verteilung an die Choristen:

"*Die Zuflüße der Chorcaße kommen aus 3 Quellen 1. Peterson*[sches] *Legat, 2. Kirchenbeyträge, 3. das Eingesungene. Die Vertheilung geschieht auf doppelte Art 1) wöchentlich das so genannte Wochengeld, wozu n*[umero] *1 u*[nd] *2 der Zuflüße ganz, und von n. 3 ein Theil verwendet wird. 2) quartaliter wird vertheilt, was von n. 3 der Zuflüße übrig bleibt, theils von einem darzu deputirten Senatore wöchentlich zurückgelegt, theils nach Ablauf des Vierteljahrs von den Quartalhäusern* [vor denen regelmäßig gesungen und "abkassiert" wurde], *auch zu Neujahr als Neujahrsgeschenk, u*[nd] *zu Ostern zum Schöney, einkommt.*"[107]

"*Bei den Quartalvertheilungen erhält*

Praefectus	*den 6ten*
Adjunctus	*den 9ten*
jeder erklärte Concertist	*den 12ten Theil*

der ganzen vorräthigen zu verteilenden Summe."

[106] Francke-Archiv, D 132

[107] ebd.

Zum Status der Concertisten und zu den Ansprüchen der übrigen Choristen führte er aus:

"*Mehr als drey Concertisten können nicht seyn, denn Praef*[ectus] *ist allemahl einer derselben; es sind aber selten drei. Zu Ostern 1781 waren 2, von Joh*[annis] *1781 bis jetzt Ostern 1782 nur 1. Das übrige wird unter sämtl*[iche] *Chorschüler mit Rücksicht auf die Brauchbarkeit eines jeden, vertheilt... Rector sagt Praefecto die zu vertheilende Summe, dieser übergiebt ihm einen Repartitionszettel* [Verteilungszettel], *den der Rector nach Gutdünken ändert.*

Wochengeld erhält Praefectus	*1 rthl*
Adjunctus so viel zu dem, was er vom Neumarkt hat, daß er in allem 22 gr habe, jetzt	
[erhält er]	*14 gr*
Ein Concertist im Baße	*16 gr*
Ein Concertist im Tenor, Alt oder Discant	*14 gr*
Calefactor [Hausdiener]	*4 gr*

An den finanziellen Einkünften des Chores nahmen bis auf Neulinge alle teil, allerdings in recht unterschiedlicher Höhe.

Der Stadtsingechor führte zur Zeit Loewes in der Regel mindestens mittwochs, sonnabends und sonntags Singeumgänge in Halle und in den Vorstädten Glaucha und Neumarkt durch. Vor den Häusern der Bürger, die das mit dem Chor vereinbart hatten, brachte der Chor seine Gesangsdarbietungen zur Aufführung. Der (Geld-)Büchsenträger mit seinen kontrollierenden Gesellen sammelte das hierfür gespendete Geld ein. Auch das Singen zum Neujahrsfest und um das "Schön-Ei" zu Ostern, kleine Beiträge der Kirchen "Unser Lieben Frauen" und "St. Ulrich" für die Mitwirkung bei Gottesdiensten, Zinsen aus Legaten, Zuschüsse aus der Schulkasse sowie Auftritte bei besonderen Anlässen (Amtseinführungen, Geburtstage hoher Persönlichkeiten, auch das sogenannte "Leichensingen" bei Todesfällen) brachten Geld in die Chorkasse. Die Vierteljahreseinkünfte des Chores von 1809 bis 1817 sind im Diagramm dargestellt. Von den jeweiligen Summen wurden vorrangig bestimmte Ausgaben bestritten, wie z. B. den zwölften Teil der Einnahme als Honorar für den Chordirektor, für Abgaben an verschiedene Geistliche, für Miete der Übungsräume, für Medikamente, Krankenkost, Licht, Holz, Reparaturen, Fuhrlohn, Möbel, Noten. So kam tatsächlich nur ein oft erheblich reduzierter Rest zur Verteilung an die Choristen. Diese Beträge werden durch den unteren Kurvenzug im Diagramm dargestellt.

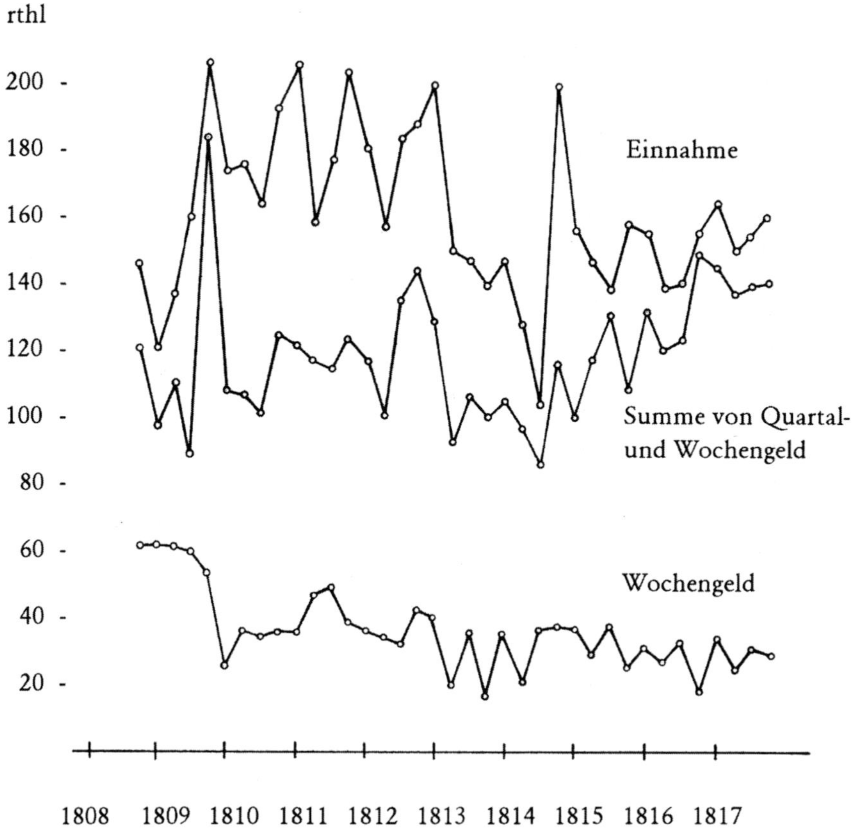

Einnahmen, Summe von Quartal- und Wochengeld und Wochengeld des Stadtsingechores 1809 bis 1817

Am 27. Januar 1809 richtete Türk an den "hochlöblichen Schulrath der Stadt Halle" (ein Kollegium) ein Schreiben, in dem er über die finanzielle Situation des Chores berichtete und die von Rektor Schmieder beschriebenen Regelungen bestätigte. "*Nach einer möglichst genauen Berechnung beträgt alles, was die Choristen in den letzten drey Jahren für das Singen vor den Häusern und bey den Kirchenmusiken einnahmen, jährlich gegen 450 Thaler. Hiervon erhielt bisher jeder Chorist, hauptsächlich nach Verhältnis seiner größern oder mindern Brauchbarkeit als* Sänger [auch im Original unterstrichen], *ein gewisses Wochengeld. Die übrig bleibende Summe aber wurde aufbewahrt und bey dem Schluße eines jeden Vierteljahres unter der Benennung des Quartalgeldes, ebenfalls nach Verdienst, an die Choristen vertheilt. Außer der nur oben erwähnten Einnahme von ungefähr 450 Thalern, erhielt das Singechor noch 125 Thaler Zinsen von dem sogenannten Petersohnschen Legate, so daß also zusammen gegen 575 Thaler unter die Choristen vertheilt wurden ...*"[108]

Einnahmen, Wochengeld, Quartalverteilungen des Stadtsingechores

	Einnahme	Wochengeld	Quartalgeld	Summe der Ausgaben
1808				
I[109]			91	
II			96	
III			109	
IV	148	63	58	121 Türk
1809				
I	122	63	34	96
II	137	63	47	109
III	161	63	24	87
IV	206	51	107	183
1810				
I	173	25	83	108
II	174	34	73	107
III	164	32	70	101
IV	190	34	91	125
1811				
I	207	50	87	137
II	155	49	63	112
III	174	62	60	122
IV	204	51	86	137

[108] ebd., S. 172 c

[109] I = 1. Quartal usw.

	Einnahme	Wochengeld	Quartalgeld	Summe der Ausgaben
1812				
I	179	50	76	126
II	153	43	65	108
III	186	43	101	144
IV	190	61	102	163
1813				
I	220	53	87	140
II	150	33	83	116
III	147	48	74	122
IV	140	22	86	108
1814				
I	147	44	72	116 Kötschau
II	126	28	77	105
III	103	37	46	83
IV	199	71	75	146
1815				
I	155	69	61	130
II	146	39	84	123
III	139	48	91	139
IV	157	38	78	126
1816				
I	154	32	100	132
II	137	29	91	120
III	139	33	91	123
IV	156	34 (8 W.)	131	165 Naue
1817				
I	168	34 (15 W.)	114	148
II	147	53 (11 W.)	80	133
III	152	79 (15 W.)	58	137
IV	163	61	78	139

Bei der Verteilung genossen der Präfekt (auch "Präzentor" genannt), der den Chor bei dessen außerkirchlichen Darbietungen und in disziplinarischer Hinsicht führte, während der Chordirektor u. a. für die Gesangsausbildung und die künstlerische Leitung verantwortlich war, und sein Adjunkt (Stellvertreter und Gehilfe) immer noch eine Sonderregelung. Ihnen sollten wie bisher der sechste bzw. der neunte Teil der zur Verteilung gelangenden Summe zufließen, auch der Büchsenträger wurde regelmäßig begünstigt. Der übrigbleibende Rest wurde nicht gleichmäßig verteilt. Die auszuzahlenden Anteile wurden ständig neu gestaffelt und nach Ermessen des Chordirektors im Einvernehmen mit dem Rektor differenziert vergeben. Als Kriterien für deren persönliche Entscheidungen galten hauptsächlich das Können und die Leistungen sowie das Wohlverhalten der Choristen. Außerdem wurden Zuspätkommen und Schwänzen des Chores sowie andere kleine Vergehen mit Geldabzug bestraft. Neu angenommene Choristen bzw. Choranwärter erhielten nichts, weil sie "bloß zu ihrer Übung mit in das Chor aufgenommen waren". Im Zeitraum von 1810 III bis 1812 III waren das immerhin mehr als ein Drittel aller namentlich angeführten Teilnehmer, nämlich 106 von 289 Nennungen. Carl Loewe aber hat auch als Neuling von Anfang an ziemlich hohe Anteile vom Vierteljahresgeld erhalten. Ordnet man die empfangenen Geldanteile der Größe nach, so erhält man z. B. für das erste Quartal von 1814 das folgende Bild:

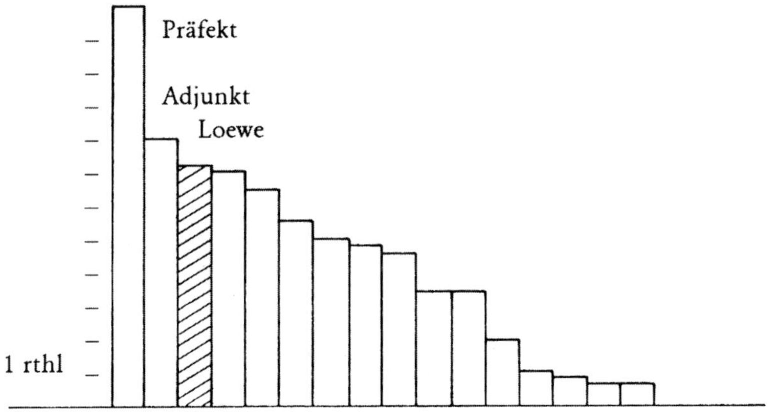

Diagramm der Quartalgelder 1814 I

In diesem Diagramm kommen mehrere charakteristische Eigenschaften der großen Mehrzahl der Verteilungen von 1814 IV bis 1817 III zum Ausdruck:
1. Die höchsten Beträge erhalten - wie festgelegt - der Präfekt und der Adjunkt, deren Anteile hier ziemlich genau den vorgesehenen Werten entsprechen, was nicht immer der Fall war.
2. Carl Loewe ist nach dem Präfekten und dem Adjunkten der am höchsten bezahlte Empfänger, was seiner führenden Rolle als Sänger entspricht.
3. Die Anteile der anderen sind stark nach unten gestaffelt. Dieses Grundmuster ist mehr oder weniger ausgeprägt bei allen Verteilungen vorhanden.
Ein Vergleich aller Verteilungen zeigt außerdem, daß außer für Präfekt und Adjunkt keine allgemein verbindliche prozentuale Aufschlüsselung des Geldes eingehalten wurde. Darin drückt sich der schon von Schmieder 1782 angedeutete Ermessensspielraum des Rektors bei der Verteilung des Geldes nach "Gutdünken", also nach Beurteilung des Wohlverhaltens und Anerkennung der "Brauchbarkeit" des Choristen aus. Als "erklärter Concertist" mit einem Zwölftel der zu verteilenden Summe ist lediglich Carl Loewe im Zeitraum von 1811 II bis 1813 IV zu erkennen.
Eine Auswertung aller 30 Abrechnungen, bei denen Loewe namentlich beteiligt war, läßt seine Sonderstellung im Chor deutlich hervortreten. Maßstab für seine Wertschätzung sind die Häufigkeiten, mit denen Loewe den jeweiligen Platz in der Rangfolge der nach Anteilhöhe geordneten Abrechnungsliste einnahm.

Platz	1	2	3	4	5	6	.	11
Häufigkeit	2	6	14	3	1	2	.	1

Platz 1 nahm er zweimal ein, weil er ein halbes Jahr lang interimistisch Präfekt für den während der Befreiungskriege im Felde stehenden "ordentlichen" Präfekten Kersten war.
Geht man davon aus, daß Präfekt und Adjunkt (in mehreren Fällen auch der Büchsenträger) ihre höheren Anteile nicht wegen ihrer gesanglichen Leistungen im Chor erhielten, sondern weil sie ein Amt verwalteten, so ergibt sich bei ihrer Eliminierung aus den verschiedenen Rangfolgen ein Bild, das Loewes herausragende Position im Chor noch deutlicher macht. Loewe erhielt nach diesen von den Amtsträgern bereinigten Rangfolgen die folgenden Plätze:

Platz	1	2	3	4	.	8
Häufigkeit	25	1	2	1	.	1

Dabei fällt der eine achte Platz in das allererste Vierteljahr im Chor überhaupt. Schon im zweiten Vierteljahr (1810 I) hatte Loewe nur die drei "Amtsträger" vor sich und galt in den Augen der für den Chor Verantwortlichen von da ab fast durchgehend als die Stimme Nr. 1 (übrigens bis Ende 1813 als Sänger im Diskant, von da ab als Tenor). Der eine vierte Platz fällt in das Vierteljahr nach Türks Tode (wahrscheinlich im Zusammenhang mit dem Stimmwechsel; eventuell könnte er auch zu dieser Zeit wegen des Verlustes seines verehrten Lehrers ein Leistungstief gehabt haben), die zwei dritten Plätze liegen in 1810 II und 1811 I, der zweite Platz 1813 I.
Beachtenswert bei den 25 ersten Plätzen ist die Tatsache, daß über neun Jahre lang diese Zuweisung durch drei sehr verschiedene Chordirektoren (Türk, Kötschau, Naue) erfolgte, was ein weiterer Hinweis auf die allgemein anerkannte Wertschätzung Loewes als Sänger schon zu dieser frühen Zeit ist. Gelegentlich erhielt Loewe mit ein oder zwei anderen den gleichen höchsten Anteil.
Für die Beurteilung des materiellen Vorteils, der aus der Verteilung des Quartalgeldes gewonnen wurde, ist weniger die Platzzahl in der Rangfolge, als vielmehr die Höhe des ausgezahlten Anteils von Wichtigkeit. Carl Loewe erhielt in den einzelnen Jahren folgende Summen:

1809 (nur ein Quartal)		5 rthl	14 gr
1810		20	7
1811		22	20
1812		28	9
1813		30	6
1814		22	18
1815 (zwei Quartale als Präfekt)		39	19
1816 (drittes Quartal geschätzt)	etwa	24	-
1817 (Verzicht auf I, nur II und III namentlich ausgewiesen)		6	20

Die Einkünfte waren ihrer Natur nach unsicher und schwankten in der Höhe. Zu ihrer Interpretation sei deshalb daran erinnert, daß der Kantor Loewe nach fast fünfzigjähriger Tätigkeit als Schullehrer in Löbejün ein Jahreseinkommen von etwa 170 Talern hatte. In dieser Summe waren aber kirchliche Akzidentien (Trauungen, Taufen, Einsegnungen von Wöchnerinnen, Beerdigungen), Naturaleinnahmen (Getreide, Hülsenfrüchte, Brot, Wurst, Eier, Johannisbier, auch Feuerung sowie Nutzung von Gräsereien und Weiden), Erträge von Singeumgängen (Neujahr, österliches Schön-Ei, Gregorius- bzw. Himmelfahrts-Singen) einbegriffen.

Über die finanziellen Zuwendungen des Chores an seine Mitglieder läßt sich also feststellen: Die Choristen erhielten wöchentlich einen "Abschlag" von den gesamten zu verteilenden Einnahmen, das sogenannte Wochengeld. Carl Loewe bezog einen der höchsten Beträge, nämlich konstant 10 Groschen von 1809 III bis 1812 II. Da die Vierteljahressummen der Wochengelder z. T. auffällig differerieren, waren die jeweiligen Auszahlungen für die meisten Choristen durch den Chordirektor kein Fixum, sondern nach Maßgabe der Beurteilung des Choristen durch den Chordirektor einer fortwährenden Neufestlegung unterworfen. Ebensolche Schwankungen weisen die Quartalszahlungen auf, was aber hier mit den zufälligen Änderungen der Einnahmenhöhe und den jeweils anfallenden Ausgaben zu begründen wäre.

Der Freitisch der Choristen

Wochengeld und Quartalgeld waren als Zuwendungen von Bargeld bei den Choristen höher angesehen als der Freitisch der Choristen, der ein umstrittenes Benefizium darstellte. Schon vor Loewes Eintritt in den Chor hatten etwa zehn Choristen einen völlig kostenlosen Freitisch von den Franckeschen Stiftungen - deren Schüler sie ja sämtlich waren - erhalten. Türk schien das angesichts der kläglichen Finanzlage des Chores unangemessen, denn er wollte den Chor als Ganzes unterstützt und nicht nur in den einzelnen Mitgliedern gefördert sehen. Darauf wies er in einem Schreiben vom 27. Januar 1809 an den Schulrat, einem Gremium, dem die Lateinische Hauptschule und auch der Stadtsingechor unterstellt waren, hin.

Zwar erhalten bereits einige Choristen durch den ihnen von den Herren Direktoren des Waysenhauses hochgeneigt ertheilten, freyen Tisch eine höchst dankenswerte Unterstützung; allein ob diese Choristen gleich dessen ungeachtet bisher noch immer ihr volles Wochengeld erhalten: so wollten doch die meisten davon bey der letztern Vertheilung des Quartalgeldes selbst auf dieses nicht Verzicht thun. Sie erwiederten auf meine Vorstellungen dagegen, daß ihnen mit dem Gelde mehr gedient sey, als mit dem freyen Tische, weil sie zum Theil auch von ihren Aeltern durch einige Lebensmittel, aber nicht durch baares Geld unterstützt werden könnten. Bekämen aber diese Choristen außer dem freyen Tische was sie vorher erhalten haben: so würde durch jene Wohlthat zwar ihnen, aber nicht dem ganzen Singechore geholfen. Ich sehe mich daher genötigt, mir über diesen Umstand die Entscheidung eines hochlöblichen Schulrathes gehorsamst zu erbitten.[110]

[110] ebd.

Dem umständlichen Intellektuellen-Deutsch der damaligen Zeit ist zu entnehmen, daß "*Choristen, die auf dem Waysenhause wohnten und freyen Tisch, Wohnung, Licht und* [Feuer-]*Holz hatten*", vom Chor wie die anderen Choristen auch uneingeschränkt ihr Wochengeld und Quartalgeld erhielten. Das war tatsächlich eine großzügige Maßnahme, und darauf wollten die Teilnehmer am Freitisch verständlicherweise nicht verzichten. Die anderen Choristen werden auf Türks Seite gestanden haben, dessen Absichten darauf hinzielten, die Freitisch-Finanzen allen Chormitgliedern zugute kommen zu lassen. Türks Intervention brachte in der Tat innerhalb des nächsten halben Jahres eine Neuregelung in seinem Sinne. In seinem Antwortschreiben vom 17. März 1809 hatte der Schulrat zunächst in Aussicht gestellt, "*daß künftig, so lange es die Umstände verstatten, acht bis zehn Chorschüler freyen Tisch und freye Wohnung vom Waysenhause erhalten sollen; wofür sie aber einen Theil ihres Antheils an dem Quartalgelde, zur Entschädigung der übrigen, bey der Chorkasse stehen lassen müssen. Das Directorium des Waysenhauses wird das weitere hierüber genauer bestimmen und regulieren.*"[111]

Nach kurzem Hin und Her erfolgte die endgültige Regelung schließlich nach einem Verfahren, das 1809 III erstmalig zur Anwendung kam. In der genannten Quartalverteilung wurden die Kosten für den Freitisch gegen das Wochengeld der daran Beteiligten verrechnet. Die Direktion des Waisenhauses setzte den Freitisch pro Chorist auf 12 Groschen wöchentlich fest. In der betreffenden Abrechnung sind sieben Freitische unter Angabe der vom Chordirektor zugebilligten Wochengelder ausgewiesen:

"*Immisch 1 hat 10 gr Wochengeld; Immisch 2 desgl*[eichen]*; Schramm 5 gr; Reiche 6 gr; Schönleben 5 gr; Krahnert 6 gr; Löwe 10 gr.*"[112]

Keiner der sieben "Frei"-Esser erhielt demnach den sogenannten Freitisch völlig frei. Loewe bekam mit den Brüdern Immisch (diese nur bis 1811 I, von da ab kommen sie in den Listen nicht mehr vor) von allen den höchsten "Freibetrag". Aus diesem Grunde mußte er auch nur den kleinsten Betrag als Rückzahlung an die Chorkasse leisten. Die von Türk stets sehr sorgfältig vorgenommene Abrechnung der Freitische hatte diese Form: "*Löwe erhielt vermittelst des Freytisches 6 rthl 12 gr* [=13 Wochen à 12 gr] *hätte aber nur erhalten sollen 5 rthl 10 gr* [=13 Wochen à 10 gr] *zahlt also an die Casse 1 rthl 2 gr*"[113]

Der von Chordirektor und (Schul-)Direktor für die Choristen nach "Fleiß und Betragen" festgesetzte Anteil am Quartalgelde wurde nun bei den Freiessern um

[111] ebd., S. 172 ff.

[112] ebd., S. 181

[113] ebd.

den jeweiligen Betrag verringert. Dieser Modus galt für Loewe von August 1809 bis Juni 1812.
Praktisch führte der Freitisch bei einer solchen Regelung seinen Namen zu Unrecht, denn seine Teilnehmer bezahlten ihn. Sie bekamen ihn an Stelle des Wochengeldes. Das wurde für den Freitisch einbehalten, und was zur vollen Deckung seiner Kosten fehlte, wurde bei der Quartalverteilung nicht ausgezahlt. Benachteiligt waren die Choristen, die wenig Wochengeld erhielten und deshalb mehr als die anderen für den als "Vorschuß" genossenen Freitisch an Bargeld zurückzahlen mußten. Sie verfügten dadurch über weniger Bargeld, und das ging in der Zeit des sich etablierenden Königreiches Westphalen, in einer Zeit des knappen Geldes also, empfindlich gegen ihre Interessen.
Die Unzufriedenheit der Freitisch-Choristen mit der neuen Regelung ist deshalb erklärlich. Das leuchtete auch Türk ein, der jetzt erstaunlicherweise selbst Argumente gegen die doch durch ihn initiierte neue Form der Freitischordnung mitteilt: "*Verreiset ein Chorist, der den freyen Tisch hat, oder wird er krank, so kann er den Tisch nicht genießen, da er hingegen sonst das ihm ausgesetzte Wochengeld auch in solchen Fällen bekam... Nicht zu gedenken, daß der weite Weg auf das Waysenhaus, besonders bey rauher und schlechter Witterung, wo die Stimme leiden kann, eine Beschwerde für die Choristen ist.*"[114]
So setzte man erst einmal 1812 III den Freitisch bei der Verrechnung auf 8 Groschen wöchentlich, "da ihn für 12 gr kein Chorist mehr annehmen wollte".[115] Auf diese Weise kam bei der Verteilung der Einnahme für die Betroffenen etwas mehr Geld zur Auszahlung. Trotzdem verweigerten die Choristen die Annahme auch dieses "Frei"-Tisches, und die Zahl der Teilnehmer daran ging bis Mitte 1813 bis auf einen zurück. Aus diesem Grunde schaffte man den Freitisch, der ursprünglich als eine sehr segensreiche und praktische Vergünstigung für arme und wohl auch jüngere Choristen gedacht war, ab und wandelte ihn in eine Geldzuweisung an den Chor um, oder es erhielten ihn höchstens nur noch solche, welche die Schule besuchten, d. h., daß ein Chorist den "echten" Freitisch dann in seinem Status als Schüler der Lateinischen Hauptschule erhielt. Mit der Chorkasse hatte das dann nichts mehr zu tun.
Als Carl Loewe im Oktober 1814 wieder in die Schule eintrat, bekam er den Freitisch in eben dieser seiner neuerworbenen Eigenschaft als Schüler der Lateinischen Hauptschule. Die Bestätigung hierfür ist einem Schreiben zu entnehmen, welches das Direktorium der Franckeschen Stiftungen am 4. Dezember 1817 an

[114] ebd., S. 178
[115] ebd., S. 204

den "Hochedlen Magistrat der Stadt Löbejün" richtete. Die beiden Direktoren Knapp und Niemeyer teilten darin mit, daß ein beantragter Freitisch für einen anderen Löbejüner Bürgerssohn nicht gewährt werden kann, weil schon mehr als 60 "Expectanten", also Bewerber, vorhanden sind, "*und wenn daher genannter junger Mensch unserer Erziehungsanstalt anvertraut werden soll, so wird ihn der Vater vorerst aus eigenen Mitteln erhalten müssen.*"[116]

Daraus geht hervor, daß dieser Freitisch verständlicherweise sehr begehrt war und daß Loewe im Genusse dieses Benefiziums sich in einer sehr bevorzugten und günstigen Lage befand. Die Direktoren bemerken schließlich noch - und nun folgt die Bestätigung für die Teilnahme Loewes an diesem Freitisch -, "*daß es ein Irrthum ist, wenn Ein Hochedler Magistrat* [von Löbejün] *in der Meinung steht, als habe seit langen Jahren kein junger Mensch aus Löbejün hier den Freitisch genossen. Gerade dieser Ort kann mehr, als viele andere, solche Zöglinge unserer Anstalten aufweisen, denen diese Unterstützung zu Theil geworden ist. Wir nennen nur, um dieses zu beweisen, ohne in die frühere Zeit zurückzugehen, diejenigen, welche gegenwärtig daran Antheil haben. Sie sind:*

Richter,	*Sohn des dasigen Schullehrers,*
Naumann,	*Sohn des verstorbenen Einnehmers*
Kneisel,	*Sohn des Zechenwirts,*
Härzer,	*Sohn des Bergmanns,*
Heyer,	*der sogar unter die Waisen aufgenommen ist.*

Noch vor wenigen Wochen verließ erst Löwe, Sohn des dasigen Cantors, nach langjährigem Genuß des Freitisches unsere Anstalt."[117]

Am alten Choristen-Freitisch hatte Loewe seit der "Acht-Groschen-Regelung" nicht mehr teilgenommen. Auch ihm war offensichtlich an Bargeld mehr gelegen als an der Teilnahme an einer Beköstigung, für die er seiner Meinung nach zu viel bezahlen mußte. Sicher konnten auch ihn seine Eltern mit einigen Lebensmitteln, aber nicht so sehr durch bares Geld unterstützen. In der Zeit von 1811 bis Sommer 1813 bezog Loewe das "westphälische Stipendium". Bis zum Abitur 1817 besserte Loewe seinen Lebensunterhalt durch die zwischenzeitliche Verwaltung der Organistenstelle an der Marktkirche nach dem Tode Türks bis März 1814 und die Direktion der Kirchenmusiken, durch sein Auftreten als erster Tenor im Stadtsingechor ab 1814, durch die Leitung des Chores für den zum Militärdienst einberufenen Chorpräfekten Kersten von Sommer bis Herbst 1815

116 Archiv der Stadt Löbejün, Stipendienakte

117 ebd.

und auch durch musikalische Privatstunden, die er z. B. den Töchtern des Kanzlers Niemeyer gab. In diese Zeit fallen auch die ersten Kompositionen, "*die er verkaufen wollte, da er in dieser Zeit ziemlich mittellos war*".[118]

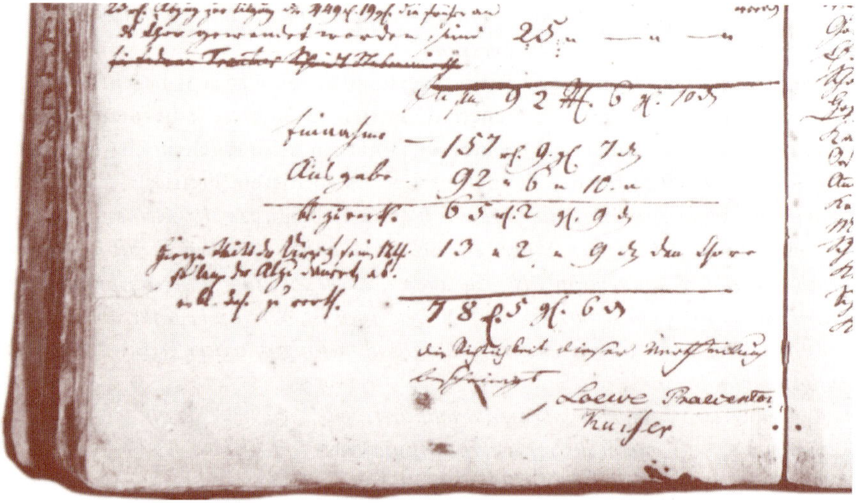

Carl Loewe als Praecentor des halleschen Stadtsingechores 1815 (Archiv der Franckeschen Stiftungen Halle, Chorbuch D 132, p. 230)

Zumindest in seinem ersten Jahr in Halle hatte Loewe nebenbei wenigstens einen weiteren privaten Freitisch und wohl auch vereinzelt einen etwas weitergehenden Kontakt mit den Familien, die den Freitisch spendeten. Zur Einsegnung hatte ihn nämlich *"die Schwester des Sekretär Wiese, bei deren Bruder er einen Freitisch hatte, 'geputzt'. Durch ihre Güte konnte er gar sauber zur heiligen Handlung gehen"*. Sicher war diese Anteilnahme für den etwa halbwüchsigen Vierzehnjährigen ein hochwillkommener Ersatz für die bei einem solchen Anlaß oft als unerläßlich angesehene mütterliche Fürsorge in der geliebten häuslichen Umgebung, die er nicht nach Belieben erreichen konnte: "*Meinen Vater besuchte ich nur in den wenigen Freistunden, die mir gestatteten, einen so weiten Fußweg von Halle nach Löbejün zu machen.*"[119]

[118] Anton, S. 47

[119] Selbstbiographie, S. 33

Der Fußweg dauerte immerhin vier bis fünf Stunden. Auf die Benutzung einer der zwei Postkutschenlinien nach Löbejün oder über Kaltenmark nach Köthen nahe an Löbejün vorbei wurde aus naheliegenden finanziellen Gründen verzichtet. "*Und so nahm sich meiner Jugend in dieser bedeutsamen Epoche meines Lebens eigentlich Niemand an.*"[120] Die Anteilnahme der Schwester des Sekretärs Wiese, in dessen Hause er häufig weilte[121], war in dieser Zeit die einzige, die in der Selbstbiographie Erwähnung fand.

Schwierige Verhältnisse in unruhiger Zeit

Im Sommer 1813 hatte Daniel Gottlob Türk, Loewes großer Förderer, nur noch wenige Wochen zu leben. Schon im März hatten Kriegsereignisse um und in Halle viel Unruhe gebracht. In seiner letzten Quartalsabrechnung 1813 II teilt Türk darüber mit: "*Der kriegerischen Zeitumstände wegen pp* [usw.] *ließen verschiedene Einwohner das Chor nicht mehr singen; auch fiel das Singen einige Wochen hindurch ganz weg... Drey Wochen hindurch konnte der Kriegsereignisse wegen nicht gesungen werden; daher waren während dieser Zeit verschiedene Choristen verreiset.*"[122]
Durch die Zwangspause hatten sich auch die Choreinkünfte auffällig verringert. Wahrscheinlich war auch Loewe "verreiset" und hat sich kurzfristig bei seinen Eltern im relativ nahen Löbejün aufgehalten. Zu besprechen hätte es sicher genug gegeben: Die politische Lage und, mit ihr verbunden, das persönliche Verhalten in dieser unruhigen Zeit sowie der Verlust des bisher empfangenen, nun aber verlorenen "westphälischen Stipendiums" waren nicht zu übersehende neue Gesichtspunkte in schwieriger Zeit. Bald danach begann auch mit dem Tode Türks am 26. August 1813 jenes schlimme Jahr für Carl Loewe, das erst am 18. Oktober 1814 mit seinem Wiedereintritt in die Lateinische Hauptschule zu Ende ging. Da das Stipendium von 100 Talern weggefallen war, mußte er jetzt finanziell mit dem Wochen- und Quartalgelde auskommen, das er durch die Einkünfte aus der stellvertretenden Verwaltung der verwaisten Organistenstelle an der Marktkirche, die vorher Türk innehatte, und aus seinen Privatstunden zu ergänzen suchte.
Hinsichtlich seiner Küche war er Selbstversorger. Obwohl gerade diese Zeit nach seiner Aussage die schwerste seines Lebens war, erzählt er in der Selbstbiographie

[120] ebd.

[121] Anton, S. 143

[122] Francke-Archiv, D 132, 1813 II

einzelne Episoden daraus doch mit einem gewissen Schmunzeln.[123] Dabei kennzeichnet die oft erwähnte Selbstversorgung symptomatisch Loewes Lebensstil zu jener Zeit, denn daß es nur frugale Kartoffelmahlzeiten waren, die er sich bereitete, ist nicht etwa nur der kulinarischen Einfallslosigkeit der Frau von Pastineller zuzuschreiben, sondern das bezeugt erneut in anderem Zusammenhange die auch hier wieder notgedrungen anspruchslose Bescheidenheit, die ihm seit Kindertagen vertraut war und die er abermals zu üben gezwungen wurde. Erst ab 1814 IV bis 1817 III, also während des zweiten Schulbesuchs, erhielt Loewe, wie wir bereits berichteten, nach Zeugnis der Direktoren Knapp und Niemeyer wieder einen - diesmal echten - Freitisch, jetzt als Schüler der Latina. Dem Chor hat er trotz der schulischen Unterbrechung von 1811 bis Oktober 1814 mit einer kurzen Pause immer angehört, und zwar von August 1809 bis zum Sommer/Herbst 1817. Das Fernbleiben vom Chor ereignete sich am Jahresanfang 1817, für welchen Zeitraum (1817 I) der damalige Chordirektor Naue mitteilt: "*Loewe hat auf die Quartalsverteilung Verzicht geleistet, weil er das Chor dies Vierteljahr nicht besucht hatte.*"[124]

Dies könnte damit zusammenhängen, daß er sich während dieser Wintermonate ernsthaft und mit Nachdruck auf die Abschlußprüfung an der Lateinischen Hauptschule vorbereitete. Es ist bekannt, daß er sie bestand. Auf einige der näheren Umstände und Verhältnisse seiner ersten Zeit in Halle soll in Vorbereitung des Verständnisses seines "Karriereknicks" im Jahre 1813 eingegangen werden.

Die Begründung eines Rufes

Wegen seiner Sangeskunst hatte Loewe im Chor also von Anfang an eine Sonderstellung inne, die ihm in künstlerisch interessierten Kreisen Halles hohes Ansehen einbrachte. Mehrere Zeitgenossen bezeugen seine Bekanntheit und auch seine Beliebtheit. Bei öffentlichen Auftritten und in privaten Zirkeln war er ein anerkannter und geschätzter Sänger, welcher Eindruck sich in den folgenden Jahren noch verstärken sollte.

Eine frühe Gelegenheit, bei der sich Loewe durch besondere gesangliche Leistungen auszeichnete und ein persönliches Geldgeschenk erhielt, war der Auftritt vor Madame de Stael in Halle.[125] Mit Glückwünschen für seine künstlerische Laufbahn "drückte sie ihm" nach seinen Darbietungen ein Achtgroschenstück "in die

[123] Selbstbiographie, S. 38

[124] Francke-Archiv, D 132, 1817 I

[125] Selbstbiographie, S. 36

Hand": "*Zu meiner Beschämung muß ich gestehen, daß das Silberstück, dessen Werth zu jener Zeit für mich den eines kleinen Schatzes glich, mehr Eindruck auf micht machte, als die berühmte Geberin.*"[126]

Diese unverhältnismäßige günstige Einschätzung des an sich kleinen Geldwerts der Münze kennzeichnet auf der einen Seite die hohe Achtung, die Loewe zu der Zeit vor Bargeld in seinen Händen hatte, auf der anderen Seite bezeugt aber die Geste Madame de Staels erneut auch die Tatsache, daß Loewe aus der Schar der übrigen Choristen gesanglich so herausragte, daß ein individuelles Geldgeschenk gerechtfertigt war.

Mehrfach erhielt er bei anderen besonderen Anlässen persönliche Geldgeschenke in nicht geringer Höhe. So bekamen am 9. Mai 1812 - Napoleon wird wenig später in Dresden Kaiser Franz I., König Friedrich Wilhelm III. und die Rheinbundfürsten um sich versammeln und bald darauf seinen verhängnisvollen Feldzug nach Rußland beginnen - vierzehn Choristen für das Singen anläßlich des Geburtstages des Präfekten des Saale-Departements Goßler insgesamt 17 Reichstaler, 7 Groschen und 6 Pfennige. Carl Loewe hatte als Diskantist mitgesungen, wofür ihm eigentlich mehr gebührte als die 16 Groschen, die er ausgezahlt bekam. Türk aber erklärt in der Abrechnung lakonisch: "*Löwe hatte nämlich für sich insbesondere 2 Louis d'or, 1 Ducaten und einen Thaler bekommen; die obigen 16 Groschen erhielt er daher bloß deswegen, weil sie übrig blieben.*"[127]

Nach der damals gültigen Münzumrechnung galt ein Louis d'or soviel wie 5 Reichstaler, 18 Groschen und 6 Pfennige und ein Dukaten soviel wie 3 Reichstaler und 4 Groschen. Somit hatte Loewe persönlich 15 Reichstaler und 17 Groschen erhalten, was eine außerordentliche Gratifikation darstellte, die nur geringfügig kleiner war als das Geschenk für alle Choristen zusammen, eine hochherzige Spende für herausragendes solistisches Können.

Im Mannesalter sollte sich Loewe später auf seinen Konzertreisen mit dem Auftreten als Gesangssolist, der vor allem seine eigenen Balladenvertonungen vortrug, eine zusätzliche Einnahmequelle erschließen.

Die Förderung seines Talents hielt sich, bei aller Bescheidenheit, Professor Türk zugute, wenn er in seinem Entlassungsgesuch vom 4. Juni 1812 (das nicht wirksam wurde) ohne Namensnennung, aber nach Lage der Dinge unzweifelhaft auf seinen Lieblingsschüler Carl Loewe gemünzt, feststellte:

"*Das hiesige, seit Michaelis 1808 meiner Leitung anvertraut gewesene Singechor hat das Glück gehabt, sich den Beyfall mehrerer Kenner und Freunde der Musik zu erwerben. Je*

[126] ebd.

[127] Francke-Archiv, D 132, 1812 II

schmeichelhafter mir dies ist, desto mehr halte ich es für meine Pflicht, Einem hochlöblichen Schulrathe die Bedürfnisse des Chores in der Beylage ergebenst anzuzeigen.
Unter den darin erwähnten Umständen war es in der That nur ein glücklicher Zufall, daß sich unter andern zwey Sänger von ausgezeichnetem Talente fanden, wovon der Eine und zwar der Vorzüglichste - freylich durch mancherley Aufopferung von meiner Seite - auch bis jetzt im Chore blieb, und daß ich dasselbe, keineswegs durch mein Verdienst allein, zu dem Grad der Vollkommenheit bringen konnte, den es etwa erreicht haben mag."[128]
Ein solches Urteil aus der Feder eines solchen Mannes kennzeichnet die sangeskünstlerische Qualität Loewes, dessen weitere Entwicklung noch Steigerungen versprach, hinreichend. So verwundert auch ein weiterer Vorgang kaum, der übrigens sehr folgenreich für Loewe war. Es war dies der oft erwähnte Auftritt Loewes vor Jérôme, dem König von Westphalen, im Jahre 1810 in Halle. Loewes Gesang gefiel, und Jérôme ließ durch den Präfekten des Saale-Departements, Herrn von Goßler, Loewe seine Zufriedenheit mit dessen Leistungen aussprechen. Auf diese Tatsache geht die verbreitete journalistische Legende zurück, Napoleons Bruder habe dem jugendlichen Loewe ein persönlich von ihm stammendes hohes Stipendium für seine Gesangsausbildung ausgesetzt. In der Selbstbiographie[129] beschreibt Loewe jedoch unzweideutig, daß Kanzler Niemeyer und Professor Türk bei Herrn von Goßler, dem Loewe auch sehr gefiel, für Loewe eintraten. Herrn von Goßlers Plan war, König Jérôme später mit einem "vollendet ausgebildeten Künstler" zu überraschen. Dabei wurde der 14/15jährige Carl Loewe längerfristig sogar für eine Kapellmeisterstelle eingeplant, die erst etwa ein Jahr vorher im Herbst 1808 keinem geringeren als Ludwig van Beethoven für beachtliche 600 Goldgulden angeboten worden war. Erst noch großzügigere Angebote der angesehensten und einflußreichsten Herren des österreichischen Kaiserreiches (Erzherzog Rudolph, Fürst Lobkowitz, Fürst Kinsky) und die Möglichkeit, völlig frei zu sein, hatten Beethoven bewogen, die im Januar 1809 nach Kassel gegebene Zusage wieder zurückzunehmen und in Wien zu bleiben.
Der für Loewe schließlich durch die Weltgeschichte zum Scheitern gebrachte, weit vorgreifende "Kapellmeisterplan" läßt in Umrissen erkennen, zu welchen Ansprüchen an Loewes zu erwartende Künstlerqualitäten man sich in Herrn von Goßlers Kreisen für die Zukunft berechtigt fühlte. Zunächst aber vermittelte der Präfekt als erstes - ohne Wissen des Königs - die Vergabe eines "königlich westphälischen" Stipendiums, das zwei Jahre lang bis zum Zusammenbruch der napoleonischen Macht Loewes Ausbildungsgang grundlegend änderte. Loewe gibt in

[128] ebd., S. 202 a

[129] Selbstbiographie, S. 37

seiner Selbstbiographie die Höhe des Stipendiums mit 300 Talern an, aber hier hat er sich zu späterer Zeit nicht richtig erinnert. In der Marienbibliothek der halleschen Marktkirche ist Loewes Bewerbungsschreiben für die durch Weggang des Türknachfolgers Kötschau freigewordene Stelle des Organisten der Marktkirche vom 15. Juli 1816 erhalten, in dem er auf das Stipendium hinweist. Der knapp zwanzigjährige Loewe stellte fest:
"Ich habe das Glück gefunden, der hochbegünstigte Schüler des unvergeßlichen Türk zu seyn. Indem er bei den Anlagen, mit denen die Güte Gottes mich beschenkt hatte, ein nicht untüchticher Musiker zu werden, von mir selbst nicht sowohl, als vom Publikum wahrgenommen, die lebendigste Neigung für die herrliche Kunst in mir nicht verkennen konnte, so that er, was ihm möglich war, jene Anlagen zu entwickeln und ihnen die Unterstützung, die sie dazu finden mußten, zu verschaffen. Als darauf der Herr Präfekt Goßler, mich so ausgezeichneter Gunst würdigte, daß er mir, aus freien Antriebe seiner Liberalität, eine jährliche Pension von mehr als 100 Thalern aussetzte welche einzig und allein zu meiner Bildung von jenem großen Meister [Türk] *bestimmt war, da trat ich in die herrlichste Schule der Harmonie ein; und auf welcher harmonischen Stufe könnte ich jetzt stehen, wenn nicht der Tod, wie ein Blitz aus unbewölktem Himmel, den Stolz von Halle, meinen Geistesvater, so schnell hinweggerafft hätte?"*[130]
Waren es also nach seinem eigenen Zeugnis nicht 300, sondern nur etwas mehr als 100 Taler, so glaubte Loewe doch, mit ihrer Hilfe einzig auf eine rein musikalische Ausbildung seine Zukunft gründen zu können. Sicher wurde er bei dieser Entscheidung stark durch Türk beeinflußt, der auch Niemeyer "auf die Idee brachte", aus den Mitteln des Staates zur Vollendung von Loewes musikalischer Ausbildung beitragen zu lassen. So verließ Loewe die Lateinische Hauptschule, wohnte wie bisher bei Türk, sang auch weiterhin im Stadtsingechor mit und war in der Hauptsache Privatstudent des Universitätsmusikdirektors Türk.
Die sehr gründliche Ausbildung durch Türk entsprach übrigens nicht in allem den Absichten, die der Kantor Loewe mit seinem Sohn hatte und der ihn mehrfach vor den *"Seiltänzerkünsten der* [weltlichen] *Musik"* gewarnt hatte. Das wäre zwar unter Türk nicht nötig gewesen, aber die väterlichen Besorgnisse waren gar nicht so unbegründet. Wie Loewe in der Selbstbiographie beschreibt, trat er durch sein musikalisches Talent in den verschiedensten gesellschaftlichen Kreisen auf, auch in solchen, die ganz andere als christlich fromme und sittenreine Lebensart hatten. *"Noch heute muß ich mich fragen, wie war es möglich, daß ich in so früher Jugend, wo die Verführung so nahe lag, aller groben Sünde fern blieb?"*[131]

[130] Marktkirche zu Halle: Acta, die Organistenwahl..., Vol. I, C Nr. 7, S. 120 ff.

[131] Selbstbiographie, S. 33

Loewes hoffnungsvolle Zukunftspläne aber wurden vorerst zunichte. Als erstes wurden die Geldbeiträge durch Zahlungschwierigkeiten des Königreiches Westphalen wegen der militärischen und politischen Vorgänge schon vor dem Sturz Napoleons und Jérômes eingestellt. Zweitens - was weit schlimmer war - starb der hochgeschätzte Lehrer Türk am 26. August 1813. Mit der "Staatsreaction" von 1813 war dann auch objektiv Schluß mit diesen schönen Zukunftsplänen, und Loewe fiel aus einem als sicher betrachteten Ausbildungsgange zurück auf die Stufe des kärglich lebenden Chorsängers, der keine größeren Zusatzeinkommen hatte. Im Zusammenhang mit der 1812 bis 1814 bestehenden Knappheit an Lebensmitteln und der weit höheren Lebensmittelpreise gegenüber früher war das keine geringe Belastung, zumal die Choreinkünfte und damit die zu verteilenden Beträge während dieser Zeit einen Tiefstand hatten. Dies trifft auch zu, obwohl Loewes Anteil am Chorgeld wegen seiner Sonderstellung keinen drastischen Rückgang erfuhr.

Äußere Umstände der letzten Jahre als Schüler in Halle

Vom Frühjahr 1812 bis zum zweiten Eintritt in die Lateinische Hauptschule verging für Loewe eine ereignisreiche, aufregende Zeit, in der sich die militärischen und politischen Geschehnisse nationaler Dimension förmlich überschlugen und sich auch auf das Leben besonders der halleschen Bürger auswirkten. Carl Loewe hing im Spätsommer 1813 - was seine Lebensplanung anbetrifft - in der Luft. Nach seiner eigenen Aussage war diese Zeit die traurigste seines Lebens. "*Unter den Trümmern des westphälischen Thrones wurden auch alle goldenen Blüthen begraben, die ein vorübergehender Glücksstern noch vor ganz kurzer Zeit mir in den Schooss geworfen hatte.*"[132]

Die kriegerischen Begebenheiten verursachten Störungen der gewohnten Ordnung und waren "Veranlassung zu Müßiggang und nutzlosen Phantasien". In die Freiwilligenscharen der Befreiungskriege hatte ihn 1813 der Werbeoffizier Ludwig Wucherer wegen seines "nicht gerade kleinen, aber sehr zarten Körperbaues" nicht aufgenommen, was er als Beschämung empfunden hatte. Seine einzige Verpflichtung war die Mitwirkung im Stadtsingechor, der aber auch nur mit mehrere Wochen langer Unterbrechung arbeitete. Starke Truppendurchzüge, die Völkerschlacht bei Leipzig im Oktober 1813 und die in ihrem Gefolge vorgenommene

[132] ebd., S. 43

Belegung von Schulen, Gasthäusern, Tanzsälen usw. mit Tausenden von Verwundeten sowie das gefährliche Lazarettfieber brachten den halleschen Alltag durcheinander. Auch die Schuljugend war betroffen, z. B. "*kostete es Mühe, die Verwilderung der Jugend zu zähmen, die der in der Stadt verbreiteten Neigung, Krieg zu spielen, auch auf den* [Franckeschen] *Stiftungen gern nachgab.*"[133] Allein in den Stiftungen lagen mehr als zweitausend Verwundete.[134] In der Stadt brach der gefürchtete, zahlreiche Opfer fordernde Lazarett-Typhus aus, die Schulen waren vom 6. Januar 1814 zum Teil bis Mitte April 1814 geschlossen, die Lateinische Hauptschule konnte erst im September 1814 die alten Räumlichkeiten wieder beziehen. Im Oktober 1814 trat Loewe erneut in die Schule ein. Bis dahin hatte er unentschlossen nur abgewartet, oder er war wenigstens zeitweise aufmerksam beobachtender Zeitgenosse gewesen. Er machte mit Kameraden die oft beschriebenen - übrigens gar nicht so ungefährlichen - "Spaziergänge" zum Schlachtfeld bei Möckern und dem nach Heldrungen, denn "*in diesem für die Stadt Halle so unglücklichen Jahre 1813, wo Krankheit und Kriegselend aller Art die Gemüther bewegten, war es unmöglich, sich anhaltenden Studien hinzugeben.*"[135]

Nach dieser wildbewegten und unruhigen Zeit war Julius Kötschau Chordirektor von 1814 bis 1816. Er hatte mit vielen Schwierigkeiten zu kämpfen und versuchte besonders einer Verwahrlosung der Choristen entgegenzuwirken. Gegenüber der Zeit, in der Türk den Chor übernommen hatte, war inzwischen besonders bei den älteren Choristen eine deutliche Änderung der Moral eingetreten. Noch im Januar 1809 hatte Türk an den Schulrat der Stadt Halle geschrieben: "*Auch muß ich der Wahrheit gemäß bezeugen, daß mir die Choristen zur Zeit noch keine Ursache zur Unzufriedenheit mit denselben gaben; vielmehr waren sie über alle Erwartung ordentlich und folgsam...*",[136] was aber sicher auch mit der starken Ausstrahlung der anerkannten Persönlichkeit Türks zu tun hatte. Die unruhigen Kriegszeiten und der Tod Türks wenige Wochen vor der Völkerschlacht brachten indessen auch für manchen Choristen eine Lockerung der Disziplin. Am 3. September 1814 schrieb deshalb Kötschau einen Brief an das Direktorium der Franckeschen Stiftungen, in dem er aktuell gewordene Mißstände aufzeigte und Vorschläge zu deren Beseitigung unterbreitete:

"*Choristen, die* [wie es bisher vorzüglich mit den Größern der Fall war] *nicht genau mit der Schule in Verbindung stehen, werden Menschen, die sich allen Lastern ergaben.*

[133] Hertzberg, August Hermann Francke und sein..., S. 115

[134] ebd., S. 116

[135] Selbstbiographie, S. 53

[136] Francke-Archiv, D 132, S. 172 c

Zeither lebten die Choristen in dem großen Halle zu zerstreut, hatten wenig oder gar keine Aufsicht, aßen und tranken unordentlich, gingen nur in die Schule wenn es ihnen beliebte; bekamen sie Geld, so wurde es erst einmal verschwendet, und Unordnung und Sittenlosigkeit war an der Tagesordnung... Diesem allen muß und kann nur dadurch abgeholfen werden, daß die Choristen näher beysammen wohnen, und daß, nächst mir, der Praefectus die Aufsicht über sie führt... Sie würden dann, käme eine gewiße Ordnung in ihr Leben, gewiß auch fleißig und ordentlich in ihrem Schulbesuch seyn, und gesittete Menschen werden."[137]

Diese allgemeine Beschreibung läßt erkennen, welchen Gefahren der Verwilderung und Unordnung auch Carl Loewe in dieser Zeit zu widerstehen hatte, lebte er doch allein in Halle ohne familiäre Aufsicht und Autorität. - Seine Übersiedlung in das Internat der Stiftungen mit dessen geregelten Verhältnissen anläßlich seines zweiten Schuleintritts entsprach genau dieser Forderung Kötschaus nach "Kasernierung" der Choristen und festigte auch bei ihm die äußere und innere Ordnung.

Wie seine finanzielle Lage hatten sich also mit Türks Tode auch Loewes Wohnverhältnisse geändert: "*Um nun durch nichts mehr gestört zu werden, zog ich ganz auf das Waisenhaus...*"[138]

Es ist aber zweifelhaft, ob diese Begründung des Umzugs entscheidend und stichhaltig war, denn ruhiger hätte er gewiß in einem privaten Einzelzimmer gewohnt, wozu ihm aber sicherlich die Mittel fehlten. Kanzler Niemeyer schreibt über das Wohnen im Internat der Stiftungen:

"*Bisher waren alle Chorschüler, deren Eltern nicht etwa in der Stadt wohnten, des Nachts auf Zellen auf dem sogenannten - sehr verfallenem - Tabulat* [Wohnheim] *des lutherischen Gymnasiums vertheilt; am Tage waren sie sämmtlich in einer Stube zusammengedrängt. Schon das gemeinsame Wohnen hat bey dem großen Unterschied des Alters von 12 bis zu 30 Jahren seine großen Unbequemlichkeiten.*

Künftig wird der jeweilige Praecentor nebst den ältesten Choristen, die den Schuljahren entwachsen sind, in dem Hause und unter der Aufsicht des Chordirektors wohnen, die übrigen Choristen aber, die hier keine Eltern haben, werden gleich den übrigen Schülern der lateinischen Schule im Waisenhause auf mehrere Stuben vertheilt, und nach dem Grade ihres Fleißes und guten Betragens auch auf mancherley Weise unterstützt...[139]

Diese Bemerkungen stammen zwar aus dem Jahre 1808, aber die Umstände des Wohnens im Francke-Internat hatten sich bis 1814 nicht so grundlegend geän-

[137] in: Musketa, S. 29

[138] Selbstbiographie, S. 56

[139] nach Musketa, S. 26

dert, als daß sie einem privaten Quartier vorzuziehen gewesen wären. Es werden vielmehr die finanziellen Gründe zusammen mit den Forderungen Kötschaus gewesen sein, die den Ausschlag für das Umziehen in das Internat gaben, wofür auch die fortdauernde und immer profiliertere Zugehörigkeit zum Stadtsingechor spricht.

Die finanzielle Frage rückte wieder stärker in den Vordergrund, denn die allgemeine Lage der Chorschüler hatte sich nicht gebessert. Einer der Gründe, weshalb überhaupt Singechöre unterhalten wurden, nämlich "*dürftigen jungen Leuten Mittel zu ihrer Unterhaltung in den Bildungsanstalten zu gewähren*",[140] war noch immer berechtigt und blieb bestehen, aber "*wie wenig Chöre diesem Zweck entsprechen ist hinreichend bekannt.*"[141]

Selbst Jahre später noch äußerte sich der damalige Chordirektor Johann Friedrich Naue über die Lage der Choristen folgendermaßen:

"*Die Choristen sind größtenteils arm und suchen durch das Chorsingen einge Unterstützung zu gewinnen; allein die wenigen Einkünfte reichen nicht hin, um den Schaden, welche*[n] *ihre Bekleidung bei übler Witterung leiden muß, einigermaßen zu ersetzen. Denn mancher hat kaum jährlich 4 rthl, 6 - 8 - 10 - 12 - 14 - 16 - 18 - höchstens 20 rthl. Unter diesen giebt es nun noch einige, die sich selbst beköstigen müssen. Bei so wenigen Einkünften kann nichts anderes daraus hervorgehen als daß die Chorschüler Schulden machen, und wenn sie keinen Ausweg wissen, wie sie bezahlen können, sich alsdann davon schleichen.*"[142]

Noch viele Jahre nach Überwindung der Wirren der Befreiungskriege schreibt Naue 1826 über den sozial-ökonomischen Status seiner Chorsänger:

"*Daß nur die allerärmsten in den Chor treten ist bekannt, und daß ein großer Theil derselben, sich nicht so viel ersingen kann, als er bedarf, sich ein Schuhwerk zu erhalten, ergiebt sich von selbst aus dem jährlichen Antheil am Quartalgelde...*"[143]

Wie gering übrigens das Quartalgeld auch war, es war begehrt und wurde gerne angenommen. Auch wenn die materielle Lage der Choristen sehr eingeschränkt war, scheinen sie stolz auf ihre elitäre Gruppe gewesen zu sein. So scheint die Zugehörigkeit zum Stadtsingechor für Loewe und auch für seine Löbejüner Umgebung moralisch einen hohen Stellenwert gehabt zu haben, denn als er im Oktober 1816 bei einer Tochter seiner Lieblingsschwester Marie Pate steht, schreibt ihn der Geistliche als "Chorrist" in das Kirchenbuch ein, und als er sich im Juli des gleichen Jahres um die Stelle des Organisten der Marktkirche bewirbt,

[140] nach ebd., S. 33

[141] ebd.

[142] nach Musketa, S. 36

[143] ebd., S. 46

unterschreibt er mit: "*Johann Carl Gottfried Loewe, alt 20 Jahr. Schüler des Singechors und der Hauptschule.*"

Ist die Reihenfolge eine Rangfolge? Man ist versucht, dies nach den geschilderten Umständen anzunehmen, obwohl doch der Hauptzweck des zweiten Eintritts in die Lateinische Hauptschule das Nachholen versäumter Schulbildung war, wobei der Chor hätte Nebensache sein müssen.

Trotz der äußeren Unruhe hatte Carl Loewe die innere Kraft gefunden, sich mit Hilfe des Studenten Carl Pflug und durch Carl Niemeyer auf den Neueintritt in die Schule vorzubereiten. Ohne das Stipendium von 100 Talern und ohne die unschätzbare Mentorschaft seines Gönners und Lehrers Daniel Gottlob Türk und auch unter den anderen Vorzeichen neuer politischer Verhältnisse, die den preußischen Staat wiederherstellten, mußte das Leben weitergehen. Die Musikerlaufbahn wurde erst einmal zurückgestellt. Der zweite Schuleintritt sollte ein Neuanfang ähnlich dem von 1809 werden, nur war Loewe inzwischen fünf Jahre älter geworden und in der Schulbildung ebenfalls um Jahre zurückgeblieben.

Es war durchaus im Sinne des Vaters, wenn die Schule nun wieder zu ihrem Recht kommen und stärker in den Vordergrund treten sollte. Johann Andreas Loewe, der Vater, der es der unglücklichen Familienverhältnisse wegen nur bis zum Kantor gebracht hatte, wollte ja seinen vielversprechenden Sohn eigentlich auf der Kanzel als Pastor sehen, wo ihn "Wohlstand, Ehre und Achtung erwarteten". Das erstere war ihm selbst verwehrt geblieben und das andere nur in bescheidenem Maße zuteil geworden. Mit seinem jüngsten Sohne war ihm in der schweren Zeit nach Preußens Zusammenbruch nicht viel mehr übriggeblieben, als mit ihm den Weg der kleinen Leute zu gehen. Nun, nach der Abschüttlung der französischen Vorherrschaft, sollte der Neuanfang mit der vorrangigen Zielsetzung guter Schulbildung erfolgen, was eine sehr richtige Entscheidung war. Der materielle Rahmen dieses Neuanfangs allerdings sollte ähnlich eingeschränkte Bedingungen wie der von 1809 aufweisen.

Es waren also die Vorfälle des Jahres 1813, die eine Umorientierung in der Ausbildungsplanung Carl Loewes erzwangen, und sie geschah halb unbewußt sehr zu Gunsten seines späteren Lebensweges. Zum neuerlichen Schulbesuch wurde er dabei nachdrücklich durch seinen Vater beeinflußt, der einer Künstlerlaufbahn seines Sohnes sowieso seit jeher skeptisch, ja ablehnend gegenüberstand und der einer Universitäts-"Gelehrsamkeit" den Vorzug gab. Maßgeblichen, vielleicht den stärksten direkten Einfluß übte der schon erwähnte Student Carl Pflug aus, ein Nachbar des verstorbenen Türk, bei dem Loewe sogar kurzzeitig wohnte, und der ihn nicht nur moralisch für den neuen Lebensabschnitt stark machte, sondern sogar praktische Wiederholungs- und Vorbereitungshilfe in den Schulfächern

leistete. Auch der Lehrer Carl Niemeyer (nicht zu verwechseln mit dem Kanzler August Hermann Niemeyer) unterstützte ihn bei diesen sehr notwendigen privaten Studien vor Beginn des normalen Schulbesuchs.
Die Bemerkung, daß er sich "bis zur Universitätszeit weiter gar nicht mit der Musik beschäftigt habe", ist natürlich nicht wörtlich zu nehmen, das wäre ja auch absurd, denn er war, wie bereits ausgeführt wurde, weiterhin aktives Mitglied des Stadtsingechores, erteilte u. a. den Töchtern seines Schuldirektors A. H. Niemeyer privat Klavierunterricht und nahm auch am Konzert- und Theaterleben teil. Außerdem fallen genau in diese Zeit seine ersten Kompositionen.
Seine Aussage ist vielmehr so zu verstehen, daß in den folgenden drei Jahren die praktische und theoretische Ausbildung in Musik - wie sie Türk mit ihm vordergründig und ausschließlich betrieben hatte - gegenüber der "wissenschaftlichen" Bildung sehr weit zurückstehen mußte und nicht weiter ins Gewicht fiel. Seine "innere" Beschäftigung mit der Musik ist davon nicht berührt.
Der zweite Besuch der Lateinischen Hauptschule dauerte bis 1817 II und endete erfolgreich mit dem Examen zur Erlangung des "Testimonium maturitatis" (Reifezeugnis). Mit dem Abgange von der Schule verließ Loewe auch den Stadtsingechor, und damit verlor er die Einkünfte, die er durch ihn bezogen hatte. Da er kein Schüler mehr war, ging er auch des Schüler-Freitisches verlustig.
Die Frage nach Versorgung mit Mitteln für seinen Unterhalt gewann dadurch wieder aktuelle Bedeutung. Der angehende Student mußte sich für das geplante Studium der Theologie an der Universität in Halle nach neuen Einnahmequellen bzw. Versorgungsmöglichkeiten umsehen.

Die Geldeinkünfte während des Studiums und der Soldatenzeit - das Stoyesche Stipendium

Carl Loewe bezog am 17. Oktober 1817 die Universität und studierte dort im Hauptfach Theologie. Er tat das aus Neigung, nach Wunsch des Vaters, aber auch nach seiner Lage der Dinge: "*Allerdings waren meine pecuniären* [geldlichen] *Verhältnisse der Art, daß ich nur unter großen Schwierigkeiten eine andere Facultät hätte erwählen können, aber ich glaube, daß ich auch unter günstigeren Verhältnissen mich für kein anderes Studium entschlossen haben würde.*"[144]
Theologiestudenten erhielten bevorzugt Freitische, Stipendien und andere Benefizien, ohne die Carl Loewe schwerlich ein Studium hätte aufnehmen können. Im

[144] Selbstbiographie, S. 58

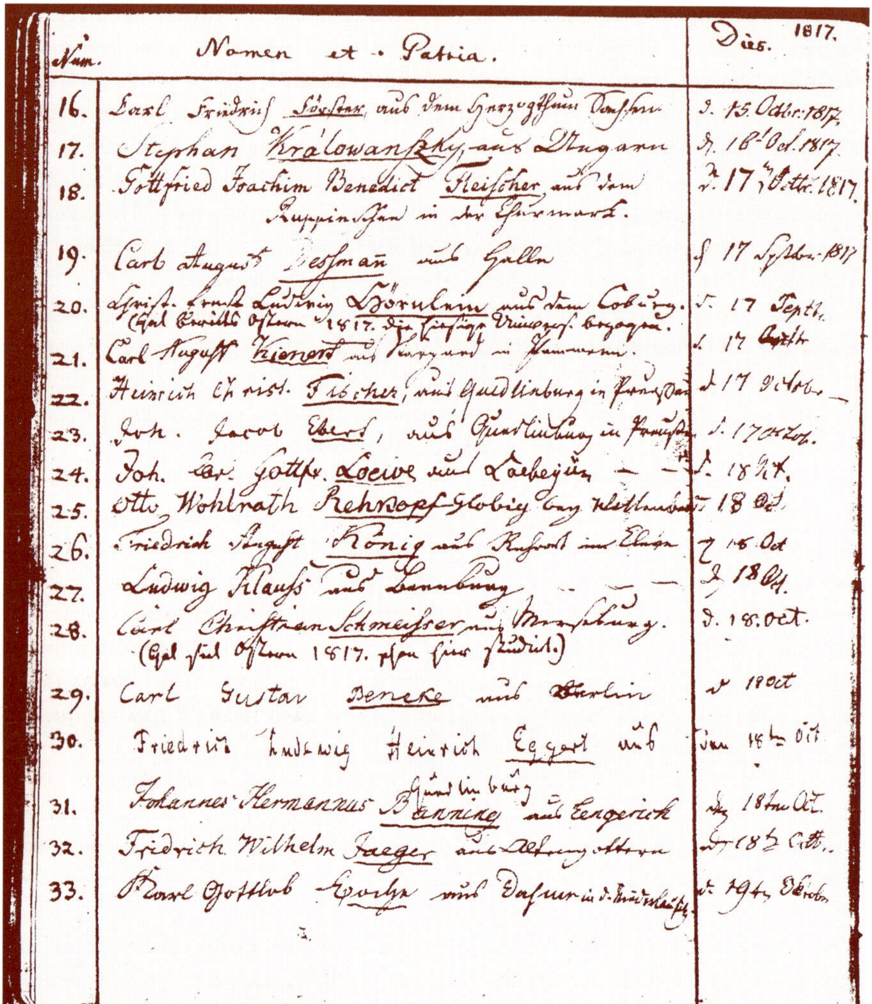

Num.	Nomen et Patria.	Dies. 1817.
16.	Carl Friedrich Förster aus dem Herzogthum [illegible]	d. 15. Octbr. 1817.
17.	Stephan Králowanszky aus Ungarn	d. 16. Oct. 1817.
18.	Gottfried Joachim Benedict Fleischer aus dem Ruppinschen in der Churmark.	d. 17 Octbr. 1817.
19.	Carl August Heßman aus Halle	d. 17 Octbr. 1817
20.	Christ. Ernst Ludwig Dörnlein aus dem Coburg. (Hat bereits Ostern 1817 die hiesige Universität bezogen.)	d. 17 Septb.
21.	Carl August Kienert aus [illegible] in Pommern.	d. 17 Octbr
22.	Heinrich Christ. Fischer, aus Quedlinburg in Preußen	d. 17 Octob.
23.	Joh. Jacob Ebers, aus Quedlinburg in Preußen	d. 17 Octob.
24.	Joh. Car. Gottfr. Loewe aus Loebejün	d. 18 Oct.
25.	Otto Wohlrath Rehkopf Globig bey Wittenberg	d. 18 Oct.
26.	Friedrich August König aus [illegible]	d. 18 Oct
27.	Ludwig Klauß aus Hamburg	d. 18 Oct.
28.	Carl Christian Schmeißer aus Merseburg. (Hat seit Ostern 1817 schon hier studirt.)	d. 18. Oct.
29.	Carl Gustav Beneke aus Berlin	d. 18 Oct
30.	Friedrich Ludwig Heinrich Eggert aus Quedlinburg	den 18ten Oct
31.	Johannes Hermannus Bänning aus Lengerich	d. 18ten Oct.
32.	Friedrich Wilhelm Jaeger aus [illegible]	d. 18ten Octb.
33.	Karl Gottlob [illegible] aus Dahme in d. Niederlausitz	d. 19ten Octob.

Carl Loewes Eintragung (unter Nr. 24) in die Matrikel der halleschen Universität 1817

Bewußtsein dieser seiner Situation muß Loewe im Frühjahr/Sommer 1817 mit dem Bürgermeister von Löbejün, Gottlieb Teichfischer, eine Unterredung gehabt haben. Wie seine Brüder vor ihm wird er sich dabei von der Stadt Löbejün das

Stoyesche Stipendium von 52 1/2 Talern im Jahr erbeten haben. Allerdings war dazu erforderlich, das "Zeugnis der Reife zur Universität zu gehen" und den Nachweis der Immatrikulation an der Universität (hier "Matrikel" genannt!) vorzulegen. Dies jedenfalls ist einem erst kürzlich aufgefundenen Aktenbündel im Löbejüner Ratsarchiv mit Loewes Antrag auf Erteilung des genannten Stipendiums zu entnehmen. Er hat folgenden Wortlaut:

[eingegangen] *d 24 Nov.* [18]*17 T*[eich]*f*[ischer]

Wohlgebohrner,
insonders Hochzuverehrender Herr Bürgemeister,

Wie sehr Sie, Wohlgebohrener Herr, gegründete Ursach hätten über mein langes Ausbleiben der Meldung zu zürnen, fühle ich recht wohl, aber es ist dieses keineswegs etwa Nachlässigkeit, indem ich bloß das Examen erst abwarten wollte, welches weit später festgestellt ist, als wie es alle erwartet hätten. Ich sehe mich daher genöthigt, ohne das Testimonium maturitatis bei Ihnen, Wohlgeborner Herr Bürgemeister, anzuhalten. Auch hatten Sie die Gewogenheit mir zu sagen, daß Sie Weinachten [!] *den Freitisch auf dreiviertel Jahr zu vergeben hätten. Auch in diesem Punkte werde ich von Ew. Wohlgebohren Güte und Huld, mir, der ich der Unterstützung so sehr bedarf, wie Ew. Wohlgebohren wohl wissen werden, diese Wohltat gütigst zufließen zu lassen, da es doch ausschließlich auf Ihrem gütigen und väterlichen Wohlwollen beruht. Was für eine große Hülfe mir dieses beneficium wäre, können sich Ew. Wohlgebohren leicht vorstellen, da ich Sie zu versichern die Ehre habe, daß ich alles was zu meiner ganzen Existenz gehört mir anzuschaffen genöthigt bin. Ich übersende Ihnen hierbei das lateinische Schreiben, in welchem ich um das Stipendium bei einem hochlöblichen Magistrate anhalte. Könnten Sie mir es verschaffen bis Weinachten* [auch im Original unterstrichen] *so hätte ich keine Worte es Ihnen würdig zu danken, denn für einen auf die Universität angehenden ist es so schwer, von sich aus alles* [auch im Original unterstrichen] *zu schöpfen, und was noch mehr sagen will in einem Winterhalbjahre. Meine Matrikel folgt hierbei auch, wenn Sie dieselbe etwan nach Magdeburg einzureichen nöthig hätten. Ist etwa noch ein Schulzeugnis nothwendig, so haben Ew. Wohlgebohren gewiß die Gewogenheit, und lassen es noch meinen Eltern sagen, die mir die Nachricht sogleich zu ertheilen werden. Ich hätte nicht angestanden, es sogleich mitzuschicken, aber es ist bei dem Herrn Prorector ins Archiv niedergelegt, wo ich eine Abschrift desselben, und auch noch ein Testimonium morum* [Führungszeugnis] *erhalten, für des erstern Treue der Herr Prorector mit seines Nahmens Unterschrift bürgt. Sollte es indessen nicht notwendig, und die Matrikel hinreichend sein, so werden mir hierdurch einige Kosten erspart. Ueberzeugt von Ew. Wohl-*

gebohren Huld, deren sich schon so viele junger Studierenden erfreuten, bin auch ich in der freudigen Hoffnung, daß Ew. Wohlgebohren meine ergebenste Bitte gewiß zu erhören die Gewogenheit haben. Auf das dankbarste wird sich stets in jeder Hinsicht zu beweisen suchen

Eines Hochlöblichen Bürgermeisters und Raths

ganz ergebenster und gehorsamster

Halle am 20ten Dec. 1817 Johann Carl Gottfried Loewe Stud. Th.[145]

Diese mit frohem Mut geschriebene Bitte sollte recht lange auf Erfüllung warten, woran der Bittsteller nicht ganz unschuldig war. Ob Loewe den bei dieser Gelegenheit gleich mit erbetenen königlichen Freitisch sofort und dann auch länger als ein dreiviertel Jahr erhielt, ist nicht bekannt, nach der Selbstbiographie bekam er ihn, zumindest zeitweilig. Wichtig für den Löbejüner Magistrat war die Tatsache, daß der Antrag zwar mit der hierzu erforderlichen Immatrikulationsbestätigung, aber (wegen der Einsparung von Kosten für dessen beglaubigte Abschrift) ohne das ebenso erforderliche Reifezeugnis abgegeben wurde. Obwohl Loewe sicherlich gewußt hat, daß ohne die erforderlichen Unterlagen keine Bearbeitung des Antrags erfolgen konnte, daß außerdem ein umständlicher Instanzenweg zu durchlaufen war und somit an eine baldige Auszahlung von Geld überhaupt nicht zu denken war, hofft er auf das Stipendium "bis Weihnachten", also binnen eines kurzen Monats!

Wie mehrere Formulierungen des Schreibens andeuten, muß Loewe das Geld dringend gebraucht haben, worauf die Bürokratie natürlich keine Rücksicht nehmen konnte. Sie ließ erst einmal ihre Mühlen mahlen, indem sie am 28. November 1817 durch den Löbejüner Magistrat ein Schreiben an Loewe richtete mit dem Hinweis, "*Auf Ihr Gesuch vom 20. d. M. betreffs die Nachsuchung des Stoyeschen Stipendii erwiedern wir Sie daß allerdings vorher ehe auf Ihr Gesuch Rücksicht genommen werden kann, das Zeugnis der Reife beigebracht werden muß. Wir veranlassen Sie daher hierdurch selbiges ehebaldigst zu übermachen und vermelden, daß Sie das Stipendium wohl auf drey Jahre werden genießen können*".[146]

Eigenartigerweise läßt Loewe fast das folgende Wintervierteljahr verstreichen, ehe er hierauf reagiert - obwohl er doch das Geld "notwendig braucht"! Man könnte meinen, es sei mit der Dringlichkeit vielleicht gar nicht so schlimm gewesen. Aber Loewe scheint doch mit großen Sorgen in diesem Winter um seinen Unterhalt gekämpft zu haben. Das zweite Schreiben an den Magistrat in Löbejün - wie das vorhergehende bisher unveröffentlicht - deutet darauf hin:

[145] Archiv der Stadt Löbejün, Stipendienakte

[146] ebd.

"[eingegangen] *9. Febr. 1818 T*[eich]*f*[ischer]

Wohlgebohrner Herr Burgemeister,

Mit Vergnügen übersende ich Ihnen hierbei mein Testimonium maturitatis, welches mir von einer hochlöblichen Examenscommission ausgestattet ist. Sie erhalten davon eine Abschrift, denn das Original habe ich wiederum abliefern müssen, welches im Academischen Archiv niedergelegt ist. Eine außerordentliche Hülfe würde es mir sein, wenn mir für ein halbes Jahr [bis Ostern] *nunmehr das Stipendium ausgezahlt würde, woran ich nicht zweifle, da ich mich doch gleich beim Antritt auf die Universität beworben habe. Daß ich es sehr nothwendig gebrauche, wissen Sie, Wohlgebohrner Herr Burgemeister, recht wohl, denn ich habe in diesem Winter ganz für mich selbst sorgen müssen. In der frohen Hoffnung, daß Sie meine Bitte ohne Zweifel gewähren, und auch bald gewähren, verharrt bis zur mündlichen Unterredung mit Euer*

Wohlgebohren der ergebenste

Joh. Carl Gottfr. Loewe

Halle am 18ten Febr. 1818"

Trotz der Glaubhaftmachung seiner prekären Lage und der Hoffnung auf "baldige" Gewährung des Stipendiums vergehen für Loewe Wochen und Monate, ohne daß sich etwas tut. Offensichtlich hat aber die angedeutete mündliche Unterredung stattgefunden, und zwar mit negativem Ausgang, denn im September/Oktober 1818 beschwert sich Loewe beim Landrat von Krosigk in Poplitz darüber, daß die Stadt Löbejün seine Stipendiensache verschleppe. Am 23. Oktober 1818 verfügt der Landrat nämlich folgendes:

"*Nach Anzeige des Studiosus Theol. Loewe aus Löbejün hat derselbe zu Michaeli v*[origen] *J*[ahres] *die Universität in Halle bezogen, und bey wohllöbl. Magistrat unter Beybringung der erforderlichen Zeugniße um Verleihung der Stoyeschen Stipendii nachgesucht. Da derselbe nach Ausweis der Stoyeschen Stiftung, als Eingebohrner von Loebejün darauf Anspruch hat, so fordere ich Wohllöbl. Magistrat auf, denselben dieserhalb sofort zu befriedigen, und binnen 14 Tagen, wie dieses geschehen, oder von den Anstandsursachen* [Verhinderungsgründen] *Anzeige zu machen.*

Poplitz, den 23 October, 1818 *Königl. Preuß. Landrath*

An Wohllöbl. Magistrat in Loebejün" v. Krosigk[147]

In seiner Antwort erinnert der Magistrat am 30. Oktober 1818 an eine Anweisung des Oberlandesgerichtes zu Naumburg (vom 7. Februar 1817), gemäß der "*mit anderweiter Vertheilung des Stipendii so lange Anstand zu nehmen* [zu warten] *ist, bis Einnahme und Ausgabe bei dem Stiftungsfonds wieder ins Gleichgewicht gebracht ist.*"[148]

[147] ebd.

[148] ebd.

Zu dieser Zeit gab es zwei Stoye-Stipendiaten, die bis Weihnachten 1818 empfangsberechtigt waren und deren letzte Zahlung erst abgewartet werden mußte.

"*Dies und die Bestimmung des Königl. Preuß. Oberlandes Gerichtes* [vom 7. Februar 1817] *ist dem Loewe auf sein Gesuch vom 29. Febr. d. J. bekannt gemacht. Es hat mithin derselbe keinen Grund zur Beschwerde. Gegenwärtig und schon früher würden wir die Verleihung des Stipendii qu.* [des besagten St.] *an den Loewe bei dem hochlöbl. Ober Landes Gericht zu Naumburg als jetzt competente Behörde, in Antrag gebracht haben, allein es mangelte uns an die* [!] *dazu benöthigten Atteste und Matricul, welche von dem Loewe bei uns wieder abgehohlet sind.*"[149]

Loewe berichtet in der Selbstbiographie von einem 20-Taler-Stipendium "aus Wittenberg". Wahrscheinlich hat er sich zu der fraglichen Zeit darum beworben, aus Kostengründen die Ausfertigung neuer Unterlagenausfertigungen eingespart und dafür die im Löbejüner Rathaus ruhenden alten Abschriften abgefordert und an der für das Wittenberger Stipendium zuständigen Stelle eingereicht. In dem angeführten Schreiben konnte sich also der Löbejüner Magistrat mit vollem Recht in dieser Weise an den Landrat wenden:

"*Überhaupt können wir nicht einsehen, wie derselbe* [Carl Loewe] *zur Beschwerdeführung bei Ew. Hochw*[ohlgeboren] *kömmt, da ihm doch bekannt gemacht ist, daß faktisch er sich bei der ihm gegebenen Benachrichtigung nicht* [darauf] *berufen könne, dieserhalb Beschwerde bei dem Ober Landes Gericht zu Naumburg führen* [zu] *müssen. Wir ersuchen demnach Ew. Hochwohlg. allergehorsamst, auf dem Grund gegenwärtiger Berichterstattung den p Loewe dahin zu verweisen: die Auszahlung des in Anspruch genommenen Stipendii zu Ostern k*[ommenden] *J*[ahres] *abzuwarten, vorher aber uns, damit die Verleihung nachgesucht werden könne, die nöthigen Atteste und Matricul zuzustellen.*"[150]

Die fehlenden Unterlagen waren also der Grund dafür, daß der Antrag nicht bearbeitet werden konnte. Trotz der ausdrücklichen Bemerkung des "*abschriftlich anliegenden* [beigefügten] *Schreibens des Hochl. Ober-Landesgerichtes in Naumburg vom 7. Febr. v. J.*" vergißt der Löbejüner Stadtschreiber, die Abschrift mit abzuschicken. Deshalb fordert am 3. November 1818 der Landrat des Saalkreises das nicht beigelegte Schreiben sowie sämtliche Unterlagen der Loeweschen Stipendiensache überhaupt an:

"*An Wohllöblichen Magistrat zu Löbejün*

Das in dem Berichte vom 30ten v. M. erwähnte Schreiben Königlichen Oberlandesgerichts vom 7ten Februar v. J. in Betreff des Stoyeschen Stipendii hat nicht beygelegen, und wird

[149] ebd.

[150] ebd.

daher dessen Einreichung des baldigsten erwartet. Übrigens wolle Wohllöblicher Magistrat mir sämmtliche Verhandlungen von dem Zeitpunkte an, von welchem das Königliche Oberlandes Gericht in dieser Stipendien Sache verfügt hat, in originale zugleich einsenden. Poplitz den 3ten November 1818 v. Krosigk"

Der erschreckte Bürgermeister Teichfischer drängte in einer Randbemerkung auf Eile, und schon am 10. November 1818 gehen die Unterlagen an den Landrat ab. Die Eile aber wäre nicht nötig gewesen. Es vergehen nämlich lange zehn Monate, bis die Akten am 3. September 1819 wieder zurückkommen. In der Zwischenzeit hatte sich Carl Loewe zum einjährigen Freiwilligendienst in der preußischen Armee gemeldet, den er als der 237. Jäger der 4. Kompanie von der 4. Jägerabteilung im 4. Bataillon in Halle ableistete. Als er daraufhin am 27. April 1819 Soldat wurde, war er aktuellen Geldsorgen enthoben, der preußische Staat verpflegte und unterhielt ihn, und mit dem Stipendium hätte es vor der Hand keine Eile gehabt. Dessenungeachtet lief der Antrag den Instanzenweg weiter hin und her - was hier nicht dargestellt wird - und blieb wohl auch gelegentlich wieder längere Zeit liegen. Erst am 31. August 1819 schickte der Landrat die Unterlagen zurück, worauf der Löbejüner Magistrat am 6. September 1819 dem Oberlandesgericht in Naumburg mitteilte, daß der Stoyesche Stipendienfonds "nunmehro" in Einnahme und Ausgabe "egalisirt", also ausgeglichen sei.
"*Zum Genusse desselben hat sich der Studiosus Theologiae Carl Gottfried Loewe, Sohn des Cantor Loewe unterm 18. Febr. v. J. gemeldet. Obgleich derselbe nicht zu der Stoyeschen Familie gehört, verdient dieser doch auf 3 Jahre im Genuß des Stipendiums gesetzt zu werden, weil dessen Vater ein alter treuer Schul Diener dieser Stadt ist.*"[151]
Offensichtlich war der Magistrat dem Studenten Loewe - der zu dieser Zeit eigentlich Soldat war! - wohlgesonnen, was er mit der gutgemeinten und treuherzigen Beurteilung von dessen Vater merken läßt. Mit den ursprünglichen Bedingungen für die Vergabe des Stipendiums hatte die Begründung aber gar nichts zu tun! Es galt nämlich, wie schon erläutert, außer den Kindern der Stoyeschen Familie in zweiter Linie "anderen Bürgerkindern, so sich des Studii gebrauchen dazu tüchtig". Bestimmte Eigenschaften der betreffenden Väter jedoch wurden nicht gefordert.
Bedeutsamer war, daß der Magistrat im genannten Schreiben erklärt, den Antrag auf Verleihung des Stipendiums beim Oberlandesgericht stellen zu wollen, wenn

[151] ebd.

Loewe "die von ihm wieder abgeforderten Atteste unverzüglich wieder eingeschickt hat". Die Verleihung des Stipendiums wollte er vom 1. Januar 1819 (es müßte heißen: 1820) bis ultimo 1822 beantragen.
Am gleichen Tage forderte der Magistrat Loewe erneut auf, Reifezeugnis und "Matrikel" bei ihm abzugeben, was auch umgehend erfolgt sein muß, denn am 17. September 1819 stellte der Magistrat beim Oberlandesgericht nun endlich den Antrag mit allen Unterlagen, die Verleihung an Loewe vom 1. Januar 1820 bis dahin 1822 mit jährlich 52 Reichstalern und 12 Groschen "gnädigst geschehen zu lassen". Schon am 28. September 1819 kamen die Unterlagen an den Magistrat zurück mit der Genehmigung der Verleihung des Stipendiums vom 1. Januar 1819 bis Dezember 1821. Die Vergabe wurde also nachträglich von der übergeordneten Behörde um ein volles Jahr vorverlegt. Am 18. Okt. 1819 sandte der Magistrat alle Unterlagen an Loewe zurück und teilte bezüglich des Stipendiums mit: "*Es kann daher dasselbe in vierteljährlichen Raten gegen Quittung und Attest ~~des Wohlverhaltens~~* [auch im Original durchgestrichen] *daß das Studium fortgesetzt ist, bey unserem Kämmerer in Empfang genommen werden.*"[152]
Damit war nach der langen Laufzeit von nahezu zwei Jahren das Genehmigungsverfahren formell abgeschlossen, und zwar gegen Ende hin in überraschend kurzer Zeit. Loewe aber mußte sich zu der fraglichen Zeit noch andere Hilfsquellen erschlossen haben, so daß er diese lange Wartezeit überbrücken konnte.
Noch ein Blick auf das letzte Schreiben. Nicht der an und für sich sehr nachdenkenswerten Streichung in diesem Zitat soll nachgegangen werden, sondern dem dafür eingesetzten Passus, daß die Auszahlung des Stipendiums bei Nachweis der Fortsetzung des Studiums erfolgen könne. Loewe war nämlich zum Zeitpunkt dieser Mitteilung Einjährig-Freiwilliger im preußischen Heer. Dieses Militärverhältnis war im "Gesetz über die Verpflichtung zum Kriegsdienst" vom 3. September 1814 eingerichtet worden. Das Gesetz sah ausnahmslos für alle männlichen kriegsdiensttauglichen Preußen eine aktive Dienstzeit von drei Jahren ab dem zwanzigsten Lebensjahr vor. Lediglich "vermögende" Dienstpflichtige mit eigener Uniform und Bewaffnung (!) genossen das Privileg, nur ein Jahr im stehenden Heer dienen zu müssen. Genau in diesen Dienst mit der ziemlich sicheren Aussicht, dereinst Landwehroffizier werden zu können, war Loewe - freiwillig - eingetreten. Demnach lebte er im Jahre 1819 in zweierlei Verhältnissen:
Erstens war er Einjährig-Freiwilliger Soldat. Er muß es gern gewesen sein, denn als er im Sommer 1819 seinen Vater in Löbejün besucht, schreibt er später darüber:

[152] ebd.

"*Ich war nicht wenig stolz auf meinen Offiziers-Überrock, den wir Freiwillige uns a n s c h a f f e n und tragen d u r f t e n .*"[153]
Der militärische Dienst scheint nicht sehr belastend gewesen zu sein. Das läßt sich der Tatsache entnehmen, daß ihn Vorgesetzte vom Wachdienst befreiten und ihm dafür die Leitung eines von ihm gegründeten Soldatenchores beließen, mit dem er in der Kirche die Liturgie sang und seinen Vorgesetzten Ständchen darbrachte. Ansonsten war er ein pflichtbewußter Soldat[154] und auch empfänglich für das Lob, das seinem Bataillon für "vorzüglich" gelungene Felddienstübungen gespendet wurde.[155]
Zweitens war er noch Student, dies wahrscheinlich zeitlich doch sehr eingeschränkt, denn die beiden Tätigkeiten waren wohl auch damals schon nur schwer miteinander zu vereinbaren, wenn nicht gar das Studium stark vernachlässigt werden mußte.
Beiden Beschäftigungen ist er jedoch nach außen sichtbar nachgegangen. Jedenfalls teilt Runze eine Erinnerung von Loewes Studienfreund Keferstein mit, "*daß er noch immer mit Vergnügen an die Erscheinung eines jungen blonden Mannes im allerschlichtesten Soldatenkostüm zurückdenke, der, zumal wenn er die damals geschriebenen Balladen vortrug, alles mit sich fortriß... und der als Student zugleich seinen Dienstkursus als preußischer Freiwilliger machte, als welcher er jedoch wegen Einrichtung und Leitung eines Sängerchors beim Regimente vom beschwerlichen Dienst suspendiert wurde...*"[156] So dürfte es Loewe nicht schwergefallen sein, dem Löbejüner Magistrat gegenüber seinen fortbestehenden Anspruch auf Empfang des ihm endlich übertragenen Stipendiums aufrecht zu erhalten, da er ja noch immer als Student eingeschrieben war.

Der "königliche Freitisch"

Eine ganz wesentliche Unterstützung während des Studiums erfuhr Loewe mindestens für ein Jahr dadurch, daß er am königlichen Freitisch (der wegen seiner ursprünglichen Herkunft von den Landständen des Herzogtums Magdeburg auch Magdeburger Freitisch hieß) teilnahm. Dieser Freitisch - damals "Communität" genannt - war eine soziale Einrichtung, die für unbemittelte Studierende an der

[153] Selbstbiographie, S. 74

[154] ebd., S. 73 f.

[155] ebd., S. 74

[156] Runze, Carl Loewe, S. 21

Universität in Halle schon über hundert Jahre unterhalten wurde, "*wobey diejenige so unvermögend seynd und dennoch von GOtt mit guten Ingeniis* [Begabungen] *umsonst unterhalten werden können... aber die Zahl der Studirenden* [hat] *von Tage zu Tage zugenommen dergestalt daß voritzo bey 2 000 Personen sich daselbst studirens halber aufhalten derer viel aber wegen Mangel der Mittel ihre Studia der Gebühr nach nicht absolviren können.*"[157] Es war so, *"daß die wenigsten Studiosi von ihren eigenen Mitteln ihren völligen Unterhalt nehmen können"*.[158] Tatsächlich erhielten bei dieser großen Zahl von Studenten nur sehr wenige die Vergünstigung des Freitisches: "*An zwei Tischen, wenn alle Tische besetzt waren, speiseten 26, seit 1797 27 Studirende täglich einmal und zwar des Mittags.*"[159]

Diese geringe, gleichbleibende Anzahl von Studenten stellte zu Anfang des achtzehnten Jahrhunderts lediglich ein bis zwei Prozent aller Studenten dar, welcher Prozentsatz bei wachsender Studentenzahl noch kleiner wurde. Obwohl es noch anderweitig finanzierte Freitische gab, versteht man angesichts dieser Relation doch besser, wie glücklich die mit dem Freitisch versehenen Studenten gegenüber denen sein konnten, die diese Unterstützung nicht hatten.

Gänzlich frei war dieser Freitisch aber auch nicht, denn "*man hatte ein Antrittsgeld, Anfangs auf einen, später auf zwei Thaler hoch und außerdem noch monatlich 3 Groschen zur Erhaltung des Tisch Inventarii eingeführt, welche jeder Tischgenosse ersteres einmal* [drei Unterstreichungen im Original], *das zweite jeden Monat entrichtete.*"[160]

Außerdem wurden gegen Ende des achtzehnten Jahrhunderts z. B. auch in Löbejün, dessen Magistrat aller sechs Jahre eine solche Freitischstelle zu vergeben hatte, mißbräuchlich Gebühren erhoben. Als sich 1795 ein gewisser Breitung um eine Stelle bewarb, wurde folgende Aktennotiz angelegt: "*daß die auf das Jahr 1796 von dem hiesigen Magistrat zu besezzende Stelle an dem Magdeb. Provinzialfreitisch zu Halle ihm gegeben werden solle - doch hat derselbe ohne Aufschub*

3 rthl 4 gr oder einen Dukaten, Douceur [Geschenk] *für den landschaftl. Sekretair H*[errn] *Klee zu Magdeburg*

6 gr St[empel]*g*[e]*b*[ühren] *zur Provision* [Vermittlungsgebühr]

4 gr Postgeld

4 gr Resolution [für Beschlußfassung im Magistrat]

6 gr Copial [Abschreibegebühren]

157 Königliche Verordnung vom 21. August 1704, Löbejüner Ratsarchiv, in: Acta den Magdeburger Freitisch betreffend..., - rot 403

158 ebd., in Notification der Collecte...

159 ebd., § 4

160 ebd.

zusammen 4 rthl an uns einzusenden, worauf die fernern Verfügungen ergehen sollen..."
Bürgermeister und Rat[161]

Das ergab mit den rechtmäßigen Gebühren des Antrittsgeldes und der monatlichen Beiträge insgesamt 7 1/2 Taler pro Freitisch im Antrittsjahr (später weniger), eine erhebliche Summe für einen sonst Mittellosen, die aber rigoros erhoben wurde. Die mißbräuchliche Abforderung von Geld betraf wahrscheinlich auch den zweiten Bruder Loewes, Ludolph Andreas, als 1796 der genannte Breitung die Universität Halle verließ und der Magistrat der Stadt Löbejün ihn von sich aus an dessen Freitischstelle einsetzte. Dieses Recht stand dem Magistrat zwar nicht zu, aber der Direktor des ständigen Freitisches, Dechant Stilke, teilte mit, daß "er für dieses mal dem bestimmten Tischgenossen Loewe nicht hinderlich seyn wolle"[162], wodurch Ludolph als erster der Loewe-Brüder des Freitisches teilhaftig wurde und dem Breitung die zum Teil widerrechtlich erhobenen Gebühren ersetzen mußte.

Erst 1798 wurde vom Magdeburger Engeren Ausschuß der Landstände gegen die willkürliche Erhebung von Gebühren eingeschritten, bei welcher Gelegenheit an die soziale Komponente der Einrichtung des Freitisches erinnert wurde:

"Es ist bemerkt worden ...daß die Magisträte in einigen Städten wenn sie Provisionen auf den Provinzialfreitisch zu Halle ertheilen, nicht allein einen Stempelbogen dazu nehmen, sondern auch sogar Kosten und Gebühren dafür liquidiren. Da nun dieses ein einleuchtender Mißbrauch u. nichts so billig ist, als daß dem armen Studioso das ihm bewilligte beneficium ganz frei ertheilt werden müsse, indem es zu den Almosen Sachen zu rechnen ist, daher auch bei den übrigen Ständen, welche dergleichen Provisionen anstellen, nicht einmal der Gedanke aufgestiegen ist, dafür etwas an Kosten zahlen zu lassen, woran ein jeder selbst das Unanständige fühlen wird..."[163]

Verschiedentlich hatte es Bestrebungen gegeben, den Magdeburger Freitisch in Geldstipendien von 50 Talern zu verwandeln, welche aber keine Zustimmung von höherer Seite erhielten. In der Begründung der Ablehnung zeigte sich, wie die wohltätige Absicht der Idee des Freitisches in Verbindung stand mit einem hintergründigen erzieherischen Aspekt, der nun volle Berücksichtigung fand.

"*Denn abgesehen davon, daß eine solche Maaßregel* [Umwandlung in Geld] *der ursprünglich gegebenen seit länger als einem Jahrhundert festgehaltenen Bestimmung der Stiftung nicht entsprechen, und daß dadurch die Zahl derer, welche mit einem Beneficium bedacht werden könnten, sich gegen früher sehr verringern würde, so kommt ganz besonders in Betracht, daß die Unterstützung durch den Tisch in natura nicht, wie das*

[161] ebd.

[162] ebd.

[163] ebd.

Geldstipendium, dem Mißbrauche ausgesetzt ist, und daß sie, wie bedrängt der Beneficiat sonst sein möge, ihm wenigstens stets seine nothwendigste Subsistenz sichert, während Geldstipendien nach den darüber gemachten Erfahrungen von Studirenden häufig zu unnöthigen Ausgaben, wenn nicht zu solchen verwendet werden, die ebenso für die Sittlichkeit, wie für die Gesundheit der Studirenden wesentliche Nachtheile herbeiführen, oder wenigstens die Mittel, sich die nothwendigste Subsistenz, namentlich regelmäßigen Tisch zu verschaffen, aufzehren. Auf diesen Umstand ist von dem Regierungsbevollmächtigten bei der Universität Halle ganz besonders aufmerksam gemacht worden."[164]
Wie man sieht, hatten die Väter des Freitisches sowohl das körperliche als auch das sittliche Wohl der Tischgenossen im Auge. Eine strenge Aufsicht wäre allerdings bei Carl Loewe - nach allem, was man über ihn weiß - nicht nötig gewesen, denn er wird zwar als lebensfroher Student geschildert, aber er besaß dank der ernsten väterlichen Erziehung und der inzwischen gewonnenen Charakterfestigkeit genügend eigene Widerstandskraft, um mißbräuchliche Geldausgaben, Verschwendungen oder gar Ausschweifungen als potentielle Begleiter gerade studentischen Lebens zu vermeiden. Die eigenen Erfahrungen der bisherigen beschränkten Verhältnisse hatten nicht wenig dazu beigetragen, ihn moralisch zu festigen und abgeneigt jeglicher unnützer Ausgabe zu machen. Die strenge und praktische Anleitung im Elternhause zahlte sich jetzt aus. So konnte die Teilnahme am täglichen Mittagstisch bei Loewe den angestrebten segensreichen Zweck erreichen: Er wurde ganz wesentlich materiell unterstützt und zur Einhaltung einer gewissen Ordnung im Tagesablauf angehalten, was beides keine unbedeutenden Komponenten im Zusammenspiel aller Faktoren bei der Herausbildung seiner Gesamtpersönlichkeit waren.

Die letzten Jahre in Halle

Wenn die materielle Lage Loewes während seiner Universitätszeit in Halle eingeschätzt werden soll, darf nicht vergessen werden, daß eine gewisse Inkongruenz besteht zwischen den Mitteilungen der Selbstbiographie und der Sachlage, wie sie sich aus überlieferten Akten ergibt. Außerdem muß berücksichtigt werden, daß Loewe im letzten der drei Studienjahre zusätzlich den neugeschaffenen und eigenartigen Status des Einjährig-Freiwilligen Soldaten besaß.
Alles in allem ist es ihm zu jener Zeit besser gegangen als noch wenige Jahre

[164] ebd.

zuvor. Man denke in diesem Zusammenhange nur an die Formulierungen in seinen zwei Briefen an den Löbejüner Magistrat vom November 1817 und vom Februar 1818, in denen er auf seine Bedürftigkeit und auf die Dringlichkeit der Unterstützung durch das vorbehaltlich zugesicherte Stoyesche Stipendium ausdrücklich hinweist. Angesichts der langen Wartezeit auf das Stipendium kann es gar nicht anders gewesen sein, als daß er zur Bestreitung seines Unterhalts während dieser Wartezeit selbst viel Initiative entwickelt haben muß, um zu Geld zu kommen. Offenbar geschah das durch Stundengeben im Klavierspiel und im Gesang. Auch andere, bereits diskutierte Anzeichen lassen auf eine eingetretene Besserstellung schließen.

1. Loewe machte nach Ingangsetzen der Stipendienangelegenheit beim Magistrat in Löbejün wenig Druck, um möglichst bald das angeblich dringend benötigte Geld ausgezahlt zu bekommen. Er überließ die Sache lange Zeit dem Selbstlauf und kümmerte sich mehr als zwölf Monate lang (vom September 1818 mit der Beschwerde beim Landrat bis November 1819 mit der zweiten Einreichung der nötigen Unterlagen) überhaupt nicht um die Beschleunigung seines Antrags und reagierte erst wieder nach Aufforderung durch den Löbejüner Magistrat.
2. Er hatte durch die Ausübung seiner Kunst mehr und mehr Zutritt zu führenden Kreisen der Stadtverwaltung und der Universität, also der halleschen intellektuellen Elite, und zu denen des gehobenen Bürgertums gefunden, was mit einer entsprechenden standesgemäßen Mindestausstattung, z. B. hinsichtlich der Kleidung, verbunden gewesen sein muß. Dieser Umstand ist auch deshalb wichtig, weil er sich gegen anfänglichen Widerstand des eventuellen Schwiegervaters schließlich doch erfolgreich als Schwiegersohn des Professors und Staatsrats "von Jacob" - einer der führenden Spitzenkräfte der Universität - bewarb, was schlecht mit dem Aussehen eines Bedürftigen geschehen konnte.
3. Als Soldat konnte sich Loewe eine auf eigene Kosten angeschaffte Offiziersuniform leisten, die keine Pflichtuniform war - er "durfte" sie tragen.
4. Er führte zwei nicht unbedingt notwendige und gewiß nicht billige Reisen nach Dresden (Weihnachten 1819) und nach Jena (Sommer 1820) durch.
5. Loewe berichtet in der Selbstbiographie über seine materielle Lage, wobei in dieser viel später erfolgenden Rückschau wahrscheinlich doch eine etwas verklärende Darstellung erfolgte, denn er kommt in ihr in geradezu erstaunlicher Weise zu recht vorteilhaften Aussagen über seine damalige Lage:
   "*Von meiner Vaterstadt bezog ich alljährlich ein Stipendium von 50 Thalern, außerdem hatte ich noch ein solches aus Wittenberg von 20 Thalern dazu und den königlichen Freitisch* [das ist der Magdeburger Freitisch]. *Nebenbei verdiente ich mir durch Musikunterricht vielleicht zweimal soviel, und gerade die Musik öffnet dem Studenten*

angenehme Familienkreise; bald wird er gesucht, ja unentbehrlich. So konnte ich denn in dem wohlfeilen Orte ein sorgenfreies und angenehmes Leben führen; zumal die mir immer gütigen Professoren mir alle Collegia freigaben. Und so kam es nicht selten vor, daß ich im Stande war, verschuldeten Commilitonen helfen zu können."[165]

Erstaunlich ist die Wandlung von einem Studenten, der eines Stipendiums selber dringend bedurfte, zu einem solchen, der anderen "nicht selten" in Notlagen beizuspringen vermochte, und daß sich diese Wandlung in so kurzer Zeit vollzog. Überraschend auch, daß Loewe es so darstellt, als hätte er das Stipendium die ganze Zeit über regelmäßig und rechtzeitig zur Bestreitung seiner Lebenshaltung bekommen. Das war aber nun keineswegs der Fall, denn er erhielt der erste Geld aus Löbejün, wie geschildert, frühestens etwa ein halbes Jahr vor Verlassen der Universität, und zwar offenbar die anstehenden 52 1/2 Taler des vergangenen Jahres 1819 mit der ersten Viertelrate für das neue Jahr 1820, zusammen etwa 66 Taler. Erst von da an erfolgte die Weiterzahlung und entgegen jeder bisher geübten Praxis und "Observance" auch noch bis in die Zeit hinein, in der er kein Student mehr war, und sogar noch, als er in Stettiner Diensten stand und schon dortiges Gehalt bezog. Das war zwar gegen die Bestimmung, daß das Stipendium nur für die Ausbildungszeit vorgesehen war, entsprach aber der letzten Regelung, daß es für drei Jahre gereicht werden sollte.

Eine Begründung für dieses umstrittene Ausnahmeverhalten des Löbejüner Magistrats ist nicht bekannt, wohl aber, daß der Magistrat von der übergeordneten Behörde einen indirekten Verweis dafür erhielt:

"*Auf den Bericht des Magistrats zu Loebejün vom 27 vorigen / 3 dieses Monats wird es hierdurch genehmigt, daß dem Studenten Karl Maerker nach dem Vorschlage, das zeither von dem Carl Loewe bezogene Stoyesche Stpendium auf die 3 Jahre von Jan. 1822 bis Ende Dec. 1824 verliehen und gezahlt werde, insofern der Maerker so lange würklich studieret.*

Naumburg, d. 5. October 1821

Königl. Preuß. Oberlandesgericht"[166]

Was seine Versorgung mit Bargeld betrifft, so drängt sich die Vermutung auf, daß er auf das ihm zugesicherte Stipendium Anleihen getätigt hat, die er mit der ersten reichlichen Auszahlung des Stipendiums beglichen haben könnte. Für diese beiden Annahmen fehlen aber Beweise. Als nachweisbare bzw. vermutliche Einkommen für die ersten 2 1/2 Studienjahre bleiben demnach erstens der Freitisch (für ein Jahr?), zweitens das 20-Taler-Stipendium "aus Wittenberg", von

[165] Selbstbiographie, S. 59

[166] Stipendienakte

dem bis jetzt nur aus der Selbstbiographie etwas bekannt geworden ist, und drittens eine nicht belegbare, aber auch nicht auszuschließende Unterstützung durch den Vater, der mit der Zeit alle seine Kinder in das selbständige Leben entlassen hatte und der dadurch in für ihn leichter gewordener Weise auch seinem Jüngsten etwas hätte zukommen lassen können wie dessen älteren Brüdern auch, zumal dieser in einer Ausbildung erfolgreich voranschritt, die seinem väterlichen Wunsche entsprach.

Diese drei Einkommen allein aber hätten vor Weihnachten 1819 eine solchen Lebensstandard, wie er in der Selbstbiographie beschrieben worden ist, nicht schaffen können. Den entscheidenden Beitrag müssen demnach gerade im betrachteten Zeitraum tatsächlich die Privatstunden erbracht haben, die so ertragreich gewesen sein müssen, daß er nicht nur gut, nämlich "sorgenfrei und angenehm" leben, sondern auch noch finanzielle Geschenke oder Anleihen an weniger gut situierte Mitstudenten machen konnte. Mit welcher Häufigkeit und in welcher Höhe dies geschah, ist übrigens offen.

In dieses von Loewe selbst gezeichnete Bild paßt allerdings ganz und gar nicht die Tatsache, daß ihm der Kanzler Niemeyer im Herbst 1820 das Reisegeld für die erste Reise über Berlin nach Stettin gab.[167] Es sieht so aus, als ob für diese Reise Loewes finanzielle Decke doch nicht groß genug war. Dieser Umstand wurde von Loewe in der ungewollt (?) beschönigenden Erinnerung übersehen oder verdrängt. Ohne an der Zuverlässigkeit der Selbstbiographie größere Zweifel zu hegen, muß in diesem Zusammenhang darauf hingewiesen werden, daß nicht alle Mitteilungen in ihr ohne kritische Wertung angesehen werden dürfen. Beim Schreiben seiner Selbstbiographie mag in Loewes Erinnerung ein psychologischer Effekt gewirkt haben, der Tatsachen und Vorgänge in der Tendenz richtig, im einzelnen aber vielleicht hier und da positiv unscharf widerspiegelte, was allerdings im Endeffekt einer leichten Glorifizierung der Vergangenheit gleichkam. Das "vergessene" Reisegeld (weil geschenkt oder erborgt) wäre dann ein ebensolches Faktum wie das "überhöhte" 300-Taler-Stipendium vom westphälischen Staat und wie das zeitlich falsch eingeordnete Löbejüner Stipendium. Deshalb ist es auch denkbar, daß die Einkünfte der Privatstunden, die mit "zweimal so viel wie die anderen Einkünfte" angegeben wurden, einer analogen wohlwollenden Einschätzung unterlagen und dadurch in der Erinnerung Loewes etwas zu reichlich ausfielen. An der Tatsache, daß es Loewe während seiner halleschen Studentenzeit besser ging als in den Jahren zuvor, ändern diese Überlegungen natürlich nichts.

[167] Anton, S. 11

Anstellung in Stettin

Die beiden Jahre nach der Beendigung des Studiums waren für Loewe sehr ereignisreich. Noch während seines letzten Semesters, in den ersten Monaten des Jahres 1820, erhielt er Kenntnis davon, daß an der Hauptkirche in Stettin, St. Jacobus, die Kantorstelle frei geworden war. Unter dem Datum des 29. April 1820 bewarb er sich mit einer Empfehlung *"des Kanzlers der Universität Halle, D*[octor] *Niemeyer"*, um diese Stelle, wobei er über sich folgendes mitteilte:
"Schon als Knabe wurde mir das Glück zu teil, der hochbegünstigte Schüler des gelehrten Türk zu werden, und er war es, der mir mehrere Jahre hindurch den gründlichsten Unterricht in der Musik, was Theorie und Tonsetzkunst anbetrifft, zufließen ließ." - "Ich spiele fertig das Pianoforte und die Violine, singe Tenor, und ich darf es sagen, alles vom Blatte, und wurde, wenn die hiesige Singakademie festliche Aufführungen unternahm, als Solosänger jedesmal sehr ausgezeichnet. Nach Türks Tode wurde mir das Vikariat als Organist an hiesiger Marktkirche übergeben, und ein Jahr hindurch habe ich alle Kirchenmusiken dirigiert. Die Lehrmethoden, nach welchen der Unterricht im Gesange erteilt wird, sind mir in allen ihren Theilen gründlichst bekannt, da ich den Generalbaß oder die Lehre der Harmonie mit vieler Treue studiert habe...
Halle, 29. 4. 1820, ganz ergebenster und gehorsamster Diener Carl Gottfried Loewe, stud. Theologiae, 23 1/2 Jahre alt."[168]

Von den Bewerbern kam neben Loewe auch der bekannte Organist Bach aus Berlin in die engere Wahl. Bach wurde schließlich abschlägig beschieden, und Loewe wurde angenommen. Loewe bat noch um die Zugabe einer Lehrerstelle, worauf ihm die Stelle eines Gesangslehrers am königlichen Gymnasium zugesagt wurde. Ein wohllöblicher Magistrat von Stettin holte, um sich abzusichern, vorsorglich einige Gutachten über Loewe ein. So schrieb der spätere Professor Adolf Bernhard Marx als Autorität auf musikalischem Gebiet - er kannte Loewe von Halle her - :
"Der Herr Kandidat Carl Gottfried Loewe hat die außerordentlich glücklichen Anlagen für die Tonkunst, die er von Natur empfangen, mit vielem Fleiß und Geschmack ausgebildet; und zwar nicht allein als ausübender Künstler im engeren Sinne, indem er als Sänger und Spieler ganz außerordentlich sich auszeichnet, sondern auch als Tonsetzer, da er schon mehrere sehr gelungene Arbeiten geliefert hat. Da ich Herrn Kandidat Loewe seit mehreren Jahren, und schon zu der Zeit, als er noch unter Türks Leitung der Tonkunst

[168] enthalten in: Runze, Carl Loewe, S. 22 ff.

sich widmete, näher gekannt habe, so bin ich von dem allen vollkommen überzeugt, und bezeuge dies, auf Verlangen, mit Vergnügen.
Halle, d. 15. Aug. 1820.
A. B. Marx."[169]

Eine zweite Beurteilung traf von dem halleschen Schulinspektor Bernhardt ein, der über Loewe ebenfalls sehr günstige Aussagen machte:
"*Trägt die in Rede stehende Stelle nicht unter 400 Taler ein, so kommt derselbe gewiß. In Halle gilt er übrigens unendlich mehr als unser Musikdirektor Naue. Wäre eine solche Stelle hier zu besetzen, so erhält sie kein anderer als L.* [Loewe]. *Professor Marx sagte einmal, daß L. in der musikalischen Welt einst Epoche machen werde.*
Unsere Winter-Konzerte waren zum Erdrücken voll, so oft er sich hören ließ; seine herrliche Stimme bezauberte und riß alle hin. Aber will ihn Stettin gewinnen, so mag es nicht lange zögern mit seiner Berufung, da auch andre Städte auf das aufstrebende Talent achten, und L. dem ersten besten Rufe folgen dürfte.[170]

In der Zwischenzeit hatte Loewe Ostern 1820 seine Militärzeit beendet und wohl auch schon der Universität Lebewohl gesagt. Im Sommer bekam er eine Einladung zu seinem Studienfreunde Keferstein nach Jena, die er auch wahrnahm. Bei dieser Gelegenheit kam es zu der oft beschriebenen, geradezu anekdotenhaften Zusammenkunft Loewes mit Goethe am 16. September 1820.[171]
Sechs Wochen später begab sich Loewe zur ersten Vorstellung auf die große Reise nach Stettin. Er fuhr mit der Postkutsche - Eisenbahnen gab es nicht - über Berlin, denn der Magistrat von Stettin hatte noch verlangt, daß er sich bei Zelter, dem Leiter der Berliner Singakademie und einer Kapazität in allen musikalischen Fragen der damaligen Zeit, einer musikalischen Prüfung unterziehe. So weilte Loewe vom 30. (oder sogar schon vom 23.?) Oktober bis zum 3. November früh bei Zelter in Berlin. Er wurde von ihm ganz unkonventionell im häuslichen Kreise "in Augenschein genommen" und in der Singakademie getestet. Zelters Schreiben hierüber an den Stettiner Magistrat lautet:
"*Herrn Direktor J. H. G. Graßmann, Wohlgeboren, nach Stettin. Durch Herrn Loewe.*
Berlin den 2. November 1820.
Der junge Herr Loewe ist vorigen Montag hier eingetroffen. Da er mich gerade in geschäftigen Tagen fand und s e i n e K a s s e i h m d i e E i l e g e b o t, so habe ich ihn

[169] ebd., S. 23

[170] ebd., S. 24

[171] Selbstbiographie, S. 76

in meine Wohnung aufgenommen, um in Muße mich von seinen Fähigkeiten in Kenntnis zu setzen, ohne ihn durch ein gewöhnliches Examen verlegen zu machen. Sie werden ihn sogleich als einen umgänglichen jungen Mann, und da er Theolog ist, auch wohl als Literatus von selber kennen lernen. Von seinen musikalischen Eigenschaften wäre viel Gutes zu sagen: Sein Miserere, welches er Ihnen selber wieder zurückbringt, hat wenig Religioses, aber was schon viel ist, es zeigt, daß er r e c h t g u t musikalisch und im Satze [im Komponieren] *nicht unerfahren ist. Dabei hat er eine reine und angemessene Tenorstimme, mit der er mir einige Lieder seiner Komposition vorgesungen hat, die jenes Miserere bei weitem übertreffen. Das Fortepiano spielt er sicher und fertig und kann also leicht ein guter Organist werden, wenn er es noch nicht ist, denn auf der Orgel habe ich ihn nicht hören können, weil er die Gelegenheit nutzen will, morgen früh von hier abzugehen; daran ist aber auch so viel nicht gelegen, insofern ein guter Organist ein guter Klavierspieler sein muß. Nach meiner Meinung haben Sie daher an Herrn Loewe* [sic! und eigenhändig darüber:] *soll Bach heißen, nichts verloren und einen guten Kantor zuverlässig gewonnen, wenn er sich sonst in sein neues Verhältnis einzurichten weiß. Ich bin gesund zu den Meinigen hergelangt. Eine kleine Unpäßlichkeit auf der Reise hat keinen weiteren Erfolg gehabt. Leben Sie wohl und empfehlen* [Sie] *mich Ihrer l*[ieben] *Frau und allen werten Freunden aufs Beste, besonders dem Herrn Oberpastor Zybell nebst Frau.*

Ihr ergebenster Zelter"[172]

Die unscheinbare Nebenbemerkung, daß "*seine Kasse ihm die Eile gebot*", deutet auf Loewes finanzielle Lage. In Übereinstimmung mit dieser Aussage steht eine Bemerkung, die Müller von Gerstenbergk (Kanzler im Großherzogtum Weimar) in einem Briefe an Frau Tilebein macht: "*Zelter ist ein sehr ausgezeichneter Mensch an Geist. Es war ihm befohlen, Loewe in Berlin zu prüfen; er konnte nicht sogleich, da äußerte Loewe, e r k ö n n e s i c h n i c h t s o l a n g e i n d e m t e u r e n B e r l i n a u f h a l t e n, worauf Zelter ihm sein Haus anbot. Hier gefiel ihm Loewe immer mehr, er hörte ihn spielen, über Musik sprechen, und als Loewe endlich fragte, wann er zum Examen kommen sollte, sagte Zelter: ‹Gehen Sie mit Gott, Sie sind examiniert›... So erzählte Zelter...*"[173]

Die hervorgehobenen Formulierungen bedeuten doch wohl nichts anderes, als daß Loewe nur deshalb nicht z. B. in einem Hotel wohnen und warten konnte, bis Zelter weniger beschäftigt war und ausschließlich Zeit für ihn hatte, weil ihm das seine knappe Kasse nicht erlaubte.

[172] Runze, Carl Loewe, S. 24

[173] Altenburg, S. 12

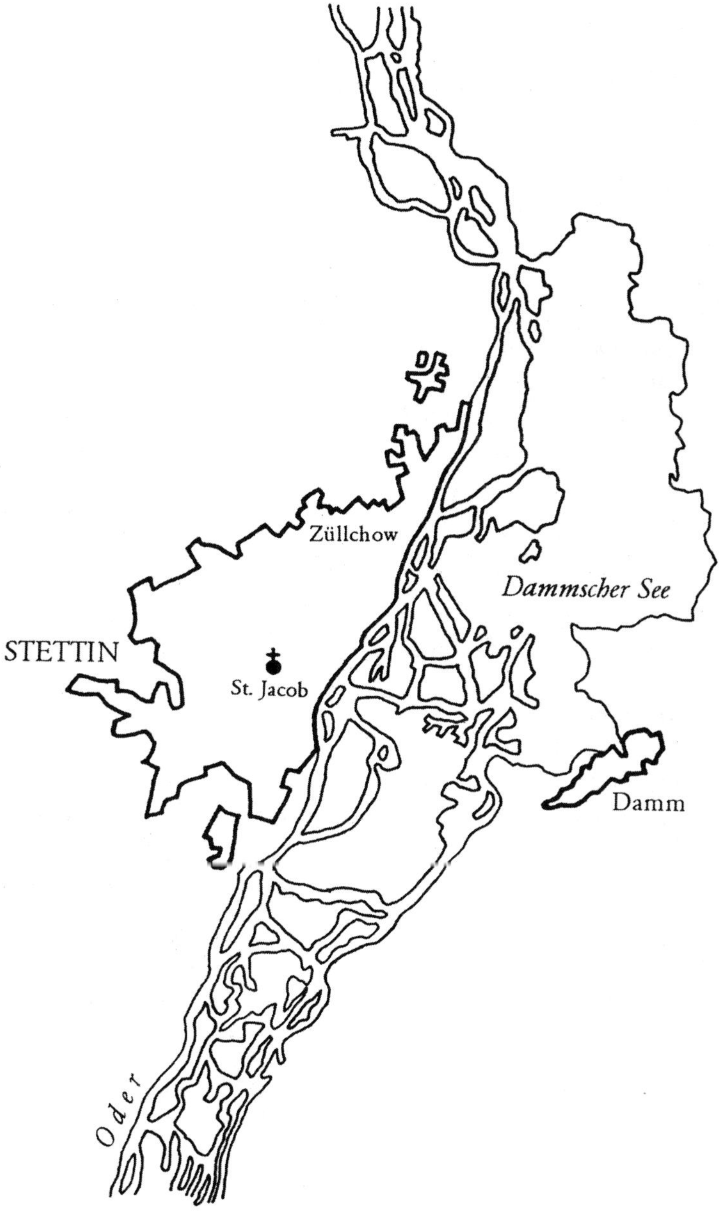

Lage der Stadt Stettin an der Oder

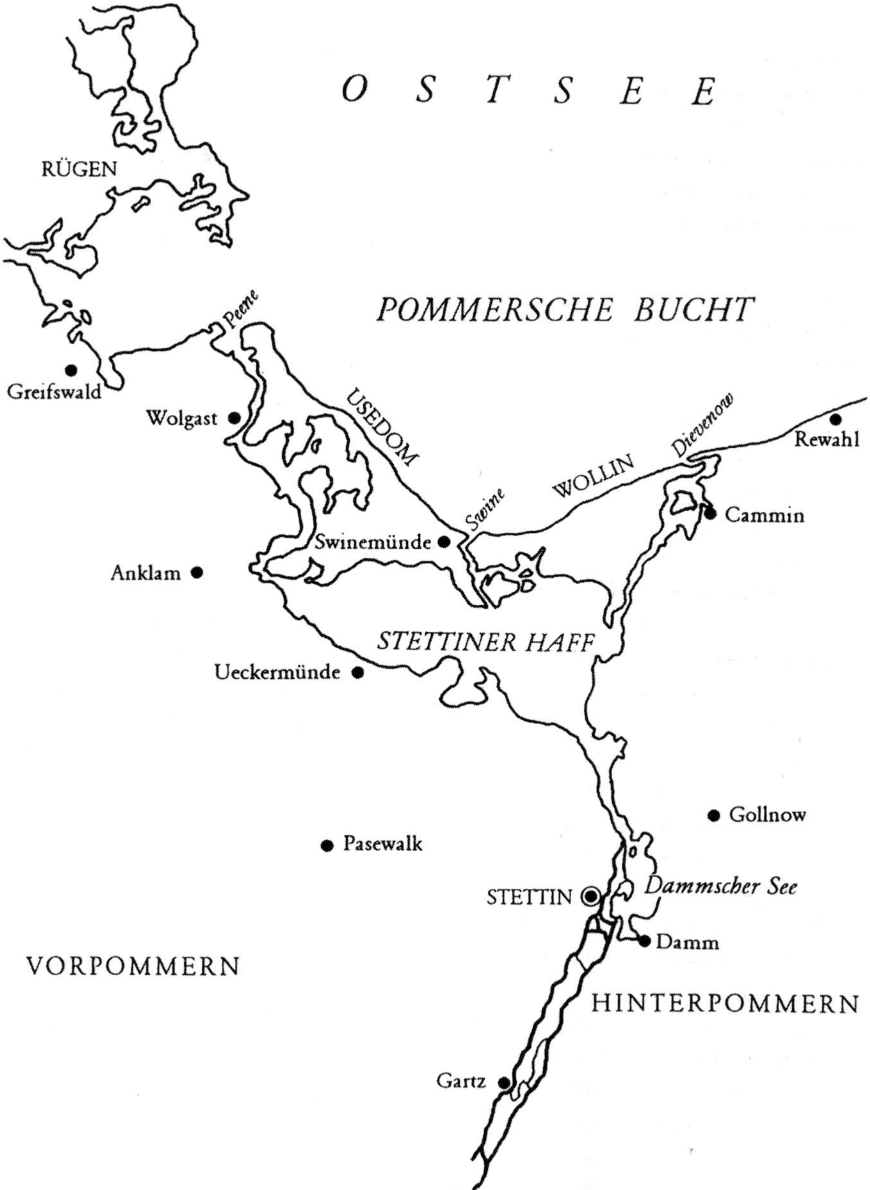

Die Umgebung von Stettin

In Stettin hatte man am 24. Oktober 1820 die Aufnahme Loewes in das philologische Seminar des Gymnasiums genehmigt. Nach einer mündlichen und schriftlichen Prüfung durch den Schulrat Koch wurde Loewe mit 24 Jahren vorläufig als Schulamtskandidat angestellt. Er sollte außerdem in Naturgeschichte (das sind naturkundliche, also physikalische, chemische, biologische Unterrichtsgegenstände), in Geschichte und in Griechisch Unterricht erteilen. Anfang November hatten die Behörden inzwischen Kenntnis von Loewes guter Beurteilung durch Zelter erhalten, und sie waren nun zu der Auffassung gelangt, die eigentlich ausgeschriebene Stelle des Kantors an einen anderen zu vergeben und Loewe nur provisorisch das Kantorat verwalten zu lassen. Loewe aber, der von mehreren berufenen Seiten bestens empfohlen worden war, und der nach diesen Auskünften als ein guter Fang gelten konnte, sollte in Abänderung der ursprünglichen Absichten erstens das Amt des Organisten an der Jakobikirche, zweitens das des Gesangslehrers am Gymnasium und des Lehrers für Orgelspiel und weiter für Gesang am königlichen Seminar für Elementarlehrer (das bis April 1862 in Stettin beheimatet war) bekommen, und schließlich sollte er auf der neu zu schaffenden Stelle eines Musikdirektors die bis dahin traurigen Musikverhältnisse in der Stadt Stettin auf ein erfreuliches und anerkennenswertes Niveau heben. Diese Stelle war für die Stadt die wichtigste.
Insbesondere war dem Musikdirektor zugedacht, die Leitung des Stadtorchesters zu übernehmen und für ein angemessenes Konzertleben zu sorgen. Loewe übernahm diese umfangreiche Arbeitslast und begann neben der Lehrtätigkeit seine rege und gedeihliche Kulturarbeit. Er gründete zudem einen gemischten Gesangverein mit etwa einhundert Mitgliedern, den er häufig mit dem Orchester gemeinsam auftreten ließ und dabei auch anspruchsvolle Werke der klassischen Musikliteratur zur Aufführung brachte.
Solche musikalischen Höhepunkte in Stettin waren z. B. am 20. Februar 1827 die Aufführung der Sommernachtstraum-Ouvertüre Mendelssohns, am Karfreitag, dem 1. April 1831, die Darbietung der Matthäus-Passion von Johann Sebastian Bach und in den Jahren 1841/42 die der C-Dur-Sinfonie von Franz Schubert und 1844 der Johannes-Passion von Johann Sebastian Bach. Alle Werke wurden in ganzer Länge - gegen den damaligen Brauch - aufgeführt, wobei einem Teil des Publikums viel Verständnis und Geduld abverlangt wurde.
Vorerst wählte ihn das Jakobi-Kirchen-Kollegium zum Organisten, und die Stadtverordnetenversammlung stimmte dieser Wahl am 23. November zu. Außerdem wurde Loewe als außerordentliches Mitglied des Lehrerkollegiums bestätigt. In einem Bericht an die Königliche Regierung urteilte der Bürgermeister Stettins als Vorsitzender der Schuldeputation über Loewes erste Arbeitsergebnisse im

Schulamt, und Runze führt hierüber aus, "*wie die Urteile aller Kunstverständigen, die eingeholt seien, unter anderem darin übereinstimmten, daß seine Stimme voll Ausdruck und solcher Empfindung sei, daß ihm darin nicht so leicht jemand gleichzustellen, seine Kompositionsgabe aber bewundernswürdig sei, und er im ganzen als ein ausgezeichnetes Kunstgenie betrachtet werden müsse. 'Von seiner Fähigkeit zur Direktion einer Kirchenmusik, imgleichen von seiner Gabe im Unterrichten und Anleiten haben wir am Sonntage des 3. Advents einen erfreulichen Beweis gehabt, der hier um so mehr gelten muß, als bekanntlich die Schüler des Gymnasiums, welche er zum Singen ausgewählt, seit langer Zeit gar keinen, früher aber einen sehr mittelmäßigen Unterricht im Gesange genossen, und er kaum 14 Tage Zeit gehabt, um sie darauf einzuüben.*'"[174]

In gleicher Post lag ein Schreiben des Direktors Professor Dr. Koch vom vereinigten Königlichen und Stadt-Gymnasium vom 9. Januar 1821 bei, über dessen Inhalt Runze diese Aussagen macht: "*Koch stellt ihm über seine bisherige Tätigkeit an der Anstalt ein glänzendes Zeugnis aus, hebt unter anderem seine großen Verdienste hervor, die er sich durch die in wenigen Wochen bewirkte Einrichtung und Einübung des Singchors und die von ihm aufgeführte Kirchenmusik erworben, daß er 'so ausgezeichnete praktische Fertigkeiten an den Tag gelegt, daß ich unserm Gymnasio eben so aufrichtig Glück wünsche als dem verehrten Patron des Gymnasiums danken muß, daß uns ein mit so vorzüglichen Lehrgaben ausgerüsteter Mann für dies Fach zu teil geworden ist, und es würde mich aufrichtig freuen, den Herrn Loewe, welcher durch seinen sittlichen Wert und durch sein umsichtiges Benehmen die Liebe seiner Schüler zu gewinnen wußte, in so befriedigende äußere Verhältnisse gesetzt zu sehen, wodurch die Hoffnung begründet würde, ihn recht lange segensreich in einem Lehrobjekte wirken zu sehen, welches leider so lange in dem hiesigen Gymnasio vernachlässigt wurde.*'"[175]

Wie hieraus zu ersehen ist, hatte Loewes Tätigkeit in Stettin einen verheißungsvollen Anfang genommen. Als am 14. Februar 1821 seine offizielle Ernennung zum Musikdirektor ausgesprochen wurde, konnte er am 20. Februar einen wohlgemuten und optimistischen Brief an Zelter schreiben, aus dem Runze die folgende Auswahl mitteilt: "*Jetzt erst endlich bin ich zum hiesigen Musikdirektor am 14. Februar vom hiesigen Magistrate promoviert* [befördert] *und werde nächstens meinen Wirkungskreis im ganzen Umfange antreten. - Auch die beiden untersten Klassen, Septima und Sexta, erhalten von mir Unterricht, nach Noten. Hier gründe ich tüchtige Elementarkenntnisse in der Tonkunst, lasse Choräle singen, ein- und mehrstimmig, hebe hier besonders Diskantisten und Altisten für die Chöre heraus, und impfe hier überhaupt den Gesang so recht eigentlich ein. Mein zweiter Wirkungskreis ist der im Schullehrersemi-*

[174] Runze, Carl Loewe, S. 26

[175] ebd., S. 27

nario, wo ich den Unterricht auch mit einem ordentlichen Fundamentlegen begann. In dieser Anstalt fand ich nun auch, wie überall hier, alles verwahrlost. Es ist ein Jammer, wenn eine Anstalt wie diese, die zur Bildung und Vervollkommnung der Landschulen bestimmt ist, ohne allen Unterricht in der Tonkunst so lange Zeit schon existieren konnte! Diese Leute ziehe ich nun ganz für die Kirche heran, ich übe sie in der Liturgie, und sie selbst sollen hier in der Jakobikirche die Antiphonien [Wechselgesänge] *ausführen; im Choralsingen ein- und mehrstimmig werden sie auch unterrichtet; auch andere geistliche Gesänge mische ich ein zur Veränderung, und zuletzt will ich sie zu Orgelspielern bilden. Sechs bis acht sind schon jetzt unter meiner Privatleitung zum Orgelspiel. Auch auf die hiesigen Bürger- und Armenschulen wirke ich aus allen Kräften. So, mein von mir innigst und hochverehrter Herr Professor, wirke ich denn aus allen meinen Kräften mit möglichster Treue in meinem Berufe, den mir die Vorsehung zuerkannt hat, und ich sehe jetzt schon manche Früchte meines Fleißes und Strebens; eine süße Belohnung für eine im Schweiß gesäete Saat. Ich fühle mich übrigens recht glücklich unter den biedern Pommern, und die Stelle ist doch auch von der Art, daß sie so ziemlich anständig ihren Mann nährt. Überdem trage ich die Überzeugung in mir, daß man hier mit mir vollkommen zufrieden ist.*"[176]

Ende April 1821 verpflichtete ihn die Stadt Stettin auf seine Dienstbestimmungen, die in 22 Paragraphen gefaßt waren. Unter ihnen findet sich auch jener bewußte Paragraph, den einzelne Autoren als eine verhängnisvolle, mit weittragender Bedeutung für Loewes musikalisches Schaffen belastete Verpflichtung ansehen. Nach ihrer Meinung hat er Loewes Schaffen eingeengt, weil er verlangte, daß Loewe niemals für die Stettiner Bühne schreiben dürfe. Diese Auslegung ist jedoch umstritten, denn es ist schon angesichts seiner in ihrem Wert unterschiedlich beurteilten Oratorienkompositionen fraglich, ob Loewe auf dem Gebiet der Bühnenmusik ähnliche Erfolge gehabt hätte wie mit seinen Balladen. Indessen hatte ihn die Stadt Stettin fester an seine Ämter und damit auch an die Stadt gebunden, als sie ihn am 22. Mai 1821 in allen seinen Aufgabenbereichen auf Lebenszeit bestätigte. Sein Gehalt für alle drei Ämter betrug 850 Taler im Jahr, als er 1850 die Kantorstelle mit übernahm, erhielt er 1150 Taler jährlich. Ab 1861 begleitete er auch noch den Abendgottesdienst auf der Orgel.

Loewe hatte damals ein großes Arbeitspensum übernommen. So war das Amt des Organisten mit der Verpflichtung verbunden, an hohen Feiertagen festliche Kirchenmusiken aufzuführen, allein als Gesangslehrer hatte er wöchentlich 18 Stunden zu halten, und die Arbeit des Musikdirektors war mit sehr zeitaufwendiger

[176] ebd., S. 30

Probentätigkeit verbunden. Nach und nach kamen in der so schon knappen Freizeit immer mehr Klavier- und Gesangsstunden für Privatschüler hinzu, so daß sich schon Zeitgenossen fragten, woher dieser vielbeschäftigte Mann die kreative Kraft und die Muße für seine Balladenschöpfungen nahm. In diesem Lebensabschnitt arbeitete Loewe in männlicher Entfaltung seiner Fähigkeiten aus dem vollen, was später zu unübersehbaren gesundheitlichen Rückschlägen führen sollte.

Das erste Berufsjahr endete im Hochsommer 1821. Am 4. August dieses Jahres fand die offizielle öffentliche Einführung Loewes als ordentlicher Gymnasiallehrer durch Schulrat Koch anläßlich der Säkularfeier der endgültigen Angliederung Stettins an das Königreich Preußen statt. Dabei hatte Koch in einem "Willkommen" an Loewe sehr persönliche Worte an ihn gerichtet:

"*Sie sahen ja längst die schöne Kunst, welcher Sie Ihr Leben geweihet haben, nicht als Dienerin einer schnöden Lust und eines vergänglichen Sinnenreizes an; sie hatte Ihnen ja stets eine höhere Bedeutung, und war dem zugewandt, was uns das Höchste sein muß in unserem irdischen Dasein, dem, was diese Welt knüpft an ein ewiges Leben.*

Und in diesem Geiste will ja auch diese das Herz veredelnde, den Geist läuternde, die Leidenschaften zügelnde, reinigende, beruhigende Kunst getrieben seyn, wenn das aufwachsende Geschlecht gewonnen werden soll für den Einklang, der so selten sich findet, zwischen dem todten Wissen und der Welt der Empfindungen; wenn dem religiösen Gefühl Innigkeit und Dauer, und dem Kirchengesange würdevolle Feierlichkeit gegeben werden soll. Nach diesem Ziele haben Sie bei unserer Jugend gerungen und mit so glücklichem Erfolge, daß der durch Sie gebildete Gesangverein nicht etwa gute Hoffnungen verspricht, sondern durch vorzügliche Leistungen zu dem lebhaftesten Dank verpflichtete."[177]

Die Ausführungen klingen so, als habe der Redner das Lob in die Form moralischer Imperative gebracht, um Loewe auf diese öffentliche Art geistig-sittliche Zügel anzulegen und ihm Verhaltensmaßregeln für seine der kirchlichen wie der weltlichen Musik gewidmeten Tätigkeit nachdrücklich in Erinnerung zu bringen.

Liebeslust und Herzeleid

Loewe lernte seine erste Frau Julie von Jacob im "halleschen Singequartett", das unter der Leitung des später bekannten Musikprofessors Adolph Bernhard Marx

[177] enthalten in: Runze, Carl Loewe, S. 29

stand, im Hause seines Schwiegervaters kennen. Beim gemeinsamen Gesang blühte eine innige und tiefe Liebe zwischen den beiden künstlerisch interessierten jungen Menschen auf. Studienfreund Keferstein beschreibt die Harmonie der beiden als Augen- und Ohrenzeuge, er habe niemals "*Mozartsche und andere Duette mit wärmerem Ausdruck vortragen hören, als von diesem in der begeisterungsvollsten Jugendliebe vereinigten Paare.*"[178]

Der Schwiegervater war russischer Staatsrat, Kurator der Universität Halle und Professor der Staatswissenschaften. Ludwig Heinrich von Jacob galt als ein strenger Charakter. Nach dem Zusammenbruch Alt-Preußens 1806 war er wie mancher andere "Patriot" nach Rußland ausgewandert und erst 1816 nach Halle zurückgekehrt mit dem stolzen Bewußtsein, in der großen Auseinandersetzung mit Napoleon auf der welthistorisch "richtigen" Seite gestanden zu haben. Im privaten Kreise gab er sich umgänglich und aufgeschlossen.

"*Ich lebte fast mit allen meinen Kollegen in geselliger Verbindung, denn ich liebte die Freuden der Geselligkeit. Wir hatten einen Klub, worin alle Männer von Bedeutung und Geist in Halle waren und wo die Unterhaltung gelehrt, scherzhaft und witzig war.*"[179]

In seinem Hause wuchsen drei Töchter auf. Die älteste, Emilie, besaß eine volle und weiche Sopranstimme und war mit dem späteren General von Schlösser verheiratet. Therese Amalie Louise galt zu ihrer Zeit als bekannte, auch von Goethe geschätzte Dichterin und Romanschriftstellerin mit erstaunlichen geistigen Fähigkeiten, sie heiratete den amerikanischen Professor und Archäologen Robinson. Dem Alter nach zwischen beiden stand Julie, die zarteste jungfräuliche Anmut und gemütvolle Innigkeit mit klarem Urteil und natürlichem Verständnis für Kunst verband. Über die Zeit ihrer entstehenden Liebe zu Loewe erzählte eine Tochter vom "Kantor-Mariechen" (das ist Maria, die älteste Schwester von Carl Loewe) die folgende amüsante und sicherlich auch wahre Geschichte.

Loewe habe Julie im Hause ihrer Eltern auch Klavierstunden gegeben (siehe: König Mys von Fidibus), ihrem Vater aber sei aufgefallen, daß die Stunden nicht so recht "klangvoll" gewesen seien. Da hätte er sie einmal im traulichen Gespräch und beim Händchenhalten überrascht. Julie sei darauf nach Dresden zu Verwandten geschickt worden, um eine weitere Annäherung zu verhindern. Dort habe sie sich indes vor Sehnsucht förmlich verzehrt. Loewe aber sei in der Zeit bei den Soldaten eingetreten. In der Weihnachtszeit 1819 besuchte er seine heimliche Braut in Dresden, wobei er die Freundschaft mit Carl Maria von Weber erneuerte, die bis zu dessen Tod im Jahre 1826 erhalten blieb. Schließlich habe der Vater

[178] enthalten in: Bulthaupt, S. 23

[179] enthalten in: Neuß, S. 17

dann doch Julie zurückkommen lassen und nun in die Verlobung gewilligt.[180]

Im Sommer 1821 reiste Loewe in seinen ersten großen Ferien von Stettin aus mit dem ihm zugetanen Schulrat Dr. Koch nach Berlin und über Potsdam nach Dresden, von wo aus er am 18. August an Julie einen Brief nach Halle schrieb: "*Sonst schriebst du, mein Engels-Julchen, von hier aus nach Halle an mich; jetzt hat sich das Blatt gewandt. Ohne mich wirst du treues Mädchen manchmal diese Straßen durchwandert haben, ohne dich schwebt mein Geist an demselben Orte stets um deine zarte Gestalt! Mehr als gewöhnlich erinnere ich mich deiner jetzt. Vor deinem Fenster bin ich so oft schon vorübergegangen, es wird bewohnt. Auf dem Platze, wo ich dich zum erstenmal wieder umarmte, nach so langer Trennung, habe ich lange, lange gestanden und mich des süßen Entzückens herrlich in der Erinnerung gefreut, das ich an deinem Busen genoß. Ach wie innig schloß ich dich da in meine Arme! Ach da hätte ich sterben mögen, das wogende Gemisch von Empfindungen der Freude, Liebe und des Schmerzes über unsere damalige Lage brachte mich ganz außer Fassung. ...Am Montag will ich in die Sächsische Schweiz reisen, Mittwoch abend wieder auf dem Weinberge (im Sommerhaus von Freunden) sein; Freitag nach Tharandt segeln. Sonnabend noch hier bleiben, und alsdann morgen über acht Tage, als am 28. August von hier abreisen. Am 30. bin ich in Leipzig. Am 31. bei dir! Mit unserer Harzreise wird wohl nicht viel werden, weil ich, wenn ich einmal bei dir bin, nicht wieder fortkann, und weil wir auch keine Zeit mehr zu verlieren haben. Morgen werden wir in der Stettiner Jakobikirche zum zweitenmal aufgeboten. - Mit den vorletzten Tagen des Septembers müssen wir wieder in Stettin sein. Also rasch und flink wollen wir unsre Hochzeit (ein kleines Bild des Lebens) feiern. Wie freue ich mich, liebes teures holdes Mädchen, dich wiederzusehen! Dich heiraten zu können! Das hätten wir vor einem Jahre um jetzige Zeit noch nicht denken sollen! Na mein holdes Bräutchen, 'was sein soll, schickt sich wohl', also auf Wiedersehen! Dies ist wahrscheinlich mein letzter Brief im Brautstande! Grüße deine Eltern und Freunde, und hab mich lieb! Bald schließt dich in seine Arme dein dich ganz unaussprechlich liebender Loewe.*"[181]
Die Hochzeit fand am 7. September 1821 in Halle statt.
Vor Loewe lagen mehr als vier lange Jahrzehnte mit vielfältigem Wirken, reichem Schaffen, aber auch schweren Schicksalsschlägen in Stettin. Er verließ seine Wahlheimat für immer erst im Mai 1866 zu einem kurzen, von Krankheit überschatteten Lebensabend in Kiel.

[180] Selbstbiographie, S. 67

[181] enthalten in: Runze, Carl Loewe, S. 34 f.

Himmelhochjauchzend - zu Tode betrübt

Mit der Anstellung in Stettin war Loewe der Start in das Berufs- und Familienleben auf das großartigste und wunderbarste gelungen. Dank seines Könnens, das sich in Halle herausgebildet hatte, dort vielfach unter Beweis gestellt worden war und das ihm die guten Beurteilungen eingebracht hatte, war der Aufstieg des einfachen Jungen aus dem Volke in eine gesellschaftliche Ausgangsposition gelungen, die für seinesgleichen gewöhnlich unerreichbar blieb.

Er erhielt eine angesehene, gut bezahlte Stelle in einer der wichtigsten großen Städte der preußischen Monarchie, in Stettin, das als Provinzialregierungs- und Verwaltungssitz aus dem Kranz anderer Städte ebenso herausragte wie als Handelsplatz und als wichtiger Hafen an einer bedeutenden Flußmündung mit reichem Hinterland. Nach den glücklich beendeten Kriegswirren 1813/15 hatte hier eine Periode umfangreichen wirtschaftlichen Aufschwungs eingesetzt, was für ganz Pommern reichen Handel und Wandel auf lange Jahrzehnte brachte.

Loewe besaß Freunde und Gönner in der städtischen und staatlichen Verwaltung und war beruflich abgesichert: ein beruhigender äußerer Rahmen, eine erforderliche materielle Basis für die mit Tatkraft und Schaffensdrang erwartete Zukunft war gegeben. In der privaten Sphäre hatte er gegen anfängliche Schwierigkeiten ein heißgeliebtes Mädchen als wiederliebende Ehefrau gewonnen, mit der er glücklich in harmonischer Zweisamkeit begonnen hatte, ein trautes Familienleben zu führen. Erste berufliche und künstlerische Erfolge waren eingetreten, und um das Glück ganz groß zu machen: die junge Frau sah in großer Erwartung der Niederkunft mit einem ersten Kinde entgegen.

Bei aller Gottergebenheit Loewes, die er ein Leben lang bewies, ist der heimliche Wunsch nach einem Stammhalter verständlich. Tatsächlich tritt dieser Fall ein. Loewe erlebt vielleicht den größten gefühlsmäßigen Höhepunkt seines bisherigen Lebens, als am 26. Februar 1823 seine Julie einen Jungen zur Welt bringt, der nach seiner Mutter Julian genannt wird. Die Freude ist unbeschreiblich, aber sie währt nicht lange!

Nur neun Tage nach der Geburt des Sohnes stirbt die junge Mutter am 7. März 1823 im Kindbett. Sie hinterläßt eine unbeschreibliche Lücke - Loewe fällt in einen tiefen Schmerz. Nur schwer gelingt ihm allmählich die Bewältigung dieses Schicksalsschlages, der noch lange nachgewirkt haben mag, tiefe seelische Narben hinterlassend.

In dieser Zeit der Trauer drückte Loewe seinen Kummer mit den gemütsbewegenden und tief empfundenen Kompositionen "Der Wirtin Töchterlein", "Herodes Klage um Mariamne", "Totenklage", "Treuröschen" und "Wallhaide" aus, die um

diese Zeit herum entstanden oder überarbeitet wurden und in denen er seinen Verlust künstlerisch gestaltete und überwand.
Wenig ist über den Sohn Loewes aus der bisherigen überwiegend verklärenden Loewe-Literatur zu entnehmen, die in vielem unkritisch begeistert und idealisierend über Loewe, sein Familienleben und über sein Schaffen berichtete, dagegen Mißerfolge, Fehlschläge oder wenig vorzeigbare Lebensumstände geflissentlich überging.
Loewe hat seinen Sohn - der Not gehorchend - sehr bald in den Haushalt des Schwiegervaters nach Halle gegeben. Das ist einem Briefe zu entnehmen, den er 1826 an seine zweite Frau anläßlich eines Besuchs in Halle geschrieben hat. Ab dessen zehntem Lebensjahr aber hat der Junge - Tagebuchnotizen Loewes zufolge - im Hause seines Vaters in Stettin gelebt. Später habe es zu einem Zerwürfnis mit dem Vater geführt, der Sohn sei deshalb nach Amerika ausgewandert und dort verschollen. Das ist fast alles, was bekannt wurde. Kein "Wann?", kein "Was?", kein "Warum?" sind in der Literatur überkommen, also nichts über Ursachen und Gründe der Entfremdung.
Wenn der Vater über sein unglückliches Verhältnis zum Sohn aus Kummer, aus Scham, aus Gründen der Verdrängung schwer belastender Erinnerungen oder aus Enttäuschung geschwiegen hätte, dann wäre das verständlich, aber auch sehr bedauerlich, denn es fehlen jetzt Loewes Standpunkte zu dieser Katastrophe, die seinen leistungsstärksten Lebens- und Schaffensabschnitt überschattete.
Seitens der Biographen aber, die sich nur in dunklen Andeutungen ergingen und die sicher mehr wußten, als zu "ihrem" Loewe-Bild und -Verständnis paßte, ist das Schweigen unverständlich und berührt hier ebenso peinlich wie im Falle der Verwicklung Loewes in politische Auseinandersetzungen und "lokalen Skandal"[182] um 1848 und auch bei anderen von ihnen als weniger gut vorzeigbar erachteten Fakten und Zusammenhängen. Hierher gehören z. B. die körperliche Behinderung seiner Tochter Helene und seine sogenannten "nervösen Zustände", deren objektive Darstellung dadurch heute äußerst schwierig ist.
Es verrät die Unfähigkeit (oder die fehlende Bereitschaft) der Biographen, den Menschen Loewe aus seiner Zeit heraus mit all seinen Widersprüchen und auch weniger glänzenden Seiten zu begreifen und sich mit ihnen auseinanderzusetzen. Ihr Schweigen ist deshalb aus heutiger Sicht keinesfalls nur eine Frage der Pietät. Das Fehlen von genaueren Einzelheiten in diesen Fragen erschwert das Verständnis der Person und der ganzen Künstlerpsyche Loewes und deren Beziehungen zu seinem musikalischen Werk. Den teilweise romantisch-idyllischen Lebens-

[182] Anton, S. 29

umständen der von allen Autoren mit Recht liebevoll und interessiert beschriebenen Kindheit stehen im Mannesalter mindestens ebenso eindrucksvolle, entwicklungsbestimmende, schmerzliche Erfahrungen und Schicksalsschläge gegenüber, deren nähere Umstände übergangen wurden und deren Bedeutung und Einfluß auf Loewes Wesen und musikalisches Schaffen ohne weitere Forschungen vorläufig nicht genauer nachgespürt werden kann.
Als spärliche und deshalb wertvolle Nachrichten über Julian finden sich in Briefen Loewes, seiner Schwägerin oder in denen seiner Freunde einige wenige Mitteilungen, die der leichteren Lesbarkeit hier zusammengefaßt werden sollen. So schreibt z. B. Loewe am 29. Juli 1826 aus Halle an seine zweite Frau Auguste:
"*Beste kleine Frau!* *Halle, Sonnabend*
Gestern Nachmittag um 4 Uhr kam ich an. Die Großmama empfing mich mit aller alten Liebe und Herzlichkeit. Der Kleine [Julian] *kam auf Theresen's Arm herein. Er ist so groß wie dein Bruder, aber äußerst gescheidt und klug, spricht viel, ja Alles. Dabei ist er kräftig und gesund. Sein liebster Aufenthalt ist der Hof, da geht er denn gar zu gern zu dem Kutscher und den Pferden. Die Kaninchen im Stalle, das Federvieh und die Peitschen, das Sattelzeug, Alles erregt seine Aufmerksamkeit. Er ist nicht mehr so schön und interessanten Gesichts, als er war. Ich hätte ihn nicht wiedererkannt. Selbst sein Auge hat sich verändert, das erst ganz dem der Mutter ähnlich war; aber klug ist das Kind und hat einen außerordentlich natürlichen Verstand. Künstler wird er schwerlich. Sein Großvater ist in den zwei Jahren sehr alt geworden. Gott gebe, dass er, der liebenswürdige und gute Mann, den Seinigen und Allen, die ihn lieben, noch recht lange erhalten bleibe.*"[183]
Zwei Tage später setzt er sich mit dem Verhältnis zu seinem Sohn auseinander, wobei eine resignierende, trüb-ahnungsvolle Stimmung erkennbar wird, die sogar in eine etwas diffuse Selbstkritik mündet:
"*Montag. Heut fahren wir nach Lauchstädt. Der Kleine ist eben hier und amüsirt sich mit meinem Tabacksrauch. Ich bin ihm doch fremd. Er kann mich nicht recht lieb haben; Kind ist Kind; es ist aber recht traurig! - Er gedeiht hier herrlich. Sein Großvater liebt ihn unbeschreiblich und hat in seinem Testament für seine ganze Erziehung gesorgt; sogar den Studienplan für ihn entworfen. Töne hat er nicht, er hat auch keine Neigung für sie... Ich komme immer wieder darauf zurück. Mein Sohn ist mir entfremdet; ich kann kein Lächeln von ihm gewinnen. Er ist ein muthiger, kleiner kecker Knabe, der mich aber nicht liebt! - Er ist auf einen andern Boden gepflanzt. Er erinnert mich an mein Verhältniss zu meinem alten Vater. Unablässig wandte auch ich mich von seinem Kreise ab,*

[183] Selbstbiographie, S. 111

einem höhern Lichte zu, und er hat an mir so wenig einen Sohn gehabt, als ich ihn am Julian haben werde. Nun, wenn er nur immer hoch über mir weggeht, dann bin ich auch zufrieden.
Gestern waren wir in Lauchstädt, einem kleinen Bade-Orte, den die umherliegenden Städte besuchen, Halle, Merseburg, Schafstaedt, Naumburg... Wir fuhren erst nach Tisch wieder weg. Der Kleine hatte sein Festkleid angezogen, das Du ihm gestickt hast; darin sah er allerliebst aus, da er blonden und zarten Gesichtes ist.
Heute bleibe ich noch hier; den morgenden Tag werde ich meinen alten Papa wiedersehen. - Die ersten Scenen meiner Oper habe ich Theresen und Emilien vorgelesen."[184]

1833 leidet Loewe an "nervösen Störungen und Erschöpfungszuständen". Um seinen lästigen Kopfschmerz loszuwerden, trinkt er Bitterbrunnen und macht *"in den reizenden Anlagen unserer Stadt von 6 - 8 Uhr Morgenspaziergänge"*.[185] In sein Tagebuch schreibt er am 9. Juni 1833: *"Zu Mittag ging ich mit Julian nach Züllchow."* Der Sohn ist zu dieser Zeit zehn Jahre alt und lebt also nun in Stettin. Von Loewes Wohnung bis nach Züllchow im Norden der Stadt sind es etwa vier Kilometer zu laufen.
Mitte Februar 1834 findet sich in einem Briefe an seine Frau: *"Grüsse Deine kleine Mädchen und meinen guten Jungen"*[186]. Das Verhältnis zu dem Elfjährigen scheint zu der Zeit ungetrübt gewesen zu sein, wenn man auch gern wüßte, worauf sich Therese, die Schwester der ersten Frau, bezieht, wenn sie aus Amerika schreibt:
"Alles, was Sie mir von Julian schreiben, meinen herzlichen Dank! Ich fühle bestimmt, daß meine lange Entfernung meiner Liebe für den teuer erkauften Knaben keinen Eintrag getan hat, wenigstens nicht der Wärme, Tiefe und Innigkeit dieser Liebe, wenn auch an Lebhaftigkeit jede Empfindung notwendigerweise verlieren muß, die nicht durch Sorgen und tätigen Ausdruck genährt wird, denn darum lieben wir ja die Kinder so unbeschreiblich, weil sie uns so viel zu schaffen machen."[187]

Ende Februar 1835 schreibt Frau Tilebein an ihre Freundin Frau C. von Stülpnagel über Loewe: "*Ich habe den Sänger lange nicht gesehen, seine vier Kinder hatten die Masern - jetzt sind sie hergestellt...*" Zu dieser Zeit hatte Loewe drei Töchter aus zweiter Ehe, das vierte Kind ist offensichtlich Julian. - Endlich schreibt im Oktober 1839 der ehemalige Schüler Loewes, Walter von Goethe, der älteste

[184] ebd., S. 112
[185] ebd., S. 159
[186] ebd., S. 175
[187] ebd., S. 180

Enkel Johann Wolfgang von Goethes: "*Wie ist es Ihnen auf der Reise ergangen, wie geht es Ihnen jetzt, was haben sie Großes, Herrliches in neuester Zeit geschaffen, was macht Ihre verehrte Frau Gemahlin, was Helenchen, Julian, Julie und Adele?*",[188] und auch diese freundlich-konventionelle Anfrage scheint nur höflich Auskunft über eine sonst intakte und ungetrübte Familienatmosphäre zu wünschen. Nichts findet sich über Erziehungsschwierigkeiten, Meinungsverschiedenheiten oder Konflikte, keine Darlegung der eventuell negativen Entwicklung Julians und auch später gar nichts weiter über ihn, der zur Zeit der letzten Anfrage 16 Jahre alt ist. - Seine Spur ging verloren.

In der Loewe-Literatur finden sich - wenn überhaupt - nur dunkle, unklare Andeutungen über Julians Entfremdung von der Familie, ohne Ursachen oder Gründe hierfür anzugeben oder genauere Angaben über ein Zerwürfnis zu machen. Einer der Biographen Loewes sieht die Anfänge aller Schwierigkeiten, die zwischen Vater und Sohn später entstanden sind - in der Ausdeutung übrigens recht einseitig und auch zeitlich großzügig verkürzt - darin:

"*Julie Loewe starb, und da der Sohn, den sie ihm geschenkt, sein einziger Sohn, Julian, den Verwandten in Halle zur Erziehung übergeben wurde - nicht zum Heil für das Verhältnis zwischen Vater und Kind, die sich fremd und fremder wurden, bis der begabte, aber nervöse und reizbare Sohn öffentlich gegen den Vater auftrat und, nachdem das letzte Band zerschnitten war, nach Amerika auswanderte, wo er verschollen ist - so blieb der Meister doppelt verwaist in der fremden Stadt zurück.*"[189]

Diese Darstellung läßt zwar außer acht, daß sich Loewe 1825, zwei Jahre nach dem Tode Julies, wieder verheiratet hatte, eine zweite glückliche Ehe führte und in ihr auch wieder Kinder hatte und also keineswegs "*doppelt verwaist in der fremden Stadt zurück*"-blieb, aber bei der Suche nach den Ursachen der Differenzen zwischen Vater und Sohn könnten folgende Fakten richtig sein und sich unheilvoll ausgewirkt haben:

1. der Tod der Mutter und die hierdurch notwendig gewordene Erziehung des Kleinstkindes beim Großvater in Halle,
2. das Naturell des Jungen: er ist begabt, aber nervös und reizbar,
3. das öffentliche Auftreten Julians gegen den Vater, aus welchen Gründen auch immer.

Auch als sicher kann gelten, daß der Streit mit Julian nachdrücklich dazu beigetragen hat, daß Loewes Seelenleben in den fünfziger Jahren schwere Schäden erlitt. Als Gründe für seinen schlechten Gesundheitszustand in der zweiten

[188] ebd., S. 318

[189] Bulthaupt, S. 57

Lebenshälfte werden angeführt: "*Überarbeitung, schwere Heimsuchung in der Familie, politische und religiöse Hetze gegen ihn, innere Leiden und Kämpfe, die seine Nerven vollständig ruinierten, daß er durch und durch nervös wurde.*"[190]

Auch wenn es sich nicht belegen läßt, daß und wie sehr Loewe unter dem Trauma Julian gelitten hat, so sind doch dessen Auswirkungen und Spätfolgen auf Loewes innere Persönlichkeitsstruktur auch ohne das vorstellbar und glaubwürdig. Julies Tod und die frühe Entfremdung des einzigen Sohnes vom Vater und die Erinnerungen daran blieben dunkle Schatten über dem Leben Loewes.

Die zweite Ehe Loewes

Zwei Jahre nach dem Tode seiner ersten Frau heiratete Loewe erneut. Seine Wahl war auf die zwanzigjährige Auguste Emilie Laura Lange gefallen, die er als Privatschülerin im Gesang unterrichtete[191]. Ihre Familie stammte aus dem Geschlecht des Bauern Hans Lange aus Lanzig bei Rügenwalde. Ihr Vater war Großkaufmann, der in der Franzosenzeit den größten Teil seines Vermögens verloren hatte. Über die Brautleute äußerte sich Frau Tilebein, mit der Loewes später enge freundschaftliche Beziehungen unterhielten, in folgender Weise: Loewe meine,... "*er könne gar nicht spielen, aber diese Auffassung des Ganzen zu einem vollendeten Bilde, diese Begeisterung fand ich zuerst bei diesem kindlich gesinnten, wissenschaftlich gebildeten, harmlosen und zugleich höchst poetischen Menschen, der eine ganz eigene Erscheinung ist. Zur Lebensgefährtin wählte er sich ein zartes, sinniges Wiesenblümchen, voll Lieblichkeit, das ihn wahrhaft beglückt.*"[192]

Das "Wiesenblümchen" erwies sich später als treusorgende Lebensgefährtin und gute Mutter der Kinder. Sie dominierte im häuslichen Kreise, trat aber auch häufig mit ihrem Gatten öffentlich bei Liebhaber-Gesangsdarbietungen auf. Zu Loewes späteren Konzertreisen hat sie ihn nicht begleitet, er hat ihr dafür zahlreiche Reisebriefe mit oft anschaulichen Schilderungen seiner Auftritte, seiner persönlichen Kontakte, von gesellschaftlichen Ereignissen und über Naturbeobachtungen geschrieben. Auguste überlebte ihren Mann um 26 Jahre, im Alter von neunzig Jahren starb sie 1895.

In dieser Ehe wurden vier Töchter geboren:

[190] Pasewalker Zeitung, Sonntagsbeilage vom 1. Dezember 1940

[191] Selbstbiographie, S. 96

[192] Brief vom 27. Juni 1826, enthalten in: Altenburg, S. 17

1. Julie, geboren am 3. Februar 1826. Sie heiratete den Kapitän zur See, nachmaligen Oberst und Chef der Marinestation im Kriegshafen Kiel Alexander James Arthur von Bothwell aus dem Hause Hepburn (verwandt mit dem schottischen Königshaus Stuart). Sie war künstlerisch interessiert, von ihr stammen die Bleistiftskizzen über Löbejüner Motive, die sie anläßlich eines Besuches in Löbejün im Herbst 1885 anfertigte. Im hohen Alter verfiel sie in religiös gebundene geistige Verwirrung vor künstlerischem Hintergrund. Sie starb 1920 - dem untergegangenen Kaiserreiche unbeeinflußt verbunden - in ihrem Haus in Unkel am Rhein, das die Familie von Bothwell 1873 gekauft hatte. Ihre einzige Tochter Zara war mit einem Hauptmann Mebis (?) verheiratet.
2. Adele, geboren 1827. Sie entwickelte sich zu einer guten Sängerin und verlobte sich 1847 mit dem Premier-Lieutenant Gotthold von Tippelskirch, der selber ein begabter Sänger war und mit ihr gemeinsam künstlerisch auftrat. Sie starb als "blühende Braut" Anfang 1851 an einem typhösen Fieber, dem sie schnell erlag. Ihr Tod brachte Loewe in eine depressive Krise. Um sich zu erholen und um neuen Lebensmut zu schöpfen, begab er sich auf eine Nordlandreise nach Norwegen.
3. Helene, geboren am 1. Juni 1832. Sie wird als verwachsen und teilgelähmt geschildert. Nach ihres Vaters Tod beschrieb sie dessen letzte Lebensjahre, was als selbständiges Kapitel der Autobiographie Loewes angehängt wurde. Sie starb bald nach ihrem Vater und wurde "im gleichen Grabe" mit ihm in Kiel bestattet.
4. Anna, geboren am 21. Mai 1840. Sie war mit Kapitänlieutenant Ulffers verheiratet. Im Jahre 1866 unheilbar erkrankt, verfiel sie in Siechtum und geistige Umnachtung, was ihrem Vater nach seinem ersten Schlaganfall zusätzlich schweren Kummer brachte. Sie starb kurz vor ihrer Mutter. Ihre Töchter Helene (Elly) und Gottfriede (Frieda) blieben unverheiratet. Im Jahre 1927 wurden sie von ihrer Cousine Zara Mebis adoptiert. Bei ihr lebten sie dann bis zu ihrem Tode (Gottfriede starb 1950) im sogenannten Freiligrath-Haus in Unkel am Rhein.

Die Tochter Helene

Nachdem in der zweiten Ehe des Musikdirektors Loewe zwei Töchter zur Welt gekommen waren, war der Wunsch beider Elternteile nach einem Sohn verständlicherweise groß. Am Tage der Geburt des dritten Kindes schrieb Loewe in sein Tagebuch:

"*Sonnabend, den 1. Juni* [1832]. *Abends wurde mir von meiner Frau ein Töchterlein geboren. Die Frage der Mutter: 'ist es todt?' wurde durch das Schreien des niedlichen kleinen Wesens unterbrochen, die fernere Frage: 'ist es ein Knabe?' mit der Antwort 'es ist ein Mädchen'. - Freilich hatten wir gewünscht und gehofft, daß ein Doppelpaar von Kindern in der Familie sein möchte, und ich hatte darum Mühe die Klagen der Mutter zu beseitigen, mit dem Danke gegen Gott, den Geber alles Lebens und jedes Geschlechts. Um des Kindes selbst willen hätte ich ihm gern die Masculinität gewünscht, aber wie mag der Mensch gerechter sein denn Gott. Denn er 'des Tadel selbst dem Seraph droht' muß alles führen... Das Mädchen ist wohlgebildet, makellos, wenn auch zart.*"
"*Sonntag, den 2. Juni* [1832]. *Um 4 Uhr früh weckte mich mein Neugeborenes; ich ließ es mir in mein Bett reichen, es schlief an meiner Brust bis 6 Uhr.*"[193]
Wie man sieht, war Loewe ein guter und fürsorglicher Vater, der das Kind dankbar als Geschenk Gottes annahm und auch seine Frau in diesem Sinne beeinflußte. - Offensichtlich auch wurde das Mädchen gesund geboren.
Der Bekanntenkreis Loewes - ausnahmslos "besseren Gesellschaft" angehörend - nahm ebenfalls Anteil am Familienzuwachs. So schrieb die Witwe des Geheimrats Tilebein an die ihr befreundete "Frau Landrätin" Caroline von Stülpnagel-Dargitz auf Lübbenow - in deren Hause Loewe ein oft und gern gesehener Gast war - am 11. August 1833 gutmütig-witzelnd über den neuen Erdenbürger:
"*Seinen kleinen, grauen, fingerlangen Wurm, den seine Frau ihm statt eines Sohnes geboren hat, findet er süß, lieblich, vollkommen schön, hinreißend und vor allem rührend! Nachts, wenn es schreit und kalt ist, nimmt er es in sein Bett und wärmt es und haucht es an, bis es still wird und schläft - und so trieb er es schon damit 6 Stunden nach seiner Geburt.*"[194]

Die familiär-vertrauliche Mitteilung Frau Tilebeins an die Kreise, in denen sich Loewe als hochgeschätzter Künstler bewegte, beschreibt in ihrer amüsierten Art, wie liebevoll besorgt und betulich der Vater mit der jüngsten Tochter umging. Gerade dieser Haltung wegen sollten die bevorstehenden schmerzlichen Erfahrungen mit der körperlichen Versehrtheit des Mädchens zu einer belastenden Herausforderung an die Einstellung der Eltern diesem Kinde gegenüber werden. Hätte Frau Tilebein gewußt, welches Lebenslos der dritten Tochter zuteil wurde; sie hätte diese belustigte, freundschaftlich ironisch-spöttelnde Bemerkung sicherlich unterlassen, denn sie wird als Frau mit Geist und feinem Taktgefühl geschil-

[193] Selbstbiographie, S. 156

[194] Altenburg, S. 25

dert. Tatsächlich mußte Helene ein schweres Schicksal tragen, körperliche Leiden belasteten ihr Leben, und man kann nur ahnen, wie Mutter und Vater seelisch darunter gelitten haben.

Ein dreiviertel Jahr später schreibt Frau Tilebein einen weiteren Brief an die gleiche Empfängerin. Anläßlich eines Besuches bei der Familie Loewe berichtete sie aus eigener Anschauung:

"*22.IV.1834. Heute stürmt und regnet es. Darum trinke ich Tee bei Loewes und hoffe den ganzen Abend den süßesten Sänger der Christenheit zu hören... Auch an häuslichem Kummer fehlt es nicht, denn das schönste ihrer Kinder, Helene, hat seit dem Stickhusten ein wahrhaft grausenhaftes Schielen und Schlagen mit dem Kopfe behalten - ich kann es nicht ohne Tränen ansehen!*"[195]

Die schlimmen Krankheitsanzeichen wollten nicht weichen. Die Eltern versuchten eine Besserung des Gesundheitszustandes durch einen Aufenthalt an der nahen Ostsee zu erreichen. Frau Tilebein bekundete jetzt ihre Anteilnahme an der reichlich vier Jahre alten Helene in zwei weiteren Briefen:

"*28.VIII.1836. Die Loewe ist mit ihren drei Töchtern auf sechs Wochen noch nach Swinemünde gegangen...*[196]

"*30.IX.1836. Die arme Loewe ist erst seit Sonntag von Swinemünde zurück, wo sie ihr Kindchen* [Helene] *täglich den Wellen übergeben hat; es kann aber noch immer weder gehen noch stehen, schielt nach wie vor und hat nur der See Kraft genug abgewonnen, sich an den Sofakissen aufzurichten, aber statt auf den Sohlen auf den Knöcheln einen Augenblick zu stehen!*"[197]

Mehr ist an Einzelheiten bisher nicht bekannt. Der Gesundheitszustand Helenes hatte sich damals nicht gebessert. Der Loewebiograph Runze, der noch persönlich gesellschaftlichen Umgang mit Loewes Frau und deren ältester Tochter Julie hatte, geht auf diese Zusammenhänge nicht ein. Bulthaupt erwähnt sie mit einer Nebenbemerkung: Helene, *"die gelähmt und verwachsen war"*.[198]

Neben dem Tod der geliebten ersten Frau im Kindbett, der Entfremdung des Sohnes Julian und dem allzu frühen Tode der Tochter Adele gehörte Helenes Schicksalsfügung zu den dunklen Aspekten in Loewes Leben. Er trug als ein empfindsam-feinfühliger Vater die seelische Last, die ihm die körperliche Behinderung seiner Tochter aufbürdete, mit menschlicher Reife, mit Seelengröße und christlicher Auffassung vom Leben, mit uneingeschränkter Demut gegenüber Gott und allem, was Gott ihm zugedacht hatte. Die unmittelbaren Spuren gerade

[195] ebd., S. 26

[196] ebd., S. 30

[197] ebd., S. 31

[198] Bulthaupt, S. 58

dieser menschlichen Prüfungen im künstlerischen Schaffen Loewes hat man noch nicht gesucht.

Carl Loewe, Lithographie von Flach, 1830

Schule, Kirche, ... und Balladen

Unter diesem alles beherrschenden Dreigestirn verlief das ganze weitere Leben Loewes. Seine jeweilige Ausstrahlung reichte buchstäblich bis in jeden Tag hinein. Durch das Schulehalten war Loewe am stärksten einer mühevollen Tagesfron unterworfen. Trotzdem wurde er von vielen seiner Schüler als ein ausgeglichen-froher, verständnisvoller und pädagogisch erfolgreicher Lehrer geschildert, besonders in seinen jüngeren Jahren. Es war der vorwiegend musikalische Unterricht, der dem musikbegeisterten Mann das tägliche "Muß" erträglicher gemacht hat. Nach langjähriger Erfahrung und genauer Kenntnis seiner Lage gab er 1837 an: "*Ich müßte nur das Schulmeistern aufgeben können und die Welt sehen, da würde sich's bald machen; ein Künstler muß vagabondieren, wenn er berühmt werden will. Paris, das wäre der Ort; Alles kann man aber nicht!*"[199]

Die strenge zeitliche Bindung an den Stundenplan war der freien Künstlerschaft ebenso abträglich wie die fest geregelte Folge und Ordnung der Gottesdienste im Kirchenjahr. Dabei war der "Orgelist" in der zwanglosen künstlerischen Gestaltung seines Spiels noch am wenigsten gebunden und konnte in der phantasievollen Meisterung "seiner Cäcilie", der Orgel in der St.-Jakobi-Kirche, noch am ehesten seinem schöpferischen Drange spontanen Ausdruck verleihen, allerdings nur für den flüchtigen Augenblick und rein kirchlich zur höheren Ehre Gottes.
Einen großen Teil der Arbeitsbelastung nahm die Tätigkeit als städtischer Musikdirektor ein, von der verbleibenden Freizeit wurde viel auf die privaten Gesangs- und Klavierstunden verwandt. Außerdem beanspruchten die Ausarbeitung seiner "Gesangslehre, theoretisch und praktisch für Gymnasien etc." und des "Musikalischen Gottesdienstes, methodische Anweisung zum Kirchengesange und Orgelspiel, zugleich ein vollständiges Choralbuch" sowie des (ersten) "Kommentars zum zweiten Teil des Goetheschen Faust" viel Zeit und Geisteskraft.[200]
Vor allem aber war es die "übermäßige Amtstätigkeit", die ihn von seiner Kunst abhielt: "*Sie ist es, die den Flug von Loewes Phantasie am meisten niederhielt. Hatte diese ihn ins Land der Helden und Geister gelockt, so weckten die Glocken von St. Jacobi*

[199] Selbstbiographie, S. 259

[200] Dieser Kommentar ist übrigens weniger eine Erklärung des gedanklichen Inhalts des Goetheschen "Faust" als vielmehr eine Art Wörterbuch z. B. zu den im "Faust" zitierten griechischen und römischen Göttern und Halbgöttern, ihren Taten bzw. Untaten, ihren Verwandtschaftsbeziehungen usw. Er ist also mehr ein Beitrag zum Verständnis zahlreicher Anspielungen und Assoziationen im Text des "Faust" bezüglich der antiken Vorstellungen des "Götterhimmels". Mit dem ideellen Inhalt des "Faust" hat er weniger zu tun.

den Säumigen jäh aus seinen Träumen auf und riefen ihn zum Katheder und zur Orgelbank. Die Amtstätigkeit wie auch der viele Privatunterricht, den er im Hinblick auf die große Familie willig auf sich nahm, ließen den Komponisten 'nur einen sehr kleinen Teil seiner Zeit und Kräfte der Produktion widmen,' so daß weder an 'vorbereitende Skizzen' noch an 'mühevolle Durchführung und künstlerische Instrumentation' zu denken war."[201]

Es zeugt von der reichen kreativen Begabung Loewes und von der Fülle seiner das Mittelmaß weit übersteigenden musikalischen Einfälle, daß er in den wenigen Stunden wirklicher schöpferischer Muße Meisterwerke von bleibendem Wert geschaffen hat. In seinem kompositorischen Schaffen kommen zwar (nach seiner Aussage im Kurzlebenslauf anläßlich der Aufnahme in die Königliche Akademie der Künste, abgefaßt im September 1837) "Lieder, Balladen, Kantaten, Opern, Oratorien, wie auch Sonaten, Quartette, Konzerte und Sinfonien" vor, aber wirklich Unübertroffenes hat er nach dem einhelligen Urteil der Kenner lediglich mit den Balladen geschaffen. Diese Leistungen kennzeichnen ihn als den Klassiker auf diesem Gebiet. Wenn er auch in der Welt der Musik nicht zu den ganz Großen gehört, so ist er doch in der zweiten Reihe einer der Bedeutendsten.

Loewe wußte, daß ihn die Brotarbeit in Schule, Kirche und als Musikdirektor von seinem kompositorischen Schaffen abhielt. Trotzdem führte er sie nicht unwillig, sondern gewissenhaft und mit großem Erfolg von Anfang an aus. Darüber geben einige Konduitenlisten - eine Art jährliche Führungszeugnisse - schon sehr früh Auskunft. Über Loewes erstes Dienstjahr hatte Schulrat Dr. Koch geschrieben:

"*Carl Gottfried Loewe aus Löbejün, Seminarist, wurde als Kantor berufen und mit hoher Genehmigung ihm eine Stelle im Seminar eingeräumt. Lebensjahre 24, Amtsjahre 1/2, Universität Halle 3 Jahre, unterrichtet in den Elementen der Sprachen und Wissenschaften mit Nutzen, mit vorzüglichem Erfolge aber in der Gesanglehre. Amtsführung: sehr eifrig und tätig. Lebenswandel: ohne allen Tadel. Bemerkungen: die ausgezeichneten Fortschritte, welche das durch ihn errichtete Singechor, welches vorzugsweise zur Unterstützung und Veredelung des Kirchengesanges bestimmt ist, seit kurzem gemacht hat, sind seiner Geschicklichkeit und seinem rühmlichen und christlich frommen Eifer zuzuschreiben. Er ist von dem hiesigen Magistrat zum Musikdirektor ernannt worden.*"[202]

Im folgenden Jahr heißt es über seine Lehrertätigkeit: "*Er ist gewissenhaft in der Abwartung seines Amtes, welches er mit Liebe und segensreichem Erfolge verwaltet; er besitzt ausgezeichnete Lehrgaben und weiß seine Schüler für seinen Unterricht zu gewinnen, und handhabt die Disziplin mit mildem Ernst; alle Schüler sind ihm mit Liebe*

[201] Anton, S. 68

[202] enthalten in: Altenburg, S. 4

zugetan; sein sittliches Betragen ist ohne allen Tadel. Er studiert eifrig nicht nur die Theorie seiner Kunst, sondern ist auch bemüht, in den mit derselben in Verbindung stehenden wissenschaftlichen Gebieten fortzuschreiten. Er ist bis jetzt nicht Schriftsteller, hat sich aber durch mehrere mit Beifall aufgenommene Kompositionen bekannt gemacht und ist jetzt mit einer für den Druck bestimmten musikalischen Arbeit beschäftigt."[203]

Für 1823 sagte F. H. G. Graßmann sen., ein Lehrerkollege, über Loewes Arbeit am Lehrerseminar: Er unterrichte im "*Gesang und Orgelspiel, jetzt wöchentlich 6 Stunden, künftig 8 Stunden; ist pünktlich in Abwartung der Lehrstunden, unterrichtet mit Anwendung einer guten Methode und mit sichtbar glücklichem Erfolge, genießt die Achtung und Liebe seiner Zöglinge und handhabt eine ernste und feste Disziplin*". Sein sittliches Betragen ist "*durchaus anständig und unbescholten. Hat kürzlich drei Balladen von eigener Komposition herausgegeben. Durch die von einem hohen Minister der G*[esundheits-,] *U*[nterrichts-] *u*[nd] *M*[edizinal-]*A*[ngelegenheiten] *ihm gewährte Teilnahme am Unterrichte in der Logierschen Methode hat er im verflossenen Jahre für seine musikalische Ausbildung noch beträchtlich gewonnen*".[204]

Mit dem Musikunterricht am Lehrerseminar übernahm Loewe auch die Leitung des Gesangsunterrichts an den Parochial-(Gemeinde-)Schulen. Hier ging er zielstrebig und voller Tatendrang in Erinnerung der halleschen (und Löbejüner und Köthener) Verhältnisse und Erfahrungen an die Verbesserung des Schülergesangs. In einem Bericht an die Stettiner Stadtschuldeputation stellt er schon am 7. März 1824 fest, daß

"*der Gesang in unseren Schulen, soweit er nämlich die Verbesserung des Kirchengesanges beabsichtigt, auf einem recht vorzüglichen Wege ist*".[205]

Den betreffenden Lehrern wurde zur Pflicht gemacht, seinem Unterricht wöchentlich drei Stunden beizuwohnen und damit seine Methode der Gesangsausbildung quasi abzugucken. Aller zwei Wochen versammelte er sie mittwochs für zwei Stunden zu einer Art Weiterbildung, und aller zwei Wochen dienstags fand ein Singeabend für sie statt. Dieser Lehrergesangverein bestand im Tenor und Baß aus Lehrern und Seminaristen, im Diskant und Alt aus den besten Schulkindern. Über ihn sagte er aus:

"*Dieser Verein beabsichtigt eine harmonische Ausübung des Gesanges, da diese in den einzelnen Klassen doch nur immer recht mangelhaft ausgebildet werden kann. Im ganzen macht dieses starke und im Choralgesange wirklich in Stettin unvergleichliche Singechor gute Fortschritte, und es wird einmal den gemischten Kirchenchor ausmachen, an welchen sich auch in der Folge die anschließen (wie dies zum Teil jetzt schon geschieht), welche*

203 ebd.

204 ebd., S. 6

205 Altenburg, S. 8

bereits die Schulen verlassen haben."[206]

Auf diese Weise wirkte Loewe nicht nur in seinem Unterricht nach neuen eigenen Gesichtspunkten, sondern er griff mit behördlichem Wohlwollen in die Neugestaltung des gesamten Musikunterrichts in Stettin maßgeblich ein. Schon für die Jahre nach 1825 erwartete Loewe nach der inzwischen erreichten Vervollkommnung seiner "Gesangslehre", die an den Bürger- und Volksschulen als Grundlage für den Gesangsunterricht eingeführt wurde, weitere Fortschritte im geistlichen und weltlichen Gesange. Über seinen eigenen Lehrauftrag hinaus blieb Loewe auch später noch beispielhaft wirksam, die Vorbildwirkung in seiner unermüdlichen, in frühen Jahren auch bahnbrechenden Arbeit, hielt fast sein ganzes Leben lang an. So verfaßte er die schon erwähnte Schrift "Musikalischer Gottesdienst", die er im Dezember 1850 der Stettiner Regierung übergab mit der Bitte, nach ihr am Lehrerseminar unterrichten zu dürfen. Das wurde genehmigt, und den anderen Seminaren wurde empfohlen, ebenfalls nach den Gedanken dieses Werkes auszubilden.

Weiterhin fungierte er auch als Gutachter für neue musikmethodische Vorschläge und Gedanken, wofür er das volle Vertrauen der ihn beauftragenden Stettiner Regierung besaß. Hier begegnete übrigens der Schulmeister und Musikmethodiker dem Organisten, der in ganz Pommern als Sachverständiger für alle das Orgelspiel und die Orgelbeurteilung berührende Fragen umherreiste und z. B. den Zustand reparaturbedürftiger, restaurierter oder neuer Orgeln amtlich abnahm. Für diese Aufgabe war Loewe der richtige Mann. Nach dem übereinstimmenden Urteil seiner fachlich kompetenten Zeitgenossen ist er ein hervorragender Orgelspieler gewesen, wobei ihm zudem mit der Orgel in der Jakobi-Kirche ein sehr gutes Instrument zur Verfügung stand.

Organist an der Jakobi-Kirche

Die Jakobi-Kirche geht auf eine Stiftung eines nach Stettin eingewanderten fränkischen Kaufmanns aus dem Jahre 1187 zurück. Die ältesten Teile stammten aus dem zwölften Jahrhundert. Als großzügiger, wuchtiger spätgotischer Backsteinbau war sie eine der höchsten Hallenkirchen Norddeutschlands mit einer ehemals sehenswerten Inneneinrichtung. Ihr Chor war fast so groß wie das beeindruckende Langhaus. Nach Um- und Erweiterungsbauten im 14./15. Jahrhundert wurde von 1456 bis 1503 der Mittelturm mit Spitze errichtet.

[206] ebd.

1676/1677 belagerten die Brandenburger unter dem Großen Kurfürsten das schwedisch besetzte Stettin. Bei der Beschießung der Stadt ging die Turmspitze verloren. Der Stumpf wurde mit vier kleinen Ecktürmchen versehen und stand noch während der Jahre, in denen Loewe in Stettin war, als Torso ohne Helm da. Erst 1894, also lange nach Loewes Tode, brachte man ihn mit einem hoch aufragenden Spitzhelm auf mehr als 119 m Höhe. Der Innenraum der Kirche wurde nach der Beschießung im barocken Stil erneuert.

Die Jakobi-Kirche zu Stettin vor Vollendung des Turmes. Foto A. Matthaey

Die Orgel der Jakobi-Kirche zu Stettin

Die Orgel wurde 1699 nach einem Entwurf von Matthäus Schurich aus Dresden unter beratender Mitwirkung des Lübecker Organisten Dietrich Buxtehude erbaut. Von 1709 bis 1711 schuf man den zweigeschossigen Altar, er war geschmückt mit einem Gemälde, das eine Kreuzabnahme Christi darstellte. 1831 erklärte man die Jakobi-Kirche nach dem Abbruch der Marien-Kirche zur Hauptkirche Stettins. 1869 erfolgte die Einmauerung des Herzens von Carl Loewe in einen Orgelpfeiler.
Am 17. August 1944 beschädigten Bombenangriffe die Kirche schwer, das Langhaus stürzte ein, Chor und Turm (ohne Helm) blieben erhalten. Altar und Orgel wurden vernichtet. Die Altstadt Stettins wurde nach dem Kriege 1945 größtenteils eingeebnet. Das Stadtgebiet und fast die gesamte Odermündung gerieten unter polnische Oberhoheit. Der Neuaufbau begann 1954. Die Jakobi-Kirche wurde - wenn auch nicht in alter Pracht - wieder eingerichtet.

Zu seiner Orgel in der Jakobi-Kirche hat Loewe eine ganz besondere Beziehung besessen. "*Wie man eine menschliche schöne Seele liebt, in deren Tiefen man Leid und Freude unbesorgt niederlegen kann, und in der man Verständnis, Trost und Freude findet*", so liebte er die wundervolle Orgel von St. Jakobus. Er verglich ihr Wesen mit der Psyche einer Frau und meinte: "*Man muß sanft mit einer Frau sprechen; und so darf man auch der heiligen Cäcilia* [der Name der Schutzheiligen der Orgel auf sie selbst übertragen] *nicht ins Gesicht schlagen. Und doch muß der Ton, den die Hand entlockt, voll und mächtig sein.*" Seine persönliche Einstellung zu einer Orgel überhaupt drückte er mit folgender Aussage aus: "*Jeder Organist kann nur seine Orgel, der er angetraut ist, richtig spielen.*" So wundert es nicht, wenn sein Orgelspiel bei so viel Verständnis für dieses herrliche Instrument nicht nur *"mit bedeutend technischer Fertigkeit"*, sondern auch *"mit der Fähigkeit seelenvoll, hinreißend schön zu spielen"* geschildert wird.
"*Die Feinheiten seiner künstlerischen und humanen Bildung, die Schönheit seiner Formen, die fast kindliche Innigkeit seines Gemütes spiegelte sich wider in seinem Orgelspiel.*"[207]
Runze, der Loewes Orgelspiel selbst noch bewundernd hören konnte, schreibt darüber: "*Loewe pflegte die kirchlichen Lieder, die er auf der Orgel zu begleiten hatte, mit diesem seinem Orgelspiel gewissermaßen durchzukomponieren, indem er dem Fortschreiten des dichterischen Grundgedankens von Strophe zu Strophe Rechnung trug und dem eigentümlichen Empfindungsgehalt einer jeden Strophe charakteristischen Ausdruck gab.*"[208]
Auf die emotionale Rolle des Orgelspiels in Loewes Leben wird ebenfalls von Runze sehr treffend anläßlich eines Loewe tief berührenden Schicksalsschlages

[207] Runze, Carl Loewe, S. 85

[208] ebd., S. 85

hingewiesen. "*Seiner Orgel vertraute Loewe alles an, die erhebendsten Freuden, die tiefsten Schmerzen seiner Seele. Letztere blieben leider für ihn nicht aus. Wohl kein Schmerz hat seine Seele je so tief berührt, als die Trauer um seine geliebte Tochter Adele im Jahre 1851. Lüpke erzählt aus jenen Tagen, wie beim Gottesdienst in St. Jakobi ein Lied nach der Melodie 'Alle Menschen müssen sterben' gesungen werden sollte. Einer der Herren erbot sich zum Präludium. 'Nein, heute werde ich allein spielen', war Loewes Antwort, und damit bestieg er die Orgelbank. Lüpke fährt fort: "So ein Orgelspiel habe ich nie wieder gehört, es war ja auch improvisiert, aber die ganze Seele des trauernden Vaters ergoß sich zu einem wahren Meer der Töne, erfüllt mit Klagen und Seufzen, gestillt von Trost und Friede, wie die stillen Tränen des milden Auges über die Wangen perlten.*"[209]

Ein ähnliches, gleichfalls stark gefühlsbetontes Erlebnis schildert Loewes älteste Tochter Julie, in dem neben dem Orgelspiel noch die beeindruckende Schönheit des Gesangs eine Rolle spielt. "*Eine andere rührende Szene aus Loewes Walten in seinem Gotteshaus und an seiner Orgel sei hier mit den Worten mitgeteilt, wie sie Loewes Tochter Julie, die selbst bei derselben mitbeteiligt war, mir vor Jahren übermittelt hat: 'Es war eine Vesper in der Jakobi-Kirche in Stettin. Zum Schluß hatte ich das "agnus dei", von Decius in Stettin vor vielen hundert Jahren komponiert* [?], *zu singen. Es war mittlerweile Zwielicht geworden. Die gesunkene Sonne erhellte nur noch ungewiß die gewaltigen Pfeiler, die kolossalen Gestalten der Erbbegräbnisse und den fernen Altar mit der Kreuzesabnahme. Ich wunderte mich, daß das Publikum nicht begann sich zu entfernen, aber es war tiefe Stille, niemand rührte sich, vielleicht hatte in der Probe das "agnus dei" seinen Eindruck bereits hinterlassen; und die Hoffnung, es noch einmal hören zu können, fesselte die Leute.*

Die Orgel legte sich sanft wie der Abendhimmel über die horchenden Geister, und ich begann leise das: O Lamm Gottes unschuldig am Stamme des Kreuzes geschlachtet, usw. Papa war zu mir getreten und hatte angefangen um meine einfachen Töne Arabesken zu schlingen, mit süßen, hingehauchten Tenortönen, die, so leise sie auch waren, bis in die fernsten Winkel der Kirche drangen. Es waren fallende Tränen, Seufzer der betenden Seele, göttliche Liebe, die sich wie Blumengewinde um den Fuß des Kreuzes schlangen. Der Choral war zu Ende. Wir blieben stehen und sahen herab. Das Publikum rührte sich nicht. Endlich vernahmen wir das leise Geräusch der sich Entfernenden und verließen nun auch das Chor.

[209] ebd., S. 86

Den andern Tag war in der Stettiner Zeitung zu lesen, wie es Franz Kugler jr. geschrieben: "Weit könnte man reisen, weit suchen, ehe man einen Gesang hören dürfte, wie wir ihn in der Kirche gestern hörten. Das "agnus dei" von Vater und Tochter hat einen unauslöschlichen Eindruck auf uns gemacht. Wir wagen nichts mehr darüber zu sagen, wir tragen es in unserm Herzen fort."[210]

Loewe und die Ballade

Für Loewes Nachwirkung über seinen Tod hinaus hat im Umfeld der genannten Tripolarität allein die Ballade dauernde Bedeutung behalten. Obwohl sich Loewe in verschiedenen musikalischen Genres kompositorisch betätigte, erreichte er lediglich mit seinem Balladenschaffen bleibende Anerkennung. Loewes Talent zur Komposition von Balladen ist urwüchsig und unmittelbarer Ausfluß einer natürlichen Veranlagung, die sich schon sehr früh Bahn brach. Als er nach Erwerb notwendiger musikalischer Fertigkeiten und theoretischer Kenntnisse mit seinem "Erlkönig" an die Öffentlichkeit trat, war mit diesem einzigartigen Meisterwerk der Balladenkomponist fertig ausgebildet. In diesem Sinne zeigt sein ganzes späteres Schaffen keine Reifung seiner Balladen-Kunst, keine Entwicklung zu immer größerem Können auf diesem seinen Gebiet, auf dem er Schöpfungen hervorbrachte, die für andere in dieser Fülle und Qualität unerreichbar blieben und wofür es keinen Besseren gab. Über seine ganz persönliche Art und Weise zu komponieren, sagt er selbst: "*Ich habe nie das Ändern an meinen Arbeiten geliebt. Manches blieb in ihnen zu wünschen übrig, doch wie einmal das Manuscript lautete, so mußte es bleiben, ich war nie im Stande auch nur eine Note zu ändern.*"[211]
Zu diesem Festhalten am ersten Entwurf wird gelegentlich angeführt, daß fehlende nachfolgende Ausarbeitung und künstlerische Vervollkommnung die Ursachen für manche schwächere Leistung im allgemeinen musikalischen Schaffen besonders in der späteren Zeit gewesen seien. Trotzdem entstanden auch im Alter noch Meisterballaden ("Archibald Douglas", "Der Nöck", "Tom der Reimer").
Über die Entstehung der Komposition des "Erlkönig" findet sich im "König Mys von Fidibus" eine Beschreibung, die wohl im intimsten Freundeskreise Loewes ihren Ursprung hat und die das Ergebnis der Auseinandersetzungen mit Loewes Selbstbekenntnissen und der persönlichen Auffassungen und Meinungen seiner Freunde ist. In ihr wird im dichterischen Gewande ein Stück Wirklichkeit dargestellt. Der

[210] ebd.

[211] Selbstbiographie, S. 42

Autor ist Loewes engster Studienfreund Keferstein, der wohl am besten Kontakt zu Loewe hatte, an seinem musikalischen Schaffen rege und sachverständig Anteil nahm und auch ein Leben lang Gesinnungs- und Kunstfreund blieb. In der Darstellung werden die Spontaneität der musikalischen Einfälle Loewes und auch die bemerkenswerte Einheit von Sprache und Musik in Loewes Balladen angeführt.

"*Das wunderbare harmonische Auf- und Niederströhmen, Wogen und Leben im Klavier dauerte indeß fort und erfüllte endlich Leo* [Carl Loewe] *mit einem unwiderstehlichen Verlangen auf der Stelle etwas recht Vortreffliches zu komponiren.*

Es fiel ihm ein, daß er sich früher einmal an einer gewissen Ballade versucht, deren Composition ihm aber durchaus nicht habe gelingen wollen. Als er sie jetzt vornahm und aufmerksam durchlas, da wurde auf einmal das ganze romantisch-schaurige Gedicht gleichsam vor seinen Augen lebendig. Es kam ihm vor, als sähe er alle in demselben auftretenden Personen und Gestalten in voller Scenerie an seinem Auge vorüber schweben und als höre er jene selbst ganz vernehmlich singen, sprechen und musiziren, so daß er weiter nichts zu thun habe, als die empfangenen Eindrücke festzuhalten und was er gehört aufs Papier zu werfen. Blitzschnell strömten ihm die treffendsten Gesangweisen, Figuren und Passagen zu, so daß seine geübte Feder kaum im Stande war, die reichen Tonbilder, welche an seinem geistigen Auge vorüberschwebten und mit dem Texte sich wunderbar verschmolzen, vorläufig in flüchtigen Skizzen aufs Papier zu werfen. Als er nach einigen Stunden mit dem ersten Entwurfe fertig war und ihn noch einmal durchmusterte, bemerkte er mit jenem unaussprechlichen Entzücken des wohlgerathenen Erstlingsschaffens, daß ihm hier in der That eine treffliche, originelle Arbeit mehr als zur Hälfte gelungen sei.

Seine Arbeit, wie sie ihm in den aufgezeichneten Cartons vorlag und ihrer mit keinen besonderen Schwierigkeiten verbundenen weiteren Ausführung nach, deutlich vorschwebte, schien ihm wie aus einem Gusse geformt und bildete, so wie der Text ein durch Versmaß und Sprachfarbe, so ein durch Rhythmus und Tonfarbe in sich abgeschlossenes, sich mit innerer Notwendigkeit entwickelndes, lebendig fortschreitendes, unzertrennliches Ganzes, in welchem dessenungeachtet der Inhalt der einzelnen Verse des Gedichtes mit ausgezeichneter Tiefe und Wahrheit der musikalischen Auffassung behandelt war - ungefähr in der Weise, wie dieß vielleicht der eine oder der andere geneigte Leser an den gelungensten Balladen des genialen Tondichters C. Löwe [einzige Nennung des richtigen Namens im Roman!] *wahrgenommen und bewundert haben wird.*"[212] Ähnliche Bemerkungen zur Kompositionsweise Loewes und über die Kunstauffassungen im damaligen Freundeskreis um Loewe finden sich im "König Mys" noch mehrere.

[212] Keferstein, S. 93

Zur Ballade

Ehe Loewes Balladenschaffen einsetzen konnte, mußte die Ballade als selbständige Gattung der Dichtung zur Blüte gekommen sein, mit unentwickelten Formen dieser Kunst hätte wahrscheinlich auch ein noch größerer Meister nicht so hervorragende Leistungen erreicht.

Ende des 18. Jahrhunderts hatte man in England begonnen, die alten Volksballaden zu sammeln und zu veröffentlichen. Herder übersetzte zahlreiche davon und gab selbst die "Stimmen der Völker in Liedern" heraus. Die so zu neuem Leben erweckte Volksdichtung regte die Moderneren an, und die Kunstballade erreichte Höhepunkte ihrer Entwicklung durch Bürger, Goethe und Schiller (Balladenjahr 1797), Uhland, Alexis, Fontane, Freiligrath.

Die Ballade besitzt sowohl epische und dramatische als auch lyrische Elemente. Da aber bei vielen der Akzent auf dem aktiv handelnden, dem dramatischen Element liegt, bezeichnete man die Ballade oft als kleines Drama. Es gilt aber immer, daß "*es ein wesentlicher Zug der Ballade ist, daß sie nicht mit allzu leuchtenden Farben malt, sondern sich einiger Zurückhaltung befleißigt. Das ihr innewohnende dramatische Leben wird durch den ebenso charakteristischen epischen Grundzug an seiner vollen Entfaltung gehindert.*"[213]

Aus diesem Grunde können bei einer Balladenvertonung drastisch-intensive Mittel durchgängig nicht angewandt werden, ebensowenig, wie eine spannungsarme Motivlosigkeit und Verflachung am Platze wären. "*Mit intuitivem Scharfblick hat Loewe den richtigen Weg gefunden, indem er sich eines musikalischen Stils bedient, der im Ausdruck zurückhaltend ist, ohne doch ausdruckslos zu sein.*"[214]

Loewes Kunst bestand darin, den Inhalt einer Ballade mit den Mitteln des Gesangs und der Klavierbegleitung voll ausschöpfen zu können. Er löste sich dabei von der Liedform, hielt aber an der strophischen Gliederung im Musikablauf fest, indem er oft das Folgende durch Motive, Themen, Anklänge aus dem Vorhergehenden ableitete. Er beschritt seine neuen Wege glücklicher als seine Vorläufer Zumsteeg, Reichardt oder auch Zelter, die die besondere Rolle der Musik bei der gesungenen Ballade verkannten, unterschätzten, sie nur zur Verdeutlichung des Textes brauchten oder denen es schließlich doch an Talent und Originalität zur Ballade fehlte. Bei Loewe wurde die Musik freier und selbständiger, er gebrauchte sie zur Erzeugung von Stimmungen, zur Anregung der Phantasie, und deshalb ist die Gesangsmelodie ohne die Begleitung oft gar nichts bei

[213] Kleemann, S. 87

[214] ebd.

ihm. Seine Werke stellen organische Einheiten dar, bestmögliche Verschmelzung von Wort und Ton mit unlösbarem Verhältnis zueinander, sie sind gegenüber der bloßen Dichtung neue künstlerische Werte auf qualitativ höherer Stufe. Seine Ballade ist eindringlicher, kunstvoller, universaler als das einfache Lied, sie ist kein in Töne gesetztes Gedicht, kein einfaches Lied bloß, sondern eine aktivere, beseeltere Form, eben eine Ballade, in der Wort und Ton höhere Funktionen haben als im schlichten Liedgesang. In diesem kann durch Festhalten an der gleichen Melodie Sinnwidrigkeit mit dem Text der einzelnen Strophen entstehen, was bei den Loewe-Balladen durch die viele an Wagner erinnernde musikalisch-dramatische Gestaltung unmöglich ist. "*So entstand bei Loewe eine wechselseitige Durchdringung der Dichtung und der Musik, so innig, daß man durchaus nicht zu bestimmen vermag, welches Element das andere beherrscht.*"[215]

Die neue Form der Ballade verlangte auch eine besondere Gesangstechnik, die zwar Loewe selbst meisterhaft beherrschte - war er doch fast zeitlebens ein gefeierter Sänger seiner Schöpfungen -, aber sonst kaum ein anderer, so daß nach seinem Verstummen nur wenige noch etwas Richtiges mit seinen Balladen anzufangen wußten und auch in dieser Hinsicht ein Vergessenwerden eintrat. Da neben Rhythmik und gepflegter Tonmalerei einer neuartigen Deklamation eine der Hauptrollen bei der Loweschen Ballade zufallen, ist dieser Umstand leicht einzusehen. Schon die Zeitgenossen hatten bemerkt, daß Loewes Deklamation dem Stoff der Balladen entsprechend härter und robuster, aber auch harmonisch--effektvoller, dem Inhalt gemäß angepaßt und in den damaligen Salons unbekannt war. "*Der Verweichlichung und Vernachlässigung der harmonischen Bedeutung trat neben Schubert der kräftige Sänger schauerlicher Balladen Carl Loewe entgegen.*"[216] Dieses Zitat beschränkt sich einseitig bei der Angabe des Typus der Loeweschen Balladen. Aus der Fülle der Vorlagen ist jedoch die reiche Vielfalt der von Loewe ausgewählten Sujets erkennbar. Er wählte sich nordische, schottische, serbische, polnische Themen, er nahm Dichtungen von Herder, Goethe, Uhland, Rückert, Freiligrath, Byron, Fontane, Vogl. Sein Schaffen erstreckte sich in nahezu ungebrochener Kraft und Frische fast über sein ganzes Leben hin. Von seinen schönsten Stücken seien genannt der "Erlkönig", mit dem er als Student seine Künstlerlaufbahn als fertiger Meister begonnen hatte, das "Erkennen", die "Nächtliche Heerschau", "Tom der Reimer", der "Nöck", die "Uhr", "Heinrich der Vogler", "Prinz Eugen" und viele andere aus deutscher Sage und Geschichte, aus

[215] Anton, S. 55

[216] ebd., S. 60

der Welt gemütvoller Innigkeit oder auch unheimlichen Dunkels, was Loewe sehr eindrucksvoll darzustellen verstand und was manche als seine größte Stärke betrachten. Anläßlich des frühen Todes seiner ersten Gattin komponierte er die "Hebräischen Gesänge" von Byron, und Schumann sagte über ihn in der "Neuen Zeitschrift für Musik": "*Man weiß nicht, soll man an Loewe mehr die originelle Wahl der Vorwürfe, deren keiner ihm zu schwierig scheint, oder die Gewandtheit bewundern, mit der er diesen die interessanteste Seite abzugewinnen und diese ins hellste Licht zu stellen weiß.*"[217]

Als echtem Romantiker gelingt es ihm, jede feinste Nuancierung der Stimmungen und Gefühle einzufangen und musikalisch auszudrücken. Seine Tonmalerei läßt im "Nöck" süßen Harfenschall, den Gesang harmloser Geister und Nachtigallenlaut in zauberischer Mondnacht widertönen. In der Ballade "Odins Meeresritt oder der Schmied auf Helgoland" herrschen wie in "Edward" das mystische Dunkel der nordischen Stoffgebiete und das bei Loewe oft eine so große Rolle spielende schauerlich-romantische Element vor. Im "Erlkönig" leben Spuk, übersinnlicher Geisterhauch, schattenhaft-trügerisches Spiel und Grauen und die ganze bleiche und schreckverzerrte Verzweiflung, während in "Edward" düsterrotes, gigantisches Schicksal, einsames und tragisches Verstricktsein in Schuld und Sühne, Blut und Tod, Mord und Gewissensangst von diesem "Schulmeister und Organisten" so gekonnt interpretiert werden. In gleicher Meisterschaft aber werden auch lichtvolle, lebensfrohe Themen behandelt. Hier wären "Mädchen sind wie der Wind" mit deren verspielter Heiterkeit, der "kleine Haushalt" mit seiner kleinen Idylle, "Graf Eberstein" mit seiner schalkhaften Frivolität, "Prinz Eugen" und "Drei Grenadiere" mit ihren soldatischen Klängen - um nur eine bescheidene Auswahl anzugeben - zu nennen. Auch die Typenliste der Balladen ist damit noch nicht erschöpft.
Zum Teil erlangten seine Werke große Volkstümlichkeit. So sind neben den schon genannten noch "Fridericus Rex", die "Heinzelmännchen", "Archibald Douglas", "Der Wirtin Töchterlein", "Heinrich der Vogler" zu erwähnen, eine gebührende Würdigung des reichen Schatzes ist aber in aller Öffentlichkeit und in wünschenswerter Breite bis heute noch nicht erfolgt. Trotzdem ist Carl Loewe schon längst in die Musikgeschichte als derjenige eingegangen, der die Ballade als Kunstform der Vokalmusik zur vollen Blüte gebracht und der bis heute - selbst wenn sich Interesse des Publikums und Zeitgeschmack auch gewandelt haben mögen - keinen ebenbürtigen Nachfolger gefunden hat.

[217] ebd., S. 54

Loewe als Interpret seiner eigenen Werke

Das nur selten erreichbare völlige Einverständnis zwischen dem Sänger und dem Instrumentalisten beim Vortrag von Liedern und Balladen wurde durch Carl Loewe in idealer Weise realisiert. Beim Vortrage seiner Balladen begleitete er sich selbst auf dem Flügel, und das war mit ein Schlüssel für seine Erfolge. Auf diesen überaus günstigen Umstand hatte schon zu Loewes Lebenszeit kein Geringerer als Robert Schumann hingewiesen, als er schrieb:
"*Sollten wir irgend einen lebenden Komponisten bezeichnen, der vom Beginn seiner künstlerischen Laufbahn bis zum jetzigen Augenblick deutschen Geist und deutsches Gemüth bekundet und es im Zartesten wie im Wildesten, in der Sprache der ersten Liebe, wie in Ausbrüchen des tiefsten Zorns ausgesprochen hätte, so müßten wir Loewe nennen. Hierzu kommt noch das seltene Bündnis, das hier Komponist, Sänger und Virtuos in e i n e r Person geschlossen haben.*"[218]
Diese Problematik beschäftigt auch die Künstler im Zeitalter der elektronischen Medien, in dem sich wenigstens die Wiedergabe einer bestimmten Aufnahme in gleicher Qualität beliebig oft wiederholen läßt, die Stimmung im Saal allerdings nicht. Als im Sommer 1993 der Händel-Preis der Stadt Halle (Saale) an den schottischen Dirigenten Nicholas McGegan vergeben wurde, äußerte er sich zu der hier besprochenen Frage folgendermaßen: "*Es gibt nur eine Garantie für Authentizität, nämlich, daß ein Komponist seine Musik selbst aufführt, und sogar dann gelingt es nicht immer. Jede andere Aufführung ist im Grunde ein Produkt aus Vermutungen und der Anwendung von Spielregeln.*"[219] Was hier über die Arbeit eines Dirigenten mit einem Orchester gesagt wird, gilt im übertragenen Sinne auch für das Verhältnis des Sängers zum Pianisten.

Loewes Reisen

Loewe war ein sehr beliebter und erfolgreicher Interpret seiner eigenen Balladenvertonungen etwa von 1820 bis 1848. Er brachte sie nicht nur in heimischen Konzerten oder in privaten Zirkeln zum Vortrag, sondern er unternahm auch größere "Kunstreisen", die das Ziel verfolgten, seine Balladen bekannt zu machen, sich als Künstler in oft glanzvollen Balladenabenden persönlich vorzustellen, Verleger für seine Kompositionen zu finden, aber auch, um mit seinen Auftritten

[218] enthalten in: Runze, Zur 350jährigen Gedenkfeier..., S. 25

[219] Mitteldeutsche Zeitung, 1. Juni 1993, S. 6

Geld einzusingen, was nicht immer gelang. Seine öffentlichen Auftritte hinterließen fast jedesmal nachhaltigen Eindruck bei einem oft ungemein angetanen Publikum. Diese Erfolge sprechen für Loewes fesselnde Vortragskunst, wenn man bedenkt, daß die Reisen nur in den Hochsommer-Schulferien im Juli/August stattfinden konnten, also in einer für derartige Auftritte sehr ungünstigen Zeit, in der ein Teil der ansässigen "Gesellschaft" selbst auswärts "in der Sommerfrische" weilte und damit als kunstverständiges Publikum und Kennerschaft nicht anwesend sein konnte. Aus diesen Gründen sind seine künstlerischen Erfolge um so beachtlicher. Erst gegen Ende seines Lebens - die letzten zwanzig Jahre - wurde es ruhig um Loewe, große Reisen zur Ausübung seiner Kunst unternahm er dann nicht mehr. Als es nach 1848 nach persönlicher Vereinsamung noch zu politisch motivierten Auseinandersetzungen kam, da war seine Glanzzeit vorbei. Er lebte zuletzt vor allem seiner Familie, den Ämtern, den Privatstunden und seinem persönlichen Steckenpferd - der Tonkunst. In seiner besten Zeit aber waren die Kunstreisen untrennbar mit dem Vortrag der Balladen verbunden.
Über die Reisen schrieb er interessante und gut zu lesende Briefe an seine Frau. Viele davon sind enthalten in der Bitterschen Ausgabe der Selbstbiographie von 1870. In den Briefen gibt er die üblichen Fahrtberichte, oft unterbrochen von treffenden Naturschilderungen, dem Erzählen von amüsanten Zwischenfällen und gesellschaftlichen Ereignissen, über seine Auftritte und Besuche in bürgerlichen und adligen Häusern, bei bekannten Dichtern, an verschiedenen Höfen. Stets war er ein aufmerksamer Besucher in Kirchen, dem man auch erlaubte, deren Orgeln zu probieren. Auch Kunststudien stellte er an, z. B. in den Domen von Magdeburg, Halberstadt, Köln, Wien, in der Marien-Kirche in Danzig.
In den ersten fünfundzwanzig Jahren reiste Loewe von Stettin aus mit der Postkutsche in entsprechendem Tempo auf oft erbärmlichen Straßen durch Deutschland. Die Reisezeit war lang; was man heute direkt in einem Tage oder weniger bewältigen kann, dauerte in der Zeit des Biedermeier Wochen. Die körperliche Belastung war groß, nach anstrengenden Fahrten und sehr kurzen Erholungspausen folgten dann die mit großen Erwartungen vorbedachten Auftritte vor meist gebildetem und sachkundigem Publikum.
Loewe führte etwa ein Dutzend solcher Kunstreisen durch, von denen die wichtigsten erwähnt werden sollen. Loewe reiste stets allein, frei von der Familie, der er sonst viele Opfer brachte. Er genoß das Reisen in seinem Sinne stets in Verbindung mit seinem Kunstverständnis, der Kenntnis der Orgeln, dem allgemeinen musischen Klima auch in kleineren Orten, der Bekanntschaft mit maßgeblichen Persönlichkeiten und, wenn möglich, mit Besuchen bei Verwandten, Bekannten, Dichtern, Künstlern, Verlegern.

1. Im Jahre 1835 reiste er nach Mainz zur Aufführung seines Vokal-Oratoriums "Die eherne Schlange". Vor der Aufführung machte er noch eine Rheinreise und besuchte Bonn, das Siebengebirge, Köln mit dem Dom und kehrte nach Bonn zurück, wo ein Balladenabend stattfand; über Koblenz gelangte er nach Mainz zum großen Musikfest. Der Rückweg führte über Jena zur Aufführung eines anderen großen Oratoriums, "Die Apostel von Philippi", dessen letzte Proben er persönlich leitete. Mit einer Aufwartung bei der Großherzogin Maria Pawlowna in Weimar begann die letzte Etappe der Rückreise.
2. Zwei Jahre später - 1837, Loewe war wohl auf dem Gipfel seiner Popularität - reiste er über Greifswald - Stralsund - Hamburg - Lübeck - Bremen - Porta Westfalica - Elberfeld nach Düsseldorf. Eine Rheinfahrt stromauf brachte ihn nach Mainz zum großartig verlaufenden Sängerfest aus Anlaß der Enthüllung eines Johann-Gutenberg-Denkmals. Mit großem Erfolg wurde das zu diesem Anlaß auf Bestellung von ihm komponierte Oratorium "Gutenberg" am 14. August aufgeführt. Anwesend war u. a. Prinz Wilhelm, der spätere erste Kaiser des Deutschen Reiches. Ein paar Tage später fand ein Loewe-Konzert vor ausgewählter erlauchter Zuhörerschaft statt, eines neben einer Reihe anderer auf dieser Reise.
Die Heimfahrt erfolgte wieder über Weimar und Jena. Auf dieser Reise entstand in Düsseldorf das Portrait Loewes, gemalt von Hildebrandt.
3. Im Jahre 1844 reiste Loewe nach Wien; dabei fuhr er von Berlin über Köthen und Halle bis Leipzig und weiter bis Dresden erstmalig eine Teilstrecke mit der Eisenbahn. Die Strecke Magdeburg - Köthen - Halle - Leipzig (als eine der ersten in Deutschland) war eingleisig im Sommer 1840, zweigleisig im Mai 1843 in Betrieb genommen worden. Täglich verkehrten zwischen Magdeburg und Leipzig drei Personenzugpaare. Der Fahrpreis 1. Klasse betrug 69 Silbergroschen (2. Klasse 46 Sgr. und 3. Klasse 29 Sgr.). An seine Frau schrieb Loewe über die Fahrt: "*Wir fuhren Sonntag früh ab, nach Cöthen, dicht vor Löbejün vorbei, über dessen Thurm und Kirche sich ein lieblicher Abendhimmel röthete. Dann Halle, wo der Prinz von Preußen abstieg, bei welcher Gelegenheit ich den halleschen Magistrat in Gala sah.*"[220]
Von Dresden ging es mit der Postkutsche durch das Elbsandsteingebirge über Teplitz nach Prag, wo u. a. der Hradschin besichtigt wurde, anschließend fast eine Woche lang bis Wien. "*Der Mangel an Eisenbahnen macht hier das Reisen noch sehr beschwerlich. Bis Dresden ist es ein Spaß, aber so per Achse weiter ist es keiner, obschon es etwas Gemütliches hat, in guter Gesellschaft zu plaudern und zu reisen; was Einer nicht sieht oder weiß, bemerkt der andere.*"[221]

[220] Selbstbiographie, S. 328

[221] ebd., S. 330

In Wien hatte Loewe häufigen Kontakt mit Walter von Goethe und dessen Mutter, der Schwiegertochter Johann Wolfgang von Goethes. Er trat besonders in privaten Zirkeln auf und hatte großen Erfolg. Seine Eindrücke spiegeln sich diesmal besonders deutlich in seinen Reisebriefen an seine Frau wider, in denen er auch Bemerkungen über die in der Ferienzeit wie "ausgestorben" wirkende Stadt anbrachte, was sich natürlich nur auf die tonangebenden Kreise der feudalen und bürgerlichen Gesellschaftsschichten, für die er vorwiegend auftrat und die er erreichen wollte, bezog. "*Wir sprachen viel hin und her, der Abend rückte mit seinem braunen Dunkel herein, und ich setzte mich an den Flügel und sang den 'Erlkönig'; das erste Mal, dass man mich hörte. Die Ballade verfehlte ihre Wirkung nicht, was viel sagen will, da der Schubert'sche hier bereits sehr bekannt ist. Darauf ließ ich den 'Edward' und das 'Hochzeitlied' folgen. - Die Baronin, die, wie ihr Gemahl, selbst sehr schön singt, war außer sich vor Freude, und will gleich zum Dienstag Abend alle Autoritäten und Wiener Musikfreunde, die nur irgend hier aufzutreiben sind, auf mich einladen. Es ist allerdings außer denen, die ich Dir genannt habe, fast Niemand hier. So halte ich mich denn zu diesen, und das ist mir schon genug.*"[222]

"*Streicher besitzt ein bedeutendes, dreistöckiges Haus und hat auch eine Wagenfabrik; seine köstlichen Flügel stehen in einem schönen Saale, an 100 Stück aufmarschirt, und man kann sie für denselben Preis wie bei Kisting (320 Thlr.) haben; die Spielart ist prächtig, leicht und rund, einer immer schöner wie der andere. Der Baumeister war so gütig, mir seinen Saal und einen der Flügel auf einer Erhöhung zum Sonntag anzubieten, was ich dankbar anerkenne, weil die meisten Concerte in diesem Saal gegeben werden. - So würde ich also dies Mal ein Privatconcert geben, zu dem ich die musikalischen Notabilitäten einladen will, und trotzdem, dass die Capitale in dieser Zeit wie ausgestorben ist, will ich meinen Pegasus doch vor den wenigen ächten Kennern, die noch hier sind, besteigen. - Der Hofmusikalienhändler Mechetti hat durch seine Freunde anfragen lassen, ob ich auch Manuscripte bei mir hätte. - Das Programm zum Sonntag ist: 'Edward', 'Erlkönig', 'Mohrenfürst', 'Hochzeitlied' (schießt hier den Vogel ab), 'Haushalt'.*"[223] "*Alles brannte auf meinen Vortrag, und das ist wahr, die Wiener verstehen mich, und verstehen auch zu hören; sie sind so gespannt aufmerksam! Die Domestiken werden gewarnt, von außen nicht die Thür berühren zu lassen, und es rührt sich kein Auge im Kopfe. Ich sang 'der Wirtin Töchterlein', 'Heinrich, der Vogler', 'die nächtliche Heerschau' (letztere haben Vesque und Fischhof auch componirt) und das 'Hochzeitslied'. - Sie waren alle außer sich. Mein Ruf breitet sich hier nach und nach so sachte aus. Wenn ich einen Winter hier zubringen könnte, würde mir vor den schönsten Erfolgen nicht bange sein. Wäre ich zehn*

[222] ebd., S. 337

[223] ebd., S. 340

Jahre jünger, dann bliebe ich hier, aber so ist es nichts mehr für mich. Ich sehe in Wien nur bestätigt, was mir sonst immer klar ahnte, dass ich von vornherein in größere Verhältnisse hätte eintreten müssen."[224]

In dieser letzten Feststellung klingt erneut der leicht bedauernde Ton an, in dem Loewe auch an anderer Stelle seine Einsicht in seine persönliche Situation beschreibt. In Resignation erklärt er wieder einmal, daß er sich mit dem Seßhaftwerden in Stettin mehr oder weniger bewußt von einer mehr der freien künstlerischen Entfaltung gewidmeten Entwicklung seines Lebens ab- und der Verbeamtung zugewandt hatte. Trotzdem ergab er sich auch hier wie immer willig in sein Los, gemäß dem Motto, das er bei dem Verzicht auf die Bewerbung um Hummels Stelle so mitteilt (1837 war Johann Nepomuk Hummels Stelle als Hofkapellmeister in Weimar durch dessen Tod freigeworden): "*Du weißt,... daß die Vorsehung mich immer in aller Demuth erhält, so daß ich als ächter Adam, im Schweiße meines Angesichts, mein Brod essen muß. Es ist sein heiliger Wille, und ich bin immer zufrieden. 'Wie Er mich führt, so will ich gehen, im Leben wie im Sterben.*'"[225]

Von den außergewöhnlichen Konzerterfolgen Loewes anläßlich der Wien-Reise zeugen auch die folgenden Briefstellen. "*Dann zogen wir uns in die Gemächer zurück, und ich sang den 'Erlkönig', 'die Glocken zu Speier', den 'Schatzgräber' und 'Prinz Eugen'. - Sie waren alle außer sich. Ich kann nicht wenig stolz darauf sein, daß mein 'Erlkönig' hier so zündet, da das Wiener Publikum mit dem Schubert'schen groß geworden ist.*"[226]

"*Das 'Hochzeitslied' schoß auch hier den Vogel ab, ebenso 'Prinz Eugen', den man hier gar zu gern hört. Die Freude, welche die Wiener Kunstkenner an mir haben, ist namenlos. Aber in einer Zeit, in der die Theater geschlossen sind, ist ganz Wien in die himmlischen und reizenden Gegenden hinausgezogen, was man ihnen wahrlich nicht verdenken kann.*"[227]

"*Es ist als ob die Wiener bei meinen Sachen wie in einen Zauberkreis gebannt wären. Sie hören mit einer Stille und Begierde, die ich noch nie erlebte. Ich mag die Lobeserhebungen, die ich hier höre, weder wiederholen, noch wörtlich nehmen, so, wenn sie sagen, nun wüßten sie erst was Singen heiße. Ja, dacht' ich bei mir, vor fünfzehn Jahren* [als er also erst dreiunddreißig Jahre alt war] *hättet ihr mich auf den Händen in den Olymp erhoben; ihr herrlichen Wiener habt nur noch einen Nachklang vergangener Tage.*"[228]

[224] ebd., S. 341

[225] ebd., S. 259

[226] ebd., S. 345

[227] ebd., S. 352

[228] Es ist interessant, daß Loewe sein Können im Alter von erst achtundvierzig Jahren nur noch als einen "Nachklang" einschätzt. Selbstbiographie, S. 353

"*Der Beifall, den ich als Künstler davon trage, ist gar nicht zu ermessen; während meines ersten Cyklus war er so, daß ich vom Podium hinunterstieg, weil mir das zu lange Dienern lästig war; sie fingen aber immer wieder von vorne an, nach dem 'Hochzeitlied' war ich schon im Nebenzimmer, da klatschten sie noch.*"[229]

"*...alle Bekannten waren da, auch Walter von Goethe; die Gesellschaft konnte 200 Personen zählen, Herr von Vesque brachte meine Gesundheit aus und nannte mich den 'norddeutschen Schubert'.*"[230]

"*Die Journale sind von mir angefüllt und würde noch weit mehr Lärm sein, wenn ich nicht ausschließlich privatim concertirt hätte; nur öffentliche, mit der Taxe der Abgabe belastete Concerte sollen öffentlich beurteilt werden.*"[231]

4. Auf seinen Kunstreisen befand sich Loewe stets in ausgezeichneter Verfassung und war gut bei Stimme. Von seiner Braunschweig-Hannover-Reise im Jahre 1845 teilt er mit: "*Ich bin herrlich bei Stimme, wie immer auf Reisen.*"[232] Aber ausgerechnet bei seinem Besuche am englischen Königshofe im Mai des Jahres 1847 widerfuhr ihm das Mißgeschick, heiser zu sein. Dieses für einen Sänger auf Konzertreise gefürchtete Übel hätte beinahe den ganzen Erfolg der Reise gefährdet. In welcher Weise hier das englische Klima mit Loewes schlechter Angewohnheit, wie sein Vater zeitlebens ein genießerischer Raucher gewesen zu sein (von ihm in den Tagebuchnotizen oft bezeugt), zusammenwirkten, ist hier nicht zu entscheiden. Die Anregung zu einem Aufenthalt in London war von der Witwe Adelaide des vorigen Königs von England (Wilhelm IV., König von England von 1830 bis 1837) ausgegangen, die im August 1846 bei ihrem Bruder, dem Herzog von Meiningen, auf dessen Sommersitz Altenstein bei Coburg weilte. Loewe - auf der Durchreise - hatte vorgesprochen, an mehreren Tagen seine Balladen vorgetragen und an der herzoglichen Tafel teilgenommen. Bei dieser Gelegenheit hatte ihn die Königin-Witwe Adelaide aufgefordert, nach London zu kommen und sie sowie die regierende Königin Victoria zu besuchen. - Dieser Besuch fand im Mai 1847 statt. Loewe kam am 10. Mai an und trat sofort in kleinen Freundeskreisen auf. Am 15. Mai notierte er: "*Eine Heiserkeit ist bei mir im Anzuge.*"[233]

Von nun an beobachtete er sich recht genau, schon am nächsten Morgen mußte er feststellen: "*der 16. Mai. O weh, o weh! was ist geschehen? Ich bin sehr heiser, roh und rauh ist meine Stimme, ohne Höhe. Linau (ein Bekannter) ging zu Dr. Jenken, ich habe*

229 Selbstbiographie, S. 355

230 ebd., S. 357

231 ebd., S. 365

232 ebd.

233 ebd., S. 421

fünf kleine Pillchen nux vomica genommen, soll heute Abend noch ein anderes Medicament in ähnlicher Dosis nehmen. Ob diese homöopathischen Gedanken meinen 'Gedanken' zu Hülfe kommen werden? Gott gebe! Es ist alles so schön vorbereitet. Morgen könnte ich bei der Königin Adelaide so schön anfangen - nun sitze ich hier - vielleicht geht es noch."[234]

"Die Luft ist heute schön, ich soll spazieren gehn. - Manchmal singe ich meine Stimme an, aber sie will oben nicht, die Tiefe ist gut, aber die schöne bequeme Mittelhöhe, mit der ich so viel leiste, will nicht weich sein; forcirt geht es. - Gott, wenn es nur dies eine Mal, dies eine Mal hier in London hielte, ich wollte auch nachher gern heiser sein und büssen."

"Der 17. Mai. Heute Abend sollte ich bei der Königin Adelaide singen und wache ganz heiser auf. Der erste Ton war contra b, den ich angab. - O weh! Ich nahm aconit, um nachzuhelfen und befand mich in grösstem desespoir [Verzweiflung]*; alle meine Anstrengungen sah ich hierdurch vereitelt. Ich schrieb zwar an die Königin einige Worte der Entschuldigung, um sie mit Johannes abzugeben, zog es aber vor, dem Comte de Bedfort persönlich aufzuwarten. - Die große Bewegung zu Fuss veranlasste mich, beim schönsten Wetter, die Stimme auf der lärmenden Strasse zu versuchen, und sie fand sich immer mehr und besser ein. Wie wär' es, dacht' ich, wenn du es noch wagtest? -"*

"Graf von Bedfort führte mich sogleich zur Königin Adelaide vor. Diese sagte mir, die Königin Victoria habe sich sehr gefreut, mich zu hören; wenn ich nur einige tief gelegene Balladen sänge und eine Sonate spielte. - Ich ging darauf ein.

Am Abend erschien die Königin Victoria, Prinz Albert, die Herzogin von Kent und Glocester, viele Prinzen und andere Personen in Menge, geschmückt mit Orden, Sternen und Bändern. In der That interessant genug, aber die Hitze reagirte ungünstig auf meine Stimme. Ich sang die 'Heerschau', sie ging passabel, aber die Heiserkeit konnte ich nicht ganz verbergen; obschon ich ganz unbefangen war, und die Königin Adelaide bei der Königsfamilie befürwortet hatte, dass ich es nur thäte, um mich für den Abend nicht zurückziehen zu müssen, den die hohe Frau eingeleitet hatte, so war ich doch mit meiner Leistung und der strohernen Stimme nicht zufrieden. Darauf sang ich doch noch den 'Kaiser Heinrich' (nicht besser) und ich beschloss, nun nicht mehr zu singen, sondern spielte die Zigeunersonate, um die Zeit auszufüllen. -

Niemand konnte von Anfang an mehr Glück, Niemand aber auch grösseres Pech mit der Stimme haben, als ich, obschon kein Ton gerade erheblich verunglückte. Von Seiten der Königsfamilie erkannte man zwar Alles aus dem richtigen Gesichtspunkte, aber i c h war doch in keiner kleinen Verlegenheit.

Mein Glück hält mir nicht mehr aus, ich muß weichen, obschon mein Muth noch derselbe

[234] ebd.

ist. In meinem Zimmer hängt Napoleon's wohlgetroffenes Portrait; der Mann tröstet mich. Königin Victoria unterhielt sich zweimal überaus gnädig mit mir; dem Prinzen Albert verhehlte ich nicht meine Verlegenheit; aber das ist doch Alles nichts. Die Königin Victoria sowohl wie der Prinz Albert sagten, dass sie mich bei sich sehen würden."

"Heute, am 18. Mai, ist meine Heiserkeit gestiegen, die Stimme ist ganz fort, ich kann nicht sprechen. Das hiesige Klima ist übermächtig;... Im Uebrigen bin ich ganz gesund und frisch, aber die Hauptsache fehlt, die Stimme! - Gern wäre ich heute auf und davon gereist, aber die guten lieben Linau's wollen das nicht zugeben, sie hoffen noch auf eine Klarheit der Stimme und auf die Balladenvorträge bei der Königsfamilie; ich aber hoffe nichts mehr, sondern gebe mich ruhig in mein nicht zu änderndes Loos. Die Grösse und Pracht der Weltstadt zieht mich nicht an; so muß ich in mich selbst gedrängt harren, ob sich mein ganz trostloser Zustand noch ändern dürfte, oder ob ich ohne allen Erfolg die Stadt verlassen muß, wo mir die schönsten Aussichten zu blühen schienen, wie hesperische Aepfel, die man wohl sieht und in die Hand zu nehmen meint, die sich aber sofort, bei der Berührung zurückziehen. - So ist mir noch nie ein grösseres Unternehmen misslungen, das macht, weil es das letzte Mal ist. [Loewe hatte also schon vor 1848 die Absicht, keine größeren Reisen mehr zu unternehmen.] *Wenn ich hätte meinen Erlkönig, Edward, das Hochzeitlied, den Edelfalk singen können, es hätte gut eingeschlagen.*

Der 19. Mai. Das Uebel scheint einen Stillstand zu machen."

"Hier beim herrlichen Wetter war ich wieder heiter, der Anblick von blauen Hyacynthen und andern reizenden Blumen trug wesentlich dazu bei, mich zu erheitern. Die reine balsamische Luft durchströmte wohlthätig meine erstarrte Kehle.

Die Königin Adelaide liess sich nach meinem Befinden erkundigen, und mich zum Freitag oder Montag einladen.

Donnerstag, den 20. Mai. Im Ganzen etwas besser. Ich schrieb an die Königin, dass ich noch immer nicht singen könne... Der Doctor macht mir gute Hoffnung. -...

Freitag, den 21. Mai. Heute geht es bedeutend besser, ich fühle mich erleichtert, und meine Heiserkeit beginnt sich zu lösen. Ich hoffe Montag singen zu können, da die Tiefe der Stimme nachlässt und die natürlichen Lagen sich einfinden; jedoch wollen die Töne noch nicht halten."

"Acht Tage sind mir dadurch verloren gegangen und ich fürchte, es könnte noch mehr werden. Doch kehrt die Heiterkeit und die Lust zu sehen und zu genießen wieder bei mir ein."[235]

"Sonnabend, den 22. Mai. Es geht alle Tage besser, Montag hoffe ich singen zu können."[236]

[235] ebd., S. 422-426

[236] ebd., S. 427

"Am Abend war ich bei Mrs Hennings mit deutschen Familien zusammen,... Ich sang die "Glocken zu Speier" und "Erlkönig"; das erste Mal wieder seit achttägiger Pause; der "Erlkönig" ging schon wieder ganz gut, ich bin aber noch sehr angegriffen.
Montag, der 24. Mai. Das schönste Wetter begünstigte unsere Parthie. - Heute blieb ich still zu Hause, präparirte mich auf meinen Vortrag, legte meine Stimme zurecht, aber die Königin ließ mir absagen, sie erwarte den Besuch des Erbprinzen von Weimar mit seiner Gemahlin, und könne deshalb heute keine Gesellschaft bei sich sehen, sie würde mir einen andern Tag bestimmen.
Königin Victoria ist auf dem Lande, um ihren Geburtstag am 28. in der Stille zu feiern.
Der 25. Mai. Ich habe heut an den Dr. Mayer, Secretair des Prinzen Albert, geschrieben und ihm meine Genesung angezeigt, mit der Bitte, einen Vortrag in der Königsfamilie zu veranlassen, weil ich Anfang der nächsten Woche abreisen würde.
Ich werde mich sehr freuen, wenn meiner verunglückten Sache noch eine Lichtseite abgewonnen werden kann. Im Uebrigen bin ich muthig und heiter, sehe mich wacker um."[237]
"Der 31. Mai. Abends Vortrag bei der Königin Witwe. Es war ein kleiner Zirkel von ihrem Hof zugegen. Ich sang "Erlkönig", "Heinrich der Vogler", "Hochzeitlied", "Abschied", "Prinz Eugen". Die Stimme vollkommen klar und frisch. Die Majestät war sehr gnädig und unterhielt sich zwischen den Balladen den ganzen Abend mit mir... Heute erhielt ich die Zuschrift des Dr. Mayer, mich am Sonnabend Nachmittag 3 Uhr zu einem Vortrage für die Königin Victoria und den Prinzen Albert im Buckingham-Palast einzufinden, und somit wird meine Reise noch aufgeschoben."[238]
Nach dem Tode Loewes schrieb seine Tochter Helene für die Selbstbiographie ein Kapitel über die letzten Jahre ihres Vaters. In ihm teilt sie mit: *"Der Schluß des Briefes fehlt, doch ist aus Loewes mündlichen Mitteilungen bekannt, daß der Prinzgemahl mit lebhaftem Interesse seinem Balladenvortrag gefolgt ist, daß er ihm eigenhändig die Noten umgewendet hatte. Viele große englische Familien suchten Loewe, nachdem sein Ruf in London festen Boden gefaßt hatte, in ihre Zirkel zu ziehen. Doch riefen ihn seine amtlichen Pflichten in die Heimat zurück."*[239]
Die schließlich doch noch gut ausgegangene Reise nach London war die letzte Kunstreise Loewes. - Als er 1851 nach Norwegen reiste, war der Anlaß ein später (nicht der letzte!) Schicksalsschlag, von dem er sich erholen wollte. Der unerwartet frühe Tod seiner Tochter Adele, die als Braut gestorben war, hatte ihn schwer mitgenommen, er war zutiefst betroffen und suchte deshalb in Gesellschaft des befreundeten Stettiner Stadtrats August Moritz Ablenkung und Auf-

[237] ebd., S. 429

[238] Die Berichte aus Loewes Feder enden hier. Selbstbiographie, S. 435

[239] Selbstbiographie, S. 437

richtung seines niedergebeugten Gemüts durch eine Schiffsreise nach Skandinavien. Auf dieser Nordlandfahrt erhielt Loewe die Anregung zur Komposition der Ballade "Odins Meeresritt" aus dem Themenkreis der nordischen Sagenwelt.
Die letzte große Reise machte Loewe im Jahre 1857 nach Le Havre an der normannischen Kanalküste Frankreichs, auch sie war keine Kunstreise. Er besuchte seine Tochter Julie, deren Ehemann Arthur Hepburn von Bothwell den Bau der preußischen Yacht "Grille" auf der französischen Schiffswerft bei Havre de Grace überwachte.
Nach dieser Reise lebte Loewe still und zurückgezogen im Kreise seiner verbliebenen Familie. Die Zeit seiner großen äußeren Erfolge war vorbei. Es wurde still um ihn.

Die letzten Monate

Am 23. Februar 1864 hatte Carl Loewe noch einmal vor versammelten Kollegen und der Schülerschaft "Erlkönig", "Die nächtliche Heerschau" und "Fridericus Rex" beeindruckend und überzeugend wie fast immer vorgetragen. In der folgenden Nacht ereilte ihn ein Schlaganfall, der eine sechs Wochen dauernde Bewußtlosigkeit hervorrief. Nach dem Erwachen zeigten sich die davongetragenen Schäden. Geist und Gedächtnis waren schwach, die rechte Hand gelähmt, nur langsam erholte er sich. Ein Sommeraufenthalt auf dem Tilebeinschen Gut in Züllchow brachte die erhoffte Kräftigung nicht, auch drückte ein nasses und kaltes Jahr zusätzlich die Stimmung. Erst im Winter 1864/65 besserte sich allmählich sein Zustand. Das Klavierspiel ging wieder leidlich, der Anschlag erfolgte kräftiger, der Geist belebte sich, eine Erholungsreise nach Kiel im Juni 1865 sollte weitere Besserung bringen. Kiel war ausersehen worden, weil dort wenige Wochen vorher seine Tochter Julie und der Schwiegersohn ansässig geworden waren.
Der Schwiegersohn Arthur Hepburn von Bothwell war einer der an den wichtigsten Positionen der preußischen Kriegsmarine stehenden Offiziere. Er hatte z. B. als leitender Offizier ab 1865 wesentlichen Anteil am Aufbau der Flottenstation (Kriegshafen) Kiel. Runze, einer der eifrigsten Verfechter des späteren kaiserlichen Deutschland (siehe seine Briefe an den alten Carl-Loewe-Verein Löbejün), teilt über ihn mit:
"*Von Bothwell ist einer der schneidigsten Seehelden, den unsere Marine kennt. Besonders ausgezeichnet hat er sich in China und dann im Kampf gegen die Marokkaner, zumal in der Schlacht bei Tresforcas, bei welcher Gelegenheit er persönlich den verwundeten Prinzen Adalbert* [Neffe König Friedrich Wilhelms III.] *von den an der Küste sich erhebenden*

Klippen unter eigener Todesgefahr herabgetragen und gerettet hat; von Bothwell war damals Commandeur der "Danzig"."[240] Herr von Bothwell brachte es bis zum Oberst.

Loewes Tochter Julie von Bothwell. Gemälde von deren Nichte und Adoptivtochter, Loewes Enkelin Ulffers in Unkel am Rhein

[240] Runze, Loewe redivivus, S. 363

Loewe versprach sich vom Aufenthalt in Kiel gute Besserung seines Gesundheitszustandes. Inmitten einer schönen Natur, umweht von frischer kräftigender Seeluft, auf zahlreichen Waldspaziergängen - bei denen er zu seinem alten Stekkenpferd der Vogelstimmenbeobachtung zurückkehrte - besserte sich sein Zustand tatsächlich erheblich, aber ganz der alte wurde er nicht wieder. Viel Freude bereitete ihm die Tatsache, daß seine herangewachsene Tochter Anna, die in "zärtlicher Liebe" an ihm hing, und die in den Kieler Tagen sein ständiger Begleiter war, sich mit dem Capitain-Lieutenant Ulffers verlobte.
Die Sehnsucht nach Stettin aber war groß, er wünschte sich zu seiner Familie und zu seiner Orgel zurück. Im September 1865 trat er die langersehnte Heimreise an. Er arbeitete nicht wieder in vollem Umfange in seinem Amt als Organist, aber er spielte sein Instrument in gewohnter Weise. Den früher ausgedehnten Privatunterricht nahm er noch nicht wieder auf, und auch die Konzerttätigkeit mußte ruhen. Den Schulunterricht übernahm er wieder bei den jüngeren Schülern, die er von jeher bevorzugt gern unterrichtet hatte.

Am 25. Februar 1866, zwei Jahre nach dem Schlaganfall, traf der verhängnisvolle Brief vom Stettiner Magistrat ein, in dem ihm nahegelegt wurde, wegen brachliegender Konzerttätigkeit und eingetretener mangelhafter Vertretung an der Orgel seinen Abschied einzureichen. Vergeblich war Loewes Bitte, man möchte ihm doch die neun Monate bis zu seinem siebzigsten Geburtstage die Orgel belassen, wobei er einen Stellvertreter angeben und auch zum Teil selbst besolden wollte, nur um das Amt so lange behalten und die Orgel hin und wieder spielen zu können. Der Stettiner Magistrat blieb hart und lehnte die Bitte ab, die man diesem so verdienstvollen Manne leicht hätte gewähren können. Der Magistrat zeigte sich aber dadurch generös, daß er dem Ruheständler die vollen Bezüge weiter zahlen wollte für seine *"Verdienste um die Ausbildung der Musik, seine Leistungen... welche als notorisch und weithin über die Grenzen der Stadt, ja Deutschlands hinaus geschätzt und gefeiert einer weiteren Darstellung nicht bedürfen"*.[241] Materiell war er abgesichert, denn ohne dazu verpflichtet zu sein, gewährte ihm darüberhinaus das Kirchenkollegium von St. Jakobi mit seinem langjährigen Freund Ludwig Giesebrecht an der Spitze ein Ehrengehalt von 300 Talern im Jahr.
Dieses Verhalten der Stadt Stettin hat Loewe als eine bittere Kränkung empfunden, die er nicht vergessen konnte. Es war ein schwacher Trost, daß ihn die Leitung des Marienstiftsgymnasiums anläßlich seines siebzigsten Geburtstages

[241] König, S. 73

durch Aufstellung seiner Büste in der Aula dieser Schule ehrte. Tief enttäuscht von der Haltung des Stettiner Magistrats ihm gegenüber hat Carl Loewe Anfang Mai 1866 Stettin für immer verlassen, nachdem er reichlich 45 Jahre lang treue Dienste geleistet hatte. Selbst Freunde wußten nicht, daß dies ein Weggang für immer war.

Er zog nach Kiel in eine eigene Wohnung am Schloßgarten. Ende Mai 1866 fand die Hochzeit der jüngsten Tochter Anna statt. Die junge Frau aber wurde bald von einem schweren, unheilbaren Leiden befallen, was den Vater zusätzlich zutiefst bedrückte.

Kiel beachtete den alten Komponisten nicht, wie er auch jedem Kontakt auswich und ganz zurückgezogen lebte. Als ihn ein junger Geistlicher bat, zu seinem Gottesdienst die Orgel zu spielen, antwortete der tief verwundete Meister des Orgelspiels: "Nein, eine Orgel spiele ich nicht wieder."

Loewe hatte schon seit mehr als zwei Jahrzehnten keine großen Auftritte gehabt und war im Bewußtsein der am Tagesgeschehen orientierten Öffentlichkeit in Vergessenheit geraten. Welche Wertschätzung der greise Loewe in seinen letzten Lebensmonaten bei wenigstens zwei führenden Komponisten, also Fachleuten, trotzdem noch genoß, wird aus einem Artikel des Kieler Professors Dr. Schwab erkennbar, in dem er schreibt:

Selbst Richard Wagner und Hugo Wolf bekannten sich zu Loewes besonderen Verehrern; mit Vorliebe trug Wagner im engen Künstlerkreis Loewes "Hexen"-Ballade vor. Und daß auch Johannes Brahms den Neu-Kieler hochschätzte, ist durch den Dichter Klaus Groth verbürgt. Aus Groths "Erinnerungen an Johannes Brahms" ist zu erfahren, daß Brahms und Julius Stockhausen 1868 in Kiel Loewe noch persönlich begegnet sind: "Einige Tage vor dem Konzerte war Stockhausen schon längere Zeit bei mir im Hause, und wir warteten auf Brahms, der sich verspätet hatte. Ich ging vor die Pforte und den Schwanenweg entlang, um nachzusehen, wo er blieb und ob er bald käme. Da ging mir der alte Komponist Loewe am Arm eines Matrosen, der ihn zu führen pflegte, auf dem Wege vorbei. Er hatte verschiedene Schlaganfälle gehabt und konnte ohne Führung keine weiteren Wege machen.

Gleich darauf begegnete mir Brahms und ich sagte: 'Du, kennst Du den Mann, der Dir eben vorbeiging, den alten großen schönen Mann? Das ist Loewe.' Da wandte Brahms sich rasch um und sah ihm mit offenbar großem Interesse nach, und wie wir nach Hause zu Stockhausen kamen, sagte er dem: 'Wir sind eben Loewe begegnet, singst Du etwas von ihm? Hast Du etwas von seinen Kompositionen in Deinem Repertoire?' Auf die verneinende Antwort Stockhausens bemerkte er ihm: 'O, Du könntest sehr wohl ein paar Sachen von ihm singen.' Bekanntlich kannte Brahms alles, was Musik heißt. - Dann sagte er zu meiner Frau: 'Haben Sie nicht vielleicht' - denn wir auch besaßen viel

Musikalien - 'die Ballade von Heinrich dem Vogeler von Loewe?' Die war allerdings da, wurde sogleich herausgesucht, und die beiden Meister führten sie uns vor. 'Ja' sagte Brahms, 'Du könntest auch gerne einige Kompositionen von Loewe zu altdeutschen Texten in Dein Repertoire aufnehmen!' Von den später berühmt gewordenen, viel gesungenen großen Balladen von Loewe, 'Douglas' usw. sprach er nicht... Indem wir damals über Loewe sprachen, sagte er: 'Wohnt der hier in Kiel, dann besuchen wir ihn; die Ehre müssen wir ihm antun!'".[242] Dieser Besuch hat auch stattgefunden, aber Groth und Brahms fanden ihn unzugänglich wie nie zuvor.[243]

Der Tod

Der Tod eines Menschen ist stets untrennbar mit seiner Würde und seinem Andenken verbunden. Eine Betrachtung dieses Sachverhalts im Falle Loewes setzt den nötigen, besonders großen Respekt vor dieser Künstlerpersönlichkeit voraus. Die Betrachtung wird nur deshalb vorgenommen, weil auch der Abschluß des Lebens von Loewe Anlaß zur Verschleierung und Legendenbildung gegeben hat. Wie sein Tod eingetreten ist, darüber gibt es zwei gegensätzliche Darstellungen, eine, die Loewes Tod als wünschenswert leicht, schnell, ohne Schmerzen und ohne schweren Kampf darstellt, und eine andere, die Loewe als am Lebensende schwer ringendes Opfer eines schlimmen Todes beschreibt.

Man kann annehmen, daß die Tochter Helene, die sich ständig im engsten Familienkreise aufhielt, als Augen- und Ohrenzeugin am besten über den Tod ihres Vaters Bescheid gewußt hat. In dem von ihr verfaßten Anhang zur Selbstbiographie schreibt sie kurz und beruhigend: "*Am 20. April führte ihn ein zweitägiger Schlummer s a n f t in das Reich der reinen Geister über.*"[244]

Damit war gewissermaßen die von den Familien Loewe und von Bothwell gewünschte Darstellung der Umstände von Loewes Tod als offizielle Version für die Öffentlichkeit festgelegt. Sie wurde 1870 publiziert. Aber dieser eine Satz scheint den wahren Vorgang doch wohl zu beschönigend widerzuspiegeln. Dem sanften Entschlummern waren offenbar schwere Stunden vorausgegangen. Davon mag Pfarrer Runze im vertraulichen Gespräch mit Frau und Tochter Loewes erfahren haben, was ihn im Jahre 1888 - dem "Drei-Kaiser-Jahr"! - zu der folgenden theatralischen Darstellung veranlaßte:

[242] Schwab, S. 287

[243] ebd.

[244] Selbstbiographie, S. 458

Loewes Wohnhaus in Kiel

"Loewe ist eines sehr schweren Todes gestorben. Die Angabe in der Bitter-Biographie beruht auf irriger Mitteilung. Der Schlaganfall kehrte ganz unerwartet wieder am Morgen des 18. April 1869, als Loewe sich eben von seinem Lager erhoben hatte. So lag er, an der ganzen rechten Seite gelähmt, fast regungs- und besinnungslos.
Um die Mittagszeit des 19. trat ein Lungenschlag hinzu, und es begann das Todesröcheln, das bis 9 Uhr des nächsten Morgens währte. Der Kampf war ein furchtbarer gewesen. Im Augenblick des Todes öffneten sich seine Lippen, perlend quollen die beiden Zahnreihen, in denen nicht eine Lücke wahrnehmbar, hervor, und aus ihnen drang, einer seraphischen Stimme gleich, ein lang anhaltender hoher Tenorton (der Ton d'), unendlich klar, rein und schön... Über das Antlitz des Verstorbenen hatte sich ein verklärender Friede gebreitet, - er sah so schön aus wie in den großartigsten Momenten seines Lebens, etwa wenn er sang oder dirigierte."[245]
Diese Beschreibung muß der Familie als Indiskretion und Pietätlosigkeit erschienen sein. Auch Bulthaupt muß so gedacht haben, denn er brachte 1898 die folgende gemäßigte Formulierung, wobei er auf die ihm unrichtig erscheinende Darstellung Runzes ausdrücklich hinweist: "*Am Morgen des achtzehnten April 1869 traf ihn abermals ein Schlaganfall, der ihn besinnungslos niederstreckte. Wohl wehrte sich der Körper heftig gegen seinen Tod - erst am zwanzigsten April Morgens um 9 Uhr kam nach schwerer Agonie das Ende. Aber da dem Sterbenden das Bewußtsein nicht wiedergekehrt war, schied er doch schmerzlos 'sanft' hinüber, und wir haben nicht nötig uns der traurigen Vorstellung hinzugeben, dieser große Geist, dieses reine Herz habe in den letzten Stunden (wie es nach Runze's Loewe redivivus, p. 372 und 373 scheinen möchte) noch einen leidvollen Kampf mit dem Leben zu bestehen gehabt."*[246]
Jahre später milderte auch Runze seine dramatische Darstellung, sicherlich weil die Angehörigen Loewes indigniert reagierten und ihm Vorhaltungen machten, denen er sich des guten Einvernehmens wegen nicht verschließen konnte. So beschrieb er im Jahre 1905 Loewes Tod in überspannter Sprache und dichterischer Idealisierung in folgender Weise (ohne den "zweitägigen Todeskampf" unterdrücken zu können): "*...bis er am 18. April 1869 von einem neuen Schlaganfall heimgesucht ward. Er machte seinem Todesringen ein Ende; am 20. April entschlief er in seinem Gott, dem er sein ganzes Leben hindurch mit allen Kräften Geistes, Leibes und der Seele also gedient."*[247]
"Er hebt seine Seele geläutert zu den Sphären vollkommenen Seins, als er nach zweitägigem Todeskampf, ein Vergessener bei den Mitmenschen, ein Vollendeter im Gebiet der rein-

[245] Runze, Loewe redivivus, S. 372

[246] Bulthaupt, Carl Loewe, S. 100

[247] Runze, Carl Loewe, S. 68

sten Harmonie, mit dem Ausdruck himmlischer Verklärtheit seine Lippen öffnete, und zwischen den perlenden lückenlosen Zahnreihen der langgezogene Ton 'd' hervorquoll, wie nur je sein bezaubernder Tenor ihn gesungen, dies 'd', so bedeutungsvoll hervortretend in mehreren seiner wertvollsten Werke, wie der aus raumlosen Gefilden säuselnden Erlkönigsstimme, der Versöhnung erflehenden Douglas-Bitte!"[248]

Allerdings ist der Grad der Milderung nur gering, ein grundlegend anderer Standpunkt kommt hierin nicht zum Ausdruck, wohl aber, daß sich Runze nicht mehr an realistische Fakten bzw. Redeweisen (sehr schwerer Tod, gelähmt, Todesröcheln, Kampf war ein furchtbarer) hält, sondern die Darstellung an seiner persönlichen, esoterisch gewonnenen Einschätzung Loewes orientiert und dazu in Übereinstimung mit der Gedankenwelt und der Ausdrucksweise besonders der Frau von Bothwell (Loewes ältester Tochter), von der ähnlich im Stil sich übersteigernde Briefe an den alten Loewe-Verein und Postkarten im Archiv des Händel-Hauses Halle erhalten sind, eine dichterische Verklärung und Entrückung des Todes von Loewe in das Reich der Poesie und "raumloser Gefilde" vornimmt. - Welche ästhetische Rolle dabei "der Ton d", an dem er in beiden Versionen festhält und von dem z. B. aus dem Familienkreis nichts mitgeteilt worden ist, spielen soll, ist nicht zu erkennen. Die Herstellung einer Beziehung dieses Tones zu musikalischen Stellen im "Erlkönig" und im "Douglas" im genauen Augenblick des Todes wirkt gewollt und phantastisch. Vielleicht ist dieser ominöse Ton lediglich ein schmückendes Beiwerk in Darstellungsweise und Stil von Runze, der oft überhöht und ziemlich exaltiert schreibt.

In der Arbeit von Anton und in einigen folgenden Veröffentlichungen kehren die Autoren mehr oder weniger zu der von der Familie (oder von Bitter) gegebenen Darstellung zurück oder lassen sie gar aus. Im Jahre 1912 schreibt Anton: "*...bis er am 20. April 1869 nach erneutem Schlaganfall verschied. Der Tod war, wie Verfasser von der Familie des Komponisten selbst weiß, ein sanfter, wie es Bulthaupt auch darstellt, und wie... ein Augenzeuge die milden, unveränderten Gesichtszüge des Toten hervorhebt.*"[249]

Die Stettinerin Karla König teilt 1937 über die Umstände des Todes von Carl Loewe nichts mit. Nach elf Jahren - im Jahre 1948, der Zweite Weltkrieg war eben zu Ende gegangen, und man war wohl des vielen schrecklichen Sterbens müde - traf Sietz einen resignativen, aber auch versöhnlichen Ton, der von den wahren Vorgängen wohl am weitesten entfernt war, als er formulierte: "*Die Welt wird*

[248] ebd., S. 98

[249] Anton, S. 33

immer schöner, und ich - ? sagte er einige Tage vor seinem Tode, der einen Ergebenen und Abgeklärten am 20. April 1869 sachte in sein Reich geleitete."[250]

Wahrscheinlich war es so, daß Loewe nach dem 18. April, schwer stöhnend und röchelnd, in der Bewußtlosigkeit seine Lebenskraft verströmte, dann, ohne aufzuwachen, ermattet und fast schon erloschen, eines lautlosen und "leichten" Todes gestorben ist.

Seine pathetische Darstellung mag Runze gewählt haben, um seinen "Hohenzollernkomponisten" romantisch heroisierend noch im Kampf mit dem Tod und über ihn hinaus zu verklären, wie er nach furchtbarem Kampf in die Gefilde der Seligen als Sieger über den Tod hinaus still entschwebt, ganz im Stile kaiserlichen Heldentums. Man bedenke den damaligen offiziellen Zeitgeist!

Diese Deutung würde widerspruchslos in die geistige Landschaft des ultra-kaisertreuen Pfarrers Runze passen, dessen berufliche Etablierung in die ersten Jahre des zweiten Deutschen Reiches fiel. Wie eng er mit dem Kaiserreich verbunden war und wie sehr dessen Spitzen-Repräsentanten ihn schätzten, selbst zu einer Zeit noch, als das Kaiserreich schon längst verschwunden war, geht aus der Tatsache hervor, daß sie sich selbst dann noch an ihn erinnerten. Ein Brief an den Löbejüner Magistrat hat den folgenden Wortlaut:

"*Berlin-Steglitz, Poschingerstr. 34 d. 22. September 1929*

Der hochverehrlichen Vertretung

der von mir so hochgeschätzten Stadt Löbejün sage ich für das mich so hoch ehrende Telegramm zu meinem 80. Geburtstage meinen allerherzlichsten Dank! Die Depesche der Stadt Löbejün als des Geburtsortes meines so hochverehrten Musiklehrers Carl Loewe [drei Unterstreichungen im Original] *hat mir so besonders grosse Freude bereitet und reiht sich für mich an die Beglückwünschung von S*[einer] *M*[ajestät] *Kaiser Wilhelm II* [Doorn] *und die des Herrn Reichspräsidenten von Hindenburg.*

Walte Gottes Segen auch ferner über der Stadt Löbejün!

In treuer Anhänglichkeit und grösster Hochachtung ganz ergebenst

Dr. Maximilian Runze, Pfarrer in Ruhe"[251]

Dieser Pfarrer Runze verehrte seinen ehemaligen Lehrer Carl Loewe als junger, als gestandener und als alternder Mann schrankenlos und schwärmerisch, und, das muß gesagt werden, setzte sich nach seiner Art vehement für dessen Propagierung ein. Er wußte von Loewe, daß er der musikalische Freund des "romantischen"

[250] Sietz, S. 22

[251] Runze, von einer Erholungsreise heimgekehrt, bittet wegen der so späten Dankerstattung um Verzeihung. - Akten des alten Loewe-Vereins in Löbejün

Königs Friedrich Wilhelm IV. war, und glaubte, daß er zu den geistigen Vorbereitern der Kräfte gehörte, die das Kaiserreich nach einem siegreichen Kriege gegen Frankreich 1871 gründeten. Außerdem fühlte er sich Loewe auch durch religiöse Auffassungen, zumindest aber als "Theologe" verbunden. Eine abschließende Beurteilung dieses Zusammenhangs bedarf jedoch noch umfangreicher Untersuchungen.

Wenn es aber mit dem Sterben Loewes so war, wie es eben beschrieben wurde, dann haben die Familienangehörigen (oder Bitter) ein schwereres Sterben aus Image-Gründen und wegen familiärer Pietät beschönigt und ein leichtes, "standesgemäßes" (?) Ableben vorgetäuscht. Aber auch dieses Verhalten wäre aus der Familiensituation heraus erklärbar.

Da nur Familienangehörige Zeugen seines Sterbens waren - der von Anton erwähnte Augenzeuge hat ja erst nach dem Tode die milden, unveränderten Gesichtszüge gesehen -, werden diese Fragen in letzter Instanz ohne eine endgültige Antwort bleiben. Der Beibehaltung der Sterbe-Legende sei aber hiermit ebenso vorgebeugt wie der der Hohenzollern-Komponisten-Legende, auch wenn verständlicherweise konkrete Fakten und deren entsprechende Einpassung und Wertung in diesen Fällen weitgehend noch fehlen.

Als Carl Loewe starb, war er schon weitgehend unbekannt und im aktuellen öffentlichen Musikgeschehen seiner Zeit fast vergessen. Angesehene Musikzeitschriften druckten eingesandte Nachrufe nicht ab. Loewe wurde auf dem schönen alten St. Jürgensfriedhof am Ufer der Förde in der Nähe des Kieler Hauptbahnhofs beigesetzt. Hierzu teilte das Kulturamt beim Magistrat der Stadt Kiel 1991 das folgende mit:

Die St. Jürgen-Kirche wurde nach Kriegszerstörung zusammen mit dem Friedhof 1955 aufgegeben und zugunsten einer Straßenverbreiterung und eines Parkplatzes eingeebnet. In diesem Zusammenhang gelangte das eiserne Grabkreuz Loewes auf den Friedhof Eichhof, wo es bis heute zusammen mit anderen Grabdenkmälern vom St. Jürgensfriedhof vor der Friedhofskapelle aufgestellt ist. Die sterblichen Überreste Loewes wurden 1957 in der neu eingerichteten Pommernkapelle der Nikolai-Kirche beigesetzt. Hier wurde vor der Südwand ein neuer Grabstein für Carl Loewe aufgestellt. Er trägt die folgende Inschrift: "Hier ruht Dr. Carl Loewe. Geb. am 30. November 1796 in Löbejün, gest. am 20. April 1869 in Kiel. Er wirkte 46 Jahre als Organist an St. Jakobi in Stettin. Sein Herz wurde dort neben seiner Orgel beigesetzt. Als letztes Musikwerk komponierte er Klagelieder Jeremiae 3 / 22.23. Die Güte des Herrn ist's, daß wir nicht gar aus sind. Seine Barmherzigkeit hat noch kein Ende, sondern sie ist alle Morgen neu und deine Treue ist groß."

Carl Loewes Grab in der Pommernkapelle der Nikolaikirche in Kiel

1896 wurde die von dem in Berlin wirkenden Bildhauer Professor Fritz Schaper[252] geschaffene Bronzebüste Loewes am Düsternbrooker Weg aus Anlaß seines 100. Geburtstages enthüllt. Sie wurde im Zweiten Weltkrieg beschädigt. Nachdem sie von dem in Kiel geborenen Steinmetz Walter Rössler 1952 restauriert worden war, wurde sie vor der Mädchenrealschule an der Legienstraße/Ecke Muhliusstraße aufgestellt. Die Schule bekam den Namen Carl-Loewe-Schule. Diese wurde 1971 mit der Jungenrealschule zusammengelegt und 1988 aufgelöst. Das Gebäude wird seither von der Muhliusschule, Grund- und Hauptschule, genutzt. Carl Loewes Büste befindet sich hier immer noch.
Von dieser eben erwähnten Büste war ein Zweitguß hergestellt worden, der im Jahre 1896 vom damaligen Loewe-Verein in Löbejün aufgestellt wurde. Der ursprüngliche Standort war vor dem ehemaligen Schulgebäude neben dem Kirchturm, kurz vor dem Zweiten Weltkrieg wurde sie auf den Marktplatz umgesetzt. Während es im Ersten Weltkrieg gelang, die Büste vor dem Zugriff der staatlichen Erfassung von Buntmetallreserven zu bewahren, fiel sie im Zweiten Weltkrieg einer entsprechenden Maßnahme zum Opfer. Vor ihrer Ablieferung wurde ein Gipsabguß hergestellt, nach dem der Löbejüner Steinmetzmeister Theodor Riedel die Büste aus Porphyrstein fertigte, die bis heute ein Schmuck des Löbejüner Marktplatzes und des Rathauses ist.

[252] geboren 1841 in Alsleben an der Saale, gest. 1919; er war einer der besten einschlägigen Künstler seiner Zeit

Anhang 1 - Zur Familiengeschichte

Zur bisherigen Darstellung des Elternhauses

Loewe selbst (eine eventuelle spätere redaktionelle "Mitarbeit" Bitters kann hier und im folgenden weder nachgewiesen noch ausgeschlossen werden!) macht in der Autobiographie Angaben, die einer Nachprüfung nicht standhalten oder die eingeschränkt werden müssen. Deren gutgläubige Übernahme durch verschiedene Autoren hat (zum Teil in Verbindung mit ungehemmter Loewe-Manie und elitärem "Fan"-Kult) der Entstehung von Legenden Vorschub geleistet. Hierher gehört z. B. (weniger wichtig, aber typisch durch deren Kolportage) die Bemerkung Loewes, sein Vater habe die Tochter eines Seilers geheiratet.[1] Bulthaupt verläßt sich auf Loewe und übernimmt das unbesehen. Der in vieler Hinsicht verdienstvolle Runze schreibt übersteigernd, daß deren Vater Seiler-"Meister" aus Könnern (!) war.[2] Selbst 1937 noch - es wäre genug Zeit für Recherchen gewesen - wird von Karla König autoritätsgläubig wiederholt, daß Loewes Mutter *"die Tochter des Seilermeisters Leopold aus Könnern war"*,[3] in welcher Aussage gleich zweierlei nicht stimmt. Runze läßt den Vater Loewes einer "alten" Pastorenfamilie entstammen,[4] worüber Loewe nichts verlauten läßt. Auch ein anderer Autor stellt fest, der *"Vater stamme aus altem Theologengeschlecht"*.[5] Bei Moser heißt es in einem Lebensbild über Loewe: *"Der Tonsetzer... wurde als jüngstes von zahlreichen Kindern einem armen Schulmeister geboren, der früh starb. So war Carl Loewe darauf angewiesen, früh selbst für seine Ausbildung zu sorgen. Gern lauschte das Kind dem Volksballadengesang von Mutter und Großmutter."*[6] - Der Vater starb im Dezember 1826, als Loewe dreißig Jahre alt und in Stettin fest angestellt war, das "Früh-für-sich-sorgen" beschreibt die Lage Carl Loewes falsch, und eine Großmutter hat er auch nicht gekannt.

Hatte Loewe über die Mutter etwas mitgeteilt, was nicht richtig ist, so hatte er über die Herkunft des Vaters gar nichts und über dessen Jugend nicht viel gesagt - wie er überhaupt die Elternabstammung in einem (beabsichtigten?) Dunkel beließ. Daß Loewe selbst seine "Kleine-Leute-Vorfahren" aus naheliegenden Gründen unerwähnt ließ - wie noch zu zeigen sein wird -, mag aus der Zeit heraus und seiner erreichten

1 Selbstbiographie, S. 1

2 Runze, Carl Loewe, S. 7

3 König, S. 9

4 Runze, Carl Loewe, S. 7

5 Sietz, S. 13

6 Moser, S. 539

Lebensstellung wegen verständlich erscheinen. Da er sich ihrer nicht rühmen konnte, so hat er sie einfach verdrängt. Gekannt hat er sie sicherlich, wenigstens zum Teil, denn in der von ihm geschilderten elternhäuslichen Familienidylle wird man in der abendlichen Dämmerstunde auch einiges über die zu Loewes Kindheit schon lange gestorbenen Großväter und deren Berufe gesprochen haben. Er sagt selbst von seinem Vater: *"Mit dem Abend aber kam des Papas rosenfarbene Laune; er erzählte viel aus seiner Jugend..."*,[7] und auch von der Mutter teilt er mit, daß sie dann über *"wunderschöne Erinnerungen aus ihren Jugendjahren"* zu erzählen anfing.[8]

Wie die angebliche Pastorentradition der väterlichen Vorfahren aufgekommen sein mag, bleibt noch unaufgeklärt. Vielleicht hat neben Wunschdenken und Renommiersucht verschiedener Loewe-Anhänger am Objekt ihrer persönlichen Interessen die Tatsache eine Rolle gespielt, daß die zwei ältesten Brüder Carl Loewes als bisher nachgewiesen erste der Familie in Halle an der Saale Theologie studierten. Friedrich August als Ältester war später, wie wir bereits berichteten, Konrektor in Wettin und schließlich von 1821 bis 1846 Pfarrer in Leiha bei Merseburg. Sein Sohn Daniel Amadeus Ernst Karl Loewe (1820 - 1884) studierte in Greifswald (von wo aus er oft bei seinem Onkel Carl in Stettin weilte und auch Zutritt zu dessen gesellschaftlichen Kreisen hatte) und war von 1851 bis 1884 Pfarrer in Carmzow, Kreis Prenzlau. Schließlich war auch dessen Sohn Gottlieb Walter (1865 - 1944) studierter Theologe und um die Jahrhundertwende 1900 (der Zeitabschnitt, in dem die Loewe-Renaissance betrieben wurde) Pfarrer in Belgrad, später auch in Hütten (Polen), in Sternhagen-Vorpommern und in Welsleben (Provinz Sachsen). In Verbindung mit Carl Loewe selbst, der ja auch in Halle Theologie studiert hatte, wäre die Aussage "altes Theologengeschlecht" immerhin erklärbar, zumal sich in diesem Familienzweig noch mehr Pfarrer nachweisen lassen. Allerdings würde sie sich dann nicht auf die Vorfahren Carl Loewes, sondern auf seine zeitgleiche und nachfolgende Verwandtschaft im 19. Jahrhundert beziehen, was den zitierten Stellen so nicht zu entnehmen ist.

Außerdem besteht der begründete Verdacht, daß eine später auftretende extrem kaisertreue nationalistische Gruppe ehemaliger Loewe-Schüler seiner letzten Lebensjahre (mit dem Pfarrer Dr. Maximilian Runze an der Spitze) eine gesellschaftliche Aufwertung der Person Loewes nach dessen Tod durch Verschleierung seiner tatsächlichen Herkunft aus mehr plebejischen Schichten des damaligen Preußen vornahm, um die Protektion und Freundschaft Friedrich Wilhelms IV. zu Loewe zu rechtfertigen und ihn im nachhinein hoffähig zu machen - ein Bestreben, gegen das sich Loewe nicht wehren konnte, weil er tot war, aber mit dem er sich wahrschein-

[7] Selbstbiographie, S. 11

[8] Selbstbiographie, S. 10

lich nicht identifiziert hätte. Sie versuchten, ihn für ihre Ziele und Zwecke zu beanspruchen und - nicht ohne Erfolg - in eine Traditionslinie einzubetten, der er nur optisch, aber nicht wirklich angehörte. Ähnlichen Richtungen war Loewe schon vor und nach 1848 nicht gefolgt.

Loewes Vereinnahmung und Verherrlichung als "Hohenzollern-Komponist" durch gewisse Kreise um 1900 mag in diesen Bestrebungen eine ihrer Wurzeln haben, zumal sie durch bestimmte Auslassungen Loewes reichlich Nahrung fanden. Diese Auslassungen beziehen sich z. B. auf seine von ihm in der Selbstbiographie mitgeteilten Gedanken und Einstellungen über die Franzosenzeit 1806 - 1813, die man aber einem etwas mehr als Zehn- bis Siebzehnjährigen so kaum zubilligen kann und die deshalb reichlich aufgesetzt, wie sich später selbst in den Mund gelegt und damit wie Anbiederung wirken. Allerdings geschah dies wohl kaum in der Absicht, zu der sie später mißdeutet wurde. Hatte Loewe womöglich nur durch eine Loyalitätsbekundung seiner gemäßigten royalistischen Gesinnung Ausdruck geben wollen, um großbürgerlich gesinnten Kreisen, in denen er verkehrte, gefällig zu sein, so mißbrauchten die genannten Kreise diese Äußerungen nach seinem Tode für einen ausgesprochenen Byzantinismus wilhelminischer Prägung.[9]

Wie die "Pastoren"-Legende erstreckt sich die völlig überflüssige postume indirekte gesellschaftliche "Aufwertung" Carl Loewes in anderer Hinsicht auch noch auf seinen Vater. Runze sagt über den Kantor Johann Andreas Loewe, er sei *"eine musikalisch bedeutende Persönlichkeit"* gewesen, was bei einem einfachen Musikhandwerker im Kantorenstand ohne jegliche bleibende musikalische Hinterlassenschaft recht fraglich erscheint. Er wäre dabei *"wissenschaftlich gebildet"* gewesen,[10] und *"theologisch vorgebildet"*,[11] wobei nicht einmal feststeht, ob er die Prima des halleschen Stadtgymnasiums ganz durchlaufen hat. Akademische Studien hat er nicht betrieben.

Bulthaupt dagegen nennt des Vaters Bildung wahrheitsgemäß *"halbschlächtig, abgerissen"*, mit der er seinen Kindern *"wissenschaftlich nicht viel zu bieten wußte"*,[12] wenn es auch für den Kantor an der Knabenschule in Löbejün mehr als genug war. Loewe selbst aber hatte das bereits in der Selbstbiographie richtig eingeschätzt. Er schrieb über sich als von einem noch nicht einmal Zehnjährigen: *"Wie in der Musik, so ging es auch bald im Latein, ich überflügelte meinen Vater auch hierin, da er seit seiner Jugend, in der er bis Prima durch die lutherische Schule von Halle gegangen war, viel verlernt*

9 siehe Runze, Loewe redivivus, Vorwort S. XI/XII

10 Runze, Carl Loewe, S 6

11 Runze, Ludwig Giesebrecht und Carl Loewe, S. 17

12 Bulthaupt, S. 18

hatte."[13] Dagegen hat Loewe die menschlichen Qualitäten seines Vaters stets anerkannt und hoch bewertet.

Der Versuch der wissenschaftlichen und künstlerischen Höherbewertung des Vaters von Carl Loewe durch bestimmte Kreise stellt sich im Zusammenhang mit der Behauptung einer angeblichen Herkunft Loewes aus einer alten Pastorenfamilie und der einseitig-parteiischen Ausdeutung seiner "königstreuen" Äußerungen in der Selbstbiographie als ein Bemühen dar, die Profilierung Loewes als "des" "Hohenzollernkomponisten" auch "von Standes wegen" sowie ideologisch zu begründen. Diese Denkweise paßt durchaus in den Rahmen der geistigen Auseinandersetzungen im zweiten deutschen Kaiserreich bis zu dessen Untergang - und darüber hinaus.

Über die Eltern Loewes und das Klima in der Familie Loewe wurde von den bisherigen Autoren nur meist volkstümelnd und altfränkisch oder anekdotisierend und biedermeierhaft verklärend ausgemalt, was in der Selbstbiographie nachzulesen ist. Von der Geschichte der eigenen Familie und der drei anderen Hauptlinien seiner Abstammung und deren jeweiligem Umfeld findet sich in der gesamten Loewe-Literatur nichts.

[13] Selbstbiographie, S. 9

Die Vorfahren der Mutter Carl Loewes

Die Pachtung einer Windmühle

Innerhalb der familiären Beziehungen, denen Carl Loewe entstammt, gab es einen Löbejüner Zweig, der mit Loewes väterlichen oder mütterlichen Vorfahren nur indirekt zu tun hat. Keine blutsverwandtschaftliche Spur führt zu ihm hin, nur durch eine zivilrechtliche Bindung wird er wichtig, denn eine Heirat macht ihn für den Stammbaum interessant: er legte den ersten Grund zu dem kleinen Haus- und Grundbesitz in der Familie, von dem Carl Loewe auf der ersten Seite seiner Selbstbiographie berichtet.

Nach dem Dreißigjährigen Krieg wurde in Löbejün (aus dem Anhaltischen kommend) eine Familie ansässig, die sich Kurbin nannte und die nach der damals oft anzutreffenden Willkür bei der Schreibung von Namen in den verschiedenen Akten und Kirchenbüchern als Kurwin, Korwy, Kurpy, Korbin, Corbin, Corby, Korpy, Corpy auftaucht. Das Verzeichnis der Löbejüner städtischen Behörden nennt im Jahre 1699 als einen von zwei Haarden-Herren (Marktpolizisten, Marktaufsicht?) Paul Korbin im "hällischen Viertel", im Jahre 1712 ebenfalls als Haarden-Herr und auch im halleschen Viertel Hans Christian Korbin und im Jahre 1716 wieder Paul Korbin erneut im halleschen Viertel als einen von vier "Feuerherren" (Leiter der städtischen Pflichtfeuerwehr in einem der vier Stadtbezirke, nämlich hallesches, Plötzer, Rings- und Kochs-Viertel). Ob sie Brüder waren oder Vater und Sohn, ist noch nicht bekannt, aber sie galten offenbar als zuverlässig und genossen allseitiges Vertrauen, sonst hätte man sie nicht in diese verantwortungsvollen Funktionen berufen.

In einer anderen Akte aus dem Jahre 1701, die das Protokoll einer namentlichen Abstimmung anläßlich der Wahl des bisherigen Diakonus zum Löbejüner Oberpfarrer enthält, unterschrieben sich beide eigenhändig mit "Kurbin". Der eine, Paul Kurbin, wurde 1674 geboren, heiratete 1696 eine Anna Christina Hentzin (1677 - 1737) aus Löbejün und starb 1749 hochbetagt. Mit irdischen Gütern war er nicht reich gesegnet, denn er bezahlte 1744 an Großschoß (an landesherrlichen Abgaben) 5 Groschen, als Stadtbürger 5 Groschen 8 Pfennige, an Johannisschoß 2 Groschen und für 5 Morgen Acker 3 Groschen, 4 Pfennige Steuern, insgesamt also lediglich 16 Groschen, (2/3 Taler), im Jahr.

Er hatte vier "eheleibliche" Kinder, drei Söhne und eine Tochter. Der älteste Sohn Johann Christoph Kurpy (in den folgenden Ausführungen werden alle vorkommenden Namen in der Schreibweise wiedergegeben, wie sie in der jeweiligen Quelle auftreten) war Bergmann in den Löbejüner Königlichen Steinkohlen-Schächten. Im

Jahre 1731 heiratete er Anna Dorothea Emmer aus Edderitz, die einer kinderreichen und augenscheinlich sehr einfachen Familie entstammte. Hierauf ist aus den Berufen der Taufpaten der Emmerkinder und denen der Verwandtschaft zu schließen. Unter ihnen kommen die folgenden Tätigkeiten und Dienststellungen vor: Anspänner, Ackerknecht auf dem Hoch Adelichen Hofe, Huthemann (Gemeindehirt), Schmiedegesell, Gärtner beym Herrn Oberhauptmann, mein (das ist: des Pfarrers) Knecht, Schreiber beim Herrn von Einsiedel in Cöthen, Schmiedeknecht, Kotsasse (oder Kossat, ein "Kuh"-Bauer, ein landarmer Bauer, der noch einer weiteren Tätigkeit als notwendigem Broterwerb nachging).

Der zweite Sohn Johann Friedrich Kurwy (geb. 1706) war ein Windmüller, der im Jahre 1737 eine "Frau Maria Dorothea Kuntze aus Könnern, eines Windmüllers Witwe aus Könnern" zur Frau nahm, sich damit in ein gemachtes Nest setzte und sozial aufstieg. Zumindest 1743/44, wahrscheinlich aber schon Jahre früher, hatte er in Löbejün vor dem Ringstore (heute Mühlentor) zusätzlich eine weitere Windmühle in Pacht (siehe "Pachtvertrag"), die einer "Frau von Käustung verehelichte Schenkin" gehörte. Da er nicht in zwei Mühlen gleichzeitig arbeiten konnte, mußte er in der Löbejüner Mühle einen Mahlknecht haben, der wohl auch der Verwalter der Mühle war. Vielleicht hatte der Pächter Friedrich Kurwy diese Vertrauensstellung seinem Bruder August Kurwy, dem dritten der Brüder, geboren am 17. November 1710 in Löbejün, anvertraut, denn der war es, der im Juli 1738 bei seines Bruders Tochter als ein "Mühlen Purse" (Bursche) in Könnern Pate stand, dessen Bemühungen um Übernahme der genannten Löbejüner Mühle in eigene Pacht im Februar 1744 im Alter von etwas mehr als 33 Jahren von Erfolg gekrönt wurden und der in den Anfangspunkt weitreichender Ereignisse trat. Er war es, der zum Begründer des sogenannten "Kleinstadtreichtums" wurde, den Loewe im Zusammenhang mit seiner Mutter erwähnt.

Der Pachtvertrag zwischen Frau von Käustung und August Corby hatte folgenden Wortlaut:

"*Actum* [verhandelt] *Löbejün d. 18. Febr. 1744*

Fr[au] *Johanna Magdal*[ena] *geb*[orene] *von Käustung verehel*[ichte] *Schenkin cum marito* [mit Ehemann] *Hilmar Schenken et curatore* [Verwalter] *M*[ei]*st*[e]*r Johann Christoph Howalten hat acto vorgetragen, welchergestalt ihr August Corbin eilft* [elf] *hundert und fünfzig thal*[er], *welche Summe die Helfte in Louisd'or bestehen solte auf dreyßig Jahr vorzuschießen versprochen und darauf zehen thal. bereits gezahlet, die übrigen 1140 th. auf bevorstehende Johannis a. c.* [24. Juni des laufenden Jahres] *nachzuzahlen versprochen hätte, wie sie nun über den Empfang besagter 10 th. quittiret, also wolte sie den creditori* [Geldgebern] *zur Versicherung dieser 1150 r*[eichs]*th*[a]*l*[er] *ihre vor dem Ringsthore belegene Windmühle benebst den dazugehörigen Ackerfleck, auf welchen die Mühle stehet,*

ingl[eichen] *das inventarium welches der creditor August Corbin von seinem Bruder Johann Friedrich Corbin als itzigen* [jetzigen] *Pachter dieser ihrer Mühle ohne ihr zuthun fodern solle, u*[nd] *wozu sie noch das Aufhebe-Seil geben wolle, sub claus. const. poss* [...?] *et pacto antichretico* [Übereinkunft zur Nutzung des Pfandes, also der Mühle, zum persönlichen Vorteil des Pächters] *dergestalt verschrieben haben, daß creditor solche Mühle cum inventario et pertinentiis* [mit aller Ausstattung und Zubehör] *statt denen interessen* [Zinsen] *auf 30 Jahre nutzen und gebrauchen, inzwischen davon die onera* [städtischen und landesherrlichen Steuern] *abführen, und vor aller Gefahr u*[nd] *Unglücksfälle sie möchten Nahmen haben wie sie wolten, stehen und haften solle. Falls aber diese 1150 rthl nicht binnen 30 Jahren u*[nd] *praecise den Tag Johannis 1744 wiederbezahlet wären, sollte diese Verpfändung hierdurch in einen Erbkauf verwandelt seyn, u*[nd] *wolle sie eventualiter die Lehn und das Eigenthum an der Mühle u*[nd] *dazu gehörigen inventario wie solches dem itzigen Mühlen Pachter* [also noch Johann Friedrich Corbin] *laut Pachtcontractus übergeben worden; auch übrigen pertinentien aufgelassen u*[nd] *die Gewehr wider* [hier: das Recht auf] *alle Ansprüche versprochen* [verloren] *haben* [d. h., sie will dann auf jeglichen Anspruch verzichten]. *Nachdem sie nun hierüber den Handschlag abgestattet, der creditor dieses Geständnis hypotheq*[uischer] *und antichretischer Verschreibung auf eventualen Kauf acceptiret und die restirenden* [noch fehlenden] *1140 rthl. auf bevorstehende Johannis zu bezahlen versprochen, auch alle onera u*[nd] *besonders die Gefahr binnen denen 30 Jahren übernommen hat, als ist dieses nachrichtlich registriret worden.*
[Johann] *H*[einrich] *G*[röschner] [Amtsschultheiß]"[14]

Der unternehmerische August Corbin

Der Anlaß für die auf lange Frist gedachte Verpachtung der Mühle mit dem Recht ihrer Nutzung zum Vorteil des Pächters an Stelle der Zahlung von Zinsen ist nicht bekannt. Wahrscheinlich brauchte Frau von Käustung mittelfristig Geld, worüber sie mit dem bisherigen Mühlenpächter Friedrich Corbin gesprochen haben könnte. Offenbar konnte oder wollte aber der derzeitige Pächter (er hatte ja in Könnern eine Mühle erheiratet) die vorzustreckenden 1150 Taler nicht aufbringen, und auch sein Bruder August hatte diese für die Kleinstadt Löbejün beachtliche Summe nicht flüssig. Trotzdem wollte August Corbin sich eine solche Gelegenheit nicht entgehen

14 Landeshauptarchiv Sachsen-Anhalt, Außenstelle Wernigerode, Rep Da Giebichenstein A XIX Nr. 30, S. 36 v

Der Müller.

Wer Korn vnd Weitz zu malen hat/
Der bring mirs in die Mül herab/
Denn schütt ichs zwischen den Mülstein
Vnd mal es sauber rein vnd klein/
Die Kleyen gib ich treuwlich zu/
Hirsch/Erbeiß /ich auch neuwen thu/
Dergleich thu ich auch Stockfisch bleuwn/
Würtz stoß ich auch mit gantzn treuwen .

Der Müller. Holzschnitt aus dem Ständebuch von Jost Amman, 1568

lassen und machte die Sache erst einmal fest, indem er die geforderten Pachtbedingungen anerkannte und wenigstens zehn Taler (!) anzahlte. Er besaß anscheinend genügend Selbstvertrauen und traute sich den nötigen Unternehmungsgeist zu, um die fehlenden 1140 Taler aufbringen zu können. Augenscheinlich wußte er aus eigener Erfahrung oder von seinem Bruder Friedrich, daß die Mühle auf die lange Zeit von dreißig Jahren soviel einbringen könnte, daß er davon leben und die noch zu beschaffenden Gelder (eigenes Geld hatte er nicht!) zurückzahlen können würde. August Corbin muß ein rechtschaffener, vertrauenerweckender und unternehmerischer Mann gewesen sein, denn es gelang ihm, viel Geld zu borgen: er erhielt jeweils mindestens "von Pitschke" in Nauendorf 500, "von Kochen" in Nauendorf 200 und "von Herrn Strohmannen" aus Köthen 110 Taler, zusammen also mindestens 810 Taler, wie dem Stand der Hypothekenschulden im Jahre 1751 zu entnehmen ist.[15] Den Rest von 400 Talern gedachte wohl der Junggeselle durch eine "gute Partie" zu erheiraten, welche Hoffnung sich auch erfüllen sollte. Eine passende Braut lebte als junges Mädchen in Köthen im Fürstentum Anhalt-Köthen, reichlich drei Fußwegstunden von Löbejün entfernt. Dort war sie 1722 geboren, in dem Jahre, in dem Johann Sebastian Bach sein letztes Jahr in der kleinen Residenz Köthen verbrachte, ehe er nach Leipzig ging. Sie hieß Louysa Dorothea Schneiderin und war die Tochter eines offenbar tüchtigen und angesehenen Tischlermeisters namens Johann Georg Schneider aus Köthen. Sie sollte dereinst zu einer Großmutter Loewes mütterlicherseits werden. Ihr Vater hatte sich 1716 mit der Jungfrau Susanna Schnabel, Tochter eines Zimmermeisters aus Kahlendorf, verheiratet und lebte im Jahre 1744 nicht mehr. Er war aber in seinem Leben so erfolgreich gewesen, daß seine Tochter mit der ansehnlichen Mitgift von mindestens 400 Talern in bar (!) ausgestattet werden konnte.[16] Am 22. Juni 1744 wurde in Köthen mündlich ein Ehevertrag zwischen August Corbin und Louysa Dorothea Schneider vereinbart, der drei Tage später, am 25. Juni 1744, vor dem Amtsschultheiß in Löbejün gerichtlich bestätigt wurde. Sein wichtigster Punkt in diesem Zusammenhange war die Vereinbarung, bezüglich des Geldes nach der Eheschließung in einer Art Gütertrennung leben zu wollen. Die Braut lieh also die fehlenden 400 Taler nur und wußte sich - für alle Fälle! - hinsichtlich des von ihr in die Ehe gebrachten Vermögens (ihrer "illata") vorsorglich zu sichern. Zu der Zeit tat sie das noch!

Unmittelbar um Johannis 1744 herum konnte demnach August Corbin die "restliche" Pachtsumme von 1140 Talern bezahlen. Die Hochzeit zwischen dem 34jährigen

[15] siehe S. 180

[16] ebd.

nunmehrigen Mühlenpächter August Corbin und der 22jährigen selbstbewußten Louysa Dorothea Schneider fand am 15. Juli 1744 statt:
"*1744 Mense* [Monat] *Julio d*[en] *15. dito ist Mstr. August Kurwy, ein Junggesell Bürger und Windmüller albie ebel*[eiblicher] *jüngster Sohn mit J*[un]*gfr*[au] *Lovisen Dorotheen, des seel*[igen] *Mstr Johann George Schneider Bürgers und Tischlers in Cöthen ebel. Tochter post trinam proclam*[ationem] [also nach dreimaligem Aufgebot von der Kanzel herab] *in biesiger Kirchen copuliret* [getraut worden]."[17]

In der Ehe wurden kurz nacheinander drei Töchter geboren: Henriette Catharina 1745, Anna Elisabeth 1747, Maria Rosina 1749. Die junge Mutter muß alle Hände voll zu tun gehabt haben, denn außer den Kindern und dem Haushalt war noch Feldarbeit zu leisten, waren Schweine und Kühe zu versorgen;[18] Geflügel gehörte selbstverständlich zum Haushalt und wurde gar nicht erst erwähnt oder gar gezählt. Es ist deshalb gut vorstellbar, daß spätestens nach der Geburt des dritten Kindes ein Müllerbursche eingestellt wurde, der auch in Haus und Hof, wie es damals so üblich war, mit Hand anlegte. Es ist sehr verlockend, aber nicht zu beweisen, in diesem eventuellen Mühlburschen einen 18/19jährigen jungen Mann aus dem Nachbardorf Kaltenmark zu sehen, von dem bald die Rede sein wird. Dann hätte nämlich die Müllerin genügend Zeit und Gelegenheit gehabt, mit dessen Wesensart vertraut zu werden und sich von seinen menschlichen Qualitäten zu überzeugen, was für das Verständnis und die richtige Einschätzung bald zu beschreibender Ereignisse wichtig ist.
Um 1750 war der Müller August Corbin in seinen besten Jahren und geschäftlich sehr rührig. Er befaßte sich natürlich in erster Linie mit seiner gepachteten Mühle, aber auch mit der Landwirtschaft auf eigenen Äckern,[19] außerdem mit Geldgeschäften,[20] mit Ackerpacht und Hausverkauf[21] und bot alles in allem das Bild eines in mancherlei Geschäften engagierten Mannes, der in der Blüte seines Lebens stand, recht erfolgreich war und Haus und Hof in bester Ordnung hatte. Es geschah etwas völlig Unerwartetes, als der Müller im besten Mannesalter plötzlich starb. Das Löbejüner Kirchenbuch meldet: Am 5. Mai 1751 "*ist Mstr. August Kurpy, Bürger und Müller albie seelig verstorben und den 9. dito* [im gleichen Monat] *christlich begraben.*"
Im Alter von 40 Jahren hatte August Kurpy diese Welt verlassen. Seine Witwe stand

[17] Löbejüner Kirchenbuch

[18] siehe S. 179

[19] Wernigerode Rep Da Giebichenstein A XIX 30, S. 74

[20] ebd., S. 641

[21] ebd., S. 731

mit drei kleinen Mädchen von sechs, knapp vier und anderthalb Jahren, mit unerledigten Geschäften ihres verstorbenen Mannes, aber eben auch mit der kostbaren, aber für eine damalige Frau schweren Last einer Windmühle allein da. - Sie war 29 Jahre alt!

Die Herkunft der Leopolds und die Sippe der Kaltenmarker Kossaten

Spätestens in dieser Situation begegneten sich die Müllerin - Tochter eines relativ wohlhabenden Handwerksmeisters und Witwe eines unternehmerisch erfolgreichen, ebenso wohlsituierten Müllers - und der Sohn eines armen Kleinbauern mit einer ganz anderen Familientradition, die sich über fünf Generationen zurückverfolgen läßt.
Vor dem Hintergrunde einer solchen langen, historisch bezeugten Ahnenreihe unauffälliger Menschen aus den unteren Schichten des deutschen Volkes erscheint der spätere Aufstieg Carl Loewes in hohe gesellschaftliche Bereiche, die Leuten seiner Herkunft für gewöhnlich unzugänglich waren, um so erstaunlicher. Dieser Erfolg sagt über die Qualität des Künstlers und des Menschen Carl Loewe mehr aus, als lange, theoretisierende Abhandlungen über sein Können und seine Leistungen vermögen. Man wird an die Abstammung, die schweren Kinder- und Jugendjahre sowie an die komplizierten Bedingungen während ihrer Reifung zur Meisterschaft von Gluck und Haydn erinnert, wenn man diesen einen Zweig der Herkunft Loewes betrachtet. Deshalb lohnt sich ein längerer Blick auf die Vorfahren dieses eben erwähnten, von zu Hause weggegangenen Bauernjungen, der durch die Liebe oder aus noch zu erörternden Gründen in Löbejün sein Glück machen und zu einem Großvater Carl Loewes werden sollte.
Die Linie der Väter des mütterlichen Stammes läßt sich sehr weit zurückverfolgen: bis in die schrecklichen Jahre des Dreißigjährigen Krieges. Noch zu dieser Zeit schlug die Oder in der Mittelmark des Kurfürstentums Brandenburg nordnordöstlich von Berlin die große weite Schleife nach Westen, welche heute als Seitenarm bei Wriezen und Bad Freienwalde die Alte Oder genannt wird. Erst viel später wurde der Hauptstrom durch die Meliorationsarbeiten Friedrichs II. in den um vieles kürzeren Weg in ein gerades Bett gezwungen, in dem er heute noch fließt. Nicht weit vom höhergelegenen Westrande des gefürchteten Oderbruchs mit seinen verheerenden Hochwassern und den trostlosen, sumpfigen Überschwemmungsgebieten war der Zugang zu den zahlreichen Luchs, Fließen, Teichen und Seen am leichtesten möglich, um die einzige Nutzung, die diese Landschaft dem Menschen erlaubte, den Fischfang, zu betreiben. Hier lebte im Dreißigjährigen Kriege in einer aus wenigen

Hütten bestehenden Ansiedlung namens Sonnenburg der Fischer Paulus Liebhold, der älteste bekanntgewordene Vorfahre Carl Loewes in mütterlicher Linie.
Seinen Sohn, den er Hans George genannt hatte, trieben die Wirren des Krieges davon, oder es hielt ihn nicht in dieser schwierigen Heimat, und er ging in die Fremde. Es klingt wie eine Ironie, daß er in einer sehr ähnlichen Landschaft, wie sie zu Hause war (wenn auch in kleinerem Maßstabe), sein Ziel fand und ansässig wurde. Das weitere Leben bis zu seinem Tode verbrachte er nämlich in Cösitz bei Zörbig/Radegast, wiederum am Rande eines damals besonders im Frühjahr bei der Schneeschmelze und bei Regenzeiten gefürchteten, gänzlich unwegsamen Sumpfgebietes mit undurchdringlichem Röhricht und Weidendickicht. Es wurde in alten Urkunden "vona palus", also Fuhnesumpf, genannt. Nur an wenigen Stellen hatte es erst kurz vorher noch nur knüppeldammartige, dauernd gefährdete, unsichere Übergänge gegeben, die ehemals von der höhergelegenen Löbejüner Burg aus überwacht worden waren. Nun aber war das Landgrabensystem fertig, das dem Morast einen Abfluß nach Osten in die Mulde bereitete, während die Fuhne mit Abfluß nach Westen in die Saale schon immer vorhanden war.
Im Dreißigjährigen Kriege hatte 1636 in Cösitz die Pest gewütet, und bald darauf war die Ansiedlung samt Rittergut durch spanische Soldateska verbrannt worden. Lange Jahre blieb das Feld wegen Mangel an Menschen unbebaut liegen. Gegen 1700 aber machte sich allmählich die Trockenlegung bemerkbar, der Boden wurde durch die Melioration langsam besser, die nassen Wiesen wurden zu sehr gutem Ackerland. Die Viehhaltung, besonders die Rinder- und die Schafzucht, entwickelte sich. Um 1800 - also rund 150 Jahre nach dem Ende des Dreißigjährigen Krieges - war Cösitz ein kleines Dörfchen mit 34 Häusern und rund 200 Einwohnern. Das 15 Minuten Fußweg entfernte Priesdorf war noch kleiner und hatte zur genannten Zeit 22 Häuser mit rund 100 Bewohnern. Die überwiegende Mehrzahl der Familien beider Dörfer waren Kossaten.

Diese vorteilhafte Entwicklung aber kam in den ersten Jahrzehnten nach dem Westfälischen Frieden - in denen Hans Georg Liebhold in Cösitz ansässig wurde - erst langsam in Gang und war in ihrer Tragweite zu der Zeit überhaupt nicht abzusehen. Damals gingen die Kinder von Priesdorf nach Cösitz zur Schule, und da Priesdorf auch keine Kirche hatte, fanden die Gottesdienste ebenfalls in Cösitz statt. Weil die Kirche in Cösitz eine Tochterkirche von Schortewitz war, wurden Taufen, Hochzeiten und Trauerfeiern in Schortewitz vorgenommen. Hier in Schortewitz heiratete am 22. Januar 1667 Hans Georg Liebhold die Tochter Margretha des Priesdorfer Schneiders Christoph Klotzsche, bei dem er als Geselle gearbeitet hatte oder von dem er überhaupt erst zum Schneider ausgebildet worden war:

"22. Jan. 1667 [wurden copuliret] *Hans George Liebhold, ein Schneider von Sonnenburg aus der Chur Brandenburg, Pauli Liebholds, eines Fischers Sohn und Margretha, Christoph Klotzschens S*[elig, also: verstorben] *Schneiders und Einwohners zu Priesdorf tochter."*[22]
Die Schreibung des Familiennamens ist in verschiedenen Eintragungen des genannten Kirchenbuches unterschiedlich: Liebhold, Leibhold, Leipold, Leipoldt, Leupold. Die Identität des Schneiders Hans George Liebhold/Leipold und die seiner Kinder aber ist gesichert.
In dem kleinen Dörfchen Cösitz gab es zu dieser Zeit noch zwei weitere Schneider, wie aus dem Kirchenbuche zu ersehen ist. Da schon einer allein für die wenige Arbeit zuviel gewesen sein mag, werden sie nebenbei noch stark "kossätert", also auf Kleinstflächen Landwirtschaft betrieben haben, wie es landschaftlich üblich war.
Johann George Leipold (unter diesem Familiennamen wird einer seiner Söhne noch eine Rolle spielen) starb Ende November 1728. Wenn man annimmt, daß er bei seiner Hochzeit wenigstens zwanzig Jahre alt war und demnach im Jahre 1647 geboren wurde, so ist er mindestens einundachtzig Jahre alt geworden. Seine Ehefrau *"Margretha Leipoldin geb. Klotzschin weiland Hans George Leipolds gewesenen Einwohners und Schneiders in Kösitz hinterlaßene Wittib* [ist] *im 96igsten Jahr ihres Alters"* am 4. März 1736 gestorben.
Von ihren sechs Kindern sind die ersten beiden - eine Tochter Elisabetha und ein Sohn Michael - im Geburtsregister des Cösitzer Kirchenbuches nicht verzeichnet. Nach dem Cösitzer Sterberegister aber starb die Tochter am 19. Juli 1689 im Alter von 22 Jahren, sie ist demnach im Hochzeitsjahr der Eltern 1667 geboren als deren erstes Kind.
Das zweite Kind, der Sohn Michael, kam um den 21. September 1669 zur Welt (das Geburtsdatum wurde aus dem Sterbealter durch Zurückrechnung gewonnen). Auch er erlernte das Handwerk des Schneiders. Wie seinen Vater hielt es ihn nicht zu Hause, er verließ das Heimatdorf, suchte sich Arbeit anderswo und kam nach Kaltenmark bei Krosigk am Petersberge im Saalkreise. Hier heiratete er 1704 die Jungfrau Anna Maria Teuchmeier "von Calten Markt":
"Calten M[ark] *am 25. Dec. 1703 suchte das öffentl*[iche] *aufgeboth Michael Leipold seines Handwerks ein Schneid*[er], *Georg Leipolds Schneid*[er]*s in Cösitz Eheleiblicher Sohn mit J*[un]*gfr*[au] *Annen Marien, Heinrich Teuchmeiers Cotsaßens und bauermeisters in Calt*[en] *M*[ark] *Ehel. Tochter copul*[iret]*: 8. Jan. 1704"*[23]
Den Vater der jungen Frau hatten die Nachwehen des Dreißigjährigen Krieges aus "Ruddestorf" im Lüneburgischen nach Kaltenmark verschlagen, wo er 1681 die

[22] Trauregister im Cösitzer Kirchenbuch ab 1620, Blatt 26

[23] Kirchenbuch Krosigk

Jungfrau Barbara Kohl heiratete. Ihre Tochter Anna Maria wurde 1683 geboren, und diese ging - wie schon gesagt - am 8. Januar 1704 mit jenem Michael Leipold die Ehe ein, der aus Cösitz nach Kaltenmark gekommen war. Wie sein Schwiegervater wurde Michael hier ansässig und verbrachte in der neuen Heimat sein Leben als "Schneider und Coßate", bis er am 29. Dezember 1742 "frühe in der Nacht zwischen 1 und 2 Uhr" im Alter von 73 Jahren, 13 Wochen und einem Tag das Zeitliche segnete.
Sein einziger Sohn Johann Andreas Leipold war im ersten Ehejahre am 15. November 1704 geboren worden. Als junger Mann trat er in die Fußstapfen seines Vaters und suchte als "Coßath und Schneider ibidem" (ebendort, also in Kaltenmark) sein sicherlich bescheidenes Auskommen. War es Abenteuerlust, als er sich 1723 von den Werbern zu den Soldaten locken ließ? Im sogenannten "Regimentsbuch" 1723/24 des Archivs in Oranienbaum[24] findet sich die Mitteilung, daß die "Compagnie des Majors von Blankenburg" im Anhaltischen Grenadierregiment zu Fuß Zuwachs "von die jungen Burschen" erhalten hat. In den Listen der Kompanie wird der Tambour Andreas Leopold geführt, der die ansehnliche Größe von 5 Fuß, 6 Zoll, 1 Linie hatte (also nach preußischem Maß fast 1,73 m), 19 1/2 Jahre alt war und aus "Kahlenmarkt" stammte. Ohne Zweifel ist dieser Soldat der im Jahre 1704 in Kaltenmark geborene Johann Andreas Leipold, der als Tambour ein selbstbewußter und auch musikalischer, zumindest rhythmisch begabter Mann gewesen sein muß. Lange blieb er nicht in der Armee des Fürsten von Anhalt-Köthen. Am 6. Dezember 1725 heiratete er die Jungfer Susanne Fürstenfeld (geboren am 21. Mai 1700 in "Caltenmarkt"). Auch der Vater der jungen Frau, Martin Fürstenfeld, war "inwohner und Coßath in Caltenmarkt", dessen Vater Johann Fürstenfeld aber stammte aus "Löbjühn", wo er in seiner Eigenschaft als "Bürger", aber (leider) nicht mit seiner Tätigkeit im Kirchenbuch verzeichnet ist. Die Mutter der Susanne Fürstenfeld war eine geborene Maria Sybilla Tennerin, nachgelassene Tochter des Martin Tenner, eines *"gewesenen Müllers zu Kelm* [Köllme bei Halle (Saale)] *in der Grafschaft Mansfeld"*.
Wie man sieht, gehörten die Leipolds und ihre Verwandtschaft zu einer sehr einfachen dörflichen Schicht. Sie waren aber bei weitem nicht die Ärmsten im Dorf, sozial unter ihnen standen noch die bedauernswerten Dorfärmsten, familiennamen- und besitzlose Flurwächter, Gänsehirten, hungernde Kätner, elende Tagelöhner, unbekannte Fahrende, ruhelose landfahrende Bettelleute mit schwerem Los, die mehr oder weniger von der Barmherzigkeit der Gemeinde lebten, der sie zeitweilig dienten oder zur Last fielen. Von solchen Existenzen finden sich in den Kirchenbüchern der damaligen Zeit solche meist anonyme Todesnachrichten:

[24] A 9 b I b Nr. 25 I F 29 (1), S. 130

"1682 den 2 Jan. Einen alten mann [begraben], *so den Sommer über die gänse gehütet, welcher im Käterhause* [Tagelöhnerkate, Armenhaus] *gestorben war."*

"1686 Die alte Trine begraben." (Ohne Datum!)

"d[en] *22 April 1731 Ist alhie ein armer man so sein brodt Vor den thüren gesuchet* [also gebettelt hat]... *welcher den 21 gestorben, begraben."*[25]

"1689 den 3 November, ist Hans Richter, ein alter Mann, so sich in der Schenke lagerhafft befunden [er war also bettlägerig], umbsonst begraben worden."[26]

"1636 August, einen Jungen [begraben] *so auf Lorens Webers miste gestorben."*[27]

"1638, Aprilis den 14 h[uius] *ist ein armes megdlein, Hans Elsten relicta filia* [hinterlassene Tochter] *so unter den leitern bei der badstuben gestorben, ärmlich jedoch christlich begraben worden."*[28]

"Ein alter unbekannter Mann starb in der Ziegel Scheune d[en] *18. und wurde d*[en] *19. Dec.* [!] *begraben."*[29]

"1711 15ten Maj. Caspar Schultze ein armer Mann, so aus der Arm[en] *Casse erhalten worden, gestorben, ist gratis begraben, doch hat der Herr aus dem Winkel* [adliger Besitzer der Burg Wettin] *1 th*[a]*l*[er] *zur Bestattung gegeben, welches Gott vergelte, dafür ist der Sarg und sonst die Schüler* [die am Grabe gesungen haben] *und träger* [des Sarges] *bezahlet, so habe* [ich] *auch etwas dazu gelegt daß man gereichet."*[30]

"1756 ist eine Bettelfrau, welche vorgegeben, daß sie von Oppin gebürtig gewesen, gestorben, und... in der Stille auf dem Gottes-Acker in Thalena begraben worden."[31]

"D[en] *XIX Jan 1730 Ist ein armer gebrechlicher Mann, Welcher eine geraume Zeit sein*

[25] sämtlich Kirchenbuch Edderitz

[26] Archiv der Paulus-Kirche Dessau, Kirchenbuch Cösitz ab 1620

[27] Wettiner Sterberegister 1636-1776

[28] ebd.

[29] ebd.

[30] ebd.

[31] Kirchenbuch Domnitz und Dalena I

brodt vor den thüren gesuchet, endlich aber auf der Krüppelkarren in des bauermeisters Hauß hieher gebracht worden, auch alda den 18ten ejusd[em] [des gleichen Monats] *verstorben, offentlich jedoch gratis begraben worden, soll seiner Profession ein Zimmermann gewesen sein."*[32]

"1750 d. 18ten August starb in Rohndorf ein armes bettel Weib, so eine Hure soll gewesen sein, elendiglich auff der Straße und wurde abends in der Stille auf hiesigem Kirchhofe begraben."[33]

"1751 d. 19ten Mart[is], *Freitags ein armes bettelkind in Rohndorf, dessen Mutter in Rohndorf auf der Gaße gestorben u*[nd] *vor 1 Jahr in der Stille hier begraben und dieses Kind hatte nachher Xstoph* [Christoph] *Homann bey sich aufgenommen, in dessen Hause es starb u. des abends in der stille beygesezt worden."*[34]

Die Aufzählung ist nur eine kleine Auswahl, Beispiele dieser Art lassen sich in allen Kirchenbüchern finden. Die verzweifelte und völlig hoffnungslose Lage dieser Armen und das Ausmaß ihres Auftretens in der Bevölkerung ließ auch den Fürsten von Anhalt-Köthen aufmerken. Im Jahre 1764 erließ er in teilweise totaler Verkennung der ökonomischen Hintergründe dieses Sachverhalts ein *"Landesherrliches Mandat wegen auswärtiger Landstreicher und Vaganten* [Umherziehenden] *so wohl als einheimischer Armer und deren Versorgung*
Von Gottes Gnaden Wir Carl George Leberecht Aeltester Regierender Fürst zu Anhalt, Herzog zu Sachsen, Egern und Westphalen, Graf zu Ascanien, Herr zu Berenburg [Bernburg] *und Zerbst etc. etc. Ritter des Königlich Pohlnischen Ordens vom weißen Adler p* [usw.]
Fügen hierdurch jedermänniglich zu wißen: demnach derer so vielfältig wegen Abhaltung fremder Bettler und Vaganten, auch gegen den von einheimischen Armen getriebenen überlästigen Anlauf [Zulauf] *emanirten* [herausgegebenen] *Befehle und Mandate ohnerachtet wiederum aus fremden Orten allerhand Landstreicher, liederlich Gesindel und Vagabunden jetzt mehr, als jemahls in Unserm Lande sich einzuschleichen beginnen, so wohl von den einheimischen Armen Unserer Unterthanen durch fast täglichen Überlauf zur größesten Ungebühr belästiget worden, ja so gar junge, und zur Arbeit tüchtige, nicht aus Mangel der Nahrung, sondern aus schädlicher Neigung zum Müßiggang sich auf das Betteln legen: und denn Wir diesem Unwesen und Mißbrauch zu steuern um so mehr ernstlichen Bedacht zu nehmen*

32 Priesdorfer Kirchenbuch

33 Kirchenbuch Görzig 1634-1771, S. 694

34 ebd., S. 696

der Nothdurft erachtet, als eines theils öfters durch die auswärtigen eindringenden Landstreicher bey Gelegenheit des Bettelns, Diebereyen, Raub und anderen Schandthaten ausgeübt, anderntheils durch den Müßiggang, robuster und zur Arbeit vermögender Leute, außer der Unsern Unterthanen dadurch zugehenden Belästigung, der durch den letztern Krieg ohnehin veranlaßte Mangel an Handarbeitern und dergleichen Persohnen gar merklich erschweret wird: Als befehlen und verordnen Wir hierdurch ernstlich:

I. Daß denen fremden Bettlern, Landstreichern, Vagabunden und dergleichen Gesindel, ingleichen denen Handwerksburschen, blessirten [verwundeten, kriegsbeschädigten] *Soldaten und den andern, es sey unter welchem Praetext* [Vorwand] *es wolle führohin der Eingang und das Betteln in Unsern Landen schlechterdings nicht weiter gestattet sondern*

II. Gegen selbige dergestalt verfahren werden solle, daß selbige das erstemahl, als sie sich im Lande betreten lassen, sofort von Ort zu Ort auszuweisen, in Wiederhandlungsfalle aber mit achttägiger öffentlichen Arbeit bey Waßer und Brodt zu belegen, und wenn selbige sich dennoch wieder einschleichen sollten, mittelst Staupenschlages zu verweisen sind;

V. Was die einheimischen Armen und Bettler anbelanget, sool zwar auf dem Lande jedes Orts [den] *Armen allsonntäglich nach der Frühe-Predigt, somit wöchentlich einmahl, öfter aber nicht, der Umgang* [das Erbitten von Almosen von Haus zu Haus] *in der Gemeinde, wo sie sich aufhalten, aus bewegenden Ursachen nachgelassen* [erlaubt] *bleiben, jedoch aber weder Kinder* [!] *noch zur Arbeit taugliche Persohnen, überhaupt aber, und damit dem weiteren Mißbrauche abgeholfen werde, niemand weiter ohne einen von den Beamten, Gerichtsherrn auf den Adlichen Dörfern, oder deren Justitiarii erhaltenen Concessions- oder Erlaubniß-Scheins bey dessen Ertheilung auf des Dürftigen unverschuldetes Unvermögen pflichtmäßig zu sehen ist, zugelaßen, viel weniger das Bettelngehen und Umlaufen aus denen Städten auf die Dörfer oder von Dorf zu Dorf weiter verstattet; sondern gegen solche Bettler, auch gegen die, welche ohne erlaubniß Schein sich weiterhin einzudringen unterfangen, wie gegen auswärtige Landstreicher sub No II* [unter Nummer II] *verordnet worden, verfahren werde; Wir hingegen aber*

VI. In Unserer Residenz-Stadt [Köthen] *und übrigen Städten führohin denen Armen und Bettlern der Umgang weiterhin gar nicht mehr gestattet werden soll, damit theils denen vielfältigen Mißbräuchen abgeholfen, theils die Einwohner der Städte des Überlauffens gäntzlich überhoben* [nicht mehr ausgesetzt] *seyn mögen... Hiernächst aber*

VII. Bey Vertheilung solcher Almosen selbst auf das wahre Bedürfnis und Unvermögen der Armen lediglich gesehen, hingegen weder deren Kindern noch zur Arbeit tauglichen [Personen] etwas gereichet, sondern selbige gäntzlich dabey ausgeschloßen werden. Gegeben Cöthen, den 1ten Augusti 1764 *C*[arl] *G*[eorg] *L*[eberecht] *F*[ürst zu Anhalt]"[35]

[35] Kirchenbuch von Hohnsdorf-Trebbichau, 1666-1752, Anhang "Memorabilia"

Ganz so bedeutungslos und kläglich-erbärmlich wie diese bedauernswerten Existenzen am äußersten Rande der damaligen Dorfgesellschaft waren die Leipolds allerdings nicht. Sie waren Kossaten und gehörten demnach auch der Dorfarmut an, waren aber nicht völlig mittellos. Sie besaßen als Bleibe und festen Wohnsitz eine Kate, ein kleines Häuschen, und ein wenig Land, aber zu wenig, um allein davon gut leben zu können. Aus diesem Grunde mußten sie noch einer weiteren niederen Tätigkeit nachgehen, damit sie ihr kärgliches Dasein fristen und ihr einfaches Brot essen konnten. Bei den Leipolds war diese Nebenbeschäftigung die des dörflichen Flickschneiders, die von Johann Andreas Leipold nun schon in der dritten Generation ausgeübt wurde. Ohne eigene Initiative und ohne aufsteigende Perspektive verharrte die Kossatenfamilie unbeweglich in ihrer kleinen gewohnten dörflichen Umwelt, in ihr Schicksal ergeben, vielleicht sogar zufrieden mit ihrem bescheidenen Dasein, weil es ihnen besser ging als den noch ärmeren.

Das Verlassen eines solchen Milieus, das durch ökonomische Zwänge festgefügt war und in dem Eltern und Großeltern generationenlang ihr einfaches Los vorgelebt hatten, war schwer, aber es konnte gelingen, wenn auch der Zufall gehörig mitzuspielen hatte, um einen gesellschaftlichen Aufstieg zu erreichen.

Johann Andreas Leipold hatte zwei Söhne, Johann Michael (geb. am 19. 12. 1726 in Kaltenmark) und der hier am meisten interessierende Johann Hieronymus (geb. am 8. 12. 1729 ebenfalls in Kaltenmark).

"1729 Caltenmark den 8-ten Decembris Abends gegen 5 Uhr gebahr Johann Andreae Leipoldts Schneiders und Einwohners daselbst seine Frau Nahmens Susanne Fürstenfeldt einen jungen Sohn welcher den 12-ten ejusdem getaufft und den Nahmen Johann Hieronymus empfangen, die Taufzeugen sind:

Hans Ackermann, Anspänner daselbst

Hieronymy Taube, Schulze in Krosigk

Frau Elisabeth, Christoph Schlackens [eines] *Anspänners in Caltenmark uxor* [Ehefrau]"[36]

(In der Todesanzeige der Frau Susanne Fürstenfeldt vom 16. Dezember 1757 wird der Ehemann Johann Andreas Leipoldt als "Schneider, C o ß a t h und Einwohner" bezeichnet.)

Beiden Söhnen war die Lebensbahn als Dorf-Einwohner und Kossat scheinbar fest vorgezeichnet. Der jüngere der beiden aber konnte sie, von großem Glück begünstigt, verlassen und ein materiell besseres Leben verbringen. Aus welchen Gründen auch immer, ging er eines Tages von zu Hause weg und fand etwa um

[36] Kirchenbuch Krosigk

1750 als Zwanzigjähriger in Löbejün irgendeine Anstellung, vielleicht als Bauernknecht oder als Handarbeiter in den Steinkohlenschächten oder als Steinbrecher in den Porphyrbrüchen, sehr viel wahrscheinlicher aber doch wohl gleich als Müllerlehrling oder Mühlbursche in einer der damals mindestens vier Mühlen (die Hospitalsmühle, mindestens zwei Mühlen vor dem Mühlentor, die Wassermühle in Gottgau), denn als ein Müller sollte er dereinst in unerwarteter Weise in Löbejün sein Glück machen und Erfolg haben: "... *seltsam klingt Prophetenlied - doppelt seltsam, was geschieht!*"
Vom Glück seines jüngeren Bruders angeregt, ging auch Johann Michael nach Löbejün, aber ohne ähnlich erfolgreich zu sein. Als 1757 die Mutter der Brüder starb, blieb der Vater in Kaltenmark, er starb dort 1774. Die Geschichte seiner Familie ging in Löbejün weiter und mündete in auffälliger Weise in der Person des Hieronymus in die Geschichte der Familie Loewe ein.

Die schöne Müllerin - und: Jo-Hann(s) im Glück

Mit Louysa Dorothea Schneiderin und Johann Hieronymus Leipoldt sind in der Familiengeschichte Carl Loewes zwei bemerkenswerte Personen genannt worden, die beide einen ungewöhnlichen Lebenslauf hatten. Was aus ihrem privaten Leben ermittelt werden konnte, entstammt einigen wenigen Verträgen und Protokollen, die im Löbejüner Gerichtshandelsbuche von 1740 enthalten sind[37] oder die in den Kirchenbüchern stehen. Trotz ihres geringen Umfangs ermöglichen deren Angaben die Rekonstruktion des Ablaufs der Monate vom Mai 1751 bis Januar 1752 in anschaulicher Weise.
Hatte schon Friedrich Kurby - der ältere Bruder des jung verstorbenen Müllers August Kurby aus Löbejün - mit der Könnernschen Windmüllerswitwe durch Einheirat sein Glück gemacht, so wiederholte sich genau dasselbe für Hieronymus Leipoldt, der aus dem Kaltenmarker Kossäterhaus auf sehr kurzem Wege in den Besitz einer Mühle in Löbejün kam: über die Ehe mit der verwitweten Müllerin Louysa Dorothea Schneider, der gewesenen Ehefrau des mit 40 Jahren gestorbenen August Kurby. Zwischen den realen Fakten und Daten des halben Jahres nach dem Tode des Windmüllers August Kurby bleibt dabei genügend freier Raum, um einem Romanautor Gelegenheit für die Betätigung seiner Phantasie zu lassen. Folgende Fabeln und Konstellationen wären denkbar:

[37] Landeshauptarchiv Wernigerode

Hieronymus Leipoldt sah die Gelegenheit seines Lebens. Er war in Löbejün "in Stellung" als Handarbeiter oder Lehrjunge, hochwahrscheinlich sogar als Mühlbursche oder Geselle bei den Kurbys, jedenfalls kannte er die Müllerswitwe und setzte alles in Bewegung, um mit der Frau die Mühle zu bekommen. Er hat sie planmäßig - im Sinne eines Mitgiftjägers - "herumgekriegt", wobei er die drei Kinder der Louysa als ein kleines Übel in Kauf nahm. Die Aktivität ging von ihm aus.

Oder es war ganz anders und gerade umgekehrt: die Müllerin war wieder frei und konnte (und mußte) sich wegen der Kinder und der Mühle einen zweiten Mann suchen. Sie war also einerseits unabhängig in ihrer Wahl und somit im Vorteil, andererseits aber mußte sie auch bald wieder wählen und entscheiden, denn sie wußte, daß sie auf die Dauer mit allem nicht allein fertig werden konnte. So hat sie den jungen Burschen, dessen Wert für die Mühlenarbeit sie vielleicht aus eigener Anschauung gut kannte, zu ihrer Stütze auserkoren und ihn, den armen Kossätersohn, zu ihrem Ehemann gemacht und - wie zu zeigen sein wird - zu sich in ihren Besitzstand emporgehoben. So wäre sie der aktivere Teil gewesen.

Vielleicht auch war es nur eine einfache und unschuldige Liebe, frei von jeder nüchtern-kühlen Berechnung, bei der es schon lange vorher Sympathie und Neigung gab und die bei der eingetretenen Gelegenheit der Verwitwung entflammte?

Poetische Betrachtungen dieser Art aber sind müßig. Vordergründig gehen sie nur von einer oberflächlichen, den menschlichen Alltagsvorstellungen entsprechenden Denkweise aus. Gefühle und Neigungen sind sicher mit im Spiele gewesen, sie reichen aber zur historischen Einschätzung nicht aus, der Einzelfall beruht auch hier auf einem tieferen Grunde. Stärker als die mitwirkenden allgemein-menschlichen Motive und Spekulationen regelte die Verhältnisse vor allem ein handfester ökonomischer Hintergrund, der durch Alltagsvernunft, Gewohnheitsrecht und vor allem Innungsbrauch seit dem späten Mittelalter bestimmt war.

Wenn nämlich ein Handwerksmeister starb, durfte seine Witwe das Gewerbe weiterführen. Nach einem Jahr als Trauer- und "Anstands"-frist sollte sie sich allerdings nach einem Mann aus dem gleichen Handwerk umsehen. Meistens wählte sie sich einen Gesellen (den liebsten, zuverlässigsten?) aus dem gleichen Hause, der wohl schon bei der Beerdigung des verblichenen Meisters und bei den darauf folgenden familiären und innungsmäßigen Zusammenkünften "durch mühsam gebändigten Frohsinn auffiel". Von den anderen Gesellen tüchtig beneidet, fiel ihm mit der Hand der Witwe auch die Meisterwürde zu. Dabei spielten das Alter der Witwe und deren Kinderzahl keine Rolle. Das soziale Prestige (also der Meisterstatus) und das erheiratete Gut, der materielle Gewinn, wogen alle eventuellen Nachteile auf. Die Sicherung des Einkommens und die Erhaltung bzw. Verbesserung des Lebensstandards hatten selbstverständlich Vorrang vor allen anderen Überlegungen, wie stark auch die menschliche Seite bewußt oder unbewußt mitgewirkt haben mag.

Die schließlich hergestellte Verbindung zwischen Louysa und Hieronymus brachte beiden Seiten sehr konkrete materielle Vorteile: die Windmüllerswitwe hatte einen Müller für ihre Mühle, einen Miterzieher für ihre drei Töchter aus erster Ehe und nicht zuletzt einen Ehemann.

Der bisher mittellose Junggeselle von gerade 22 Jahren hatte eine zwar um etwa sieben-acht Jahre ältere Witwe mit drei Kindern zur Frau bekommen, aber mit ihnen auch die vielleicht sonst nie erreichte Meisterwürde und eine Mühle als Heiratsgut dazu. Für die Verhältnisse der Löbejüner Bürger war er über Nacht plötzlich wohlhabend geworden!

Dabei scheint die Beziehung zwischen den beiden schon nach erstaunlich kurzer Zeit öffentlich und nach außen sichtbar geworden zu sein, was aber keinen Anstoß erregte, weil es langem Brauch entsprach, sich in dieser Situation so zu verhalten. Der Anlaß war eine gemeinsame Patenschaft, die auch ohne negativen Kommentar - was sonst im Falle des Verstoßes gegen das "Trauerjahr" üblich war - im Kirchenbuche festgehalten wurde.

Noch im ersten Trauerhalbjahr der Müllerin, in dem kirchliches Gebot und auch die herrschende Volksmeinung sonst größte Zurückhaltung bei derartigen Anlässen verlangten, nach nur zwölf Wochen standen sie beide in wahrscheinlich schon trauter Zweisamkeit bei einer Kindtaufe als Paten öffentlich zusammen.

"1751, Mense Augusto, d. 11. ist Johann Michael Sauberigs Soldatens unterm Hochl[-öblichen] *Grapischen Bataillion von d*[es] *H*[errn] *Hauptmanns von Borne Compagnie, und seiner Ehef*[rau] *Sophien geb. Braunin Söhnlein gebohren und den 14. dito getäufft N*[omen] *Hyeronimus Caspar. Paten sind*

1. Caspar Paul, Pachter in Hochs Gute alhie

2. Frau Lovisa Dorothea, Mstr. August Korpys Wittwe

3. Hyeronimus Leopold, Mühl Pursche."[38]

Der soziale Unterschied konnte für kleinstädtische Verhältnisse nicht größer sein: die begüterte Müllerswitwe - und der Habenichts von Mühlbursche!

Nach dem überraschenden Tode des Müllers hatte sich "Louysa Dorothea verwitwete Corbiin" inzwischen keineswegs als ein hilfloses Kind von Traurigkeit

[38] Kirchenbuch Löbejün

gezeigt. In resoluter Art war sie daran gegangen, die hinterlassenen unabgewickelten Geschäfte ihres verstorbenen Mannes zu ordnen. So ließ sie schon am 25. August 1751 durch den Löbejüner Gerichtsschultheißen dem Löbejüner Bürger Christoph Große "anbefehlen", *"die noch schuldigen Kaufgelder [für ein Haus und Acker] à 155 th[aler] binnen 4 wochen abzutragen."*[39]
Als sich herausstellte, daß der Schuldner nicht zahlen konnte, betrieb sie geschäftstüchtig die Wiederabtretung des fraglichen Hauses und der zwei Morgen Acker *"wegen derer an den verstorbenen Mstr. Corby schuldig gebliebenen 155 r*[eichs]*th*[aler]."[40]
Sie ließ sich nicht hinhalten oder beirren und erreichte auch das von ihr angestrebte Ziel. Welche Konsequenzen das für den bisherigen Schuldner hatte, ist nicht bekannt.

Schon bald - wenige Wochen - nach dem Tode ihres Mannes hatte sich die Witwe Corbiin entschlossen, eine zweite Ehe einzugehen, wobei die Sorge um die Zukunft ihrer drei Töchter im Vordergrund gestanden hat. Um die Mädchen sicherzustellen, ließ sie eine von ihr großzügig vorgenommene Erbschaftsteilung amtsgerichtlich bestätigen. Dazu hatte sie einen guten Freund und Nachbarn ihres Mannes, Herrn Johann Heinrich Becker aus Löbejün, gewonnen, als Rechtsvertreter und Vormund ihrer Kinder vor Gericht zu fungieren, weil er über alle geschäftlichen und familiären Angelegenheiten der Corbys Bescheid wußte.
Trotz der schon ins Auge gefaßten Wiederverheiratung und der damit bevorstehenden Neugestaltung ihres persönlichen Lebens übernahm sie ausdrücklich und persönlich die Verantwortung für die weitere Erziehung und die Verpflichtung zur materiellen Versorgung der Töchter, wozu sie als Vorauszahlung hierfür deren Vatererbe mit Zustimmung des Vormunds der Kinder und ihres eigenen Rechtsbeistands gänzlich beanspruchte.
Sie setzte sich an die Stelle ihres verstorbenen Mannes voll in allen Besitz und nahm ihn fest in ihre Hände. Ohne alle Einschränkung übernahm sie in Haus und Hof, in Mühle und auf dem Acker die alleinige Macht. Das entsprechende Gerichtsprotokoll hat in den hier am meisten interessierenden Teilen den folgenden Wortlaut:
"Mstr. August Corby Erbschafts-Theilung und dessen nachgel[assener] Wittwen Abfindung derer Kinder ersterer Ehe.
Zu wißen: Nachdem vor einiger Zeit der hiesige Bürger und WindMüller Mstr. August

[39] Rep Da Giebichenstein A XIX Nr. 30, S. 731 im Landeshauptarchiv Sachsen-Anhalt, Zweigstelle Wernigerode

[40] ebd., Rep Da Giebichenstein A XIX Nr. 19, S. 27 r

Corby verstorben, und zu seinem Vermögen
seine Ehefrau Louysen Dorotheen geb. Schneiderin, verwittwete Corbiin,
und 3 mit ihr erzeugte unmündige Kinder, nahmentl[ich]
Henrietten, welche 6 Jahr -
Annen Elisabeth, welche 4 Jahr - u[nd]
Marien Rosinen, welche 1 3/4 Jahr - alt

zu Erben verlassen: Und den bemeldte Wittwe ad secunda vota [zur zweiten Verheiratung] *schreiten, und sich mit gedachten Kindern vorhero ratione paternom...* [?] [väterliches Erbteil] *aus ein ander setzen wollen, weshalb denen Kindern der hiesige Bürger Johann Heinrich Becker zum Vormunde nach der im Königl*[ich] *Pr*[eußischen] *Landrecht P. 1, L. 3, Tit. 6, § 6 vorgeschriebenen Art bestättiget worden; als*[o] *haben zwar die Gerichte von erwehnter Wittwe die edition einer Specifikation* [Aufzählung des gesamten Besitzes] *und deren eidl*[iche] *Bestärkung verlanget: da aber selbige cum curatore* [mit dem Rechtsbeistand] *Mstr. Johann Christoph Tümlern* [Tüngler] *auf die mit dem verstorbenen Ehemann sub dato* [unter dem Datum] *Cöthen den 22. Juni 1744 geschlossene und sub dato Löbejün d. 25. ej*[usdem] *mens. et anni* [des gleichen Monats und Jahres] *confirmirte Ehepacta* [bestätigtes Eheversprechen] *provociret* [vorgelegt], *in welcher ihr nach des Mannes Tode die eidl*[iche] *specification der Verlaßenschaft remittiret* [erlassen] *worden, inmaßen denn, daß dieses richtig sey, sothane producirte* [diese vorgelegte] *und im G*[erichts]*h*[andels]*buche befindl*[iche] *Ehestiftung bestärket hat; als*[o] *hat besagte Wittwe die sub A beygefügte designation* [Bezeichnung] *des nachgelaßenen Vermögens übergeben, bey welcher deren Kindern erwehnter Vormund als der des defuncti* [Verstorbenen] *guter Freund u*[nd] *Nachbar gewesen und um seine Umstände gute Nachricht gehabt, nichts zu erinnern* [zu bemerken] *gefunden, sondern solche vor richtig gehalten: wobey die Wittwe cum dicto curatore* [mit besagtem Anwalt], *ingleichen derer Kinder obbenannter Vormund vorgetragen, welchergestalt erstere ihre Kinder nicht verkürzen* [benachteiligen], *sondern ihnen ein übriges, und mehr, als ihr väterl*[iches] *Erbtheil austrüge, zuwenden wolle, weshalb sie sich mit derer Kinder gedachten tutore* [Vormund] *folgender gestalt, wie der Aufsatz sub A besagete, verglichen hätte, daß sie nehmlich iedes kind, bis es sechzehn Jahr alt, mit eßen, trinken, Kleidung und anderen Nothwendigkeiten versehen und zum Christenthum, Kirchen und Schuhlen halten, nach verfließung des 16-ten Jahres aber, iedem kind funfzig Thal*[er], *eine Kuh, und ein gemachtes Bette mit zweymahl überzuziehen geben wolle. Und weilen auch der verstorbene Ehemann die sub B specificirte Kleidung nach sich gelassen und denen Kindern das Hergewette* [das vom Vater in die Ehe gebrachte persönliche Eigentum täglichen Bedarfs] *gerichtl*[ich] *geschenket, diese Kleider aber servando nicht serviret*

werden können [zum täglichen Gebrauche nicht dienen können, sie sind ja Männerkleidung], *als* [deshalb] *wolle die Mutter diese Kleidung annehmen und iedem Kinde davor vier thal*[er] *entrichten.*
Wann nun Gerichtswegen zu untersuchen gewesen, ob die Kinder bey diesen Vergleich lädiret [geschädigt] *werden, u*[nd] *solcher confirmiret* [bestätigt] *werden könne, so ist hierbey zu erwägen, daß nach der sub A beygefügten specification die Verlaßenschaft 1 613 rthl ausmachet, dabey aber 1 210 rthl. passiv-Schulden vorhanden, wenn nehml*[ich] *der Wittwen inferirte* [in die Ehe gebrachten] *400 rthl, über welche sie in der producirten Ehestiftung quittiret ist, mit eingerechnet werden. Und sind also, nach Abzug dieser Schulden, zu theilen übrig geblieben 403 rthl."*

An dieser Stelle folgt im Text des Originals eine längere vergleichende Betrachtung über die Erbanteile für Mutter und Kinder einerseits nach der zur Zeit der Eheschließung im Jahre 1744 gültig gewesenen Magdeburgischen Polizei-Ordnung und andererseits nach dem erst später - 1749 - eingeführten Königlich Preußischen Landrecht. Es wird festgestellt, daß bei der von der Witwe vorgeschlagenen Regelung die Kinder nicht benachteiligt würden, *"weil die Wittwe sich erbothen, ieden Kinde, wenn sie es 16 Jahr alimentiret* [ernährt und versorgt], *50 rthl Geld, eine Kuh und Bette u. 4 rthl vor des verstorbenen Kleidung herausgeben, die Kinder ratione paternae hereditatis* [hinsichtlich des väterlichen Erbes] *nicht laediret* [geschädigt] *werden, sondern diese offererte vor selber profitable* [vorteilhaft] *sey, wenn auchgleich die succession* [Erbfolge] *nach dem neuen LandRecht reguliret werden solte.*
Nachdem nun die Wittwe auctoritate curatoris [mit Beistand durch den Anwalt "Tümler"] *sich nochmals zu obigen Versprechen verbindl*[ich] *gemachet u. zur Versicherung dessen ihren Kindern ihr gesammtes Vermögen hypotheciret* [ihre Schuld den Kindern gegenüber durch das Pfand ihres gesamten Besitzes sichergestellt] *und darüber den Handschlag abgestattet, derer Kinder bemeldte Vormund aber dieses alles acceptiret und der Wittwe das gesammte väterl*[iche] *Vermögen überlaßen, dem dominio resigniret* [der Vormund verzichtet auf das Besitzrecht der Kinder am Besitz der Mutter], *und dieses mit gegebenen Handschlag bestärket hat; als*[o] *ist sothaner* [dieser] *Vergleich von denen Gerichten adprobiret und confirmiret* [angenommen und bestätigt worden], *und das decretum de alienando* [Beschluß zum Recht des Verkaufs] *aus vorangeführten Ursachen, u. weil auch kein Kind* [sich] *eines Acker*[s] *annehmen,* [auch nicht] *die darauf versicherte*[n] *Schulden abführen oder verzinsen, noch denen Äckern vorstehen* [sie selbst verwalten], [auch nicht] *onera* [Steuern] *abführen, oder sich selbsten alimentiren kan*[n], *und wenn sie der Mutter die Erziehungs Gelder bezahlen solten, die Äcker dennoch wieder verkaufen müßten, auch wenn die Äcker von Jahren zu Jahren im Preise fallen.*

ertheilet und davon dem G[erichts]*h*[andels]*buche gehörige Nachricht beygetragen worden.*

So geschehen Löbejün d[en] *17 Oct. 1751*

Gröschner

Gerichtsschultheiß

Specification was der sel[ige] [verstorbene] *Mstr. August Corby an mobilien und immobilien hinterlaßen hat, wie folget:*

an immobilien

Eine vor dem Thor [gemeint ist das ehemalige Stadttor an der Kreuzung Bahnhofstraße/Mühlenstraße] *belegene Wind-Mühle* — *1150 rthl*

Not: [Man beachte] *auf diese Wind-Mühle, so Frau Johannen Magdalenen Schenkin gehöret, hat der sel*[ige] [verstorbene] *Corby, laut gerichtl*[ichem] *contractus* [Vertrag] *d. d.* [ausgefertigt] *Löbejün d 18 Febr. 1744, 1 150 rthl auf 30 Jahr der Fr*[au] *Schenkin geliehen. Und die Acker sind von derer Kinder Vormunde Johann Heinrich Beckern nach beygesetzen Preis gewürdigt* [geschätzt] *worden, nehml*[ich]

Zwey Morgen Acker vor Wießkau zwischen Gottfried Glöden und einem Reine [Rain]	*160 rthl*
Einen Morgen im Bocken-Thal zwischen der Fr[au] *Wolfin*	*60 rthl*
	1370 rthl

An baaren Gelde

Bey Großen an Hauß-Kaufs-Geldern	*155 rthl*
Noch an baaren Gelde	*50 rthl*
	1575 rthl

an Viehe

2 Kühe	*20 rthl*
3 Schafe	*3 rthl*
5 [ein-]*jährige Schweine*	*10 rthl*
eine Sau	*5 rthl*
	1613 rthl

An hypothec-Schulden

Bey Pitschke in Nauendorf	*500 rthl*
Bey Kochen in Nauendorf	*200 rthl*
Bey H[errn] *Strohmannen aus Cöthen*	*110 rthl*
Summa	*810 rthl*
der Frau ihre illata [von der Frau in die Ehe gebrachtes Vermögen]	*400 rthl*
	1210 rthl

Weil sich denn also der Nachlaß des sel[igen] *Corby nach Abrechnung der Schulden noch an 403 rthl überstiegen hat, als ist es, weil die Mutter noch ein Erbe von denen 403 rthl ist, hat sich der Vormund derer Kinder dahin erklärt und ist solches von der Mutter bewilliget worden:*
Es verspricht die Mutter von dem Nachlaß ihres sel[igen] *Mannes die Kinder zu erziehen, in Kirchen und Schuhlen zu schicken und mit Kleidung zu unterhalten, nach Verfließung des 16-ten Jahres einem ieden Kinde 50 rthl, schreibe funfzig thal*[er], *eine Kuh, ein gemachtes Bette 2mahl überzuziehen, zu geben, weil die Kinder noch klein und unerzogen seyn, hat solches die Mutter aus Liebe zu ihren Kindern sich also dahin erkläret, und soll solches zur Abfindung ihres Vatertheils gegeben werden"*

Von gewissem kulturgeschichtlichen Interesse ist die im Anhang des Protokolls angeführte Liste der Kleidungsstücke, die der Verstorbene hinterlassen hat und die einer Aufzählung wert waren. Der sehr bescheidene Bestand an Kleidung in teilweise abgetragenem Zustande gibt ein anschauliches Bild vom Inhalt einer Handwerker-Kleidertruhe um 1750, wobei zu beachten ist, daß sicherlich nur die besseren Stücke aufgeführt und von den getragenen nur die einigermaßen brauchbaren und ansehnlicheren Teile benannt wurden, andere dagegen - wie z. B. die Leibwäsche - gänzlich unerwähnt blieben.

"Specification was der sel. Mstr. August Corby an Kleidern hinterlaßen, wie folget:

ein Schwarz Kleid, Rock, Camisohl u. Hosen [ein schwarzer Anzug, Jacke, Weste und Hose],	*3 rthl*
ein Schwartzer Mantel,	*2 rthl*
ein guter bleumourant blauer [blaßblauer] *Rock,*	*4 rthl*

ein schlecht bleumourant blauer Rock und Camisohl,	*2*	
ein leinewands Kittel		*21 gr*[oschen]
ein Tammastener [Damastener] *brust-latz mit einer schmalen goldenen tressen, mit goldgesponnenen Knopf-löchern,*	*3*	
ein mit blauen Tuch überzogener beltz,	*1,*	*6*
ein paar blaue Strümpfe u. ein paar rauhe Handschu[h]*e*	*12*	
eine Mütze u. ein Hut,	*8*	
ein alt spanisch Rohr [ein Gehstock],	*4*	
ein paar alte Schu[h]*e und Pantoffeln,*	*6*	
Summa	*18 rthl,*	*9 gr*

Dies taxe [Wertbeurteilung] *ist von der wittwen und derer kinder Vormund also gemachet worden.*"[41]

Im Original befindet sich noch eine weitere, in den aufgeführten Positionen übereinstimmende durchgestrichene Aufstellung, die in der Bewertung der Kleidungsstücke um 6 1/2 Taler höher liegt als diese "Spezifikation".

Mit der eben beschriebenen Regelung des Nachlasses erreichte die Witwe Kurby, daß sie das gesamte Erbe in ihrer Hand behielt. Die "massa hereditatis" (Erbmasse) blieb unzerstückelt (nicht zuletzt dank der Tatsache, daß die Töchter im Vorschul- und nicht etwa schon im Jugendlichen- oder gar Erwachsenenalter waren) und stand ihr unverkleinert zu weiterer Verwendung allein zur Verfügung.

Um die Jahreswende 1751/52 geschahen weitere entscheidende Dinge. Am 29. Dezember 1751 sprach Hieronymus Leipoldt auf dem Löbejüner Rathaus vor und leistete den Bürgereid, der den Zugezogenen zum Vollbürger mit allen Rechten und Pflichten werden ließ. Er war gerade drei Wochen vorher 22 Jahre alt geworden, gab aber als Alter 23 Jahre an und ließ sich als "Müller" aus Kaltenmark einschreiben[42] (was auch die Vermutung zuläßt, daß er vorher in einer der zwei Wassermühlen oder in einer Windmühle in Krosigk/Kaltenmark gearbeitet hat). Daß sich dabei sein Familienname von "Leipoldt" zu "Lepold" wandelte, mag seiner undeutlichen Aussprache bei der Namensnennung zuzuschreiben sein oder einem Hör- oder Schreibfehler des Stadtschreibers. Diese Namensform blieb

[41] ebd., Rep Da Giebichenstein A XIX Nr. 19 S. 4 v

[42] Magistratsarchiv Löbejün, Fragment Bürgereidbuch

sowieso nicht die einzige Abwandlung, am nächsten Tage schon wurde aus dem "Lepold" ein Leopold, welche Schreibung sich in Löbejün fest einbürgerte und zur alleinigen wurde. Einen Tag nach der Ableistung des Bürgereides, am 30. Dezember 1751, war der Bräutigam mit Louysa Dorothea und deren Kurator erneut auf dem Rathause, diesmal beim Amtsschultheißen, dem die junge Witwe eine bedeutungsvolle Eröffnung machte. Sie übertrug nämlich dem in Aussicht genommenen zweiten Ehemann, der schon als ihr Verlobter bezeichnet wurde, ihr gesamtes Eigentum und trat alle Ansprüche darauf an ihn ab, jedoch mit der ausdrücklichen Bedingung, daß er für die Töchter im Sinne der Witwe sorgen müsse. Der Verlobte nahm die Schenkung natürlich an und versprach, alles, wozu sich seine Braut ihren Kindern gegenüber vertraglich verpflichtet hatte, richtig zu erfüllen. Nach vollzogenem Handschlag war die unglaubliche Selbstenteignung der Müllerswitwe vor Zeugen geschehen und wurde in das Gerichtshandelsbuch eingetragen. Das wäre vor einem halben Jahr noch völlig undenkbar gewesen, aber nach Sachlage der eingetretenen Verhältnisse war es nunmehr unumgänglich.

"*Actum Löbejün d. 30. Dec. 1751*

Fr[au] *Louyse Dorothea geb. Schneiderin des sel*[igen] *Mstr August Corbys nachgelassene Wittwe cum curatore Mstr Joh. Christoph Tümlern träget vor, welchergestalt sie ihr gesammtes Vermögen, so sie zu ihrem sel*[igen] *Ehemanne Mstr. August Corby eingebracht u. was sie nach dessen Tode bey der mit denen Kindern beschehenen Theilung erhalten, und zwar an immobilibus die vor dem Rings Thor belegene Fr*[au] *Schenkin zugehörige Mühle, auf welche ihr sel. Ehemann derselben 1 150 rthl anno 1744 am 18. Febr. auf 30 Jahr antichretice vorgestrecket, u. 3 Morgen Acker an beweg- u. unbewegl*[ichen] *Gütern wie solche bemeldte gerichtl*[iche] *u. sub dato Löbejün d. 7 Oct. 1751 confirmirte Theilung besagete, ihren Verlobten Mstr. Hieronymus Leopold erb- und eigenthümlich cediret und abgetreten habe, iedoch dergestalt, daß er alles dasienige, was in erwehnter Erbtheilung von ihr denen Corbyschen Kindern versprochen worden, erfüllen, die Kinder bis iedes 16 Jahr alt, erziehen u. nachhero ieden 50 th*[aler] *eine Kuh und Bette herausgeben und die vorhandenen passiv-Schulden abführen solle, weshalb u. da derselbe solches versprochen, sie angeführter maßen ihm ihr gesammtes Vermögen cum omni iure* [mit allem Recht]... *cediret und davon die Lehn und das Eigenthum aufgelassen, die Gewehr versprochen u. darüber nebst gedachten curatore den Handschlag abgestattet hat.*
Nachdem nun erwehnter ihr Verlobter dieses alles acceptiret u. danach ihm die Theilung des Corbyschen Vermögens zwischen der Wittwe und denen Kindern d. d. [erfolgt am] *d. 7 Oct. a. c.* [dieses Jahres] *von Wort zu Wort vorgelesen worden, er sich zu allem, wozu sich seine Braut verbunden, anheischig gemachet u. alles richtig zu erfüllen mit*

gegebenen Handschlag versprochen hat; als ist diese resp. cession u. eigenth[ümliche] *Übergabe nachrichtl*[ich] *anhero registriret worden."*[43]
War diese Abtretung ihres gesamten Besitzes ein Schachzug, mit dem sich die Witwe gerade dieses Mannes versichern wollte? Oder war das ganze der sichtbare Ausdruck einer grenzen- und selbstlosen Liebe, ein Liebesbeweis also? Oder war es die schmerzliche Erfüllung einer abgerungenen Bedingung, ohne die der junge Mann nicht in die Ehe gewilligt hätte? Oder fehlten ihr jetzt geschäftserfahrene, uneigennützige Berater, die ihr den Besitz wie bei der ersten Ehe hätten sichern helfen können?
Immerhin entsprach das ganze Verhalten der Witwe - was die Wiederverheiratung anbetrifft - dem seit Jahrhunderten geübten Brauch der Handwerker, und jedenfalls gehörte dieser Vorgang mit zur Bestimmung des materiellen Rahmens und der Besitz- sowie der Prioritätsverhältnisse in der bald zu gründenden Familie, in der die Mutter Carl Loewes geboren werden und aufwachsen sollte.

Nach dieser unerwarteten Besitzabtretung verwundert es nicht mehr, daß auch die seit einem Vierteljahr dringend zurückgeforderten Außenstände zugunsten des Hieronymus Leipoldt/Leopold eingetrieben wurden. Am gleichen Tage erfolgte unmittelbar nach der eben geschilderten Einsetzung Leopolds in den Stand des Müllers auch die Überschreibung der erfolgreich betriebenen Rückerstattung jenes Hauses und der zwei Morgen Acker auf seinen Namen mit gerichtlicher Bestätigung:
"Christoph Großens Wieder-Abtretung eines Hauses u. 2 Mg [Morgen] *Acker wegen derer an den verstorbenen Mstr. Corby schuldig gebliebenen 155 rthl.*
Nachdem laut gerichtl[ichen] *Kauf-contractus de dato Löbejün d 18 Mart.* [März] *1747 Christoph Große von dem verstorbenen Mstr. August Corby ein in der langen gaßen* [Lange Straße] *zwischen Mstr. Johann Daniel Dietrichs und Mstr. Buroes* [Bourreau] *Häusern innen belegenes Hauß cum pertinentiis* [mit Zubehör], *ingl*[eichen] *2 Morgen Acker am ostrauischen Holze zwischen der Frau Diaconin Streubelin und Mstr. Jacob Hulbens Ackern belegen vor zwey hundert und vierzig Thal. erkauffet, darauf auch fünf und achtzig Thaler baar bezahlet und noch 155 rthl schuldig blieben, diese aber abzuführen nicht vermocht und dahero resolviret* [beschlossen], *bemeldtes Hauß und zubehör nebst den speceficirten 2 Mg Acker statt derer schuldigen 155 rthl. an des verstorbenen Verkäuffers nachgelaßenen wittwe Fr. Louysen Dorotheen geb. Schneiderin in solutum* [freiwillig] *abzutreten, denn aber diese, da sie laut gerichtl*[ichen] *Vergleichs mit*

[43] ebd., Rep. Da Giebichenstein A XIX Nr. 30, S. 746 r/v

ihren Kindern untern dato Löbejün d. 7 Octobr: a. c. des sel[igen] *Mannes gesamtes vermögen gegen Übernehmung derer passiv-Schulden und Versorgung derer Kinder erhalten und solches auf ihren bräutigam Mstr. Hieronymus Leopold transferiret* [übertragen], *als ist acto erwehnter Christoph Große erschienen und hat gestanden und vorgetragen welchergestalt er vorbesagtes Haus und zubehör, nach masgebung seines kauf Contracts, ingl. die 2 am ostrauischen Holze belegene Morgen Acker, statt derer darauf schuldig gebliebenen ein hundert und fünf und fünfzig thaler in solutum abgetreten habe an gedachten Mstr. Hieronymus Leopold, dergestalt, daß dieser solches Hauß und äcker als sein wahres Eigenthum haben, nutzen und gebrauchen solle, gestalten er an diesen Grundstücken die lehn und das Eigenthum aufgelaßen, sich alles daran gehabten Rechts begeben und darüber den Handschlag abgestattet hat.*
Nachdem nun Mstr. Leopold diese Übergabe des Hauses und Äcker, statt derer schuldigen 155 rthl. cum resignatione dominii [mit Verzichtleistung auf den Besitz] *acceptiret, und wegen derer 155 rthl., welche Christoph Große auf diese Grundstücken schuldig geblieben, aller Forderung renunciiret* [zurückgewiesen] *und dieses alles mit gegebenen Handschlage bestärket hat; als ist sothaner Contract und datio in solutum aufgenommen, Confirmiret dem Gerichts Handels buche einverleibet, und unter dem Gerichts-Siegel und meiner eigenhändigen Unterschrifft ausgefertiget worden.*
So geschehen Löbejün d. 30 Dec: 1751 Gröschner"[44]

Damit hatte die "Witwe Corbiin" all ihren Besitz aus der Hand gegeben, die Besitzverhältnisse zwischen sich und dem Mühlburschen völlig umgekehrt und sich schon rund drei Wochen vor der Eheschließung in totale materielle Abhängigkeit von dem Bräutigam begeben, der ja erst durch sie zum Besitzer geworden war. Der saß nun endgültig und schon vor der Eheschließung auch rechtlich fest im Sattel des Eigentümers einer Mühle, denn praktisch war das offensichtlich schon vorher der Fall, wie die Bezeichnung "Meister" Leopold in den Protokollen beweist, die bei einem bloßen Mühlburschen oder Mahlknecht niemals angewendet worden wäre. Nunmehr übte er die Tätigkeit des Müllers nicht nur praktisch, sondern auch mit allen Rechtstiteln versehen und gerichtlich sanktioniert aus. Die Verwandlung des armen Kossätersohnes in einen wohlsituierten Besitzer einer Windmühle war beendet.
Das gesellschaftliche Establishment wurde perfekt, als am 19. Januar 1752 der Pfarrer Carl Friedrich Göring (von 1722 bis 1755 Pfarrer in Löbejün) die Eheschließung im Kirchenbuche beurkundet hatte:

[44] Rep Da Giebichenstein A XIX Nr. 19, S. 26 r

"*1752 Mense* [im Monat] *Januario*
4. [Eheschließung dieses Jahres] *den 19. dito* [nämlich: Januar] *ist der Junggeselle, Bürger, Brauer und Müller albie, Mstr. Johann Hieronymus Leopold, Mstr. Andres Leopoldts, Coßathens und Schneiders in Kaltenmark ehel*[eiblicher] *jüngster Sohn mit Frau Lovisa Dorothea geb. Schneiderin, weil*[and] *Mstr. August Curpys gewesenen Bürgers, Brauers und Windmüllers albie hinterlaßene Wittwe, post trinam proclamat*[ionem] [nach dreimaligem Aufgebot] *in hiesiger Kirchen copuliret worden*"[45]

Genau neun Monate später, am 22. Oktober 1752, wurde das erste Kind in dieser zweiten Ehe der Schneiderin geboren. Es war ein "Töchterlein", das den Namen Maria Eleonora erhielt und das später zwölf Kinder zur Welt brachte, deren letztes Carl Loewe war.
"*1752, Oct. d. 22.*
ist Mstr Johann Hyeronimi Leopoldts Bürgers und Wind Müllers albie und seiner Ehefrauen Louysen Dorotheen, geb. Schneiderin Töchterlein geboren und den 26. dito [des gleichen Monats] *getauft.*
N[ame]*: Maria Eleonora Paten sind*
1. Fr. Eleonora Catharina, Johann Heinrich Beckers Bürgers albie uxor [Ehefrau]
2. Fr. Gödel Maria Mstr. Johann Christian Mathiae Thormann, des Müllers uxor
3. Hrn Johann Christoph Salomo, Bürger und Gastwirth albie"[46]

Nach weiteren drei Jahren wurde noch ein Sohn geboren, das vorläufig letzte der Kinder. Der Stammhalter wurde Johann Christoph getauft. Er sollte dereinst die Mühle übernehmen und bei der Taufe des zwölften Kindes seiner Schwester, das ein berühmter Balladenkomponist werden sollte, Pate stehen.
Leider ist über die Kinderstube der Maria Eleonora und über das häusliche Klima bei den Leopolds nichts bekannt. Gerade wegen der gemeinsamen Erziehung von drei älteren Stieftöchtern mit den zwei eigenen Kindern wäre ein Einblick in die geistige und emotionale Welt dieser Familie sehr aufschlußreich, zumal doch die Mutter Carl Loewes wegen ihrer besonderen musischen Veranlagung gerühmt wurde und sie in ihrer Kindheit sicherlich wesentliche Eindrücke und Anregungen für die Entwicklung dieser Seite ihrer Persönlichkeit in ihrem Elternhause erfahren haben muß. Es ist bedauerlich, daß Loewe auf diesen Teil der mündlichen Überlieferung durch seine Mutter, auf den er in der Selbstbiographie[47]

45 Kirchenbuch Löbejün

46 Kirchenbuch Löbejün

47 S. 10

hindeutet, nicht näher eingegangen ist. So sind die "wunderschönen Erinnerungen", die auch für seine eigene geistige Entwicklung bedeutsam gewesen sein können, für immer verloren.

Hieronymus Leopold aber pachtete zum eigenen Acker noch fremden Acker dazu[48] und betrieb neben der Mühle wie sein Vorgänger noch eine kleine Landwirtschaft, was ihm als dem Sohn eines Kossaten nicht schwergefallen sein dürfte.

Die Müllerin starb am 12. Juni 1768 im Alter von 46 Jahren an Auszehrung; da war ihre vierte Tochter, die spätere Mutter Carl Loewes, noch nicht einmal 16 Jahre alt. Die beiden ältesten Stiefschwestern heirateten 1768 und 1774 und verließen die Mühle. Der Müller überlebte die Müllerin um 15 Jahre.

"*27.* [Sterbefall im Jahr] *d. 12. Junius* [1768] *ist Mstr. Johan Hieronymus Leopolds, Bürgers, Brauers und Windmüllers alhir Ehefrau Loui*[s]*en Doroth*[ea] *geb*[orene] *Schneiderin verstorben und den 15ten Ejusd*[em] *beerdiget worden. Alt 46 Jahr. Auszehrung.*"[49]

Als die Müllerin starb, war er erst 38 Jahre alt und fühlte sich offenbar noch zu jung, um Witwer zu bleiben. Er heiratete neun Monate nach dem Tode seiner Frau am zweiten Sonntag nach Ostern des Jahres 1769 ein zweites Mal. Er erfüllte damit das einzuhaltende Witwerhalbjahr (Trauerhalbjahr) mit einer 2 1/2-monatigen zusätzlichen Anstandsfrist. Zur Frau nahm er die 27jährige Jungfrau Johanna Elisabeth Beckerin, Tochter eines Seilermeisters und Krämers, deren Familie seit vier Generationen in Löbejün ansässig war.

Ein reichliches Jahr später - am 1. August 1770 - kam auch noch ein Sohn zur Welt, der auf den Namen Gottfried Hieronymus getauft wurde. Das zweite Eheglück aber währte nicht lange. Am 24. August 1773 starb die junge Mutter mit 31 Jahren am Fieber.

Nach dem Tode seiner zweiten Frau blieb der Müllermeister Johann Hieronymus Leopold allein. - War es Maria Eleonora, die dem erneut verwitweten Vater als die Tochter des Hauses mit 21 Jahren den Haushalt führte und die bei dem dreijährigen Stiefbruder Gottfried Hieronymus Mutterstelle bis zu ihrer Verheiratung mit dem Kantor Loewe im Jahre 1775 - und vielleicht auch noch ein paar Jahre länger - vertrat? Die späteren guten Beziehungen zwischen Kantor Loewe und Gottfried Hieronymus Leopold (man stand gegenseitig Pate bei den Kindern) lassen das sehr vermuten. Ihr gemeinsamer Vater, der Müllermeister, starb mit 54 Jahren wie seine erste Frau an der Auszehrung (womit die auch als Schwindsucht bezeichnete Lungentuberkulose gemeint ist).

[48] Rep Da Giebichenstein A XIX 19, S. 160 v

[49] Kirchenbuch Löbejün

Der Seyler.

Ich bin ein Seyler / der zum theil/
Kan machen die langen SchiffSeyl/
Auch Seyl zum bauw / dran man allein
Auffziech Mörder / Zim̃erholtz vñ Stein/
Ich kan auch machen Garn vnd Netz/
Zur Jägerey vnd zu der Hetz/
Darzu auch FischNetz / groß vnd klein/
Sonst auch allerley Strick gemein.

Der Seiler. Holzschnitt aus dem Ständebuch von Jost Amman, 1568

"den 12. Sept. 1783 ist Mstr. Joh[ann] *Hieronymus Leopold Bürg*[er] *und Windmüller alhier gestorben u*[nd] *d*[en] *14ten ejusd*[em] [im gleichen Monat] *beerdiget worden. 54 Jahr. Auszehrung."*[50]

Der letzte Sproß des Müllermeisters, Gottfried Hieronymus, der Sohn aus zweiter Ehe, erlernte den Beruf eines Seilers und lebte als Seilermeister bis weit in das nächste Jahrhundert hinein in Löbejün. Er war dreimal verheiratet. Seine Kinder erster Ehe starben alle vor dem ersten Lebensmonat, die Frau im Kindbett mit 34 Jahren. In zweiter Ehe zeugte er noch zehn Kinder, von denen fünf erwachsen wurden. Die zweite Frau, Marie Sophie Schwerdtfegerin aus Köthen, starb am 3. März 1833 an "Abzehrung" mit 57 Jahren. Im Alter von 63 Jahren ging der Seilermeister Leopold eine dritte Ehe ein, er heiratete 1833 die ein Jahr ältere Marie Sophie verwitwete Bennemann geb. Lange aus Unterplötz, Tochter des Anspänners Johann Christoph Lange aus Göttnitz bei Zörbig. Er selbst starb am 26. Dezember 1844 an Entkräftung.

"Gottfried Hieronymus Leopold, Bürger und Seilermeister, 74 Jahre 4 Monate 25 Tage hat keinen Gatten, aber fünf majorenne Kinder hinterlassen, gestorben den 26. Dezember 1844 um halb 1 Uhr an Entkräftung"[51] Dieser Gottfried Hieronymus war es, der mit seinem Onkel Johann Friedrich Becker in dem kindlichen Carl Loewe die Neigung zum Seilerberuf erweckt hatte.

Als am 30. November 1796 Carl Loewe geboren und *"den nemlichen Tag auch noch getäuft"* wurde (und zwar zu Hause in der oberen Etage der alten Knabenschule an der Kirche),[52] stand *"Meister* [Gottfried Hieronymus] *Leopold, Bürger und Seiler albie"* Pate. Er war der jüngere Halbbruder der Mutter Carl Loewes. Da der alte Windmüller Johann Hieronymus Leopold seine Mühle an seinen Sohn Johann Christoph aus der ersten Ehe vermacht hatte, erhielt der Sohn aus zweiter Ehe, Gottfried Hieronymus Leopold, wahrscheinlich bei einem Bruder seiner früh verstorbenen Mutter, nämlich bei dem Seiler Johann Friedrich Becker, eine Ausbildung als Seiler. Dieser Beruf war in der Beckerschen Familie seit Generationen Tradition. Der Großvater Johann Gottfried Becker (1708 - 1771), Deputierter der Löbejüner Bürgerschaft und Vater der jung gestorbenen Mutter des Gottfried Hieronymus Leopold, war Seilermeister, und auch der Onkel Johann Friedrich Becker, 1. Ratmann im Magistrat der Stadt Löbejün, Sohn des vorigen und Bruder der Mutter des Gottfried Hieronymus, übte *"dieses stille Handwerk, das so viel freie Gedanken und Träume zuließ"*, aus. Wenn nun Carl Loewe schreibt: *"Mein*

[50] Kirchenbuch Löbejün

[51] Kirchenbuch Löbejün

[52] Selbstbiographie, S. 7

Vater... hatte ein reiches Mädchen, Marie Leopold, die Tochter eines S e i l e r s geheiratet",[53] so geht daraus hervor, daß er von seinen mütterlichen Vorfahren keine richtigen Vorstellungen hatte. Das ist auch verständlich, denn er kannte alle seine Großeltern nicht; die waren schon lange tot, und er selbst war derzeit noch zu klein, um sich, solange er noch in Löbejün war, nachdrücklich für sie zu interessieren. Außerdem scheinen dank der offenbar sehr guten Beziehungen zwischen den verschwägerten Familien Loewe und Becker die beiden Seiler Gottfried Hieronymus Leopold und Johann Friedrich Becker einen sehr starken Eindruck auf den kindlichen Carl Loewe gemacht zu haben. Dabei hat wahrscheinlich der über fünfzigjährige Johann Friedrich Becker (gestorben 1802) in der kindlichen Vorstellung Carl Loewes eine Großvaterrolle gespielt, ja, er hat ihn offenbar mit seinem eigenen Großvater identifiziert. Schließlich waren die Verwandtschaftsverhältnisse nicht gerade so geartet, daß sie von einem Kind unter sechs Jahren leicht hätten überblickt werden können. So konnte es geschehen, daß Carl Loewe mit teilweise ganz falschen Vorstellungen über seine Abstammung die Heimat verließ.

Später in Stettin bei der Abfassung der Selbstbiographie fehlten die Gewährsleute, die diese falschen Vorstellungen hätten berichtigen können. So kann es zu der nicht zutreffenden Aussage in der Selbstbiographie gekommen sein, in der es richtig heißen müßte: *"...und hatte ein reiches Mädchen, Marie Leopold, die Tochter eines W i n d m ü l l e r s geheiratet."*

Ein heute noch lebender direkter Nachkomme des ältesten Bruders von Carl Loewe (also von August Friedrich Loewe) gibt übrigens als Stand des Vaters seiner Ururgroßmutter - bis zu dem sein Familienwissen zurückreicht - richtig "Windmüller" an (briefliche Mitteilung von 1993). In diesem Familienzweig hat also die Überlieferung funktioniert. Immerhin hat der Begründer dieses Zweigs der Familie, August Friedrich Loewe, den Windmüller noch persönlich gekannt; er war bei dessen Tod sieben Jahre alt. Carl Loewe aber war reichlich zwanzig Jahre jünger als sein ältester Bruder. In seiner Kindheit gab es im Hause neben den Eltern nur noch die Schwestern und in der näheren familiären Umgebung außer der Familie des Halbbruders der Mutter, die in Löbejün wohnte, keine direkten Verwandten mehr. In der weiteren Familie existierten in Löbejün nur noch vom lange gestorbenen Großvater angeheiratete Verwandte, die sich den Umständen nach dennoch in Loewes Gedächtnis fest (wenn auch in falscher Einordnung) eingeprägt hatten.

[53] Selbstbiographie, S. 1

Schwierige Familienverhältnisse

Die Familie des Hieronymus ist eigentlich gar keine Familie im herkömmlichen Sinne gewesen, denn im Laufe von dreißig Jahren nahmen zwei Männer und zwei Frauen nacheinander die Stellung des "Vaters" bzw. der "Mutter" ein, und es wuchsen mit der Zeit Kinder aus drei verschiedenen aufeinanderfolgenden ehelichen Verbindungen auf. Unter solchen Verhältnissen, in denen der Tod den Wechsel erzwang, wurden Eltern-Kind-Beziehungen zerrissen. Die emotionalen Bindungen der Kinder an überlebende Elternteile wurden durch sehr bald erfolgende neue Ehen mit der Einführung einer neuen Bezugsperson beeinträchtigt. Das psychologische Klima in den zwei Folge-Ehen mag schwierig gewesen sein. Am meisten betroffen war wohl Maria Eleonora als Kind der zweiten Verbindung, in der die drei Töchter der ersten Ehe noch mit aufwuchsen. Es war auch Maria Eleonora, die den Verlust der Mutter mit 16 Jahren seelisch bewältigen mußte und die bis zum Alter von 21 Jahren auch noch die zweite Ehe ihres Vaters, die Geburt eines zweiten Stammhalters und den Tod der Stiefmutter erlebte. Sie hat dies alles sicherlich besonders intensiv erlebt, denn sie wurde von Carl Loewe als emotional tief empfindend und musisch reich veranlagt, als *"sehr ernst, nie lustig, aber stets gleichmässig liebevoll, dabei geschäftig"* geschildert.[54] Er bezeichnete sie als *"eine Frau mit dem wunderbaren eigengearteten und doch so starken Geiste"*.[55]

Welche Folgen dies alles für die Entwicklung der Psyche dieser jungen Frau hatte, kann man nur ahnen. Es ist durchaus denkbar, daß hierdurch in ihr eine tiefe Sehnsucht nach Geborgenheit und festen geregelten Verhältnissen entstand, die sie später in ihrer Ehe mit dem Kantor Loewe für ihre eigenen sieben überlebenden Kinder herzustellen bemüht war. Wie gut ihr das gelungen ist, läßt sich aus Carl Loewes Schilderung der Familienatmosphäre in der Selbstbiographie ablesen.

Bleibt noch ein Blick auf den um drei Jahre älteren Bruder des Müllermeisters Johann Hieronymus Leopold. Dieser Johann Michael Leipoldt/Leopold, den der Erfolg seines jüngeren Bruders auch nach Löbejün gezogen hatte, fing hier ebenfalls als Mühlbursche an, aber er blieb es im Gegensatz zu seinem Bruder sein Leben lang. Er heiratete, bekam drei Söhne und eine Tochter, aber größere Erfolge im Leben hatte er nicht zu verzeichnen. Eines seiner "Geschäfte" wies sehr kleinen Zuschnitt auf und war von kurioser Art. Davon zeugt ein geradezu

[54] Selbstbiographie, S. 11

[55] Selbstbiographie, S. 102

belustigendes Protokoll aus dem Buche des Löbejüner Amtsschultheißen, das von der pfahlbürgerlichen Enge Löbejüner Kleinstadtlebens mit seinen Zänkereien berichtet und von dessen kleinlichen Nachbarschaftsstreitigkeiten:

"Actum Löbejün d 25 April 1755

Joh[ann] *Michael Leibold ein Mühl bursch klaget wider Gottfr*[ied] *Wintern, daß dieser ihn beschuldiget, als ob er eine von seinen Tauben weggehaschet u*[nd] *den Winter hindurch eingesperret gehalten, vorher auch einen Racker gescholten, bittet um Satisfaction* [Genugtuung] *u. Bestrafung.*

Unter denen Partheyen ist der Vergleich dahin erfolget, daß, da der Kläger von dem Bekl[agten] *gesprochen haben solle, er redete solches als ein Hundsvogt, der Bekl*[agte] *dem Kläger eine Ehren Erklärung gethan und die Kosten erstattet, wie denn auch der Kläger ebenfalls, weil er die angeführte*[n] *Worte gesprochen haben solle, den Bekl*[agten] *eine Ehren Erklärung praestiret* [geleistet] *hat.*

Gröschner"[56]

[56] Rep Da Giebichenstein A XIX, Nr. 31, S. 207 a, v

Die Vorfahren Carl Loewes väterlicherseits

Carl Loewes Großvater war Soldat

Bei der Suche nach Fakten aus dem Leben des Vaters von Carl Loewe findet man außer den pietätvoll-liebenswürdigen Anmerkungen Carl Loewes in seiner Selbstbiographie noch einige Einzelheiten in den Akten der Franckeschen Stiftungen in Halle, in verschiedenen Akten des Löbejüner Magistratsarchivs und in einigen Unterlagen der Evangelischen Superintendentur Könnern, auf die an anderer Stelle noch eingegangen wird. Bei seinem Großvater jedoch stößt man bald auf jetzt unüberwindlich erscheinende Schwierigkeiten. Carl Loewes Vater nannte sich selbst "Johann Andreas Loewe", was aus einigen Aktenstücken mit seiner Unterschrift ganz zweifelsfrei hervorgeht. Sein Rufname war "Andreas" (und nicht "Adam"!), wie u. a. aus Steuerlisten der Stadt Löbejün zu ersehen ist, in denen nur ein Vorname angegeben wurde. Ab 1772 lebte er bis zu seinem Tode in Löbejün, er starb 1826:

"Herr Johann Andreas Löwe Cantor emeritus allhier evangelischlutherisch, Alter 78 Jahre 3 Mon[ate] *25 Tage, hinterläßt sieben majorenne Kinder, gest*[orben] *am 1. December 1826 vormittags um 9 Uhr an Altersschwäche, angezeigt dem Pastor durch Frau Louise Härzer geb. Löwe, Tochter des Verstorbenen und durch die Leichenwäscherin Fr. Sachse, begraben den 4ten December auf dem Stadtkirchhof."*[57]

Rechnet man das hier angegebene Lebensalter zurück, so kommt man auf den 6. August 1748 als den Tag seiner Geburt, die nach Angabe Carl Loewes in Könnern erfolgte: *"Mein Vater stammte aus Könnern..."*[58]

Es gibt eine zweite Meldung über den Tod des Kantors. Die hochinteressante handgeschriebene "Chronik der Stadt Löbejün" von dem Zimmermeister Johann Carl Teichmann teilt über das Ableben J. A. Loewes folgendes mit:[59]

"Im Jahre 1826 den 1ten December früh um 9 Uhr starb der hiesige Herr Cantor Löwe in einem Alter von 79 Jahren 3 Monate[n] *u*[nd] *23 Tage*[n]. *Er wurde hier als Cantor eingeführt in Jahre 1780 den 3ten Novbr. Er hatte aber wegen Altersschwäche seinen Dienst seit den Jahr 1821 niederlegen müssen. - Sein Nachfolger war der Herr Cantor Poppe."*

Die Zeitangabe zur Amtseinführung ist nicht zutreffend; aus welchem Anlaß

[57] Sterberegister der Löbejüner Stadtkirche St. Petri

[58] Selbstbiographie, S. 1

[59] im Kirchenarchiv Löbejün

Teichmann gerade dieses Datum angibt, ist unerfindlich. Das erreichte Lebensalter allerdings ist ein Jahr höher als das im Kirchenbuch angegebene. Bei Zurückrechnung des Alters entsprechend dieser Notiz erhält man als mutmaßliches Geburtsdatum den 8. August 1747. Tatsächlich findet sich im betreffenden Kirchenbuch in Könnern/Saale die folgende Eintragung im Geburtsregister:

"*Andreas Christoph, Andreas Löbens eines Grenadiers Söhnlein ist geb*[oren] *d*[en] *4. get*[auft] *d*[en] *6. Aug*[ust] [1747]. *Die Paten waren*

1. *Mstr Andreas Gottfried Neuweiler ein Leinweber*
2. *Johann Christoph Klammer juv*[enis] [der Jüngling]
3. *J*[un]*gfr*[au] *Margaretha Elisabeth Obermeierin.*"

Zu dieser Eintragung müssen folgende Bemerkungen gemacht werden:
Als erstes sei festgestellt, daß im Geburtsregister der St. Wenzels-Gemeinde in Könnern von 1740 bis 1750 keine weitere auf den Namen Löbe/Löwe/Loewe lautende Geburt verzeichnet ist. Demnach muß sich die den Tod ihres Vaters meldende Tochter Maria bei der Angabe des Alters ihres Vaters um ein Jahr geirrt haben.
Als zweites ist die Schreibweise "Löbe" aus den Gepflogenheiten der damaligen Rechtschreibung zu erklären, nach der in bestimmten Fällen das "b" wie "w" gesprochen wurde (was auch aus dem Beispiel "Wittbe" für "Witwe" zu ersehen ist).
Als drittes fällt die Abweichung des einen Vornamens auf. Hierfür gibt es keine andere Erklärung, als daß sich der Geistliche beim Eintragen vertan hat. Dafür spricht auch die Tatsache, daß, dem Brauche der Zeit entsprechend, die Täuflinge in den weitaus meisten Fällen die Vornamen ihrer Paten erhielten, und zwar von jedem Paten einen. Wirklich heißt der eine Pate "Johann" und der andere "Andreas", welche beiden Vornamen der Vater Carl Loewes später selbst stets führte. Damit erscheint es als sicher, daß das am 4. August 1747 geborene Kind auf den Namen Johann Andreas (Löwe) getauft und durch ein Versehen des Geistlichen mit dem Namen seines Vaters Andreas Christoph[60] in das Kirchenbuch eingetragen wurde. Dieses Kind und der spätere Kantor Johann Andreas Loewe stellen dieselbe Person dar. Da eine Kontrolle der Kirchenbucheintragung durch die Eltern nicht erfolgte, blieb der Fehler unentdeckt.
Völlig neu und überraschend aber ist die bisher in keiner Loewe-Veröffentlichung erwähnte Tatsache, daß der Vater Carl Loewes der Sohn eines Grenadiers gewesen

[60] siehe dessen Heiratseintragung weiter unten

ist, der in Könnern in Garnison gelegen hat. Vielmehr wurde bisher - wenn überhaupt - über die väterlichen Vorfahren Loewes als von einem Geschlecht von Pfarrern berichtet, was eine Behauptung war, die durch keinerlei Beweise gestützt wurde, wie bereits zu Beginn festgestellt wurde.
Der Soldatenstatus des Großvaters von Carl Loewe wird in dessen Heiratseintragung im gleichen Kirchenbuch noch einmal bestätigt:
"Andreas Christoph Löwe ein Grenadier von des Herrn Capitaine von Kanthens Compagnie alt Dohnaschen Regiments mit J[un]*gfr*[au] *Maria Elisabeth Goedicken Johann Michael Goedickens Bürgers alhier ehel. ältiste*[n] *Tochter*
Proclamirt [aufgeboten] *d. 9. Jun*[i]
copulirt [getraut] *d. 21. Aug*[ust] *1746* ☉[Zeichen für "Sonntag"][61]
Die Tatsache, daß dieser Großvater Carl Loewes Soldat in der altpreußischen Armee Friedrichs des Großen war, gibt Veranlassung, das längst vergessene Milieu zu schildern, aus dem Großvater und Vater Loewes kamen, um auf diesem Wege Einsichten in den sozialen Hintergrund auch dieses Zweigs der Vorfahren Loewes zu erhalten.

Im Zusammenhang mit den damaligen Zeitläuften übte die militärische Szene sehr wahrscheinlich einen schicksalhaften Einfluß auf die junge Familie des Grenadiers aus. Gerade weil über die Vorfahren Loewes in väterlicher Linie bisher entweder nichts mitgeteilt wurde oder falsche Aussagen zur Wiederholung kamen, ohne daß eine Darstellung aus den Quellen versucht wurde, erscheint eine Schilderung einiger der seit über 250 Jahren überholten und vergessenen gesellschaftlichen Verhältnisse, in denen die Grenadiere Friedrichs II. lebten, gerechtfertigt.

Wer kam unter die Soldaten?

Als im Jahre 1740 Friedrich II. König von Preußen wurde, war mindestens jeder dritte Soldat seiner Armee, der ohne Unterbrechung ständig diente, ein "Ausländer", also ein Nichtpreuße. Dieser Anteil nahm zu, denn Preußen fehlte es empfindlich an Menschen. Deshalb war es dem preußischen Staate nützlicher, wenn die eigenen jungen Leute zu Hause blieben und in bestimmten Berufen arbeiteten oder sich in ihnen ausbilden ließen, als daß sie Soldat wurden. (Das Offizierskorps der Armee bestand nahezu ausschließlich aus Angehörigen des Adels, die es als eine besondere Ehre ansahen, des "Königs Rock" tragen zu

[61] Kirchenbuch Könnern

dürfen. Außerdem fanden so viele "überzählige" Söhne von Adligen eine standesgemäße Lebensgrundlage.)
Dieser Kern der Armee waren die fast durchweg durch Zwang geworbenen, in dauerndem Dienst stehenden und überwiegend aus dem ganzen Deutschen Reich stammenden "Berufssoldaten". Um diesen Kern gruppierten sich die sogenannten "Kantonisten", die entsprechend ihrer Untertanenpflicht als Preußen zuerst für ein Jahr eingezogen, gewöhnlich aber bald wieder beurlaubt wurden und lediglich alle Jahre für meistens zwei/drei Monate im Frühjahr zum Exerzieren dienten und im übrigen ihrem sonstigen bürgerlichen Broterwerb nachgingen. Die Bauern waren zur Ernte wieder zu Hause.
Die betreffenden Männer waren nach dem 1733 geschaffenen System der Enrollierung schon lange vorher in Listen, in Stamm-"Rollen", erfaßt worden und wurden mit etwa 20 Jahren "gezogen". Auch solche Leute gehörten der Könnernschen Garnison an. Das bezeugt die folgende Eintragung im Könnernschen Heiratsregister:
"Johann Friedrich Ulrich ein enrollierter Soldat, David Ulrichs Todtengräbers und Nachtwächters ehel[eiblicher] *ältister Sohn mit Maria Christina Költzin spur*[ia] [unehelich geboren] *aus Nauendorf proclamirt Dom*[inica] *II p*[ost] *Trinit*[atis] [3. Sonntag nach Pfingsten] *Copuliret* [getraut] *d. 24 August* [1750]."[62]

Ausgenommen vom Militärdienst waren die Angehörigen der höheren Klassen, also z. B. Beamte, oder solche gutsituierte Bürger, die über 6000 Taler (später 10000 Taler) Vermögen verfügten, weiter Kaufleute, Fabrikanten, auch die mit eigenem Haus und Hof angesessenen Bauern, deren Hoferben, Handwerksmeister, diejenigen Söhne der Pastoren, die selbst auch Theologie studieren wollten, die Studenten der Universität überhaupt, die Arbeiter in den Industrien, die der merkantilistisch eingestellte König förderte, z. B. der Tuchindustrie, auch die im Ausland angeworbenen Facharbeiter sowie die Meister und Knechte des kriegswichtigen Salpeterwesens usw. Aus diesen Kreisen also dürfte der Grenadier Andreas Christoph Löwe wahrscheinlich nicht gekommen sein.
Wegen dieser zahlreichen "Eximierungen" (Freistellungen) waren es vor allem Kossaten, Söhne armer Kleinbauern, oder solche Bauernsöhne, die nicht Hoferbe waren, Knechte, Tagelöhner, Handwerksgesellen, besitzlose Kleinbürger, die die Masse der Armee bildeten und die als Preußen gewissermaßen "Zeit"-Soldaten waren. Dazu wurde mancher von den Werbern ergriffen und konnte sich diesem

[62] Kirchenbuch Könnern

Zugriff nicht entziehen, so daß er für viele Jahre ständig unter der Fahne stand. Hierzu findet sich in der Selbstbiographie Loewes ein einziger Hinweis darauf, daß zwischen Vater und Sohn Loewe wenigstens einmal über diesen Zusammenhang gesprochen wurde, ohne daß allerdings ein Hinweis auf ein persönliches Schicksal des Großvaters und des Vaters von Loewe gegeben wird: (Loewe war, wie berichtet, in Halle Einjährig-Freiwilliger Soldat geworden und hatte sich uniformmäßig ausstaffiert): *"Bald darauf besuchte ich meinen Vater. Ich war nicht wenig stolz auf meinen Offiziers-Überrock, den wir Freiwillige uns anschaffen und tragen durften. Doch mein Vater empfing mich mit besorgter Miene und sagte: 'Junge, Du siehst so stattlich aus, dass ich fürchte, sie lassen Dich nicht wieder los!' Gedachte doch der Vater seiner eigenen Jugend. Zu jener Zeit mussten die Grenadiere Friedrichs des Großen entweder auf dem Schlachtfelde ihren Tod finden, oder unter dem Gewehr alt und grau werden. Die geringste Dienstzeit hatte damals 20 Jahre gewährt."*[63]

Meist waren es ledige und freie Leute mit geringer Qualifikation wie Schuster, Schneider und "dergleichen gemeiner Leute Kinder", die den Zwangswerbungen zum Opfer fielen. Auch mit List und Versprechungen angelockte fremde Reisende wurden eingefangen, und sogar Insassen verschiedener Armenhäuser und Gefängnisse wurden in den Soldatenrock gepreßt und bildeten mit den vielen anderen die Masse der Söldner.

Eine sehr genaue Übersicht über die Zusammensetzung der Mannschaft in beruflicher Hinsicht ist dem Regimentsbuch[64] des Anhaltischen Regiments zu Fuß Nr.3, Garnison Halle (Saale) zu entnehmen. Um 1740 hatte das Regiment in 18 Kompanien 2142 Mann, davon hatten 37% einen handwerklichen Beruf. Etwa jeder dritte Mann, insgesamt 794 Mann, gehörte einem der 75 aufgeführten Handwerke an. Am häufigsten waren vertreten:

74 Schneider	38 Maurer	16 Musikanten
62 Leineweber	27 Bäcker	16 Salzsieder
54 Schuster	25 Jäger	15 Strumpfweber
52 Fleischer	23 Bergmänner	13 Fischer
45 Zimmerleute	20 Tuchmacher	12 Barbiere
44 Schmiede	19 Tischler	10 Wagner
40 Müller	17 Böttcher	8 Gärtner

63 Selbstbiographie, S. 74

64 Oranienbaum, Abt. Dessau, A 9 b I b Nr 25 I (13)

Im ganzen Regiment fanden sich als Angehörige sogenannter "studierter Berufe" lediglich zwei Apotheker und als solche mit mehr Schulbildung zwei Buchdrucker. Mancher "Gebildete" mag sich auch unter denen verborgen haben, die als "ohne Profession" geführt wurden. An heute so gut wie vergessenen Berufen treten fünf Seifensieder, drei Bader, ein Pfeifenmacher, vier "Paruquenmacher", ein Schwertfeger (Säbelschmied), zwei Siebmacher, drei Knopfmacher auf. Trotz ihrer Befreiung vom Militärdienst kommen unter 2142 gemeinen Soldaten auch drei Salpetersieder vor. 1348 Soldaten haben keine Profession, das sind rund zwei Drittel der gesamten Mannschaft. Hierunter wurden auch die vielen Bauernsöhne sowie die Handarbeiter, Tagelöhner, Ackerknechte usw. gezählt.

Wie wurden Soldaten "geworben"?

Für die durchzuführenden "Werbungen" vor der Einrichtung des Kantons- und Enrollierungssystems 1733 hatte der König in Preußen Friedrich Wilhelm I., Enkel des Großen Kurfürsten, am 26. November 1705 ein Edikt erlassen, in dem mit bezeichnender Offenheit u. a. auf zweierlei besonders eingegangen wurde:
Erstens wurde bezüglich der Auswahl der zu erfassenden Männer gesagt, daß wohl kein Ort vorhanden, *"...da nicht ein Mann der zu Krieges-Diensten tüchtig und geschickt ist, zu finden* [wäre], *welcher dem Publico* [hier: dem öffentlichen Wohl] *nichts beyträget, und* [dem] *also ohne praejuditz* [hier: ohne Nachteil] *des Landes und der Hauß-Wirtschaft, wo[h]l zu entrathen* [sei]..."[65] Der König richtete also die Aufmerksamkeit von vornherein auf die "Entbehrlichen", die meist sozial schwach waren und deren Fehlen dem Lande keinerlei Einbuße verursacht hätte - wenn sie nur *"zu Krieges-Diensten tüchtig und geschickt"* waren.
Zweitens wurde hinsichtlich der Vorgehensweise bei der "Aufbringung der Mannschaft" festgelegt:

"...4. Die Aufnehm- oder Aufbringung solcher Recruten, muß ganz geheim gehalten werden, und in jeder Provintz und Creyse, an einen gewissen Tage, und zwar wo es seyn kan, durchgehends überall den 15. Januarii des herannahenden 1706. Jahres, geschehen, wann zuforderst in denen Städten von den Magisträten, und auff dem Lande von denen Beambten, oder jedes Orts Gerichts-Obrigkeit, die jenigen so man aufzuheben und abzugeben gemeinet ist, unvermerckt annotiret worden, um da durch zu verhüten, daß nicht

[65] Stadtarchiv Halle, XXI C 1, ohne Seitenzahl

soviel Leuthe wie vormahls geschehen, der Werbung halber aus dem Lande gejaget werden...
7. Auch verlautet, daß umb Weihnachten, da die Knechte ihre Dienste zu verändern pflegen, ihrer viele von eingebohrnen Unterthanen, außer Landes gehen, und so dann wohl gar in frembde Kriegs-Dienste gerathen, solchen aber so viel möglich vorzubeugen ist; Als[o] *sollen dergleichen DienstKnechte solchenfals, wann es zur Notitz kommet, in[s]geheim auffgezeichnet, angehalten* [praktisch: verhaftet] *und zu Behuef* [zum Zweck] *der jetzigen Recrutirung abgegeben werden.*
8. Die jenigen Dörffer so zusammen einen Kerl [!] *aufbringen sollen, haben sich wegen der Persohn zu vereinigen* [also vorher abzusprechen], *und solche Praecaution* [Vorsicht] *zu gebrauchen, damit sie derselben* [Person] *biß zu Auffnehm- und Abgebung versichert seyn mögen."*[66]
Dabei wird zum Schluß der Verordnung noch einmal nachdrücklich darauf verwiesen, daß die Obrigkeit vorher zu überlegen habe, *"...wie die Aufnehm- und Zusammenbringung der Recruten auf einmahl in termino* [zum gleichen Zeitpunkt] *am füglichsten und ohne einigen bruit* [Lärm], *nach der Länder Situation geschehen könne..."*[67]
In Stadt und Land sollte also die Aushebung der Männer schön in der Stille und auf einen Schlag vor sich gehen, damit nicht durch vorherige Flucht der in Aussicht genommenen "Kerls" eine Minderung des Kontingents entstünde. Bei den in Halle (Saale) durchgeführten "Werbungen" um 1706, 1711/12 und später (das ist etwa die Zeit, in der Andreas Christoph Löwe Soldat wurde), ging man nach folgendem Muster vor:
Die vom König der Stadt Halle (Saale) auferlegte Zahl von "zu liefernden Kerls" wurde vom Wohllöblichen Stadt-Regiment, den Wohlverordneten Herren, Ratsmeistern und Ratmannen mit Hilfe der Innungs- und Gemeinheitsmeister von der Öffentlichkeit unbemerkt zahlenmäßig auf die verschiedenen Handwerke aufgeschlüsselt. Die einzelnen Meister wurden aufgefordert, die Namen der Auszuhebenden anzugeben. Verständlicherweise gaben sie die in ihrer Werkstatt entbehrlichen, mißliebigen, unbequemen oder aufsässigen Gesellen an, die sie lieber gehen als kommen sahen. Die betreffenden Gesellen oder Lehrburschen wurden dann von der Stadtwache und von Soldaten in verwahrenden Arrest genommen (damit sie nicht entweichen konnten, wenn sie Wind von der Sache bekamen) und einer Vormusterung durch einen Offizier zugeführt. Es ist klar, daß der ganze Vorgang in gewisser Hinsicht eine Negativauswahl darstellte. In

[66] ebd.
[67] ebd.

gleicher Weise wurden in angepaßter Form auch in den Städten und Gemeinden des Saalkreises bestimmte Kontingente (in Löbejün etwa bis zu 8 Mann) ausgehoben.

Gewöhnlich wurde das gesetzte Ziel zahlenmäßig nicht erreicht, weil *"...allen angewendeten Fleißes ohnerachtet... ietzige Werbung sehr schwer fället, indem diejenigen, so etwa hiezu capable* [tauglich] *und sonst in re publica* [in der Gemeinde] *nicht viel nütze* [!], *den Werbungen zu entgehen als Laqueyen* [Diener] *und in anderer Qualität zu dem Ende* [zu dem Zweck] *lediglich bey der löbl*[ichen] *Universität sich recipiren* [aufnehmen] *und immatriculiren* [einschreiben] *laßen, alle Pfältzer* [Flüchtlinge aus der Pfalz], *Frantzosen und andere Refugirte* [Flüchtlinge] *vor sich und ihre Leute, auch die Juden, verpflichtete Thaals Arbeiter* [die Arbeiter in den Salzsiedereien im "Tal zu Halle"] *und Inwohner der in dieser Stadt befindlichen Amtshäuser - welche insgesamt wenigstens 2 Drittel von der Stadt ausmachen - davon sich eximiren* [davon durch königliche Erlaubnis ausgenommen sind], *und also denen übrigen Bürgern die Last auff den Hals laßen, von diesen aber auch viele befreyet seyn wollen und deshalb bey Ew. Excell*[enz] *und U*[nserer] *H*[ochedlen] *H*[errlichkeit] *geklaget, also nicht abzusehen, woher die 40 Mann genommen werden sollen, gleichwohl wir alle Tage... scharfe Execution* [rücksichtslose Zwangsmaßnahme] *besorgen* [befürchten]..."[68]

In keinem der untersuchten Fälle wurde die geforderte Anzahl von "recruten" erreicht, entweder weil die Auflage zu groß war oder weil die Aktion ruchbar wurde und mancher entspringen oder sich in den Status eines vom Kriegsdienst Befreiten flüchten konnte oder weil "die Kerls" den geringen Anforderungen nicht entsprachen und abgelehnt, zurückgewiesen werden mußten. Wenn die vorgesehene Anzahl von Rekruten nicht aufgebracht werden konnte, begannen die offiziell verbotenen, in der Praxis aber ständig gehandhabten wilden Festsetzungen, bei denen der Willkür, dem Verrat, der menschlichen Gemeinheit und Niedertracht keine Grenze und Schranke gesetzt waren. Mancher der bei diesen Menschenjagden Eingefangene war ungebildet und hilflos, geistig unbeweglich und wenig gewitzt - und blieb "gepreßt". Wenige fanden einen Fürsprecher, dessen Eingabe an die Stadt oder an die Truppe hier und da über die manchmal haarsträubenden Umstände der Aushebung berichtete. Von den meisten anderen bleiben die oft menschenverachtenden Begleitumstände ihrer Vereinnahmung unbekannt.

Eine Auswahl treffender Beispiele bezeugt den oft gesetzlosen Charakter dieser "Werbungen".

"Es hat Ein Hochweiser Rath alhier [in Halle] durch die Knechte mich auf das Rathhauß bringen laßen, in der intention [Absicht], *daß ich unter die Miliz gegeben werden soll.*

[68] ebd.

Nachdem aber Ich sowohl das Bürger Recht gewonnen, als bey der Goldschmiede Innung mich habilitiret [eingerichtet], *und bishero meiner Profession obgelegen, auch an die Mitlerische Tochter alhier mich verheirathet und mit derselben 2 Kinder gezeüget, über dies die onera publica* [Steuern] *abgetragen, als ist hingegen in dem Königl*[ichen] *Allergn*[ä]*d*[i]*gsten Patente nicht enthalten, daß Bürger und Handwerksleüthe wider ihren Willen zur Miliz gezogen werden sollen, sondern es handelt solches nur von solchen Leüthen, welche keine profession* [Beruf] *haben, und in der Republik* [d. h. im öffentlichen Leben der Gemeinde] *nichts nüze sind..."*

"Wie uns nun nicht wenig befrembdet, daß Ihr Unsern demselben ertheilten Paß so wenig respectiret, und dergleichen Gewaltthätigkeiten auff keine weise zu belaßen; So befehlen wir Euch hierdurch, gedachten Müllern so forth wiederumb auff freyen fuß zu stellen..."

"...muß ich arme verlaßene Frau mit Thränen schmerzlich klagen, wesgestalt am leztverwichenen Montage Abends um 10 Uhr [am 12. Dezember 1710!] *die Bötticher nebst 4 Häschern in unsere Wohnung gedrungen, und meinen Mann mit Gewalt aus dem Bette weggeholet, mit Vorgeben, daß sie ihn unter die Soldaten bringen wollen..."*[69]

"Es hat mein Geselle Christoph Reinhardt genandt, am verwichenen Freytag um 5 Uhr nachmittags [am 23. Februar 1711] *des Unglück gehabt, daß selbiger als Er nebst mir vom Lande und der daselbst gehabten Arbeit zurück gekommen, und wegen großer Mattigkeit im Händelschen Keller alhier in der kleinen Claußstraße* [evtl. gegenüber dem jetzigen Händel-Haus, mit dem zu der Zeit ein Weinausschank verbunden war] *einmahl trinken wollen, von den hiesigen Stadtknechten ergriffen, und auff das Rathhauß geschleppet worden, allwo er wie die Rede gehet, zum Soldaten gemacht werden soll."*[70]

"Ew. Excell[enz] *und Herrl*[ichkeit] *sehe mich genöthiget, klagend fürzutragen, welcher gestalt gestern bey spätem Abend die Stadtknechte mit gewalt in mein Hauß eingefallen, dieses mit brennenden Lichte durch suchet, ja gar aus demselben in des Herrn Dr. Röpers Garten gesprungen, in meinung, sie würden meinen ein*[z]*igen Gesellen, welchen* [ich] *wegen seines Fleißes ungern verliehren* [würde], *antreffen, um selbigen zum Soldaten wegnehmen zu laßen..."*[71]

[69] alle Beispiele ebd., Seiten nicht numeriert

[70] Stadtarchiv Halle, XXI C 2, S. 190

[71] ebd., XXI C 3, S. 56

"...muß ich aus hoher Noth mit höchst betrübtem Herzen klagen, daß als mein lieber wohlgerathener Sohn Martin Geißler vor etlichen Wochen nach Halle kommen, und etwas bey dem Zobelfärber verdienen wollen, die Stadtknechte ihn mit Gewalt weggenommen und auf das Rathhauß geführet, welchen E[in] *E*[hrwürdiger] *Rath zum Soldaten machen und nicht loßlaßen wollen..."*[72]

"Hiernechst bitten wir auch gehorsamst, denen Werbern selbst ernstlich einzubinden [nahezulegen], *daß Sie nicht Bürger oder andere der Bürgerschaft ohnentbehrliche Leuthe und gesinde ohne unterscheidt hinweg nehmen, noch die Bauers Leuthe von denen Pferden herunter reißen mögen sondern eine gebührende Discretion hierbey gebrauchen..."*[73]

"...da er nebst einen Cammer Paße nach Barbey [Barby an der Elbe], *um daselbst eine Schuld fo*[r]*derung einzutreiben auf der Reise sich befunden... nicht allein angegriffen, sondern auch auff eigen genommene Gewalt mit weggenommen, und nach Magdeburg gebracht, woselbst er annoch bleiben muß, weil Sie ihn zwingen wollen ein Soldate zu werden, weilen er nun niemahls willens gewesen sich in Krieges Dienste zu begeben..."*[74]

Wie aus zwei mitgeteilten Beispielen zu ersehen ist, boten selbst von den Behörden ausgestellte Pässe keine Sicherheit vor den gewaltsamen Werbungen. Welchen Wert der im folgenden mitgeteilte Befreiungsschein besaß, den sich manch einer hoffnungsvoll von der Stadt "gekauft" hatte, bleibe dahingestellt:
"Vorzeiger dieses ein Zimmer Geselle, nahmentlich Michael Chron, hat nach Anleitung allergnädigsten Königlichen Befehls de dato den 3ten Febr. a[nni] *c*[urrentis] [des laufenden Jahres] *umb von aller Werbung allhier und überall in Königlichen Reich und Landen befreyet zu bleiben, den allergnädigst anbefohlenen Beytrag an 6. Groschen entrichtet, welches, und daß er zeitwährender ietziger Recreutirung allhier gearbeitet, hiermit bescheiniget, und nach S*[eine]*r Königlichen Majestät in Preußen unsers allergnädigsten Königs und Herrn allergnädigsten Willen sich zu achten männiglich gebethen wird.*

Halle den 29ten Jun[i] Anno 1706.
Raths-Meistere und Rathsmanne daselbst"
[Unterschrift][75]

[72] ebd., XXI C 3, S. 46

[73] ebd., XXI C 3, S. 18

[74] ebd., XXI C 2, S. 126

[75] ebd., XXI C 1, ohne Seitenzahl

Kein Geringerer als der hallische Waisenvater, der Pastor August Hermann Francke selbst, hat sich einmal für einen Diener des in Halle ansässigen Propstes Tribbechow eingesetzt. Mit dem ganzen Ansehen seiner Person bemühte er sich um die Freigabe eines ausgehobenen einfachen Mannes, wobei in diesem Falle die gesellschaftliche Stellung der beiden Theologen der Erfüllung der Bitte eventuell förderlich war.

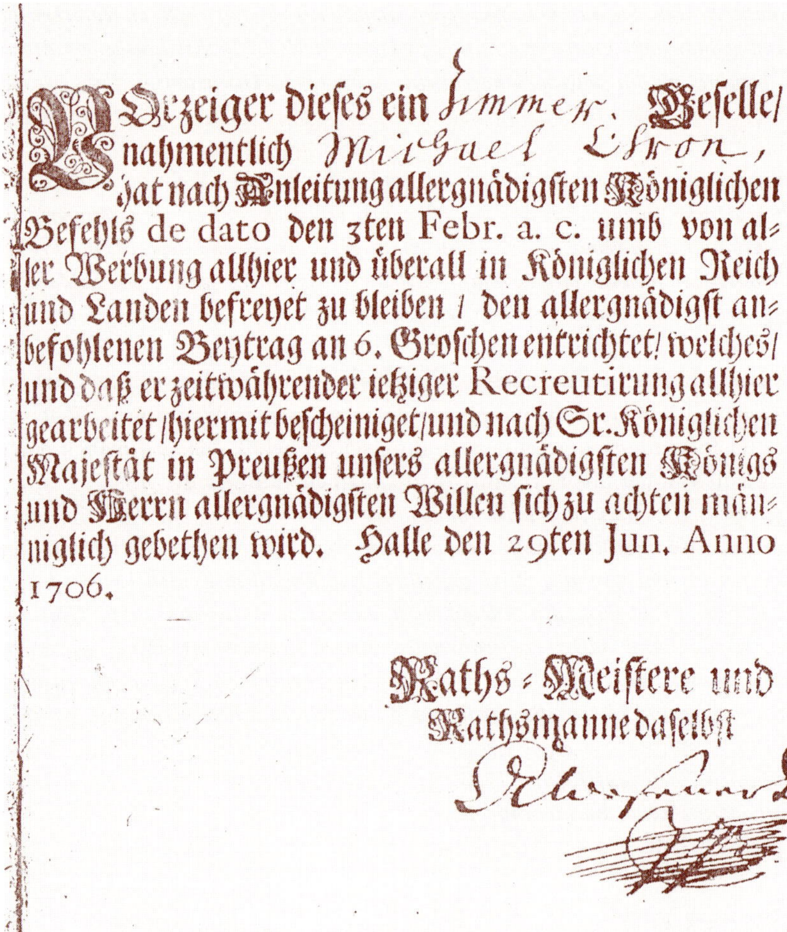

Vorzeiger dieses ein Zimmer= Geselle/
nahmentlich Michael Ehron,
hat nach Anleitung allergnädigsten Königlichen
Befehls de dato den 3ten Febr. a. c. umb von al=
ler Werbung allhier und überall in Königlichen Reich
und Landen befreyet zu bleiben / den allergnädigst an=
befohlenen Beytrag an 6. Groschen entrichtet/ welches/
und daß er zeitwährender ietziger Recreutirung allhier
gearbeitet / hiermit bescheiniget / und nach Sr. Königlichen
Majestät in Preußen unsers allergnädigsten Königs
und Herrn allergnädigsten Willen sich zu achten män=
niglich gebethen wird. Halle den 29ten Jun. Anno
1706.

Raths= Meistere und
Rathsmanne daselbst

Ein sogenannter Loskauf- oder Befreiungsschein

"Ew. Excell[enz] *und Hoch Edle Herrlich*[keit] *wollen gütigst und hochgeneigt geruhen Ihnen gehorsamst vortragen zu laßen, was maßen die hiesige Bürgerschafft einen Kerl Nahmens Peter Francke ehegestern wegnehmen, und zum Soldaten werben laßen.*
Wann nun derselbe bey dem H[errn] *Propst Tribbechov in seiner Krankheit bishero gewartet* [gepflegt], *und seine Dienst wohl verrichtet, dergestalt, daß gedachter H. Pr. Tribbechov ihn gerne leyden und um sich haben mögen, und zu befürchten, daß nicht so leicht ein anderer zu finden sey, der so wohl zu dieser Verrichtung tüchtig, als auch an dem mehrgemeldeter H. Pr. Tribbechov das contentement* [Zufriedenheit] *finde; Als*[o] *gelanget an Ew. Excell. mein gehorsambstes bitten in Ansehung dieses in Gnaden zu verfügen, auch deshalb an die Bürgerschafft einen nachdrücklichen Befehl ergehen zulaßen, daß dieselbe anfangs besagten Peter Francke so fort wiederum loß laßen.*
Ich werde solches gehorsamst zu verschulden äußersten Fleiß anwenden als Ew Excell. und Hoch Edle Herrlchk. Gehorsamster Augustus Hermann Francke
Halle den 9.Dec. 1710"[76]

Gleich am nächsten Tage schreibt er dem "Weggenommenen" noch eine Bescheinigung aus:
"Daß Vorweiser dieses, Peter Francke, bey dem Herrn Propst Tribbechov biß hieher seine Aufwartung gehabt, und dieser Ihn nothwendig bey seiner Maladie [Krankheit] *und unpäßlichkeit brauche, wird hiermit nicht nur glaubwürdig bezeüget, sondern auch gar dienstlich u[nd] gehorsamst gebeten, in regard* [in Anbetracht] *ietzgemeldetem Herrn Propsts den Menschen* [!], *weil Er ihn nicht entrathen kan, hochgeneigt wiederumb loßzugeben.*
Datum Glaucha d. 10 Dec. 1710. A. H. Francke PPT Past[or]
mpp [manu propria, mit eigener Hand]"[77]

Es darf nicht unerwähnt bleiben, daß der Soldatenkönig selbst Ordre an das "Anhaltische Regiment zu Fuß" gegeben hatte, wonach die *"gewaltsame Aufhebung und enrollirung angeseßener Leute und Lehrjungen abgestellet werden solle"*.[78] Der Befehl zur Abstellung augenfälliger Mißstände bestätigt aber nur, daß die bis dahin geübte Praxis tatsächlich so war, wie sie hier geschildert wurde.

[76] ebd., XXI C 2, S. 31

[77] ebd., S. 32

[78] Oranienbaum, Abt. Dessau, A 9 b I b Nr. 25 I

Die Werber waren manchmal bestechlich

Im Stadtarchiv Halle hat sich ein formloses Schriftstück vom April 1716 erhalten, das wahrscheinlich ein Stimmungsbericht eines Vertrauensmannes an den Rat ist. Ohne Anrede und Schlußformel schildert es Einzelfälle, bei denen die Tatsache des "Loskaufs" bezeugt ist. Dieser Loskauf war insgeheim im Schwange, obwohl er vom König streng verboten worden war:

"Die Officirer sollen... von denen geliefferten Recruten niemanden gegen Erlegung einiges Geldes, bey Verlust ihrer Chargen, auch anderer harten Bestraffung ohne Königliche Ordre loßzugeben, sich gelüsten lassen."[79]

Doch nicht alle Offiziere waren unbestechlich, und wer von den Betroffenen gab nicht sein Letztes und noch mehr, nur um vom Soldatendienst loszukommen? Der Gewährsmann (oder Denunziant, oder Spitzel?) berichtete:

"In Marien Viertel Ist wegen der Werbung vor[ge]*gangen*

1. Andreas Hauschilden seinen Gesellen haben sie mit gewalt weggenommen. Er ist gleich wieder losgekommen, auch gleich weggereiset, das man nicht weiß, wo Er hinkommen...

3. David Bahrmann ein Bürger und Traiteur [Speisewirt, der auch Speisen über die Straße mitgibt] *ist mit gewalt weggenommen worden, ist auch wieder los. Er will es aber nicht sagen, was es ihn gekostet hat...*

Nicolai Viertel

1. Hans Georg Garaus ein Flonellmacher [Flanell-] *welcher verheyrathet, ist wieder loßgeben, hat aber davor Dreyßig Thaler müssen zahlen an Herrn Capit*[ain]. [Hauptmann] *von Plotho"*

Die Abneigung der einfachen Leute gegenüber dem Soldatensein war allgemein und wohlbegründet. Daran war bei Verheirateten nicht allein des Fehlen des Ernährers und der dadurch bedingte Verdienstausfall schuld. Schon im Frieden war das Leben der Soldaten hart und strapazenreich. In einer extremen Situation passierte dieses:

"24. NB [nota bene = man beachte wohl] *den 30 May* [1777] *Nachmittags um 4 Uhr ist George Sammtmann Soldat Hochlöb*[lichen] *Berenburg*[ischen] *Regiments von des Herrn Major du Bouchet Compag*[nie] *beym Rückmarsch von der Revue, vor hiesiger Stadt* [Löbejün], *plötzlich verstorben und d. 31. ejusdem alhier beerdiget. Er war gebürtig aus Riecksdorff in der Niederlaußnitz.*

25. NB den 30 May ist Adolf Lincke, Soldat Hochl Berenburg Regiments von des Herrn

[79] Stadtarchiv Halle, XXI C 1, ohne Seitenangabe

Hauptmann von Windheim Compag bey dem Einmarsch in hiesige Stadt von der Magdeburgischen Revue zurückkommend plötzlich im Quartier gestorben und den 31 ejusdem alhier beerdiget worden. Alt 40 Jahr. Er war gebürtig aus Halle. Das Regiment hatte bey diesem Rückmarsch sehr viele marode [erschöpfte] *und krancke* [Soldaten], *nicht nur wegen der außerordentlichen Hitze dieses Tages, sondern auch wegen eines Marsches von 14 Stundten, wegen ausgetretener Waßer."*[80]

War nach diesen Zeugnissen schon in Friedenszeiten der Dienst hart und mitunter äußerst beschwerlich, so wurde im Kriege alles noch viel bedrohlicher und völlig unsicher, sein Ausgang und die eigene Heimkehr waren ungewiß. Auch deshalb war die Abneigung der Betroffenen gegen das Militär immer groß.

Das Leben jedoch ist bunt und vielgestaltig, und die Menschen gehen seltsame Wege. Verschiedentlich sind Männer auch freiwillig unter die Werberfahne getreten, Gescheiterte, Hoffnungslose, Abenteuerlustige oder solche, die auf der Flucht vor einer bedrohten oder unsicher gewordenen "geordneten bürgerlichen Existenz" Schutz und Zuflucht in den Reihen der Soldaten des Königs suchten - und scheinbar dort auch fanden.

Ungefähr so ein Fall hat sich in Könnern ereignet, und er scheint demnach so selten auch wieder nicht gewesen zu sein:

"Herr [!] *Johann Christian Kuntze ein Unterofficier unter des Herrn Hauptmanns von Boyen Compagnie, Wohllöbl*[ichen] *Grapischen Bataillons infanterie wurde Johanna Juliana Friederica Steinhäusern aus Halle ohne Proclamation auf Verlangen des Herrn Commandeurs copuliret d. 20 Mart*[is] [März] *montags 1752.*

Not[a] *Dieser Herr Kuntze hatte zu Halle fünf Jahr Theologiam studiret und auf einige Jahre als Praeceptor* [Lehrer, Erzieher] *im Waysenhause* [offensichtlich der Franckeschen Stiftungen in Halle] *informiret* [unterrichtet] *und da er nicht über sich gewachet, von der Steinhäuser verführen lassen, daß er sie geschwängert. Nachdem solches offenbar worden, begab er sich hierher nach Cönnern, und bat gar sehr, daß er als Unterofficier angenommen und mit der Steinhäuser copuliret werden möge, ehe aber solches noch geschehen, kam selbige mit einer Tochter zwey Tage vor der Copulation nieder. Damit das Kind als eines Soldaten Kind könnte getauft werden, so wurde gar sehr, insbesondere weil die Wöchnerin sehr krank worden, und dem Tode nahe, mit der Copulation geeilet, welche denn auch vor dem Bette geschehen."*[81]

Derartige Verstrickungen waren natürlich nicht typisch für den Eintritt in die friderizianische Armee, aber typisch war, daß die Armee den Bewerber - noch

[80] Kirchenbuch Löbejün

[81] Kirchenbuch Könnern

dazu als Unteroffizier! - aufnahm; - sie nahm eben jeden auf, der das wollte und der einigermaßen brauchbar war.
Bei manchen von denen, die weder wollten noch brauchten, mögen die Werber bei einiger Aussicht auf Erfolg mit mehr oder weniger sanfter Gewalt nachgeholfen haben. Die Hauptsache war, sie bekamen ihren Mann, auch wenn derselbe ein ausstudierter Theologe war und, wer weiß, unter welchen Umständen, auf eine Pfarrstelle wartete. Ein Parallelfall zu dem Theologen Kuntze in Könnern findet sich in Alsleben. Als am 1. April 1757 in der Stadt Alsleben an der Saale der Königlich Preußische Accis-Einnehmer Thomas Christoph Schubert im Alter von 62 Jahren starb, bemerkte der dortige Pfarrer über ihn:
"*Defunctus* [der Verstorbene] *war eines Predigers Sohn, aus der Mark* [Brandenburg], *als candid*[atus] *theol*[ogiae] [Pfarramtsbewerber] *von Soldaten weggenommen, und Unterofficier bey den preußisch. CarabinierRegimente* [leicht bewaffnete Kavallerie] *gewesen, im Treffen bey Mollwitz* [am 10. April 1741 im ersten Schlesischen Kriege, Sieg der Preußen über die österreichische Armee] *gestürtzet* [entweder vom Pferde oder mit dem Pferde] *und allhier 1743* [also mit 48 Jahren] *zum Einnehmer bestellt* [wahrscheinlich als Zivilversorgung]. *Sonst eines christl*[ichen] *und ehrl*[ichen] *wandels*[!]",[82] welche letzte Bemerkung auf ein uneingestandenes Mißtrauen diesem verhinderten Amtsbruder und gewesenen abenteuerlichen Soldaten gegenüber hindeutet.
Obwohl der König wollte, daß die "*Söhne von Pfarrern, die wieder Pfarrer werden wollten*", nicht zum Militärdienst herangezogen werden sollten, gerieten hier und da - wie die beiden letzten Beispiele zeigen - einzelne doch in die Reihen der Armee. Es ist deshalb nicht völlig ausgeschlossen, daß auch der "Grenadier Löwe" eine entsprechende soziale Herkunft gehabt haben könnte. Dann allerdings wäre erst der Urgroßvater Carl Loewes ein Theologe in Amt und Würden gewesen und die mehrfach aus der bisherigen Loewe-Literatur angeführte Behauptung der Abstammung Loewes aus einem Geschlecht von Theologen ziemlich weit hergeholt.
Wenn Friedrich II. für die erste Hälfte des 18. Jahrhunderts, um die es hier geht, selbst sagt, daß "*die Soldateska aus der Hefe des Volkes bestehe*", so bedeutet dies, daß alles in allem der drückende Militärdienst auf den Bauern und den ärmeren städtischen Schichten lastete. Aus diesen Kreisen dürfte der Grenadier Andreas Christoph Löwe abstammen, von dessen Lebensspuren bisher nur die beiden Eintragungen im Könnernschen Kirchenbuch aufgefunden wurden.

[82] Kirchenbuch Stadt Alsleben, Totenregister

Die damals in Könnern, Wettin, Alsleben und Löbejün garnisonierenden Kompanien lagen, aufgeteilt in Bürgerhäusern, in Quartier; Kasernen gab es zu dieser Zeit noch nicht. Über die damals geübte Praxis der Verteilung der Soldaten auf die Bürgerhäuser in Löbejün unterrichtet eine Notiz in der Akte über Bürgerangelegenheiten:

"Actum [verhandelt und beschlossen] *Löbechün, den 7. Februar 1748*

Nachdem bey Einquartierung des Herrn Hauptmann von Borne Compagnie, und da sehr viele beurlaubet [waren], *angemerket und gut befunden worden, daß diese Compagnie auf 2 Stadt Viertell repartiret* [aufgeteilt] *werde, so ist acto der convocirten* [zusammengerufenen] *Bürgerschaft solches vorgetragen, und per sortes* [durch das Los], *welche Viertell zuerst die Einquartirung tragen sollen, die Losung geschehen, da denn Mstr. Bley No. 2 Kochs- und Plötzer-Viertell ergriffen, so daß von diesen Vierteln der Anfang gemachet, und solchergestalt von 4 wochen zu 4 wochen mit den übrigen Vierteln als Haellischen und Rings Vierteln* [Mühlentor-Viertel] *continuiret* [fortgesetzt] *werde. So allhier nachrichtlich. In Praesentia Magistratus."*[83]

In den ausgelosten Vierteln regelten die Viertelsmeister, welche Bürgerhäuser einen Soldaten - mit oder ohne Familie - aufzunehmen hatten, wenn sich die Verteilung nicht auf freiwilliger Basis von selbst erledigte.

Noch 1764 heißt es über einen *"Soldaten* [des] *löbl*[ichen] *Plothoischen Bataillons": "...im Quartier beym Herrn Hoff-Fiscal Dorenberg* [in Löbejün] *liegend."*[84]

Etwa die Hälfte der Soldaten war verheiratet, wovon zahlreiche Eintragungen in den Heiratsregistern der Kirchenbücher in Könnern, Löbejün, Wettin, Alsleben, Halle u. a. zeugen, zumindest lebten die Soldaten mit einer Frau zusammen. Sie bzw. ihre Familien beköstigten sich selbst, der Sold betrug aller fünf Tage acht Groschen, im Monat also zwei Taler. Das mochte für einen Mann bei einfachster Lebensweise ausreichen, mit Frau und Kind aber war es zu wenig zum Leben. Aus diesem Grunde mußten die "Soldatenweiber" als Wäscherinnen, Spinnerinnen, Weberinnen, Hökerinnen usw. dazuverdienen, was den zünftigen Handwerksmeistern ein Dorn im Auge war.

Rechtlich unterstanden die Frauen der Militärgerichtsbarkeit.

Etwa die Hälfte der Soldaten war über 30 Jahre alt, es gab aber auch nicht wenige über 50 und sogar welche über 60 Jahre.

Die kleinen Saalkreisstädtchen Könnern und Löbejün hatten im ganzen 18. Jahrhundert zunächst kleinere Kommandos Musketiere oder Grenadiere, später bis zu zwei Kompanien als regelmäßige Besatzung in ihren Mauern. Dadurch

[83] Ratsarchiv Löbejün, Akte 56 rot

[84] Kirchenbuch Löbejün

wurde den Städten wirtschaftlich von Staats wegen geholfen, denn die Soldatenfamilien belebten Handel und Wandel in einem gewissen Maße, das der Größe der jeweils stationierten Armeeeinheit entsprach.

Die Lebenshaltung der Soldaten

Die materielle Lage der meisten Soldaten wurde außer durch geringen Sold noch dadurch erschwert, daß sie trotz ihrer langen Dienstzeit von etwa zwanzig Jahren keinen ununterbrochenen, festen Anspruch auf eben diesen Sold hatten. In der altpreußischen Armee zur Zeit Friedrichs II. bestand das System der sogenannten Kompaniewirtschaft. Der König, also der Staat, berechnete dem Kompaniechef die Mittel für den vollen Mannschaftsbestand jeweils für ein Jahr. Da aber ein großer Teil der Mannschaft für etwa zehn Monate im Jahr als "Beurlaubte" nach Hause und in das Zivilleben geschickt wurde, konnte der Kompaniechef deren Sold mit des Königs stillschweigender Duldung für sich persönlich einbehalten. Auch die "Freiwächter", die innerhalb der Garnison turnusmäßig vom Wachtdienst befreit wurden, erhielten für ihre Freistellung keinen Sold. Die dafür vorgesehenen Gelder wanderten ebenfalls in die Taschen des Kompaniechefs. Diese Regelung war für manchen zweit- oder drittgeborenen Sohn eines Adligen (der das väterliche Gut nicht erben konnte) ein starker Anreiz, Offizier zu sein. Nach einer Wartezeit von vielleicht zwanzig Jahren konnte er endlich Kommandeur einer Kompanie werden mit der Möglichkeit, ein kleines Vermögen als Sicherung für das Alter anzusammeln. Die "unbesoldeten" Soldaten aber mußten sehen, wie sie sich ihren Unterhalt verdienten. Sie verdingten sich in den kleinen Garnisonsstädten je nach den lokalen Gegebenheiten als Handarbeiter oder Tagelöhner für Gelegenheitsarbeiten, in den Saalkreisstädten Könnern, Löbejün und Wettin fanden die Soldaten Arbeit in den königlichen Steinkohlenbergwerken oder in den Kupferhütten oder auch als Handwerksgehilfe bei den ortsansässigen Meistern.

Das Löbejüner Kirchenbuch nennt in dieser Zeit den einfachen "Miles" oder "Soldat", "Granadier"[!], "Mousquetier" usw., der wahrscheinlich zum Stammbestand der betreffenden Kompanie gehörte und deshalb ständig im Dienst war und keine andere Freiwächter-Tätigkeit ausübte. Daneben finden sich aber auch sehr zahlreiche ergänzende Angaben, die etwas über den sonstigen Status des Gemeinen aussagen:

"Bürger und Grenadier"

"Bürger und Soldat vom Lettowschen Regiment"

"Bürger, Bergmann und Soldat"
"Unteroffizier bei dem ehemaligen Hallischen Regimente wie auch Bürger und Seiler"
"Bürger und Schuhmacher, auch Soldat"
"Husar und Metall[icus] [hier: Bergmann]"
"Soldat von hiesiger Garnison, auch Bürger und Schuster alhie"
"Bürger, Soldat unter dem löbl[ichen] *Benckendorffischen Grenadier Bataillon und Bergmann alhie"*.
Während die Bezeichnung "Bürger" darauf hindeutet, daß die Betreffenden am Ort das Bürgerrecht besaßen und fest ansässig waren, lassen Bemerkungen wie "Schuhmacher und Soldat" (ohne "Bürger" und "Brauer") erkennen, daß hier neben dem halbmilitärischen auch noch ein mehr frühproletarischer, halbziviler Status bezeichnet werden sollte. Das geht auch aus der Schilderung eines schlimmen Vorfalls im Totenregister eines Löbejüner Kirchenbuches hervor:
"den 5. Jul[i] [1771] *ist Johan Christoph Röpert aus Sieglitz und Soldat beym löbl*[ichen] *Berenburgischen Regiment in Halle, welcher im hiesigen Kalckoffen gearbeitet, in den Kalckoffen gefallen gewesen und am halben Leibe verbrannt, verstorben und den 8 Ejusd*[em] [des gleichen Monats] *xstlich* [christlich] *albier zur Erden bestattet worden. Alt 36 Jahr."*
Offensichtlich war der Soldat ein Freiwächter und als Kalkbrenner in Lohnarbeit beschäftigt. Den gleichen sozialen Stand dürfte ein Kamerad des tragisch verunglückten Soldaten gehabt haben, der in Alsleben stationiert war und von dem gemeldet wird: *"Preußischer Soldat, der itzt in der Salpeter Hütte arbeitet."*[85]
Auch in Wettiner Kirchenbüchern finden sich solche Vermerke:
"Bergarbeiter und Soldat"
"Soldat v[el] [oder auch] *Kohlenkär*[r]*ner* [einer, der Kohlen mit der Karre transportiert]".

Fanden die nichteinheimischen Soldaten in Löbejün und Wettin vorwiegend als Bergleute in den Königlichen Steinkohlenschächten zusätzlichen Lohn und Brot, so suchten sie sich in Könnern und Rothenburg im umliegenden Kupferschieferbergbau, z. B. in der Golbitzer Hütte, Arbeit.
Die ansässigen Bürger-Soldaten und die ansässig gewordenen Soldaten (ohne Bürgerrecht) gingen in ihrer dienstfreien, besser: Freiwache-Zeit ihrer gewohnten Arbeit oder einer angenommenen Beschäftigung nach. Eine Eintragung im Kirchenbuch der Stadt Alsleben an der Saale bringt dies 1731 am deutlichsten

[85] Kirchenbuch Dorf Alsleben 1716

zum Ausdruck, wenn es heißt: *"Bürger, Brauer und Fischer allhier P. t.* [pro tempore = zur Zeit] *Preußisch*[er] *Musquetier."* (Daß der Bürger und Fischer auch Brauer war, läßt darauf schließen, daß er Besitzer eines Hauses war, mit dem Braurecht verbunden war.)

In rein ländlichen Gegenden jedoch waren in der sozialen Struktur das bäuerliche Element und die dörflichen Handwerke vorherrschend. In den Kirchenbüchern der umliegenden Dörfer des Saalkreises und im Anhalt-Köthenschen finden sich als preußische Soldaten vor allem Bauern und Bauernsöhne sowie Angehörige von solchen Berufen, die auch in nichtstädtischen Gemeinden ausgeübt werden durften.

"Soldat unter dem Hochfürstl[ich] *Anhalt Dessauischem Regiment, Coßath und Schmidt"*
"Soldat wie auch Coßathe und Schneider"
"Grenadier und Coßathe"
"Soldat und Coßathe"
"Flügelgrenadier von seiner Königl[ichen] *Majest*[ät] *in Preußen 2. Baitallon* [!] *Guarde zu Fuß wie auch Coßathe"*
"Soldat und eines Coßathen Sohn"
"Maurer und Coßath, eines Maurers Sohn"[86]
"Husar und Knecht"
"Canonier und Coßath"
"Coßath und Huff- und Waffenschmiedt"[87]

Die Patenschaften

Aus dieser auswahlhaften Aufzählung geht hervor, daß ein großer Teil der preußischen Mannschaft zu dieser Zeit wegen der Einrichtung der "Beurlaubung" und der "Freiwache" gezwungen war, für sich und seine eventuelle Familie den Lebensunterhalt so zu sichern, als ob sie keine Soldaten wären. Sie taten dies als Bürger in ihrer angestammten zivilen Lebensweise, oder sie nahmen jede sich am Ort anbietende Lohnarbeit an. Besonders schwer hatten es die nichtansässigen Verheirateten oder quasi Verheirateten, die noch gewöhnlich für zahlreiche Kinder zu sorgen hatten.

Manchmal war die Not oder auch die Verlockung so groß, daß man auf ungewöhnliche Hilfsquellen verfiel und daß z. B. bei Taufen von Soldatenkindern viel

[86] Kirchenbuch der Gemeinden Mittel-, Hohenedlau, Sieglitz 1710 - 1807 in Domnitz

[87] Kirchenbuch Schlettau, in Löbejün

mehr Taufpaten gebeten wurden als eigentlich vorgesehen und auch üblich waren. Normalerweise bekam jeder Täufling drei Paten zugesprochen, unehelichen Kindern billigte man lediglich zwei Paten zu. Soldatenkinder aber hatten davon abweichend oft sehr viel mehr Paten, dieses wahrscheinliche Gewohnheitsrecht läßt sich in den hiesigen Kirchenbüchern bis in den Dreißigjährigen Krieg nachweisen.
"Daß mehr denn 3 Gevattern zugelaßen worden, ist Ursache, weil obiger Einwohner Johann Hellbach zugleich ein Königl. Preußischer Soldate ist." (8 Paten)

"Er begehrte 3 Gevattern zuzulaßen weil er ein Soldate, [ich] *Antwortete aber daß es geschehen könnte, wenn sie* [die Mutter des angemeldeten Kindes] *seine anvertraute Ehefrauen wäre, weil aber solches fehlte, würden wie gewöhnlich nicht mehr denn zwey Gevattern admittiret* [angenommen]."[88]

Augenscheinlich geschah dieses Erbitten von mehr als drei Paten der hochwillkommenen Patengeschenke und der Patengelder wegen, auf die der einfache Soldat mehr als jeder andere angewiesen war: so war eine bescheidene kleine Familienfeier auszurichten, und es waren Gebühren an die Geistlichkeit abzuführen. Hierfür war jeder noch so kleine Beitrag erwünscht, weil notwendig. Dieses von den Soldaten beanspruchte Gewohnheitsrecht des "Mehr-als-drei-Taufpaten-haben" hat schon lange bestanden. Ob es in seiner Begründung und Auslegung seit seinem Ursprung bis zu den Zeiten Friedrichs II. einen Wandel erfahren hat, wird hier nicht untersucht.
Im Kirchenbuch von Könnern ist unter 1634 die Taufe der Tochter eines Marketenders mit sieben Paten vermerkt, und *"weil dieser ein Soldatt ist ihm so viell Gevattern zu bitten vergönnet."*

Hier liegen die ökonomischen Gründe noch im Verborgenen, aber es fällt auf, daß unter den sieben Paten ein Korporal, der Bader, die Frau des Stadtvogts und die Hauptmannsfrau genannt werden, alles Leute, von denen ein "gutes" Patengeschenk zu erwarten war.
Mitunter hing es wohl auch vom Mitleid des Pfarrers ab, ob die Taufordnung eingehalten wurde oder nicht.
"NB es wurden nicht mehr, unangesehen d[er] *Va*[ter] *ein Soldat gewesen, dann 3 Gevattern verwilliget, aber im abwesen des Pfarrers hatten sie mehr* [fünf] *gebeten."*[89]

[88] Kirchenbuch Rothenburg 2 a 1664 - 1741, S. 139 und S. 194

[89] Kirchenbuch Könnern, 1651

Die ganze soziale Einschränkung oder Not als Hintergrund entsprechenden Verhaltens kommt in einer sehr deutlichen Bemerkung unverhüllt zum Vorschein:
"Weil dieses ein so armer Soldat war, daß er nicht einen Groschen hatte, und so sehnlich umb 5 Gevattern bat, als[o] *sind ihm solche aus Erbarmen und Mitleiden zugelassen, aber andern nicht zur Nachfolge, weil es wider Fürstl*[iche] *Ordnung ist."*[90]

Die Erscheinung, daß Soldatenkinder sehr oft viel mehr als drei Paten erhielten, nahm zu des Grenadiers Löwe Lebenszeit auffällig zu. Daran scheint die damalige Militärkirchenordnung nicht ganz schuldlos gewesen zu sein, denn sie regelte eine diffamierende Gebührenstaffelung. Besonders nichtverheiratete Eltern wurden finanziell empfindlich belastet. Im § V des Dritten Abschnitts "Von dem Tauffen" des "Militär-ConsistorialReglements und Kirchenordnung des Feld-Ministerii" vom 15. Juli 1750 heißt es:
"Die Tauff-Gebühren für ein ehelich Kind sind vor [für] *den Prediger 6 Groschen und pro Custode* [für den Küster] *2 Groschen, ist es aber ein unehelich Kind, so bekommt der Prediger nach der bisherigen Gewohnheit einen Reichsthaler, und der Küster 4 Groschen, bey welchen unehelichen Kindern auch nur ein Gevatter* [!, danach wurde hierorts nicht gehandelt] *statt finden darf."* (1 Reichsthaler = 24 Groschen zu je 12 Pfennig)

Die vierfache Gebührenhöhe traf die Unverheirateten besonders hart.
Ganz unumwunden ging der Pfarrer in der Stadt Alsleben auf die Armut einer jungen Mutter ein und schrieb:
"Nicht nur in Ansehung, daß des Kindes Vater ein Soldate war, dergl[eichen] *hier nur erst neulich von M. Hulsen* [?] *Diacono in Alsleben Einem Corporal wid[er]fahren, welcher 10 Gevattern* [bey der taufe] *stehen laßen; Sondern hauptsächlich ihrer Armut halber, weil sie ihrem Mann nachziehen wollen, u*[nd] *allhier erst in die Wochen kommen wollen; da sie von hiesiger Adel*[iger] *Gerichts Obrigkeit hiezu Concession* [Erlaubnis] *vorher erhalten, Sind ihr mehr, als ordentlich nach uns*[erer] *Kirchen Ordnung zuläßig, Gevattern vergönnet worden, wozu* [ich] *mich aber dennoch vorher nicht gestehen wollen, u*[nd] *alß wid*[er] *meinen Willen zulaßen müßen, Auff der Sechs Wöchnerin inständiges anhalten."*[91]

Zusammenfassend sei hier noch einmal festgestellt:
Uneheliche Kinder, die man "unächtig" (unecht), "unehrlich", "erhurt" nannte, bekamen in der Praxis lediglich zwei Paten zugebilligt (auch die Schwester Carl

[90] Kirchenbuch Könnern, 1674

[91] Kirchenbuch Stadt Alsleben, 1710

Loewes!), jeder arme oder reiche, angesehene oder wenig geachtete Familienvater aber durfte drei Paten und keinen mehr zur Taufe seines Kindes bitten. Nur die Angehörigen des Adels konnten aus Standes- und Prestigegründen weit mehr Paten angeben. Aber eben auch Soldatenkinder erhielten fast durchweg 8, 10 Taufpaten, nicht selten auch 12, 13 (!), ja sogar 14, 16, 18 Paten. 1721 ließ in Löbejün ein Soldat sogar 26 Paten einschreiben. Allerdings geschah dies aus ganz anderen Gründen als bei den Adligen.

Seinen Unmut über diese Übertreibung eines christlichen Brauchs brachte der Pfarrer der Stadtkirche St. Petri in Löbejün bei einem anderen Falle zum Ausdruck, als er vordergründig eine vermeintliche Geldgier des betreffenden Vaters - eines Soldaten - anprangerte. Nachdem er zehn Paten in das Kirchenbuch eingeschrieben hatte, hielt er als Chronist fest:
"*Und weil sich der Mensch unterstanden hat, ettliche 40 biß 50 hier und auswärts zu Pathen um des schnöden Geldes willen zu bitten, auch nicht einmal alle angesagt, haben sie auch nicht alle, sondern nur ettl*[iche] *eingeschrieben werden können.*"[92]
Allerdings ist er dabei nicht darauf eingegangen - oder er hat es nicht erkannt -, daß es außer vielleicht in diesem Extremfalle keineswegs Geldgier, sondern mehr die dürftige ökonomische Lage der meisten Soldatenfamilien war, die sie veranlaßte, auf zahlreiche Patengelder und Patengeschenke aus zu sein.
Die Tatsache, daß Soldaten zur Taufe ihrer Kinder ungewöhnlich viele Paten hatten, ist in allen kleinen Garnisonstädten des Saalkreises und auch in Halle nachweisbar. Lediglich das Kirchenbuch in Könnern weist noch eine Besonderheit auf. Nach der namentlichen Anführung von drei Paten wird mehrfach eine unbekannt bleibende Anzahl weiterer Paten unter dem Kürzel "u. a. m." (und andere mehr) versteckt.
Bei der Taufe des Soldatenkindes Johann Andreas Loewe (des Vaters von Carl Loewe) findet sich das erwähnte Kürzel nach der Angabe von drei Paten nicht. Hat es der eintragende Pfarrer vergessen? Oder hat der Grenadier Andreas Christoph Löwe aus Stolz eine Tradition durchbrochen? Oder hatte die junge Familie des Grenadiers die Patengelder nicht nötig, vielleicht, weil eine enge Bindung an den Schwiegervater eine Unterstützung von dorther brachte?
Da hierüber nichts bekannt ist, so entfällt damit ein weiterer Fingerzeig auf die materielle Lage des Grenadiers Löwe oder auf seine Einstellung dieser Sache gegenüber.

[92] Kirchenbuch Löbejün, Geburtsregister, 9. 1. 1721

Übrigens hat zu dieser Zeit nicht nur unter Soldaten ein gewisser Anspruch oder eine Erwartung auf materiellen Zugewinn bei Kindtaufen bestanden.
Auch in den Kreisen der Bürger und Bauern muß hierbei ein unverhältnismäßiger, allmählich wachsender Aufwand getrieben worden sein, wogegen Carl Georg Leberecht, ältester regierender Fürst zu Anhalt, einzuschreiten sich veranlaßt sah. Gleichzeitig wies er darauf hin, Gevattern nur "unter seinesgleichen" auszuwählen! Am 27. April 1780 erging von ihm dieser "gnädigste Befehl":

"Von Gottes Gnaden Wir Carl Georg L[eberecht] *ältester regierender F*[ürst] *zu Anhalt ppp* [Kürzel für weitere Titel]
Sonders liebe Andächtige u[nd] *getreue*
Es ist Euch nicht unbekannt, was für Mißbräuche bey denen Kindtaufen u. Gevatterschaften nicht nur eingeschlichen, als welche Klagen darüber allgemein geführet werden, indem die meisten Eltern bey dieser heil[igen] *Handlung mehrentheils ihre interessirten Absichten zu erheben, und dahero solche Taufzeugen erwehlen, bey denen sie ansehnliche Eingebinde und andere Geschenke sich zu verschaffen haben mögen. Wann Wir nun diese Mißbräuche gäntzl*[ich] *abgeschaffet wißen wollen, so befehlen wir gnädigst u. ist Unser ernster Wille, daß*

1. *Die Eltern bey der Taufe ihrer neugebohrenen Kinder keine andere Gevattern wehlen sollen, als welche ihren Stande gleich oder aus ihrer Familie sind, weshalb die Prediger Unseres Landes anzuweisen, die erforderlichen Gevatter-Briefe in keine andere Maaße als hier vorgeschrieben bey 5 rthl* [Reichsthaler] *Strafe ertheilen und ausfertigen zu laßen.*
2. *Wollen Wir das sogenannte eingebinde und Pathen Geld so wohl als übrige Geschenke an Tauf Mützen und sonstigen Kleidungs Stücken gäntzl*[ich] *aufgehoben wißen und sollen die ienigen, so solches reichen oder annehmen es sey unter welchen Fürwande* [Vorwand] *es geschehen möge, ieder theil mit 10 rthl Strafe belegt werden..."*[93]

Das Regiment, dem Andreas Christoph Löwe angehörte

Welches Schicksal der Grenadier Löwe in der Katastrophe des Siebenjährigen Krieges hatte, konnte bisher nicht aufgeklärt werden. Die Truppeneinheit, der er angehörte, war eine *"Grenadierkompanie des hochgräflich alt-Dohnaischen Füsilier-Regiments Nr. 44"*. Daran besteht kein Zweifel, denn der Name des Regiments

[93] Kirchenbuch Hohnsdorf-Trebbichau 1666 - 1752, Anhang Memorabilia

ist durch mehrere Angaben im Zusammenhang mit Eheschließungen, z. B. von Soldaten, die ihm angehörten, im Kirchenbuch von Könnern wiederholt angeführt. Eine irrtümliche Namensangabe, wie sie in einem Einzelfalle denkbar wäre, ist ausgeschlossen. In einer Notiz lautet die Bezeichnung sogar fast vollständig: [ein Grenadier] *"von des Herrn Capitaines von Kanthen Compagnie alt Dohnaischen fusilier Regiments"*.

Am 28. Dezember 1741 erhielt Generalmajor Friedrich Ludwig Graf zu Dohna von Friedrich II. den Befehl, das Infanterie-Regiment Nr. 28 (Standort war die Festung Wesel im Herzogtum Cleve, der damals am weitesten westlich, an der Mündung der Lippe in den Rhein liegende, isolierte Gebietsteil Preußens) nach Schlesien in Marsch zu setzen. Vorher aber durfte er aus jeder Kompanie zehn Mann als Stamm und Kern für ein neu aufzustellendes Regiment aussuchen. Ende Januar 1742 erhielt das neue Regiment die Nummer 44, zu seinem Chef wurde Graf Dohna ernannt, der aus Ostpreußen stammte und dem preußischen Uradel angehörte. Ein halbes Jahr später war das Regiment vollzählig: 10 Musketierkompanien zu je 90 Mann und 2 Grenadierkompanien, die jeweils von 90 um 30 auf 120 Mann erhöht worden waren, insgesamt betrug die Stärke des Regiments (Stab, Zimmerleute als Pioniere, Bataillonsartillerie, Tambours, Hoboisten, Pfeifer...) 1 220 Mann. 1744 (und 1756) wurde es als *"Weselsche Garnison außer Feldetat"* zur Kriegführung als ganze Einheit nicht herangezogen, nur die Grenadiere wurden vom Regiment abgetrennt, herausgezogen und als ausgesprochene Nahkampf- und Sturmtruppe zum Einsatz gebracht. Im Mai 1745 versammelte Fürst Leopold von Anhalt-Dessau, der "alte Dessauer", 22 Bataillone und 50 Eskadronen im Raum Halle zum Angriff auf sächsisches Gebiet, an dem die Grenadiere des Regiments Nr. 44 beteiligt waren. Am 29. November begann der Einfall nach Kursachsen. Torgau wurde am 5. Dezember 1745 erobert, und am 15. Dezember siegten die Preußen unter Fürst Leopold bei Kesselsdorf. Die Grenadiere des 44. Infanterie-Regiments standen im ersten Treffen (also in vorderster Reihe) des rechten Flügels. Ihr Angriff auf die vom sächsisch-österreichischen Gegner besetzten vereisten Höhen brach im Feuer zusammen. Ihr Bataillon, dem noch die Grenadiere des Infanterie-Regiments Nr. 41 angehörten, insgesamt rund 500 Mann, verlor 197 Mann an Gefallenen und 179 Mann an Verwundeten, so daß es nur noch wenig mehr als 100 gesunde Männer aufwies. An diesen Kämpfen könnte der Grenadier Löwe teilgenommen haben.

Nach dem Zweiten Schlesischen Kriege lagen die Grenadiere zur Erholung in kleinen Städten des Herzogtums Magdeburg, u. a. auch in Könnern, Löbejün und Wettin. Hier verblieben sie zwei Jahre, und das ist der Zeitraum, in dem die Spur des Grenadiers Andreas Christoph Löwe in Könnern sichtbar wird. Hier heiratet er die Tochter eines einheimischen Salpetersieders, und hier erlebt er die Geburt seines wahrscheinlich einzigen Sohnes Johann Andreas, des Vaters von Carl Loewe. Als im Jahre 1748 die Grenadiere nach Magdeburg verlegt werden, geht seine Spur in der Geschichte schon wieder verloren.

Am Anfang des Krieges von 1756 - 1763 wurde das Regiment als Ganzes zunächst nicht, später nur auf Nebenkriegsschauplätzen eingesetzt. Die wieder abgetrennten Grenadiere aber waren von Anfang an an jeder der großen, äußerst verlustreichen Schlachten der ersten Kriegsjahre beteiligt. Sie kämpften in vorderster Front bei Prag und Kolin, bei Breslau und bei Leuthen und hatten an den bis dahin erlittenen schweren Gesamtverlusten der preußischen Armee von rund 50 000 Gefallenen, Verwundeten und Fahnenflüchtigen sicher einen hohen Anteil. Welchen Weg mag der Grenadier Löwe gegangen sein in diesem Kriege, der sich noch weitere fünf qualvolle lange Jahre hinziehen sollte?

Soldatenschicksale

Während des Siebenjährigen Krieges wurden in der preußischen Armee keine namentlichen Gefallenenlisten geführt. Kehrte ein in den Krieg gezogener Soldat nicht zurück, so war über seinen Verbleib im allgemeinen keine endgültige Aussage möglich. Er konnte gefallen, in Gefangenschaft geraten oder zum Deserteur geworden sein.
Gelegentlich fanden Todesmeldungen ihren Weg nach Hause in den Heimatort oder in die Garnison, wenn überlebende Soldaten Nachricht von ihren gefallenen oder ihren Wunden erlegenen Kameraden nach Hause gaben. Pfarrer, die dem Leben ihrer Gemeinde stark verbunden waren, führten vereinzelt sogar aus solchen Meldungen hervorgegangene spezielle Gefallenenlisten. Im Kirchenbuch von Reinsdorf/Maasdorf 1732 - 1794 ist beispielsweise zu lesen:
"1741 Reinsdorf d. 10. April Ist der HochWohlgeborene H[err], *H*[err] *Leopold Philipp Heinrich von Wülcknitz, auf Reinsdorf Erb- und Gerichtsherr, weyl*[and] *Königl*[ich] *Kayserlich*[er] *Majestet hochbestallter Obrist Wachtmeister - Bey der in Schlesien Vorgefallenen scharfen Action, in der besten Blüthe seiner Jahre, als ein tapferer Held fechtend umgekommen."*[94]

[94] S. 412

Mit der "scharfen Action" ist die Schlacht bei Mollwitz gemeint, in der die Preußen am 10. April 1741 einen Sieg über die Armee der österreichischen Kaiserin Maria Theresia davontrugen. Dabei fand Herr von Wülcknitz als kaiserlicher Offizier den Tod - auf der Gegenseite, wo er eigentlich gar nicht hingehört hätte, kein Einzelfall in der Zeit der Territorialfürstentümer mit der freien Wahl des Militärdienstes.

Im Totenregister der St.-Nicolai-Gemeinde in Wettin finden sich folgende (z.T. überraschend schnell übermittelte) Nachrichten mit manchmal recht genauen Angaben:
"1758 Dom[inica] *16 post Trinit*[atis] [am 17. Sonntag nach Pfingsten, 1758, also am 10. September] *ist verkündigt* [nach der Predigt von der Kanzel herab], *daß Mich*[ael] *Christoph Roethling ein Soldat in der Schlacht bei Collin* [schwere Niederlage der Preußen bei Kolin am 18. 6. 1757] *geblieben und daselbst begraben ist".*

"1757 d. 9. May ist der Wohlg[eborene], *Hochwohlgeborene Herr Otto Wilhelm Gottlob aus dem Winkel Königl*[ich] *Preuß*[ischer] *Leutenant unter S*[einer] *Durchl*[aucht] *Fürst Moritz von Anhalt Dessau Regiment, in der am 6. May bey Prag gantz außerordentlichen Schlacht, mit 3 Wunden hart plessiret* [blessiert = verwundet] *welcher auch darauf am 9. May in den Kloster...* [Lücke im Original] *bey Prag auf seinen Erlöser seelig verstorben, nachdem er durch sein Blut den Vortrefflichen Sieg über die Österreicher, welche der Preußischen Macht weit überlegen waren, erkämpfen helffen, nachdem er sein ruhmvolles alter nicht höher den 20 Jahr 8 Monat gebracht hat. Er ist alhier 14 Tage als am 23. May biß zum 6. Juny von 10 biß 11 Uhr beläutet worden."*

"1760 d. 23. Juli 1759 ist Christoph Zwinger, ein Soldat, in der Schlacht mit den Russen bei Zellichau [Züllichau, Niederlage der Preußen] *durch 3 Cartetschenschüße plessiret und d. 25. august gestorben, liegt in der Stadt Kratz in Polen begraben."*

"1762 Zacharias Krüger, des hiesigen Schmieds Sohn, ist als Soldat zu Breslau an der Plessur gestorben und d. 15. 7bris [15. September] *1762 daselbst begraben."*

Auch im Kirchenbuch von Könnern finden sich entsprechende Eintragungen:

"Mstr. [!] *Johann Christian Mutsdorf ein Tischler und Soldat ist nach empfangener Wunde in der Schlacht am 6. May* [1757] *bey Prag d. 21. May im Kloster St. Margarethen gestorben und daselbst begraben worden."*

"Johann Ernst Werner, aus Cönnern gebürtig, ist bei der Belagerung der Veste Schweinitz [Festung Schweidnitz, erobert am 9. Oktober 1762] geblieben, d. 18 August [1762]"

"George Heinrich aus Golbitz [bei Könnern] *in der Gefangenschaft 1762 gestorben und hier 1763 gedankt."*

Die drei Eintragungen beziehen sich auf in Könnern ansässig gewesene Soldaten. Mehr Eintragungen dieser Art sind im Könnernschen Kirchenbuch nicht enthalten. Das heißt nicht, daß von der Könnernschen Garnison nur diese drei Soldaten gefallen sind. Es können durchaus auch mehr gewesen sein, nur waren die Betroffenen aus anderen Gemeinden gebürtig, weshalb sie nicht in das Totenregister der St.-Wenzels-Gemeinde in Könnern kamen, oder ihr Tod ist nicht nach Hause gemeldet worden oder nicht bekannt geworden.

Von der Zufälligkeit und Vielfalt des Sterbens in den Wirren des Siebenjährigen Krieges berichtet auch das Kirchenbuch der Gemeinden *"Mittel-, Hohenedlau, Sieglitz 1710 - 1807".*[95] In ihm findet sich auf einer Extraseite eine Aufzählung von 24 Kriegsopfern:

"Nota derjenigen aus unseren Gemeinden welche in dem blutigen Kriege der 1756 angegangen ihr Leben vors Vaterland geendet

- *1.* *bey Collin in Böhmen auf dem wahlplatz* [Schlachtfeld] *geblieben*
- *2.* *an seinen Wunden... zu Dresden gestorben*
- *7.* *bey Zullichau gegen die Russen blessirt und gestorben*
- *10.* *in einem Scharmützel bey Schweidnitz umkommen*
- *11.* *im Lazareth zu Breslau gestorben*
- *14.* *zu Laubach* [Laibach, heute: Ljubljana] *1760 im Herzogthum Crain* [jetzt Slowenien] *gestorben, in der gefangenschaft*
- *18.* *an der Blessur gestorben*
- *20.* *vor Schweidnitz durch eine Canon Kugel getödtet*
- *21.* *zu Torgau an einer Krankheit gestorben*
- *22.* *zu Schweidnitz blessirt, zu Schweidnitz an den wunden gestorben*
- *24.* *bey Dresden im Scharmützel geblieben"* (gekürzt)

[95] Domnitzer Pfarrarchiv

Die Angaben zu den einzelnen Fällen lesen sich wie ein Abriß der Soldatenschicksale im Siebenjährigen Kriege.
Ob die Schlachten siegreich waren für die Preußen oder ob sie in furchtbaren Niederlagen endeten: meistens waren sie empfindlich verlustreich. Zu Zehntausenden bedeckten Tote und Schwerverwundete beider Seiten das Schlachtfeld. Die Kämpfe endeten gewöhnlich in völliger Ermattung der Beteiligten.
All diese quälende Anschauung veranlaßte einen stets erstaunlich hohen Anteil der Mannschaft, das Heil in der Flucht zu suchen und bei eingetretener Verwirrung einem schon immer innerlich abgelehnten Zwangsdienst zu entspringen. Dieser "Aus"-Weg aber war nicht leicht zu begehen und mit mancherlei Gefahren verbunden. Trotzdem waren Desertionen schon immer das Hauptübel der feudal-absolutistischen Armeen, und wer bei derartigem Massentod und Massenelend eine Gelegenheit zur Flucht fand, nutzte sie. Ulrich Bräker beschreibt sein eigenes Verschwinden aus der preußischen Armee in seinem "Armen Mann" recht anschaulich.

Besonders bei der Zerstreuung einer geschlagenen Truppe hatte man als einzelner Aussicht auf Erfolg der Flucht. Auch leichter Verwundeten gelang es, zu entkommen.
Im Falle des Überlebens einer Schlacht boten Gefangenschaft und Fahnenflucht Gelegenheiten, der alten Heimat den Rücken zu kehren und in fremdem Land eine andere (bessere?) Identität durch günstigere Arbeit oder eine verlockende Heirat zu erlangen. Für die daheimgebliebenen Verwandten war diese Handlungsweise belastend, aber sie kam bei aller moralischen Verwerflichkeit, wenn der Wegbleibende schon verheiratet oder verlobt war, sicher nicht nur in Einzelfällen vor. Das absichtliche "Wegbleiben für immer" von einer Braut zu Hause oder sogar von Frau und Kind war ein damals nicht unbekanntes, wenn auch gegen gute Sitte und Anstand verstoßendes Fehlverhalten.
Es fand neben anderem als poetisches Argument Interesse bei einem deutschen Dichter und als Vorlage Eingang in die deutsche Literatur. Gottfried August Bürger gab dieser hochemotionalen dramatischen Situation literarischen Rang und Qualität, als er sie in seiner meisterhaften Erstlingsballade "Lenore" im Jahre 1773 berücksichtigte und in künstlerische Form brachte. Mit dieser großartigen Leistung begann in Deutschland eine Epoche der Kunstballade, weshalb sie aus diesem Grunde, und auch wegen ihrer dichterischen Vorlage, in Auszügen bis zur Erwähnung des hier besprochenen Motivs angeführt sei.

1. *Lenore fuhr ums Morgenrot*
Empor aus schweren Träumen:
"Bist untreu, Wilhelm, oder tot?
Wie lange wirst du säumen?" -
Er war mit König Friedrichs Macht
Gezogen in die Prager Schlacht
Und hatte nicht geschrieben,
Ob er gesund geblieben.

2. *Der König und die Kaiserin,*
Des langen Haders müde,
Bewegten ihren harten Sinn
Und machten endlich Friede;
Und jedes Heer mit Sing und Sang,
Mit Paukenschlag und Kling und Klang,
Geschmückt mit grünen Reisern,
Zog heim zu seinen Häusern.

3. *Und überall, allüberall,*
Auf Wegen und auf Stegen,
Zog alt und jung dem Jubelschall
Der Kommenden entgegen.
"Gottlob!" rief Kind und Gattin laut,
"Willkommen!" manche frohe Braut;
Ach! aber für Lenoren
War Gruß und Kuß verloren.

4. *Sie frug den Zug wohl auf und ab*
Und frug nach allen Namen;
Doch die erwünschte Kundschaft gab
Nicht einer, so da kamen.
Als nun das Heer vorüber war,
Zerraufte sie ihr Rabenhaar
Und warf sich hin zur Erde.
Mit wütiger Angstgebärde.

5. *Die Mutter lief wohl hin zu ihr:*
"Ach! daß sich Gott erbarme!

Du trautes Kind! was ist mit dir?" -
Und schloß sie in die Arme.
"O Mutter, Mutter, hin ist hin!
Nun fahre Welt und alles hin!
Gott heget kein Erbarmen;
O weh, o weh mir Armen!" -

8. *"Hör', Kind! Wie, wenn der falsche Mann*
Im fernen Ungerlande
Sich seines Glaubens abgetan
Zum neuen Ehebande?
Laß fahren, Kind, sein Herz dahin!
Sein Herz hat's nimmermehr Gewinn!
Wann Seel und Leib sich trennen,
Wird ihn sein Meineid brennen!" -

(gekürzt)

Das Leben des Grenadiers Andreas Christoph Löwe ist noch weitgehend in Dunkel gehüllt. Welches Schicksal er in den Kriegsjahren gehabt haben könnte, wurde in den vorangegangenen Ausführungen dargelegt. Tod, Gefangenschaft, Desertion oder Rückkehr zu Frau und Kind liegen im Bereich des Möglichen. Trotz dieser Unsicherheit lassen sich über die Person des Grenadiers Löwe anhand der Betrachtungen des Berufsstandes der Soldaten einige Vermutungen äußern.

Woher der Großvater Carl Loewes stammte und auf welche Weise er unter die Soldaten gekommen ist, konnte bisher nicht ermittelt werden, aber es ist anzunehmen, daß er ein Mann aus den unteren Schichten des Volkes war; auch die These eines "verkrachten" Theologen ist noch nicht widerlegt.
Er besaß keine oder nur unwirksame Protektion und kam deshalb aus dem wenig geachteten Stand des Soldaten nicht heraus. Er war in Könnern sicherlich ohne Hausbesitz und ohne Gewerbe, ein einfacher armer Soldat; auch stammte er mit hoher Wahrscheinlichkeit nicht aus Könnern, sonst hätte man bei seiner Eheschließung im Trauregister nähere Angaben über Namen und Stand des Vaters und vor allem über ihn selbst niedergeschrieben, wie es sonst in entsprechenden Fällen überall und immer geschah. Möglicherweise gehörte er zu den im "Ausland" (da käme schon Anhalt in Frage, aber auch Württemberg, woher eine Reihe in Löbejün und Könnern stationierter Grenadiere stammten) geworbenen Berufssoldaten, die zum Stamm der Kompanie gehörten und die keine Freiwächter oder

Beurlaubte sein konnten; aber auch der Status eines Bauernjungen vom Lande ist denkbar.

Weil man in Könnern nichts weiter über ihn wußte, heißt es im Trauregister lapidar "ein Grenadier". Als Soldat besaß er wahrscheinlich wenig persönliche Nähe zu seinen Vorgesetzten, und er suchte sie wohl auch nicht, denn als Paten für seinen Sohn hatte er sich einen Leineweber, einen "Jüngling" und eine Freundin seiner Frau gebeten, einheimische kleine Leute, ganz anders als ein Kamerad, der offenbar ein angesehener und beliebter Soldat war. Die Herren Offiziere vergaben sich augenscheinlich nichts, als sie sich bei diesem - einem gewöhnlichen Untergebenen - als Paten seines Sohnes bereit erklärten: nämlich der Herr Capitain von Kanthe als Kompaniechef, der Herr Premier Lieutenant Strut-hoff(?), der Herr Second Lieutenant Melchide und der Herr Second Lieutenant Bilov (Bülow?), sowie zwei Jungfrauen aus Könnern. - Auch durch seine Heirat mit der Tochter eines Salpetersieders war der Grenadier Löwe gesellschaftlich in seinen Kreisen geblieben.

Sicher genoß er nur ein kurzes Eheglück, und wenn er nicht schon vor Ausbruch des Siebenjährigen Krieges eines "normalen" Todes gestorben ist, dann ist er wahrscheinlich im Kriege umgekommen.

Wie auch immer der Grenadier Löwe den Krieg erlebte und wie sein Leben endete: um 1768 jedenfalls war seine Frau eine mittellose Witwe, die der Unterstützung ihres Sohnes (des Vaters von Carl Loewe) dringend bedurfte und die dieser nach seiner Anstellung als Kantor in Löbejün bis an ihr Lebensende zu sich nahm.

Zwei Abstammungshypothesen

Um die "Pfarrerlegende" im Zusammenhang mit den väterlichen Vorfahren zu überprüfen, wurde nach Lebensumständen des Vaters von Carl Loewe aus dessen Jugendzeit gesucht. Über seinen Vater hat Loewe in der Selbstbiographie in pietätvoller Weise knappe Aussagen bezüglich Charakter, Tageseinteilung und Alltagsauffassungen gemacht. Runze teilt darüber hinaus aus dem schriftlichen Nachlaß Loewes und eventuell aus den Mitteilungen von Frau und Tochter Loewes noch das folgende mit:
"Mein Vater besaß eine für seinen Stand ausgezeichnete Schulbildung, und war in seinem 20. Jahre im Begriff gewesen, aus Prima [die oberste Klasse] *des Hallischen luther*[ischen] *Gymnasii die dasige Universität zu beziehen, um Theologie zu studiren, als ihm, seines ausgezeichneten musikalischen Talentes wegen, seine Stelle angeboten wurde. Da er nur eine arme Mutter hatte, und wenig Aussicht, sich und diese als Student zu erhalten, nahm er gern dieses Anerbieten an."*[96]
Dieses wenige und die Mitteilung, daß der Vater in der Zelle des Präfekten des Stadtsingechores in Halle gewohnt hat, also wahrscheinlich Präfekt war,[97] ist alles, was Loewe über den Lebensweg seines Vaters überliefert sehen wollte. Den Wechsel nach Löbejün teilt er so unscharf mit, daß man annehmen muß, der Vater habe sein Amt als Kantor in Löbejün unmittelbar nach Beendigung der Schule angetreten, was durchaus nicht der Fall war. Über den Stand oder den Beruf seines Großvaters oder dessen Vorfahren schreibt Loewe überhaupt nichts, das Thema Familiengeschichte hat er übergangen und damit der Entstehung der genannten Legende Vorschub geleistet.
Nach dem jetzigen Stand der Nachforschungen ergibt sich für eine holzschnittartige Darstellung einzelner Lebensumstände der Großeltern und der Eltern Carl Loewes also etwa das folgende zusammenfassende Bild:

Der Grenadier und die Tochter des Salpetersieders

Im Jahre 1746 heiratete in Könnern der Grenadier Andreas Christoph Löwe, der Großvater Carl Loewes, die 37jährige Jungfrau Maria Elisabeth Gödicke, Tochter eines Salpetersieders aus Könnern. Von diesem Grenadier ist abstammungsmäßig nichts weiter bekannt. Allerdings hat sich in dem Familienzweig, der vom ältesten

[96] Runze, Loewe redivivus, S. 23

[97] Selbstbiographie, S. 25

Bruder Carl Loewes begründet wurde, angeblich über Jahrhunderte hinweg eine Überlieferung erhalten, die etwas über die Herkunft der Familie aussagt. Ein Enkel August Friedrich Loewes, der Pfarrerssohn Professor (oder Studienrat?) Ernst Amadeus Loewe (1859 - 1946) hat in seiner Biographie mitgeteilt:
"Auch besteht in unserer Familie die mündlich fortgepflanzte Tradition, nach welcher das Stammland unseres Geschlechts Schweden sei. Zur Zeit des dreißigjährigen Krieges soll ein Loefen-stierna als Feldwebel mit dem schwedischen Heere nach Deutschland gekommen sein. Er habe später die Adelspartikel '-stierna' abgelegt, um in Deutschland unter dem bürgerlichen Namen 'Loewe' sein Geschlecht fortzupflanzen."[98]

Diese Aussage scheint so abwegig und illusionär nicht zu sein. Kein Geringerer als der hallesche Geschichtsprofessor Gustav Hertzberg (bekannt durch seine "Geschichte der Stadt Halle") veröffentlichte 1882 eine Studie über die Ereignisse des Dreißigjährigen Krieges im Saalkreis, in der er beiläufig erwähnt:
"Die verfallene und verödete Stadt Cönnern ihrerseits hat seit 1650 auch dadurch eine Anzahl neuer Einwohner gewonnen, daß damals [zum Teil nicht ohne harte Gewaltmaßregeln] *die Krone Schweden bei Cöthen einen Teil ihrer Truppen auflöste, die nun nicht alle wieder unter neuen Fahnen das Waffenhandwerk fortsetzten, sondern mehrfach in unserer Gegend sich ansiedelten. Der Verfasser dieser Zeilen selbst ist im Stande, seine Abkunft in gerader Linie auf einen schwedischen Dragonerkornet zurückzuführen, der damals in Cönnern Grundeigentum erworben und eine neue Bürgerfamilie gegründet hat."*[99]

Darüber hinaus findet sich im Könnernschen Kirchenbuch eine Taufanzeige, die zeitlich und inhaltlich gut in das von Ernst Amadeus Loewe übermittelte Bild paßt. Nach der Zerstörung Magdeburgs im Mai 1631 und der Schlacht bei Breitenfeld im September 1631 kam ein Soldatentrupp nach Könnern, der hier einige Zeit verblieb. Es gab Hochzeiten und Kindtaufen. Eine Nachricht lautet:
"Anno 1631. Andreas, paull löwens trümmelschlegers [Trommler] *unter H*[errn] *Capitaine Andreas Schnellen Compagnien sohn, getauft den 20 xbris* [Dezember], *seine Paten:*

> *H*[err] *Andreas Schnelle Capitain* [Hauptmann]
> *H*[err] *Hans Schultze Leuttenandt*
> *H*[err] *Bartholomeus Scheffer Fendtrich* [Fähnrich]
> *Jürgen werner Schersante* [Sergeant, Unteroffizier]

98 Mitteilung von Gert Loewe, 71254 Ditzingen, Mozartweg 9

99 Hertzberg, Löbejün und Cönnern während des dreißigjährigen Krieges, S. 30

Cuno pflugmacher fuhrirer [Fourier, Verpflegungsunteroffizier]
Matthias Sehlinek gefreyter Corporall
H[err] *Diederich Schiermann, des Ratts alhier* [Ratsmitglied]
Hans Gentz von Steckbey [Steckby an der Elbe]
Maria Raben christian Capitain... [?] *fr*[au]
Catharina pantzen Corp[orals] *fr*[au]
Anna Maria Reichen Schersanten fr[au]
Ludolph Guhlens fraw [Frau]

14. *Sophia Anna Könecken, meine* [also des Pfarrers] *Tochter*"[100]

Es ist denkbar, daß dieser Trommler Paul Löwe zu der Truppe gehörte, die um 1650 bei Köthen demobilisiert wurde, worauf er sich nach Könnern begab, das er in guter Erinnerung hatte, und dort wie der Dragonerkornett Hertzberg ansässig wurde. Erst um 1670 sind in Könnern Angehörige einer Familie Löwe nachweisbar. Eine Verbindung zwischen ihnen und dem Grenadier Löwe konnte (noch?) nicht gefunden werden.

Eigenartig nur, daß die um 1670 in Könnern ansässige Familie des Schneidermeisters Ernst Löwe bei drei Kindern höhergestellte Bedienstete des Anhalt-Köthenschen Fürstenhauses bzw. deren Ehefrau oder Tochter oder gar ein Mitglied des genannten Hauses selbst zu Paten hatte. Die anderen Paten waren (bis auf den noch ungeklärten Fall des Carol Henrich Botfeld, was übrigens schwedisch klingt) "kleine Leute". Die Häufung dieser Höhergestellten ist auffällig:

1. am 14. Februar 1671 bei Elisabeth Löwe
   das *"dürchlauchtige hochgeborne Fräulein, Fräulein Elisabeth Fürstin zu Anhalt"* an dero statt *"meine Tochter Anna Margaretha"* gestanden hat, d. h., als Stellvertreter fungierte die Tochter des Pfarrers,
2. am 10. März 1681 bei Maria Löwe
   "Anna Eleonora, H[er]*r Jacobi Trult, Fürstl*[ichen] *Cammerdieners zu Cöthen Tochter, Frau Maria, H*[er]*r Daniel Werkmeisters Fürstl*[ichen] *Hofverwalters zu Cöthen Eheliebste,*
3. am 15. Februar 1687 bei Maria Elisabetha Löwe
   "H[er]*r Augustus Dieterich, fürstl. Anhältischer Ampts Copiista zu Cöthen"*.

[100] Kirchenbuch Könnern

Die "Fürstin zu Anhalt" ließ sich zwar durch die Tochter des Pfarrers vertreten, sie mußte aber wohl zuvor ihre Bereitschaft zur Übernahme der Patenschaft erklärt haben. - Aus welchen Gründen dies geschah und welcher Art die Verbindung von einem sonst unauffälligen Schneider in Könnern zum Fürstenhaus in Köthen oder zu dessen Umfeld war, ist noch nicht bekannt. Es ist aber verlokkend, einen Zusammenhang zwischen der teilweise gewaltsamen Demobilisierung schwedischer Truppen bei Köthen (auf die sich die Aktennotiz bezieht: *"Ist Hans Müllers, eines Schwedischen Soldaten, welcher wegen meutination* [Meuterei] *halber... Unter anderen Vielen Soldaten, justificiret* [hingerichtet] *worden..."*)[101] und einer eventuellen Beteiligung des Hauses Anhalt-Köthen bei der Unterbringung etwa der Offiziere zu vermuten. Blieben abgedankte Soldaten in der Nähe des Köthener Hofes und gingen andere befreundete Kameraden nach Könnern, die den in Köthen Gebliebenen noch lange die Treue hielten?

Es gibt noch weitere Fakten, die auf die angebliche schwedische Abstammung der Familie Loewe hinzuweisen scheinen. Auf Anfrage teilte das schwedische Riddarhuset (Adelsamt) in Stockholm mit, daß es im 17. Jahrhundert in Schweden eine Familie Löwenstern (bei Ernst Amadeus Loewe heißt es: Loefenstierna) gab, die 1650 in den Adelsstand erhoben wurde und 1740 ausstarb. Im Kirchenbuch Könnern nun wird ein Rothenburger Schäfer namens Barthel Löwenstein mehrfach erwähnt, der 1656 und 1660 Kinder taufen läßt. Die Namen "Löwenstern" und "Löwenstein" könnten (unter Berücksichtigung der willkürlichen Schreibung wegen fehlender fester Regeln für die Schreibweise der Namen zu dieser Zeit) die gleiche Familie bezeichnen. Auch die Adelung der Löwensterns läßt sich zeitlich ganz gut einordnen. Deshalb ist der Gedanke verführerisch, hier ebenfalls einen Zusammenhang zwischen der angeführten Demobilisierung der schwedischen Truppen und der angeblichen schwedischen Abstammung der Familie Loewe zu vermuten. - Bis zum Auffinden einer konkreten Spur muß allerdings die schwedische Abstammung der Familie Loewe als eine Hypothese gelten.

Die Familie der Frau des Grenadiers

Knapp zwölf Monate nach der Hochzeit des Grenadiers Löwe mit der Tochter des Salpetersieders wurde Johann Andreas Löwe, der Vater Carl Loewes, in Könnern

[101] siehe Kirchenbuch Ostrau, 13. April 1651

geboren. Die Frau des Grenadiers, Maria Elisabeth Gödicke, kam aus einer Familie, deren ältester ermittelter Namensträger - Hans Gödicke - um 1650 in "Euringen"(?) "im Ambt Calenberg" (Randau - Calenberge bei Magdeburg?) wohnte. Dessen Sohn Hans heiratete 1659 in Könnern.

"*Hanß Gödicke Hansens Sohn von Euringen im Ambt Calenberg p*[ro]*c*[lamire]*t 1. Trin*[itatis] [zweiter Sonntag nach Pfingsten] *Anna Maria Körings von Eißleben, ist zuvor beschlaffen worden. Wegen seiner kundtschafft sind guth Hanß Heinrich leiderschen d*[er] *Marcktmeister und Hinrich Zimmermann Inwohner zu Trebnitz.*"[102]

Wahrscheinlich war die junge Frau schwanger. Voreheliche Schwangerschaften waren damals in den Augen der kirchlichen Obrigkeit und großer Teile der Bevölkerung ein schwerer Verstoß gegen Anstand und Sitte als Teile der offiziellen Moral und damit ein schlimmer Makel für das Ansehen der Brautleute, was durch diskriminierende Maßnahmen bei der kirchlichen Trauung gestraft wurde (Verweigerung der sakralen Kirchenräume für die Trauung und Abhaltung der Trauung in profanen Räumen, wie z. B. in der Wohnung des Pfarrers, auf dem Rathause usw., weiter Geldbußen, Verbot des Jungfernkranzes als Bestandteil des Brautkleides, Ausschluß der Öffentlichkeit bei der Trauzeremonie und damit Einbuße an Feierlichkeit, auch an Achtung. Bei zögerlichem Verhalten der Betroffenen hinsichtlich Eheschließung konnten die vorgesetzten Kirchenbehörden die Trauung auch verfügen und durchführen, um die gute Ordnung wieder herzustellen). Nichtsdestoweniger kamen vor- und uneheliche Schwangerschaften häufig vor.

Als Hanß Gödicke seine Anna Maria durch Heirat wieder "ehrlich" machte, mußte er als Zugewanderter glaubwürdige Zeugen oder Bürgen für seinen Familienstand und für seinen Leumund nennen:

"*Wegen seiner kundtschafft* [alles über seine Person] *sind guth* [bürgen für ihn] *Hanß Heinrich leiderschen der Marckmeister* [von Könnern] *und Hinrich Zimmermann, Einwohner von Trebnitz* [bei Könnern]."[103]

Wo die jungen Eheleute ihren Wohnsitz nahmen und ihre (wahrscheinlich mindestens drei) Kinder zur Welt kamen, ist nicht bekannt. Der (vermutlich) älteste Sohn Hans Michael wurde um 1660 geboren. Als er um 1683 geheiratet hatte und 1684 sein erstes Kind, der Sohn Hans Michel, geboren war (durch Zurückrechnung gewonnen), zog er spätestens Februar 1688 nach Könnern, wo

102 Kirchenbuch Könnern

103 ebd.

die Geburt der Tochter Anna stattfand, und leitete dort als Meister die Salpeterhütte. Seinen erstgeborenen Sohn Hans Michel bildete er in treuer Befolgung eines königlichen Gebots (darüber später mehr) ebenfalls zum Salpetersieder aus. Unter seinesgleichen war er gesellig und wohl auch beliebt und angesehen, denn als 1692 sein Sohn Hans Jacob getauft wurde, kamen als Paten die Salpetersiedemeister aus Friedeburg und aus "Großen Oerner" sowie die Tochter des Salpetersieders aus Alsleben.

Das 1688 geborene zweite Kind, Anna Maria, heiratete 1710 Andreas Obermeyer, Sohn des Michael Obermeyer, Salpetersieder in Neuendorf(?). Das junge Paar siedelte sich in Könnern an und begründete eine Dynastie von Salpetersiedern. Sie unterhielt mit den Gödickes gute Beziehungen, was durch gegenseitige Patenschaften bezeugt ist. Nach dem dritten Kind, dem 1692 zur Welt gekommenen Sohn Hans Jacob, traf die junge Familie 1695 ein damals häufig eintretender Schicksalsschlag:
"Mstr. Michael Gödicken ward ein todtes Kind und zwar ein Söhnlein geboren, wobei auch zugleich die Mutter das Leben einbüßete den 2. II. [1695]".[104]
"Johann Michael Gödicken des Salpetersieders Ehefrau in Kindesnöthen ist gestorben sampt dem Kinde den 2. Februar [1695] *begraben den 5. ejusdem* [im gleichen Monat]".[105]

Wenig später verehelichte sich der Salpetersiedermeister Johann Michael Gödicke wahrscheinlich schon 1696 ein zweites Mal (nicht in Könnern) mit einer Maria Anna, von der man nur durch ihre Todesanzeige etwas weiß; ihr Familienname ist auch in ihrer Todesanzeige nicht überliefert. Am 1. September 1697 wurde in der zweiten Ehe des Johann Michael Gödicke ein Sohn geboren, Johann Christoph; zwei seiner Paten waren: Hans Georg Rosenfeld und Christoph Rosenfeld. In Klammern dahinter steht vermerkt: *"Die beyden Brüder bey ihrer Schwester"*. Demnach könnte die zweite Ehefrau des Johann Michael Gödicke eine geborene "Rosenfeld" gewesen sein. Da sie *"etliche 80 Jahre alt"* am 4. September 1739 in Könnern starb, hat sie ihren Ehemann um 30 Jahre überlebt.
Ihr erster Sohn Johann Christoph war musisch begabt, er lebte als *"Bürger und Brauer h. l."* (huius loci, an diesem Ort, also in Könnern) wie auch *"als Musikant"*(!) in Gröbzig und starb dort mit 44 Jahren. Der zweite Sohn dieser zweiten Ehe starb 1702 als Kleinkind, und eine 1703 geborene Tochter Susanna Dorothea

[104] Geburtsregister Könnern

[105] Totenregister Könnern

hatte 1729 einen unehelichen Sohn Johann Gottfried, als dessen Vater sie Johann Martin "Schenken" angab. Mit 34 Jahren heiratete sie 1737 den Sohn eines "Cossäthen" aus Gnölbzig, der im Magdeburger Garnisonsregiment diente und in Könnern stationiert war.

Wie zu sehen ist, bewegten sich die Geschwister aus ihrem angestammten Milieu nicht hinaus. Auch der älteste Sohn der ersten Ehe, der Salpetersieder Hans Michel, blieb in seinen Kreisen.
Er heiratete 1707 die Jungfrau Martha Catharina Klugke aus Könnern, die älteste Tochter des "Bürgers und Brauers" (in Könnern) Georg Klugke, der selbst von Peter Klugke, einem "Ackermann" aus Mitteledlau im benachbarten Anhalt-Köthen abstammte.
Georg Klugke unterhielt in Könnern gute Beziehungen zu (hier!) angesehenen Kreisen; denn bei der Taufe seiner Tochter Martha Catharina standen die Frau eines Ratmanns, die Tochter des Pfarrers und der Stadtschreiber Pate.

In der jungen Salpetersiederfamilie des Hans Michel Gödicke jun. kamen in den Jahren 1708, 1709 und 1718 drei Kinder zur Welt.
Der alte Meister Johann Michael Gödicke sen. hat die Geburt seines Enkelsohnes Johann Christian am 23. März 1708 (gestorben 1711) noch erlebt, er selbst starb aber auch bald, offensichtlich noch nicht sehr alt, etwa 50, denn er war selbst erst 1703 noch einmal Vater geworden.
"*Anno 1709 M*[eiste]*r Hans Michael Gödicke der Salpeter Sieder obiit* [starb] *d. 9. Martii* [März] *sepult*[atus] [begraben] *d. 11. h*[uius] [im gleichen Monat]"[106]
Kurz nach dem Tode des alten Meisters wurde in der Familie des Hans Michael Gödicke jun. das zweite Kind geboren, ein Mädchen, das später einmal den Grenadier Löwe heiraten und Carl Loewes Großmutter werden sollte.
Zu der entsprechenden Kirchenbucheintragung findet sich einer der ganz seltenen späteren Nachträge:
"*1709. Maria Catharina Hans Michael Gödickens, des Salpeter Sieders Töchterlein ist gebohren d. 16. julii getauft d. 18. h*[uius] *die Pathen waren*

1. *M*[ei]*s*[ter] *Gottfried Dobritsch der Glaser,*
2. *Hans Joachim Faulwasser aus Gröbzig*
3. *J*[ung]*fr*[au] *Maria Catharina Schmerbitzin aus Gröbzig.*"[107]

[106] Kirchenbuch Könnern

[107] ebd.

Im Zwischenraum von dieser zur nächsten Eintragung finden sich zwei weitere Notizen, fein säuberlich von anderer Hand geschrieben:

† 31. 7. 1780 zu Löbejün

oo 21. 8. 1746

Diese beiden Nachträge bezeichnen das Sterbedatum und das Hochzeitsdatum des Mädchens. Vielleicht wurde schon einmal versucht, die Abstammung Carl Loewes aufzuklären, und man hatte mit der obigen Eintragung die Geburtsanzeige der Mutter von Carl Loewes Vater gefunden. In die Loewe-Literatur aber ist davon nichts gelangt.

Das dritte Kind war die 1718 geborene zweite (jüngste) Tochter Anna Catharina, die den Bergmann Christian Schmid aus Mitteledlau zum Manne nahm, der als Kossatensohn zur Welt gekommen war. Andere Kinder sind in den Könnernschen Kirchenbüchern nicht aufgeführt.

Die Namensunstimmigkeiten in den Eintragungen bei Geburt und Eheschließung sind wieder der Unaufmerksamkeit eines der Geistlichen zuzuschreiben, die in die Kirchenbücher eingeschrieben haben.

Ob die Tochter des Salpetersieders Maria Catharina hieß, wie es durch die Orientierung an den Namen der Patin sein könnte, oder ob die Eintragung im Heiratsregister mit Maria Elisabeth wegen der bis dahin jahrzehntelang geübten Namenspraxis mehr Wahrscheinlichkeit hat, wäre ohne weitere Quellen nicht zu entscheiden gewesen. Die Unsicherheit ließ sich diesmal durch das Auffinden von weiteren Vermerken im Taufregister des gleichen Kirchenbuchs zweifelsfrei beseitigen. Ein Vierteljahr nach ihrer Heirat stand die Tochter des Salpetersieders Pate beim Sohn eines Kameraden ihres Mannes, worüber es im Kirchenbuch heißt:

"*Valentin, Lorentz Heyls eines Grenadiers Söhnl*[ein] *ist geb*[oren] *d*[en] *8. get*[auft] *d. 11. September. Die Paten waren*

1. Valentin Riebenach ein Grenadier

2. Johann Friedrich Wurm ein Seidendrucker

3. Fr[au] *Maria Elisabeth Löwin eines Grenadiers ux*[or] [Ehefrau]"[108]

Ihr voller Name wird am 15. November 1746 bei einer weiteren Patenschaft aufgeführt, als ein Bergmann (der ihre jüngere Schwester Anna Catharina 1743 geheiratet hatte) seinen Sohn taufen läßt:

..."*3. Fr*[au] *Maria Elisabeth Lowin*".

[108] ebd.

Diesmal aber wurden die Umlautzeichen über dem "o" vergessen!
Die letzte Lebensspur der Maria Elisabeth Gödicken ist die Mitteilung über ihren Tod in Löbejün:
"1780 den 31. Juli ist weiland Johan Andreas Löwens, gewesenen Einwohners in Cönnern Hinterlaßene Wittbe, eine geborene Gedicken verstorben, und den 2. August gegen Abend beerdiget worden. Alt 71 Jahr. marasmus senilis." (Körperlich-geistiger Kräfteverfall im Alter).[109]
Ihre Identität mit der Person in den beiden anderen Eintragungen als Großmutter Carl Loewes väterlicherseits wird durch zwei Bezüge deutlich,
1. durch die Angabe des Mädchennamens Gedicke/Gödicke und
2. durch den Vermerk des Sterbealters "71 Jahr", was bei Zurückrechnung als Geburtsjahr 1709 ergibt.
Wie bereits ausgeführt, mag die neuerliche leidige Verwechslung des Namens vom gewesenen Ehemann (dem Grenadier Andreas Christoph Löbe) mit dem des Sohnes (des Kantors Johann Andreas Löewe) diesmal durch Übertragung der Namen in umgekehrter Richtung vom Sohn auf den Vater wieder durch Flüchtigkeit des Eintragenden entstanden sein. Schließlich war der Grenadier in Löbejün unbekannt und außerdem schon seit etwa 20 Jahren tot. Es war seine Witwe, die Mutter des Kantors Loewe, die bei diesem als ihrem Sohne in Löbejün lebte.
Die richtige Verwandtschaftsbeziehung wird anläßlich der Patenschaft der alten Dame bei ihrer Enkelin Maria Louisa (der Lieblingsschwester Carl Loewes) bezeugt. Am 15. März 1780 - fünf Monate vor ihrem Tode - steht *"Frau Löwin, des Herrn Cantoris Mutter"*, Pate bei dem dritten Kinde ihres Sohnes, zusammen mit dem Vater der Kindesmutter, Hieronymus Leopold, dem alten Windmüller und mit dem jüngeren Bruder der Kindesmutter, dem Müller Johann Christoph Leopold, damals 25 Jahre alt, dem einzigen Sohn des alten Windmüllermeisters aus dessen zweiter Ehe.
Die Familie des Hans Michel Gödicke jun. blieb vorerst gemeinsam in Könnern. Als im Jahre 1711 das erstgeborene Kind des Salpetersieders, Hans Christian, im Alter von drei Jahren stirbt, heißt es vom Vater *"Salpetersieder zu Teiche"* (Teicha im Saalkreis). Der Tod des Kindes wird aber in Könnern gemeldet; also hat wahrscheinlich die Familie hier gewohnt, und der Vater hat auswärts gearbeitet. 1718 wird die Tochter Anna Catharina in Könnern geboren. Aus dem Jahre 1722 gibt es eine *"Specification* [Verzeichnis] *der Salpetersieder und* [der 23 Salpeter-] *Hütten im Herzogthumb Magdeburg"*:

[109] Kirchenbuch Löbejün

12. Andreas Obermeyer zu Cönnern
13. Michael Gödicke zu Rideburg (Reideburg bei Halle)
14. Tobias Peo (Beau) zu Löbechün.[110]

Die Kirchenbücher von Reideburg enthalten den Namen Michael Gödicke nicht. 1734 wird Andreas Obermeyer in einer anderen Aufzählung als Besitzer der Könnernschen Salpeterhütte genannt.[111] Der Name Gödicke kommt in dieser Liste von über dreißig Salpeterhütten als Besitzer oder Pächter einer Hütte nicht mehr vor. Offenbar ist Michael Gödicke schon vor 1734 von Reideburg, dessen Hütte als sehr ergiebig erwähnt wurde, nach Könnern zurückgekehrt. Als Salpetersieder hat er wahrscheinlich schon damals nicht mehr gearbeitet, denn 1743 wird er bei der Hochzeit der jüngsten Tochter so bezeichnet: *"Johann Michel Gödicke Bürger und Einwohner h. l."* (huius loci, hiesigen Ortes, also in Könnern). 1746, bei der Hochzeit der ältesten Tochter, ist er "Bürger alhier", also auch in Könnern. Als Hans Michel Gödicke am 20. Januar 1750 in Könnern stirbt, geschieht das "auf der Freyheit", einem Stadtteil von Könnern, in dem früher die von der städtischen und landesherrlichen Steuer befreiten Bergleute und nun wohl auch andere Bürger wohnten.

"Michael Gödicke auf der Freyheit ob[iit] [gestorben] *d. 20., Sep*[ultatus] [begraben] *d. 22. Jan.* [1750] *aet*[atis] [im Alter] *66 ann*[i] [Jahre]"[112]

Auch in dieser Eintragung wird er nicht mehr mit seinem ehemaligen Stand als Salpetersieder bezeichnet. Wovon er gelebt hat, ist unbekannt. War er durch das Salpetersieden etwa wohlhabend und ein "Herr" geworden, worauf auch die folgende Bemerkung bei der Hochzeit seiner um rund 20 Jahre jüngeren Halbschwester Susanna Dorothea 1737 hindeuten könnte?

"Testis Herr Gödicke sponsae frater" (Trauzeuge ist Herr Gödicke, der Bruder der Braut).

Aber mit "Bruder der Braut" könnte auch deren "echter" Bruder Johann Christoph (aus zweiter Ehe des Johann Michael Gödicke sen.) gemeint sein, zudem dieser 1731 bei einer Patenschaft (Nr. 40 des genannten Jahres) als "Herr" Johann Christoph Gödicke bezeichnet und bei seinem Tode so eingetragen wird:

"1741 H[err] *Joh. Christoph Gedecke Mus. Instr.* [Musiker] *o*[biit] *d. 24., Sep*[ultatus] [begraben] *25. XI. aetatis* [seines Alters] *etl*[iche] *40 J*[ahre]."[113]

[110] Salpeterakte, Stadtarchiv Löbejün

[111] Archiv Oranienbaum, Abt. Dessau A 9 b I b 18

[112] Kirchenbuch Könnern

[113] ebd.

Als Musiker brauchte Johann Christoph Gödicke nicht von "Hand"-arbeit zu leben. Im Sprachgebrauch der damaligen Zeit wurde die Redeweise "Herr" nur bei solchen Leuten gebraucht, die Standespersonen waren oder die leben konnten, ohne Handarbeit leisten zu müssen.
In diesem Falle wäre Johann Michael Gödicke jun. ein (vereidigter) Bürger und Einwohner in Könnern gewesen, der vielleicht mehr schlecht als recht sein Dasein fristete und der wahrscheinlich in seinen letzten Jahren bis 1746 (Hochzeit seiner Tochter Maria Elisabeth) und vielleicht auch bis zu seinem Tode 1750 von seiner Tochter Maria Elisabeth betreut wurde. Bei deren Hochzeit wird der 62jährige als "Bürger" bezeichnet. Hatte er aus gesundheitlichen Gründen den Beruf verlassen, oder hatten ihn ökonomisch-finanzielle Verluste dazu gezwungen?
Die beiden Annahmen - Reichgewordensein oder Verarmung - bleiben unbewiesen.

Die Salpetersieder

Weil die Frau des Grenadiers Löwe die Tochter eines Salpetersieders war, soll, wie im Falle des Grenadiers, auch hier ein Blick auf das soziale und ökonomische Umfeld der Familie des Hans Michel Gödicke, eines Salpetersieders, geworfen werden.
Was für Leute waren diese Salpetersieder, deren Beruf heute unbekannt ist? Wie lebten sie? Wie waren ihre Arbeitsbedingungen? Aus welchen Stoffen und auf welche Art und Weise stellten sie Salpeter her?
Das Salpetersiedewesen war seit Ende des siebzehnten Jahrhunderts durch Kurfürsten und Könige von Brandenburg-Preußen sehr sorgfältig beobachtet und überwacht worden. Innerhalb von 60 Jahren waren von 1685 bis 1746 mindestens zehn allerhöchste Edikte (Verordnungen) zur Regelung dieses Wirtschaftszweiges erlassen worden. Diese frühe Form handwerklich betriebener chemischer Produktion besaß große Bedeutung für die Versorgung der Artillerie mit Salpeter, der mit rund 75% der wesentlichste Bestandteil des Schießpulvers war. Die Salpetersieder waren also Rüstungsarbeiter, die um 1720/30 durch Administratoren bezeichnenderweise in Person zweier "Artillerie-Capitains" beaufsichtigt wurden. Diese wiederum unterstanden dem Kommandeur der Artillerie als dem Direktor des gesamten Salpeterwesens. Entsprechend ihrer kriegswichtigen Bedeutung und dadurch verursachter allerhöchster Wertschätzung, genossen die Salpetersieder eine Reihe wichtiger Privilegien und Vergünstigungen.
Für die Errichtung der Salpeterhütten erhielten die Meister als Bauholz *"zehn Stück starker Eichen ohnentgeldlich geschenkt"* oder zwanzig Stück Fichten- und

Tannenholz; sie waren befreit von Zoll, Fähr- und Brückengeld, von Kontribution und Einquartierung, sofern sie keine eigenen Häuser in den Städten oder *"contribuable Stücke"* (steuerpflichtigen Besitz) auf dem Lande besaßen. Sie brauchten keine Spanndienste (Stellen von Pferdefuhrwerken) für die Gemeinde oder den Staat zu leisten außer denen, die zur Salpeterarbeit notwendig waren, ja, sie sollten das auch nicht, *"damit sie ihr Sieden nicht versäumen oder nachlässig treiben"*. Sie durften ihr Vieh - auch wenn sie keine vereidigten Bürger waren -, nämlich bis vier Pferde, zwei Kühe, vier Schweine und etwa zehn Schafe, auf die Gemeindeweide treiben und erhielten sechs bis acht Morgen Acker gegen normale Pacht, aber bevorzugt *"vor allen anderen"* aus Kirchen- oder Hospitalbesitz zur Nutzung *"zu ihrer so viel besseren subsistence und Unterhaltung ihres* [Pferde-]*Gespanns"*.[114]
Mit Nachdruck wies der König darauf hin, daß es ihm Ernst ist mit der materiellen Sicherstellung der Salpetersieder hinsichtlich Pachtacker für Getreide und Viehfutter:
"...und wenn innerhalb 4 Wochen die Aecker, und zwar an einen jeglichen Salpeter Sieder wenigstens sechs morgen, nicht übergeben seyn würden, Ihr die Execution [Zwangsvollziehung] *gegen die Morosos* [hier: die Säumigen] *vor sich gehen zulassen habt.*
Seynd Euch übrigens p [in Gnaden gewogen].
Gegeben Berlin d. 28 Jun. 1722 *Friedrich Wilhelm"*

Hinsichtlich der Zahlung der Pacht für die Äcker gab es sehr günstige Regelungen für den Fall finanzieller Schwierigkeiten einzelner Salpetersieder. Es ging so weit, daß sich die Salpeter-Administratoren in solchen Fällen bereit erklärten, die Pacht zu übernehmen, nur damit das ja auch für sie wirtschaftlich interessante Sieden keinen Rückschlag erleiden müsse:
"Wir vernehmen auch von den Salpeter-Administratoren, daß sie... zu so viel mehrerer facilitirung [Erleichterung] *des Wercks sich anerbothen, vor* [für] *die Abtragung der Pächte, wenn ja sich deßfalß einige Schwierigkeit eräugnen möchte, selbst zu stehen..."*[115]
Aus verständlichen Gründen stand der König hinter den Salpetersiedern und nahm sie, wenn irgend möglich, immer in Schutz.
Damit die Salpeterproduktion ungestört verlaufen konnte, wurde den unteren Behörden anbefohlen, bei strafwürdigen Vorfällen und Vergehen der Salpetersieder keine rigorose Sofortjustiz zu praktizieren, *"damit die Salpetersieder nur ja nicht von ihrer Arbeit aufgehalten werden"*, und: keine Behörde durfte *"durch unzeitige Gefängnisse* [voreilige Gefangennahme] *sie am Sieden behindern"*.

[114] Löbejüner Salpeterakte

[115] Löbejüner Salpeterakte, Schreiben des Königs vom 28. 6. 1722

Als dem Löbejüner Salpetersieder Tobias Peo (Beau) vorgeworfen wurde, er hätte sich mehr Land angeeignet, als ihm für seine Salpeterhütte (heute Gottgau 1) zugewiesen worden wäre, wies am 28. Mai 1722 der König persönlich das Magdeburgische Commissariat an, die Sache zu untersuchen, aber *"darauf solche Veranlaßung zuthun, damit sich Niemand desfalls zubeschweren habe; ...nur allein muß der Salpeter Sieder bis dahin in ruhigen Besitz dessen, was Ihme angewiesen worden, verbleiben, damit das Werck nicht gehemmet, noch das Sieden aufgehalten werde."*[116]

Daraufhin schrieb das Commissariat den Magistrat zu "Löbechin" an, *"daß durch einen officier der quaestionirte* [besagte] *Platz des Salpeter Sieders in Augenschein genommen und ausgemacht werden solle, wie viel zu der dortigen Siederey an terrain* [an Fläche] *eigentlich gefordert werde,* [der] *magistratus bis dahin in Ruhe zu stehen, und den Salpeter Sieder nicht zu hindern oder zu turbiren* [stören, belästigen] *habe."*[117]
Im Zusammenhang mit erneuten Klagen über den genannten Löbejüner Salpetersieder betreffs rücksichtsloser Abkratzung der mit Salpeter angereicherten "Wellerwände" ordnete der Soldatenkönig Friedrich Wilhelm an, *"allen dieserhalb emanirten* [herausgegebenen] *Salpeter-Verordnungen und Edicte nochmalen* [zu] *wiederholen und aufs allergenaueste* [zu] *observiren* [beachten], *wobey* [Wir] *aber nicht gestatten wollen, daß denen Salpeter Siedern von jemanden, welcher dazu keine Befugniß hat, einige Gewalt oder verbothene Hinderung bey ihrer Arbeit, wenn sie zu malen in ihren Terminis* [Grenzen] *bleiben, geschehen solle. Weshalb ihr... dieses Werck, als wobey Unser höchstes Interesse sonderlich* [besonders] *versiret* [gerichtet ist], *auf alle möglichste Art zu befördern habt. Und gleichwie sich die dortigen Gerichts-Obrigkeiten, Sie seyen von Adel, Beambte oder Magistraete nicht unterstehen sollen, die Salpeter Sieder eigenmächtiger Weise, und ohne Vorwißen der Salpeter-Administration in Sachen, so das Salpeter-Wesen concerniren* [betreffen] *zu straffen* [strafen]..."[118]
Aus den gleichen Gründen ging der König rigoros gegen Leute vor, die die Effektivität des Salpeterwesens verringerten oder die sich als ungetreue Diener erwiesen. So hatte *"der Materialiste* [Händler] *Ballhausen zu Halle dem dortigen Salpeter-Sieder zugemuthet, ihm Salpeter zu verkauffen, solches auch würcklich geschehen und Er an die 50 Pfund von ihm gehandelt"*. Der König verlangte Erkundigungen, *"damit derselbe zu behöriger Straffe gezogen werden könne. Ihr aber habt zu besorgen, damit andere sich nicht etwa auf die gleiche Art vergeben..."*[119]

[116] Löbejüner Salpeterakte

[117] ebd.

[118] ebd.

[119] ebd., 2. Juni 1724

Sehr drastisch wurde ein Offizier gestraft, der des Königs Vertrauen mißbrauchte. In einer Nachricht wegen des degradierten Capitain König an den Löbejüner Magistrat schreibt die Magdeburger Regierung:

An

"Monsieur Glück, Secretaire à Löbechun

Hoch Edler Hochgeehrtester Herr Secretair

Am 25 hujus ist der gewesene Capitain [Hauptmann] *König öffentl*[ich] *auff dem Dohmplatz* [in Magdeburg] *durch den Schinder Knecht folgendergestalt zum Schelm* [also ehrlos] *gemachet worden: Erstlich mußte der Kerl* [der Schinderknecht] *den Degen* [des Hauptmanns] *vor der Knie zerbrechen und hernach 2 Maulschellen geben, worauffe derselbe so fort stante pede* [unverzüglich, vom Fleck weg] *auff ewig nach Spandau in die Karre* [Schwerarbeit mit der Schubkarre im berüchtigten Militärgefängnis in Spandau] *gebracht worden, Von seiner ordinairen Mondur* [üblichen Montur, Uniform] *hat er nicht eine Fase*[r] *auff seinem Leibe* [behalten], *sondern gar besonders, wie jetzo die Schinders tragen müßen, in grauer Mondur gekleidet, runde Schu*[he], *eine* [sch]*mutzige Paruquen* [Perücke], *welches erbärmlich anzusehen war.*

Verharre Euer HochEdelgeboren ergebener D[iene]*r*

Körner

Magdeburg, d. 31. Martii 1729"[120]

Der genannte Mann, Capitain König, war zusammen mit dem Capitain der Artillerie "von Köppen" im Herzogtum Magdeburg, in der Grafschaft Mansfeld Magdeburgischer Hoheit und im Fürstentum Halberstadt (preußische Landesteile) vom preußischen König eingesetzt worden, das Salpetersiedewesen zu beaufsichtigen und dabei des Königs Vorteil zu wahren. Dieser Aufgabe war er moralisch nicht gewachsen. Obwohl sich die mitgeteilte offizielle Verlautbarung über den Grund der schimpflichen Behandlung des "gewesenen Capitains" ausschweigt, hat ihn der Löbejüner Amtsschreiber doch erfahren. Auf dem Rande eines Schreibens, das mit der Anrede *"Hochwohl- und HochEdelgebohrene, Veste und Hochgelahrte Hochgeehrteste Herren"* an die *"Herren Salpeter Administratoren, die Herren Capitaine von Köppen und König"* gerichtet ist, schreibt er nachträglich und vielleicht auch schadenfroh in ironischer Schönschrift:

"NB [Nota bene! Beachte wohl!] *Diesen Capitain König hat S*[eine] *Königl*[iche] *Majestaet, wegen begangener Salpeter-Malversation* [Veruntreuung] *publice* [öffentlich] *in Magdeburg zum Schelm machen laßen."*[121]

[120] Löbejüner Salpeterakte

[121] ebd.

Aus diesen Beispielen ist zu ersehen, wie sehr dem König daran gelegen war, *"das Salpeter Wesen immer mehr und mehr in Aufnahme zu bringen und zu verbessern... damit Wir Unsere Pulver Mühlen selbst fournieren* [versorgen], *und so viel weniger nötig haben, fremdes Pulver oder Salpeter in hohen Preyse zu kaufen."*[122]

Die Fabrikationsweise der Salpetersieder

Grundlage für die Gewinnung des Salpeters waren ursprünglich aus Lehm, Erde und Stroh aufgeführte sogenannte Wellerwände, deren Unterhaltung wegen der sich regelmäßig wiederholenden Abkratzung ihrer salpeterführenden Schichten sehr aufwendig war. Die Salpeterknechte zogen von Haus zu Haus und "kratzten", "schrappten" oder "kehrten" in oft unverschämter Weise an allen geeigneten Mauern die erwünschte "Salpetererde" ab. Dieses Vorgehen war auf ein königliches Recht gegründet. Deshalb vernachlässigten die Besitzer häufig besonders Gartenmauern oder ersetzten diese Lehmmauern durch Mauern aus anderem Material. Um dem entgegenzuarbeiten, ordnete der König an: *"nicht nur die alten annoch vorhandene*[n] *Wände im Stande* [zu] *erhalten, sondern auch die bereits eingegangenen, in gewißen ihnen zu setzenden Terminen nach und nach wieder her*[zu]*stellen und bey der darauf gesetzten Strafe nicht* [zu] *unternehmen, Mauern* [aus Porphyrbruchsteinen], [hölzerne] *Planken,* ["lebende" und Staketen-]*Zäune und dergleichen zum Nachtheil des zum Nutzen und Schutz des Landes so nöthigen und unentbehrlichen Salpeter Wesens anzusetzen."*[123]
So wichtig die Salpetersieder wegen ihres Produkts in den Augen des Königs waren, so unbeliebt waren diese oft vom Aufenthalt vor dem Siedeofen rußgeschwärzten Gesellen bei der Bevölkerung. Wie gesagt, zogen der Salpetermeister und seine Knechte von Hof zu Hof und kratzten an Viehställen, Scheunenwänden, Gartenmauern und Wohngebäuden salpeterhaltige Erde ab. Um möglichst große Ausbeute zu machen, wollten sie dabei recht tief abkratzen. Die Besitzer aber waren daran interessiert, daß so wenig wie möglich an Mauersubstanz verlorenging, denn sie mußten - wenn sie ihr Eigentum erhalten wollten - wohl oder übel den alten Zustand ihrer Mauern auf eigene Kosten wiederherstellen. Der König hielt nämlich an seinem Privileg der Salpetergewinnung fest und zahlte keine Entschädigung.

[122] ebd.

[123] ebd., 2. 9. 1755

Zwei, drei Jahre nach der Wiederinstandsetzung der "gekratzten" Mauer hatten sich erneut weiß-kristalline Ausblühungen von Mauer- oder Kalksalpeter gebildet, indem Salpeterbakterien aus dem Harnstoff im Tier-Urin bei Anwesenheit von faulenden Eiweißstoffen Salpetersäure freisetzten, die mit dem Kalk des Mörtels Kalksalpeter entstehen ließen. Den aber wollte der Salpetersieder haben. - Nun fing der Ärger mit dem Abkratzen wieder von vorn an! Deshalb gab es ständig Reibereien, Zank und Streit, sogar Tätlichkeiten und Körperverletzungen zwischen Hausbesitzern und den Salpeterknechten.

Viel Ärger dieser Art gab es zu Beginn des 18. Jahrhunderts besonders in Löbejün durch die rauhbeinige Art der Söhne des Salpetersieders Tobias Beau, der ein Abkömmling eines aus Frankreich eingewanderten Hugenotten war.
Die konfliktreichen Arbeitsbedingungen der Salpeterleute bieten ein Spiegelbild widersprüchlicher Interessen verschiedener gesellschaftlicher Kräfte dar, deren gegensätzliche Meinungen im Streit heftig aufeinanderprallten. All das geschah auf Veranlassung und im Interesse des Königs, der als Motiv für sein Handeln einzig das Staatswohl bzw. die Bereitschaft des Staates zur Verteidigung in den Vordergrund stellte.

Weil eine Großmutter Carl Loewes als Tochter eines Salpetersieders diesem Spannungsfeld entstammte, sollen noch weitere zeitgenössische Dokumente die umstrittene Rolle der heute vergessenen Salpeterleute veranschaulichen.
An Löbejüner Verhältnissen können die allgemeinen Beziehungen zwischen Salpetersiedern und Bevölkerung beispielhaft beschrieben werden. Die Symptome mögen anderenorts noch deutlicher oder vielleicht auch schwächer zu sehen gewesen sein: hier wie da aber waren die dauernden Differenzen und Kollisionen der Opponenten charakteristisch, sie waren im Wesen der Sache begründet. In der ganzen ersten Hälfte des achtzehnten Jahrhunderts waren die betreffenden Auseinandersetzungen ein Dauerthema auf unterer und mittlerer Verwaltungsebene.

Eine anschauliche Vorstellung derartiger Reibereien vermittelt die Schilderung eines Vorfalls, in den der Salpetersiedemeister in Löbejün selbst verwickelt war.
"Der Salpeter Sieder zu Löbegün Peo [Beau] *will von eines gewißen Bürgers Wand daselbst Salpeter Erde abkratzen, welches ihm aber derselbe nicht verstatten wollen, und da dieser nicht abgewichen, läuffet der Bürger hinterlistiger Weise auff den Salpeter Sieder zu, und sticht Ihn mit der Mistforke 2 mahl durch die Hand, dergestalt daß der Kerrl nunmehro an die 6 Wochen fast zu aller Arbeit untüchtig gewesen, auch zum Schaden des*

Königl[ichen] *allerhöchsten Interesse*[s] *2 Zentner Salpeter weniger gelieffert hat... und* [wir] *den Magistrat zu Löbegün alles Ernstes anzubefehlen bitten, daß er denjenigen Bürger... welcher den Salpeter Sieder Peo mit der Mistforken durch die Hand gestochen, nicht nur dahin anhalten solte, daß er die S*[eine]*r Königl*[ichen] *May*[estä]*th zum Schaden versäumete 2 Zentner Salpeter binnen 14 tagen in natura zum hiesigen Salpeter Magazin einlieffern oder den Zentner mit 20 th[a]l[e]r bezahlen müße...*

Ew. [Euer] *Excell*[enz] *gehorsambste* *v. Köppen* *König*

Magdeburg, d. 10. Sept. 1722"[124]

Der Grund für die hochgradige Erregung des kampfeslustigen Bürgers ist aus den folgenden Darstellungen leicht zu ersehen:

"Wir müßen aber über den hiesigen Salpeter Sieder Tobias Peon [Beauen] *allerdings sehr klagen, maßen dieser sich denen allergnädigsten publicirten Königl*[ichen] *Edicten gar wenig accomodiret* [nach ihnen richtet], *sondern die hiesige*[n] *Gärten u*[nd] *Scheun*[en]*wände denen Königl*[ichen] *Instructionen gemäß nicht abkratzet, sondern bis auf den letzten Grad des ruins ausharket, daher es dann auch geschiehet, daß, wie solches der augenschein zeiget, bereits viel Wände in diesem Winter, denen Hauswirthen zum merklichen Schaden übern Hauffen gefallen, und ist fast unvermeinlich wahr, daß gedachter Salpeter Sieder dergleichen verbohtene und strafwürdige totale Ausharkung derer Wände aus Vorsatz und ex rancune* [aus Feindseligkeit], *weil er vor Jahren das unreiffe, und auff dem Salpeter Plaz befindliche Getreidig* [Getreide] *abhauen müßen, bewerkstellige..."*[125]

"Wir können nicht länger anstehen, Ew. Hochwohlgeb[orene] *u*[nd] *HochEdelgeb*[orene] *Herrlichkeiten ergebenst zu referiren, wasmaßen die hiesigen Bürger sich sehr heftig beschweren über die übermachte* [verursachte] *ruinirung derer von denen hiesigen Salpeter Leuten eingehackten gartenwände, so daß sie fast die geringste Lust nicht mehr bezeigen, die Eingefallene*[n] *wände zu repariren, angesehen sothane wände, sobald sie kaum trocken worden, ebenmäßig der Einhackung unterworffen u*[nd] *auf welche Ahrt und Weise dann alle Mühe und Arbeit ümsonst u. vergebens..."*[126]

Die Stimmung der Löbejüner Bürger gegen die Salpetersieder wurde um 1740 zur Erregung, als sich neben den üblichen Streitereien und Rüpeleien auch noch der Verdacht dauernder Feld- und Holzdiebstähle durch die Salpetersieder weder ausräumen noch bestätigen ließ, weil sich die Söhne des inzwischen verstorbenen

[124] ebd.

[125] ebd., 3. 2. 1727

[126] ebd., 27. März 1732

Tobias Beau einer Hausdurchsuchung nachdrücklich widersetzten. Darauf versuchten die Bürger eine "Okular-Inspektion" mit Gewalt zu erzwingen, bei welcher Gelegenheit aller angestauter Unmut explosionsartig zum Ausbruch kam. Als der *"Königlich Preußische Geheimbde Rath, Bergwercks Präsident und Director des Salpeter-Wesens von Krug"* davon erfuhr, schrieb er an den Löbejüner Magistrat:
"Nachdem aber bey neulich geschehener Untersuchung sich herfürgethan, daß dieselben [die Löbejüner Bürger] *die Salpeter Hütte armatu manu* [bewaffnet] *überfallen, hineingeschossen und nicht allein gedrohet die Hütte anzustecken und zu demoliren, sondern auch würcklich mit Feuer Hacken die Giebel und das Tach aufgerißen, und die Salpeter Lauge verdorben, nicht weniger den Salpeter Burschen Tobias Beau* [Sohn des verstorbenen Tobias Beau] *im arreste übel prügeln laßen, welches alles sich nicht gebühret; alß wird gedachten Magistrat solches mit Vorbehalt der verwürckten Straffe hiermit nicht allein vor dieses mahl verwießen, sondern selbiger auch angewießen, die aufgerißene*[n] *Giebel und das Tach an der Salpeter Hütte ohnverzüglich wiedermachen und in vorigen Stand setzen zulassen, auch zu Umsiedung der Lauge 12 sch*[e]*ff*[e]*l Kohlen auf die Hütte zuliefern in dessen Verbleibung aber zugewarten, daß dieserwegen höhern ortes berichtet werden soll."*[127]

Obwohl sich das Hineinschießen in die Hütte später als ein Schreck- oder Warnschuß herausstellte, blieben die an Haus, Hütte und Salpeterlauge verursachten Schäden unbestritten, was auf eine außerordentliche Erbitterung der beteiligten Löbejüner Bürger hinweist. Der drohende Unterton in der letzten Zeile gegenüber dem Magistrat ist nicht zu überhören! Der Salpetersieder aber fühlte sich weiterhin über Jahre hinweg im Recht und setzte seine Praxis zur Gewinnung von Salpetererde fort: in gewohnter Weise!
"Anbey aber führen hiesige Bürger große Klage über dem [den] *hiesigen Salpeter-Sieder, daß er mit Behackung der Wände nicht nach Königl*[icher] *Vorschrift verführe, in dem er nicht 2 Zoll tieff, sondern die Wände durch und durch hackete, läge beständig* [nur] *in Loebejün und käme auf die ihn zubehörige*[n] *Dörfer gar sehr wenig; daher es dann käme, daß mancher fast alle*[r] *4, 5 bis 6 Jahr die Wände wieder* [völlig neu] *aufbauen müße, welches aber <u>fast</u>* [auch im Original unterstrichen] *nicht möglich zu machen mehr wäre."*[128]
Da die Salpeterleute nicht zu Unrecht meinten, im Auftrage des Königs zu handeln, der ihnen manches nachsah, kam es von ihrer Seite leicht zu Überheblichkeit und zu Übertretungen in Verbindung mit Imponiergehabe besonders

[127] ebd., 20. 12. 1742
[128] ebd., 25. Mai 1753

gegenüber sozial Schwachen. Dies kommt unverblümt - wenn auch im Inhalt übertrieben - in dem hier letzten Protokoll zum Vorschein:
"In des Oelmüllers Witben Keller ist 3/4 Ellen und 3 Zoll unter dem Füllmund [Grundmauer] *gehacket, und sieht darinne sehr gefährlich aus. Zugleich saget gedachte Witbe wie ihr der Salpeter-Sieder, als sie selbigem vorgestellet, das Hauß müße ja auf solche Art einfallen, geantwortet, wenn es falle so falle es, und wenn er ihr in der Stube die Bretter aufbrechen und darinne hackte, müße sie sichs gefallen laßen, der König wolte Salpeter haben"*(!)[129]

Die extremen Vorfälle in Löbejün machen in aller Überspitzung die Gegensätze deutlich, die der gesamten Gewinnung der Salpetererde durch "Abkratzen der Wände" innewohnten. In dem durch einen unauflösbaren Widerspruch gekennzeichneten Streit zwischen den Salpetersiedern und den Haus- und Hofbesitzern suchten die unteren Verwaltungsbehörden eine hoffnungs- und ausweglose Vermittlerrolle einzunehmen. Dabei sahen sie oft genug, wie die übergeordneten Instanzen die Salpeterleute glimpflich, ja nachsichtig, sogar begünstigend behandelten, wovon der folgende, am Anfang vorwurfsvolle, am Ende aber angesichts ihrer Ohnmacht doch wieder einlenkende und "gehorsame" Bericht der Löbejüner Ratsherren Kunde gibt:
"Nochmehr aber wundert sich Magistratus, daß dieser Beau [bei seinen Beschwerden] *sogleich geneigtes Gehör, ohne eben besondere Untersuchung deshalb anzustellen findet, wir hingegen uns solches noch in keinem Stück rühmen können, wie wir denn nicht einmal die restirenden* [noch zu zahlenden] *Pacht-Gelder, welche dieses Beaus Vater an hiesigen Hospital schon viele und lange Jahre schuldig gewesen dem Sohne auch zubezahlen zuerkandt worden und auch laut des von hiesigen Salpeter Sieders Beau zu Rathhause producirten* [vorgelegten] *Liefferungs-Buche bereits längstens abgezogen worden* [sein müßte], *als worüber wir bey hochwürdigem Consistorio uns zubeschweren nicht unterlaßen werden.*
Unterdessen werden wir den Salpeter Sieder nicht hindern, in soweit er Königl[icher] *allerhöchsten Intention* [Absicht] *mit seinem Hacken sich gemäß bezeiget."*[130]

[129] ebd., 23. März 1754

[130] ebd., 5. 9. 1753

Salpeterplantagen

Wegen des Ärgers, der baulichen Schäden an Mauern und Wänden und des steigenden Bedarfs an Salpeter ging man deshalb mit fortschreitender naturwissenschaftlicher Erkenntnis mehr und mehr dazu über, Salpeter bewußt und gezielt entstehen zu lassen und zu produzieren.

Viel Salpeter wurde in sogenannten "Salpeterplantagen" aus solcher Erde gezogen, die man absichtlich vor allem mit faulenden Stoffen vermischte, um so die Natur in der Entstehung des Salpeters nachzuahmen. Man wählte einen Platz mit festem, am besten Tonboden. Ein luftiger Schuppen mit solidem Dach schützte vor Regen, der die Erde hätte auswaschen können. Ein Gemenge von Torf- oder Moorerde, Gassenkot, Schlamm, Schutt, Kalk, Asche, auch Seifensiederasche, Erde aus Viehställen und von Dungstätten, Mist, Harn und Exkremente von Tieren, Abfall aus Schlächtereien und Gerbereien, auch wohl einmal ein Kadaver und Krautgewächse wurden in lockeren Haufen aufgeschüttet, von Zeit zu Zeit mit Harn oder Mistjauche befeuchtet und besonders im Frühjahr und im Herbst gründlich durchgearbeitet und umgesetzt. Durch fleißiges Behandeln bildete sich aus dieser "Muttererde" durch Zersetzung der eiweißhaltigen organischen Substanz und durch die Tätigkeit der Nitrobakterien nach zwei, drei Jahren besonders bei feuchtem, warmem Wetter der erwünschte Salpeter. Bei genügender "Reife" wurde er mit heißem Wasser aus der "Salpetererde" herausgezogen. Dann gab man gelöste Pottasche in das Salpeterwasser, ließ das ausfallende Kalziumkarbonat absetzen und dampfte das kaliumnitrathaltige Wasser ein. Übrig blieb in der eisernen Siedepfanne der gewünschte Kalisalpeter. - Keine leichte Arbeit! Sie war zum Teil recht unappetitlich, mit starker Geruchsbelästigung sowie mit schwerem körperlichen Einsatz vom Umschichten und Anfeuchten bis hin vor die heiße Siedepfanne verbunden. (Die für den Siedeprozeß erforderliche Feuerung holten sich die Löbejüner Salpeterleute in den Königlichen Steinkohlenschächten.)

Über diese Seite des Salpetersiedens bemerkte der zeitgenössische Schweizer Ulrich Bräker, dessen Vater seinen Lebensunterhalt u. a. auch als Salpetersieder verdiente und der damit einen guten Einblick besaß, in seinem oft zitierten Lebensbericht "Der arme Mann im Tockenburg" recht vielsagend:

"Allein im Frühjahr 1757 beorderte mich mein Vater zum Salpetersieden; da gab's schmutzige und zum Teil auch strenge [harte] *Arbeit."*[131]

[131] Bräker, S. 141

Die geringe Wertschätzung der Tätigkeit des Salpetersieders ihrer Unsauberkeit wegen kommt auch in der Animosität einer von Bräker in Aussicht genommenen Braut zum Ausdruck, von der er schreibt:
"Einst ließ sie sich gegen mir heraus, daß ihr meine dreckeligte Hantierung mit dem Salpetersieden gar nicht gefalle; und mir war's selber so."[132]
Bei ihrer schweren und anstrengenden Arbeit nahmen die Salpetersieder in der Gesellschaft eine umstrittene und widersprüchlich beurteilte Stellung ein.
Auf der einen Seite wurden sie erstens von der Bevölkerung der Schäden wegen, die ihre Knechte beim "Behacken" der Wände verursachten und auch zweitens wegen ihrer zum Teil unangenehmen und schmutzigen Arbeit verwünscht und abgelehnt.
Auf der anderen Seite aber genossen sie größte Wertschätzung und Bevorzugung durch den König, wobei die Behörden der untersten Ebene oft zähneknirschend und nicht selten auch selber betroffen zwischen den Lagern zu manövrieren hatten. Der König brauchte die Salpetersieder, er hatte ihnen verschiedene Vergünstigungen gewährt, nahm sie aber dafür auch in gewisse Pflichten. Die wichtigste war die peinlich genaue Beachtung der Interessen des Königs sowie eine fleißige und gewissenhafte, unbestechliche Befolgung der königlichen "Ordres" (Befehle) beim Gewinnen der Salpetererde und ihrer Verarbeitung.
So durften sie z. B. beim Abkratzen der Salpetererde von geeigneten Mauern "keinen verschonen"!
Außerdem mußten Salpetersieder im Beruf bleiben; sie waren auch verpflichtet, ihre Söhne wieder zu Salpetersiedern auszubilden, wofür der Vater als Belohnung und der Sohn als Startkapital je zehn Taler ausgezahlt bekamen.
In diesen grob beschriebenen Umrissen etwa bewegte sich das Leben der Salpetersieder überall, und in diesem Rahmen hat sich gewiß auch der Alltag der Salpetersiederfamilien Gödicke in Könnern abgespielt. Ob Ausstrahlungen dieses Umfelds bis zu dem viel später geborenen Carl Loewe gekommen sein mögen und ob er sich dieses sozialen Milieus eines Teiles seiner Vorfahren bewußt wurde, das ist und bleibt wohl ungewiß.
Im Saalkreise gab es in Reideburg, Könnern-Golbitz, Löbejün-Gottgau, Nauendorf, Teicha, Alsleben, Schochwitz, Teutschenthal und an anderen Orten zum Teil sehr ergiebige Salpeterhütten. Die Löbejüner Hütte wurde 1708 "draußen in Gottgau" auf der Höhe gleich oberhalb der ehemaligen Wassermühle erbaut, in der ab 1709 Salpeter gesotten wurde. Sie wurde 1721 erweitert und bestand bis

[132] ebd., S. 146

1795, wurde dann aber als Bauerngut genutzt. 1851 entstanden die Gutsgebäude, die noch heute links am Wege nach Gottgau zu sehen sind.
Die Salpeterhütte zu Könnern, die eigentlich in Golbitz gelegen war, brannte in der Mittsommernacht 1717 total nieder, wurde aber schnell wieder aufgebaut.

Bei einer Reise der Salpeter-Inspektoren zu einer Anzahl Salpeterhütten im Jahre 1734 wurde über die Könnernsche Hütte folgendes mitgeteilt:
"Als wir uns mit der Übergabe der Hütte zu Friedeburg expediret [abgefertigt], *so haben wir uns von dorten auff der hiesigen Hütte* [also in Könnern] *begeben und dem Salpetersieder hieselbst, nahmens Andreas Obermeyern die Veränderung mit dem Salpeter-Wesen facta admonitione de praestanda obedientia et reverentia* [nach geschehener Erinnerung, Ermahnung zu vorzüglichem Gehorsam und Ehrerbietung] *gleichergestalt bekannt gemachet, und das Salpeter-Sieden fleißig und getreü zu treiben, angemahnet, worauff er denn den Handschlag und Versicherung alles möglichsten Fleißes und Sorgfalt von sich gegeben.*
Die Hütte nebst dem Inventario gehöret dem Salpeter-Sieder eigenthümlich, und hat sich dieselbe bey der Besichtigung in gutem Stande, und dabey nichts sonsten zu desideriren [zu wünschen] *gefunden, außer daß der eine Schuppen nebst zweien Schlamm-Fäßern etwas wandelbar* [tadelnswert], *und ihme dahero die Andeutung geschehen, binnen hier* [jetzt] *und Michaelis den Schuppen nicht nur zu repariren, sondern sich auch statt der wandelbaren Schlamm-Fäßer zwey andere anzuschaffen, der Sache der Vorschuß versprochen worden.*
Sonst gehören zu dieser Hütte incl[usive] *der Städte, 14 Örther, und ist bey dieser Hütte übrigens weiter nichts zu notiren vorgefallen, als daß der Salpeter-Sieder Andreas Obermeyer der Commission referiret* [vorgetragen] *was gestalt die Bezahlung des Salpeters in sehr schlechten Gelde, so, daß er auch zum öfftern an die 8, 10 bis 12 gr*[oschen] *Verlust gehabt, geschehen sey.*
Anbey meldete sich coram Commissione [vor der Kommission] *der Windmüller von Cönnern, Nahmens Johann George Tette*[?], *und stellete vor, wie er vor 2 Monathe*[n] *an den Fiscal Groschen* [Grosche war staatlicher Steuereinnehmer] *17 rthl zu Bezahlung des Salpeters, welchen der Obermeyer geliefert, gegen einen Schein vorgestrecket, und bath zugleich ihme zu seiner Forderung behülfl*[ich] *zu seyn, worauf aber derselbe a Commissione nebst vielen anderen Creditoren* [Gläubigern], *so sich ebenfals gemeldet, ad Forum competens* [an das zuständige Amt] *verwiesen worden."* (im Juni 1734)

Auch die Löbejüner Hütte wurde inspiziert.
"Gleichergestalt ist alhier [in Löbejün] *bey Übergebung der Hütte an den H*[errn] *Geheimten Rath v. Krug verfahren und der Witwe Peo zur gehörigen Schuldigkeit*

angemahnet worden, woauff dieselbe praestanda zu praestiren [das Schuldige zu leisten] *mit einem Handschlage angelobet. Die Hütte gehöret zwar der Witwe nebst dem Inventario, allein Commissio hat solche dergestalt desolat* [heruntergekommen] *befunden, so daß auch kein Schuppen, weder Schlamm noch Lauge, Fäßer, ja auch Keßel und Erdwände nicht in taugbaren* [brauchbaren] *und nützl*[ichen] *Stande vorhanden gewesen, wannenhero denn, und weilen denn auch in den Schuppen keine Erde vorräthig, der Witwe a Deputatis* [von den inspizierenden Abgeordneten] *die Auflage geschehen, daß sie sich in 14 Tagen einen tüchtigen und Werckverständigen Knecht anschaffen, widrigens* [sie] *gewärtigen solle, daß die Hütte ihr genommen und zur Erfüllung des zu lieffernden Salpeter-Quanti jemand anders auff der Hütte gesetzet werden müße."*

Die Salpeterhütte Könnern blieb noch lange nach dem Tode Johann Michael Gödicke sen. in den Händen der Familie seines Nachfolgers Andreas Obermeyer; zumindest zwischen den Töchtern Maria Elisabeth Gödicke und Margaretha Elisabeth Obermeyer bestanden trotz eines Altersunterschieds von zehn Jahren freundschaftliche Beziehungen, was durch eine Patenschaft bezeugt ist. Die Familien waren auch verschwägert, denn im Jahre 1710 hatte die Schwester des Hans Michel Gödicke jun., Anna Maria, einen Andreas Obermeyer, Sohn des Michael Obermeyer, geheiratet.

Als Johann Andreas Loewe getauft wurde, stand Margaretha Elisabeth Obermeyer Pate, sie selbst war zu der Zeit die Braut ebenfalls eines Grenadiers in Könnern. Der Umstand, daß sie später beide Soldatenfrauen waren, könnte sie auch in der Folgezeit enger miteinander verbunden haben. Kinder der Margaretha sind nicht nachweisbar. Sie starb als *"eines Soldaten Frau"* im Oktober 1758 mit 40 Jahren.
Wo und wie Maria Elisabeth Löwe geb. Gödicke in den Jahren des Siebenjährigen Krieges lebte, ist bisher nicht zu ermitteln gewesen. Es ist aber zu vermuten, daß sie in Könnern wohnte und daß ihr Sohn Johann Andreas, der spätere Kantor, von Könnern aus (und nicht nur als von dort gebürtig) in das lutherische Stadtgymnasium in Halle 1762 aufgenommen wurde, wie es im Schülerverzeichnis der genannten Schule heißt.

Der Grenadier Löwe und der Kantor Loewe

Die Truppe, der der in Könnern stationierte Grenadier angehörte, welcher im Jahre 1746 die Tochter eines Salpetersieders geheiratet hatte, war ein reichliches Jahr vorher nach Könnern verlegt worden. Während ihres kurzen Aufenthalts in

Könnern fanden dort 1746 elf und 1747 mindestens sieben Eheschließungen zwischen Soldaten und einheimischen Mädchen statt, was eine beachtliche Anzahl darstellt. Auswärtige Eheschließungen kamen auch vor, z. B. in Domnitz; sie wurden hier aber nicht berücksichtigt. Da zur Eheschließung Heiratskonzessionen notwendig waren, kann man annehmen, daß diese in Könnern leichter erteilt wurden, weil man sich hier vielleicht in vielen Fällen in Heimatnähe der Grenadiere befand, was die Desertionsgefahr herabsetzte.

Schon im Jahre 1748 ging der Grenadier von *"des Herrn Capitaine von Kanthen Grenadier Compagnie hochgräflich Alt Dohnaschen fusilier Regiments"* mit seiner Truppe nach Magdeburg, der damals stärksten Festung Alt-Preußens. Ob seine Familie ihn begleitete - was möglich gewesen wäre -, ist ebenso unbekannt wie die konkreten Lebensumstände dieser drei Personen bis gegen Ende des Siebenjährigen Krieges. Nach einer Verordnung des Soldatenkönigs vom 30. August 1729 hätte die Frau sogar mietfrei in Könnern weiterwohnen können:

"Demnach wir Allergnädigst resolviret [beschlossen], *daß bey den Aus March derer Regimenter die Soldaten Weiber so viel deren zurückbleiben wollen und sich in denen Städten ernehren können... das freye Obdach angewiesen werde, wo sie aber nicht stets in der Stadt bleiben wollen, soll ihnen kein Quartier gegeben werden, auch müssen sie keine Insolentien* [keinen Ärger, keine weiteren Forderungen] *ausüben, sondern sich mit bloßem Obdach begnügen."*[133]

Man kann mit großer Wahrscheinlichkeit annehmen, daß der Grenadier Löwe im Kriege 1756 - 1763 umgekommen ist, da er einer Truppe angehörte, die für den Einsatz in vorderster Linie ausgebildet worden war und die auch an den Nahkämpfen der verlustreichen Schlachten 1757/58 teilnahm, worauf schon eingegangen wurde.

Im Jahre 1762 wird der fünfzehnjährige Johann Andreas Löwe aus Cönnern am 6. September in die Klasse 6 des lutherischen Stadtgymnasiums in Halle aufgenommen.[134] Auf wessen Ansuchen oder Fürsprache das geschah, ist nicht bekannt. Warum er gerade auf diese Schule kam und - wenn die Annahme stimmt, daß sein Vater gefallen ist - nicht auf das für solche Fälle näherliegende Waisenhaus und damit auf dessen Schule in den Franckeschen Stiftungen, ist nicht ersichtlich.

Immerhin verzeichnet der "Catalogus" im Jahre 1757 unter Nr. 196 als aufgenommenen Schüler *"Leopold Friedrich von Manstein, Halle, F*[ilius] [Sohn] *des Commandeurs vom Dess*[auischen] *Reg*[iment] *der vor Prag d*[en] *6. May* [1757] *gebl*[ieben] [gefallen ist]".

[133] Oranienbaum Abt. Dessau A 9 b I b Nr. 25 II (2) fol. 89 r

[134] Francke-Archiv Halle, Nr. 475 in: Bono cum Deo Catalogus eorum qui membra fuerunt...

Andere solche Fälle sind nicht ausgewiesen, wie überhaupt Bemerkungen zum Stand der jeweiligen Väter sehr selten sind. Da Johann Andreas Löwe einer armen Soldatenfamilie entstammte, wird er wahrscheinlich einen Freiplatz auf dem lutherischen Gymnasium erhalten haben, wo er eine für die damalige Zeit recht gute Ausbildung erhielt.
Bis zur Prima blieben sechs Jahre, da war der Sohn des Grenadiers 20/21 Jahre alt. Bis dahin hat er sicherlich dem Stadtsingechor als Chorist angehört und eine gute Gesangsausbildung erhalten, die ihn befähigte, nach Abschluß der Schule - spätestens! - in weiteren vier Jahren als Präfekt dem Chor wenigstens zeitweise vorzustehen. Altersmäßig hätte es da keine Schwierigkeiten gegeben, denn in Köthen und auch in Halle waren in den Chören Mitglieder mit sogar etwa 30 Lebensjahren vertreten.
Musketa allerdings, die Erforscherin der Geschichte des halleschen Stadtsingechores, führt seinen Namen im Verzeichnis der Chorpräfekten und Adjunkten nicht an;[135] in der fraglichen Zeit von 1768 bis 1772 fehlen aber die Angaben für 1768 und 1772, und für die Jahre 1770 und 1771 ist jeweils nur ein Name (als Präfekt?) angegeben.

Als Johann Andreas Loewe 1768 die Schule beendet hatte, fand er keine finanzielle Unterstützung, um an der Universität Theologie studieren zu können. Die Mutter war zu der Zeit schon Witwe und der Unterstützung selber bedürftig. Aus diesem Grunde wird Johann Andreas Loewe froh gewesen sein, weiterhin mit dem kärglichen Leben eines Choristen vorliebnehmen zu dürfen. Erst als in der ersten Jahreshälfte 1771 der Löbejüner Kantor Ernst Schnell starb (im Löbejüner Totenregister nicht enthalten) und das Kantorat neu zu besetzen war, nutzte er diese günstige und auf die Dauer mögliche Gelegenheit und bewarb sich um die Stelle, für die er nach Besuch des lutherischen Stadtgymnasiums tatsächlich eine mehr als ausreichende Ausbildung besaß. Außerdem mußte er endlich eine gesicherte Lebensgrundlage für sich und seine Mutter schaffen, denn die Zeiten waren schwer, und ob nun bloß als Chorist oder gar Präfekt des Stadtsingechores in Halle auf Lebenszeit; beides wäre keine beruhigende Perspektive gewesen.

[135] Musketa, S. 298

Die Hungersnot 1771/72

In den Jahren 1771 und 1772 ereignete sich in Deutschland eine ausgedehnte Hungerkatastrophe, die durch äußerst nasse Jahre verursacht worden war. Ihr fielen besonders in Sachsen zahlreiche Menschen zum Opfer. In Preußen war die Not nicht so groß, weil die kluge Vorsorgepolitik Friedrichs II. das Ärgste verhinderte.

Franz Kugler, der Verfasser des Liedes "An der Saale hellem Strande", gibt in seiner Biographie Friedrichs II. folgende Schilderung:

"*Er* [Friedrich II.] *sammelte in den fruchtbaren Jahren mit umsichtiger Sorgfalt ein, um in den Jahren des Mangels sein Volk vor dem Hunger zu bewahren. So waren im Jahre 1770 und zunächst vorher die Ernten überall äußerst ergiebig gewesen, an manchen Orten so bedeutend, daß man das Getreide nicht aufzuspeichern vermochte und auf dem Felde verderben ließ. Friedrich aber hatte seine großen Magazine reichlich gefüllt; und als nun auf diese Zeit, in den Jahren 1771 und 1772, furchtbarer Mißwachs folgte, da konnte er seine Kornspeicher öffnen, das Gesammelte zu wohlfeilen Preisen verkaufen und den Dürftigsten umsonst geben. Viele Tausende starben in den Nachbarländern des entsetzlichsten Hungertodes: in Preußen erlag keiner dem Hunger oder dessen Folgen; vielmehr konnte auch noch den großen Scharen der Fremden, die in Preußen Hilfe suchten, Unterstützung gereicht werden. Von dieser Zeit an erkannte man es, daß Friedrich ebenso weise als Regent, wie groß als Feldherr sei.*"[136]

Bis an die Fuhnedörfer und damit auch an den Saalkreis heran brandete die Hunger- und Teuerungswelle. Ein Pfarrer in Trebbichau an der Fuhne notierte als Augenzeuge folgende "Memorabilia" (erinnerungswerte Dinge) in sein Kirchenbuch:

"*Anno 1771*

Da dieses und voriges Jahr wegen spät eingefallenen Schnee vielen großen Wasser u. naßen Winter die Erndte nicht so gut ausfiel, wie sonst, so stieg das Getreyde gegen die Erndtes dieses Jahres in Preise, welcher Preiß hernach immer mehr sich erhöhete. Unsere Fuhne wurde durch das beständige Waßer ganz verdorben und zuweilen konnte niemand durch dieselbe hindurch kommen. Die meiste Zeit mußten die Leute durchs Waßer baden, wenn sie nach Coeßeln wollten. Das Wasser lief über den Glautziger und Wieskauer Damm und fiel nur selten ein wenig.

[136] Kugler, Geschichte Friedrichs des Großen, S. 577

Anno 1772
Seit der Erndte vorigen Jahres kam das Getreyde immer höher und höher im Preise. Schon gegen Michael galt der Scheffel Rocken 3 rthl und drüber, in welchen Preise es auch den ganzen Winter über geblieben und zuweilen vor 3 1/2 rthl verkauft worden. Nach Ostern stieg der Preiß noch höher und wurde der Rocken zu 3 rthl 12 - 15 gr[oschen], der Weitzen um eben den [gleichen] Preiß, Gerste zu 2 rthl 12 - 15 gr und Hafer zu 2 rthl 8 gr verkauft. Es ist zu merken, daß es in lauter guten Gelde bezahlt wurde, da a[nn]o 1762 zu Ende des Krieges lauter schlecht Geld war, welchergestallt iener Preiß den ietzigen bey weiten nicht beykam. Denn das schlechte Geld wurde nach dem Kriege reducirt und da gallt der Thaler nicht mehr als 9 gr.
Wegen der Theürung vermehreten sich die Bettelleute aus der Maaßen sehr, daher denn auch durch landesherrl[ichen] Befehl dem Betteln Einhalt gethan wurde, wobey verordnet wurde, daß ieder Ort seine Armen ernähren sollte, zu dem Ende in der Gemeinde Armen Cassen zu errichten wären. Es wird aber wohl nicht damit zu Stande kommen, indem die Sache viel Schwierigkeiten findet. Diese Verordnung betraf nur die Amtsdörfer, in den Adelichen Dörfern dauerte das Überlaufen gewisser maßen fort. Mit den Armen Cassen hat es keinen Bestand.
Der Getreydepreiß stieg nach Pfingsten noch höher und der Rocken kam auf 5 rthl, Gerste 3 1/2 rthl, Hafer 2 rthl 18 gr. Die Ursach war vornemlich diese, daß viel Sachsen hinter Leipzig her, aus dem Bornaischen und Rochlitzer Direct her kamen und das Getreyde auf Schubkarren wegholten, wie denn auch sonst viel nach Sachsen verführet wurde, wo der Hunger sehr einriß, indem die von der Mulde geschehene Überschwemmung großen Mangel veranlaßt hatte. Denn ob gleich ein Landesherrl[iches] Verbot ausgegangen war, kein Getreyde aus dem Lande zu führen, so kehreten sich doch die Adel[igen] Höfe und Dörfer nicht daran und das verursachte, daß auch die Amtsdörfer Gelegenheit erhielten, vieles fortzuschaffen... Der Getreydepreiß fiel gegen die Erndte wieder etwas herunter, doch wurde es dieses Jahr nicht ganz wohlfeil, sondern Weitzen und Rocken galt bis Weihnachten gegen 2 rthl und drüber, die Gerste 30 bis 32 gr und der Hafer 21 bis 24 gr."[137]

Unter diesen Umständen kam die Nachricht vom Tode des Löbejüner Kantors Schnell gerade im richtigen Augenblick, denn mit der in Löbejün eingetretenen Vakanz bot sich Johann Andreas Loewe eine Chance zur Solidierung seiner Lebensverhältnisse. Er bewarb sich umgehend um das freigewordene Kantorat.
Wie aus den beiden folgenden Quellen zu ersehen ist, waren schon in der ersten Dekade des Juli 1772 die amtlichen Vorgänge im Konsistorium und bei der

[137] Kirchenbuch Hohnsdorf-Trebbichau 1666 - 1752, S. 274 ff.

Regierung abgeschlossen. Johann Andreas Loewe stand kurz vor seinem 25. Geburtstage.

Nach dem damaligen Geschäftsgang wird er zunächst mit den anderen Bewerbern in der Kirche von Löbejün eine Probe seines Könnens vor den "Kirch- und Schulinspektoren" im Orgelspiel und im Schulehalten abgelegt haben. Diese wählten ihn vor den anderen für das Kantorat aus, worauf er bei Inspektor Lange und bei Generalsuperintendent Frommann Prüfungen bzw. Vorstellung zu bestehen hatte. Letzterer stellte ihm schließlich die folgende Lehrbefähigung aus:

"Testimonium habilitatis

Vorzeiger dieses [Schreibens] *Johann Andreas Loewe bisheriger Präfectus des Hallischen Stadtchores, ist von dem Magistrat zu Loebejün zur vacanten Cantorat-Stelle daselbst erwählet, und von dem Herrn Inspectore Langen mit einem guten Zeugniß seiner Geschicklichkeit versehen an mich geschickt worden; Ich habe, in der mit ihm angestelten Prüfung ihn so befunden, daß ich nicht zweifele, er werde durch Gott*[es] *erbetenen Beystand und angewendten Fleiß der Schul Jugend nützlich seyn können, weshalb ich ihm hierdurch das Testimonium habilitatis ertheile.*

Closter Berge, den 11ten Jul[i] *1772*

Erhard Andreas Frommann"[138]

An den Magistrat zu Löbejün ging zur gleichen Zeit dieses Schreiben ab:

"Unsern p [Kürzel für die stereotype Anrede: Unsern Gruß zuvor, Liebe, Getreue!] *Hierbey übersenden wir Euch, das von Unserm Consistorial Rathe und General Superintendenten Abt Frommann, dem von Euch zum Cantore daselbst präsentirten Präfecto des hällischen Stadt Chores, Johann Andreas Löwe ertheilte Testimonium habilitatis in originali, und befehlen Euch hierdurch, da wir den Löwen zu diesen Kirchen und Schulamte bestätiget haben, ihm die Bestallung auszufertigen und wegen seiner Anweisung das Nöthige zu veranstalten.*

Magdeburg den 11. Juli 1772"[139]

Nach seinem Amtsantritt - sicherlich zu Michaelis 1772 - lernte der junge Kantor die Windmüllerstochter Maria Eleonora Leopold kennen, die etwas Acker und ein Haus mit Scheune als einen Teil ihrer Mitgift vorweisen konnte. Für einen sonst völlig mittellosen Kantor am Anfang seines Berufslebens - der noch dazu für eine 63jährige Mutter zu sorgen hatte - war sie eine sehr vorteilhafte Partie. Nach drei Jahren wurde die Ehe geschlossen, die kinderreich und auch glücklich werden und fünfzig Jahre dauern sollte.

[138] Landeshauptarchiv Wernigerode, Rep. A 12a I , Nr. 194, S. 8 r und 8 v

[139] Schreiben der Königlich Preußischen Regierung

"9. [Eheschließung im Jahr] *Dom*[inica] [Sonntag] *III. IV. V. p*[ost] *Trinit*[atis] *ist Herr Johan Andreas Löwe, bestallter Cantor und Schul-Collega alhier mit J*[un]*gfr*[au] *Marien Eleonoren Leopoldin, Mstr. Johan Hieronymus Leopolds, Bürgers, Brauers und Windmüllers alhier eheleibl*[icher] *eintzigen Tochter proclamirt und d*[en] *19 Jul*[i] [1775] *in hiesiger Kirche copulirt worden."*[140]

Nachdem der "Herr Cantor Löwe" zehn Jahre in Löbejün ansässig gewesen war, wurde er zur Ableistung des Bürgereides aufgefordert. Dieser formale Akt fand am 28. August 1782 auf dem alten Löbejüner Rathaus statt. Sein Name ist - offensichtlich nachträglich zwischen zwei andere Namen eingezwängt - im Löbejüner Bürgereid-Buch enthalten, das zum Teil erhalten ist.

Der Kantor blieb in Löbejün ansässig. Hier kamen seine zwölf Kinder zur Welt, und hier verbrachte er sein ganzes weiteres Leben.

Die materielle Lage der Amtsvorgänger des Vaters

Manches von der materiellen Lage seines Elternhauses mag Loewe beschönigt oder verschwiegen haben, vieles aber hat er eventuell altersbedingt nicht gewußt. Es ist deshalb um so aufschlußreicher, was sich durch erst kürzlich ausgewertete Akten des Magistrats von Löbejün hierüber erschließen läßt. Ein Blick in diese alten Quellen bringt neue Einsichten in den Lebensstandard der "Schulbediensteten" in Löbejün in der zweiten Hälfte des 18. Jahrhunderts, auch wenn es sich hauptsächlich um Aussagen über die Vorgänger von Loewes Vater in dessen Amte handelt.

Der Vater Loewe war 1772 als Kantor in Löbejün angestellt worden. Sein unmittelbarer Vorgänger Christoph Ernst Schnell verwaltete von 1750 bis 1771 dieses Amt und erlebte damit die schwere Zeit des Siebenjährigen Krieges, übrigens gemeinsam mit dem Organisten Christian Gottlieb Gneist. Der schwere und verlustreiche Krieg ging auch an Löbejün nicht vorüber. Als am 17. August 1759 dem Pfarrer August Rudolph Heinisch ein Sohn geboren wurde, schrieb er in das Kirchenbuch die folgende Bemerkung ein: *"Dieß Kind ist geboren in den äußersten Kriegsunruhen, da die Oesterreicher und Reichsarmee ein Lager vor dem Plötzer Thore aufgeschlagen und vom 7. August biß 27 ejusd*[em] [des gleichen Monats] *alhier gestanden, und die Stadt hart mitgenommen haben."*

Die unmittelbaren Belastungen durch das dreiwöchige Kriegslager der feindlichen Armeen verursachten für die Löbejüner hohe Verluste, die mit den anderen

[140] Kirchenbuch Löbejün

Beschwerungen noch Jahre nachwirkten und die allgemeine wirtschaftliche Notlage verschärften. Wenige Jahre später, 1762, hatten der Kantor Schnell und der Organist Gneist wegen *"höchst bedrängter und allgemeiner Theürung, in Absicht ihres schlechten Gehalts und dürftigen Umstände"* eine Zulage von 25 Thalern *"aus hiesigem wohlbemittelten Hospital"* erhalten. Als die beiden darum gebeten hatten, besaßen sie offensichtlich das Wohlwollen ihrer unmittelbaren geistlichen Aufsicht, nämlich des Herrn Pfarrers Heinisch, der sich am 28. September 1762 in einem Begleitschreiben für den Kantor und den Organisten befürwortend so einsetzte, daß die beiden *"...bei gegenwärtigen theüren und schweren Zeiten, mit ihrem gar geringen Gehalt, welcher nicht einmahl bey wohlfeilen Zeiten zu ihrer Subsistentz hinreichend ist, ohnmöglich länger bestehen und ihr Amt weiter zu führen im Stande sind, woferne denenselben nicht auf eine oder die andere Art eine gewiße jährliche und ihrem Bedürfnisse verhältnismäßige Zulage gemacht wird, welches aus des hiesigen wohlbemittelten Hospitals-Revenüen* [Einkünften] *am füglichsten geschehen könnte,... solches attestiere ich... hiermit nach meiner Pflicht, gewißen und der reinesten Wahrheit."*[141]
Die Lage war offenkundig so prekär, daß sich auch die Oberaufsicht in Person des Herrn Inspektor Lange vom damaligen Kirchenamt in Laublingen der nachdrücklichen Argumentation nicht verschließen konnte und am 5. Oktober 1762 zugunsten der Antragsteller folgendes an die Regierung schrieb:
"Da sich beide wohlverhalten und ohnmöglich subsistieren [davon leben] *können; so habe* [ich] *Ewr. Königl*[iche] *Mayest*[ät] *allerunterthänigst ersuchen wollen, Ihnen eine Zulage aus dem wohlhabenden Hospital zu Löbejün allergnädigst zu accordieren* [zu gewähren]."[142]
Die beiden erhielten die Zulage, aber sie sollte ihnen 1765 auf Einspruch der städtischen Hospitals-Inspektoren wieder abgenommen werden. Daraufhin verfaßten sie gemeinsam einen zweiten Antrag mit der Bitte, die ihnen gewährte Zulage zu ihrem Gehalt weiterhin zukommen zu lassen. Er ist ein eindrucksvolles Zeugnis der Lebenslage dieser beiden Lehrer und steht als ein kennzeichnendes Beispiel für die Situation mancher vergleichbaren Existenz im und nach dem Siebenjährigen Kriege. Wegen der deutlichen Sprache und der starken Aussagekraft des Schreibens sei es in voller Länge wiedergegeben, auch deshalb, um eine realistische Schilderung des betreffenden Milieus, wie es Vater Loewe bald vorfinden sollte, dokumentarisch vorzulegen.
Es muß nochmals erwähnt werden, daß die folgenden Schilderungen einige Ergebnisse des Niedergangs im Gefolge des Siebenjährigen Krieges darstellen, der

141 Archiv der Stadt Löbejün, rot 837

142 ebd.

die materiellen und geistigen Grundlagen der Wirtschaft auch in dieser Region weitgehend störte. Der für Halle besonders verhängnisvolle, die meisten Blüten städtischer, materieller und geistiger Kultur brechende Krieg von 1756 bis 1763 wirkte sich auch auf den Saalkreis aus. Der Eindruck, daß es sich im eigenen Interesse der beiden Lehrer um eine etwas schwarzmalende Schilderung handeln könnte, kann wegen der allgemeinen Notlage im ganzen Lande nicht entstehen.
"Ewe. Königl[iche] *Mayest*[tät] *ruhet zweifelsohne annoch in allergnädigsten Andenken, was maßen wegen uns beyden Kirchen- und Schulbedienten aus Lobechün, von dem Cantor Christoph Ernst Schnell und dem Organist Christian Gottlieb Gneist de dato 5ten octbr. 1762 bey damahligen höchst bedrängten und allgemeinen Theürung, in Absicht ihres schlechten Gehalts und dürftigen Umstände, welche damahls beygehendes Attestat des Herrn Pastoris Heinisch hieselbst nach der Wahrheit bezeüget, von Ewe HochEhrwürden den HEn* [Herrn] *Inspector Langen um eine Zulage aus hiesigen wohlbemittelten Hospital allerunterthänigste Vorsprache geschehen. Es haben auch Ewe Königl. Mayst. auf erfolgten Bericht der Kirchen-, Schul- und Hospital-Inspectorum alhier uns eine hinlängliche Hülfe huldreichst angedeyhen laßen, und einen jeden jährlich 25 rthl* [Reichsthaler] *zu Erleichterung unseres beschwerlichen Amtes und beßern Auskommens allergnädigst accordiret, welche unverdiente Königl. Gnade wir mit allerunterthänigster Dankbahrkeit verehren. Da wir aber zu unsern nicht geringen Schmertz und Betrübniß vernehmen müßen, daß die Herren Kirch-, Schul- und Hospital-Inspectores alhier resolviret* [beschlossen haben], *uns die allergnädigst accordirte Zulage ohngeachtet unserer geringen Einkünfte und dürftigen Umstände, bey diesen annoch schweren Zeiten wieder abzunehmen, und zu dem Ende von denenselben, dem hiesigen Hospital-Vorsteher wegen fernerer Auszahlung bereits schon würklich Inhibition* [Verbot] *geschehen. So sehen wir uns äußerst gedrungen, Ewe Königl. Mayst. unsere dürftigen und armseligen Umstände nochmahls aufs neue in allerunterthänigster Devotion* [Ergebenheit] *vorzutragen. Da ich, der Cantor, jährlich kaum 40 rthl pro Salario und an einigen Accidentien* [Nebeneinkünften] *einzuheben habe, danebst ich zwar 3 rthl zu Feüerwerck genieße, welches aber, wegen des hohen Preises der Stein Kohlen, da der Scheffel 25 gr*[oschen] *beträgt, bey weiten nicht hinreichend sondern ich fast den halben Theil meines übrigen Salarii auf Holtz- und Feüerwerck verwenden muß, von den Schulgelde hingegen ohnerachtet gleicher Arbeit mit den anderen Collegen nichts participire* [teilhabe] *und davon gäntzlich ausgeschloßen bin, daß also täglich vor mich und die meinigen etwas weniges zu verzehren übrig bleibt.*
Ich, der Organist, habe jährlich nicht mehr als 26 rthl pro Salario nebst einen so genannten Frey-Brauen [das Recht, einmal im Jahr unentgeltlich im städtischen Brauhause Bier brauen zu dürfen], *von welchen ich aber seit vielen Jahre nicht den geringsten Nutzen gehabt, maßen derjenige, der solches vor mir* [für mich] *abbrauet, noch*

ein Douceur verlanget, und vor [für] *den Nutzen gar nichts geben will. Über dieses genieße ich weder freye Wohnung, noch Holtz und Feüerwerck, bin von dem Schul-Gelde und überhaupt von allen Accidentien ausgeschloßen, daß ich also zu meiner Subsistentz nicht mehr als täglich 2 gr*[oschen] *einzunehmen habe. Hiervon nun Unterhalt, Kleidung, Holtz- und Feüerwerck anzuschaffen ist, bey mir, da ich weiter keinen anderen Zufluß habe, eine unmögliche Sache, und sehe durch Abnehmung der allergnädigst accordirten Zulage, meinen völligen Untergang vor Augen. Ich bin nebst meinen Mitt-Collegen bey den wenigen Salario in den vorigen Zeiten in die lamentablesten* [beklagenswertesten] *Umstände versetzt, wir sind von aller Sorge, Noth und Bekümmerniß zu Führung unseres sauren Kirch- und Schul-Amtes gantz untüchtig worden, dergestalt da nunmehro die allergnädigst accordirte Zulage hinwegfallen und uns von denen Herren Kirch-, Schul- und Hospital-Inspectoribus alhier wiederum abgenommen werden soll, wir nothwendig aufs neüe, in vorige armseelige Umstände und bitterste Armuth gerathen müßen, daß uns kaum so viel als zum lieben Brodt erfordert wird, übrig bleibt. Wir nehmen daher an diesen unsern dürftigen und kümmerlichen Umständen zu Ewe Königl. Mayst. in Unterthänigkeit unsere Zuflucht, mit demüthigster Bitte:*

Uns armen und dürftigen Kirch- und Schuldienern bey vorerzehlten Umständen die allergnädigst accordirte Zulage aus hiesigen wohlbemittelten Hospital fernerhin jährlich huldreichst angedeyhen zu laßen, und das nöthige wegen geschehener Inhibition an die hiesige Kirchen-, Schul- und Hospital-Inspectores allergnädigst zu verfügen geruhen.

Es gereichet solches zu unserer als höchst bedürftigen ferneren Subsistence, daher wir an allergnädigster Erhörung nicht zweifeln, und dagegen in tiefster Devotion ersterben, Ewr. Königl. Mayst. p p p [Abschlußfloskel]

Christoph Ernst Schnell
Christian Gottlieb Gneist

Loebejün, den 18ten Februar 1765"[143]

Übrigens wurde von der Königlichen Regierung dem Magistrat, der die Weiterzahlung einer verringerten Summe notgedrungen selbst als tragbar vorgeschlagen hatte, *"...zur Resolution mit[get]heilet, daß, da angeführten Umständen nach, denen beyden Supplicanten* [Bittstellern] *aus den Revenuen des dortigen ohnedem schon beschwerten Hospitals, hinfort ein mehreres nicht, als 18 rthl. 18 gr. in Preußisch Courant* [in der Zahlungskraft uneingeschränkte und vollwertige Münze] *und also einem jeden derselben mehr nicht als 9 rthl. 9 gr. järhlich als eine Zulage gereichet werden könne,... so lange es das Hospital ertragen kann... Sind Euch in Gnaden gewogen."* (25. April 1765)[144]

[143] ebd.

[144] ebd.

Die eben ausführlicher erfolgte Darstellung veranschaulicht, um welches Minimum herum sich noch wenige Jahre vor Vater Loewes Amtsantritt die Einkommensverhältnisse des Löbejüner Kantors bewegten.

Moralische Vorbehalte des Magistrats gegenüber einem Kirchenrendanten Versuch einer Würdigung der Persönlichkeit des Kantors

Am 14. Juni 1759 weilte der durch seine "Geschichte des Saalkreises..." bekannte Johann Christoph Dreyhaupt aus Halle zur Schlichtung einer Reihe von Streitfällen beim Magistrat in Löbejün:
"...So viel die Abnahme der Hospitals-Rechnung betrifft, ist Erkundigung eingezogen, ob die Capitalia, so ausgeliehen, überall gerichtlich versichert und der Hospitals-Vorsteher hinlängliche Caution bestellt? Worauf Magistratus sich vernehmen lassen: daß der zeitige Hospitals-Vorsteher Johann Heinrich Werner seit 1731 dieses Amt verwalte und ein ehrlicher, mit genugsamen unverschuldeten Immobilibus [Haus- und Grundbesitz] *angesessener Mann sey, aber wegen der Hospitals-Einnahme keine besondere gerichtliche Caution bestellet habe, die Capitalia auch auf gerichtliche Consense theils aber in kleinen Posten gegen außergerichtliche Verschreibungen ausgeliehen wären..."*[145]
Daraus ist zu entnehmen, daß zur Verwaltung der Hospitalsfinanzen ein hinreichend vermögender Mann bestellt war, der allerdings keinen eigenen Besitz gerichtlich verpfändet hatte, um damit bei einem eventuellen Manko in seiner Rechnungslegung persönlich zu haften.
Nach seinem Tode aber verlangte gerade dies der Magistrat ausdrücklich von dem neu zu ernennenden Hospitalvorsteher Carl Adam Pflüger:
"...damit man aber auch wegen des baaren Bestandes gesichert seyn möge, so habt ihr euren Versprechen nach 200 rthl Werth an liegenden Güthern gerichtlich zu verschreiben und einen gerichtlichen Cautions-Schein uns zu extradieren [auszuliefern, vorzulegen]."[146]
Diese geforderte Kautionserklärung ist erhalten geblieben; in ihr heißt es:
"Am 7. Julii 1761 wolle der Bürger Carl Adam Pflüger 3 Morgen Acker in der Cönnerischen Grund am Ziegenrücken, welcher rings umher bereinet [von einem Feldrain umgeben] *und keine Nachbaren habe auf zweyhundert Thaler hoch... zu einem wahren und gerichtlichen Unterpfand dergestalt hiermit verschreiben und einsetzen, daß, wenn er*

[145] Archiv der Stat Löbejün, rot 837

[146] Archiv der Stadt Löbejün, Bestallung pro den zeitigen Hospital-Vorsteher, in Curia loebejunensi den 24ten Junii 1761

bei der jährlichen Einnahme und Berechnung derer Hospitals-Revenüen [-Einkommen] *etwas versehen, oder sonsten durch seine Schuld dem Hospitali einiger Schaden und Nachtheil erwachsen, besonders der Bestand nicht gehörig aljährlich berechnet werde würde, Er mit diesen 200 rthl dafür haften und dem Hospital jedesmal davon durch den schleunigsten Weg Rechtens hinlängliche Genugthuung geben wolle..."*[147]

Wie man sieht, verstand es der Rat, sich bei der Auswahl der Männer bei der Verwaltung der städtischen Kassen zu sichern. Das versuchte er auch mit seinen Vorstellungen, als um 1790 zwischen der Kirchenleitung und der Stadt Differenzen entstanden wegen der Verwendung derjenigen Legatengelder, die zu ihrem vorrangigem Zweck (als Stipendien) nicht ausgezahlt wurden. Sie sollten - wenn nämlich keine Stipendiaten vorhanden wären - *"an der Kirche und gemeiner Stadtnothdurft verbauet und angewendet werden".*[148]

Die überschüssigen Gelder gingen also bisher in die allgemeine Stadtkasse, von wo aus sie bei vorfallender jeweiliger Dringlichkeit verwendet wurden. Die Entscheidung für die Verwendung lag bei der Stadt. Später, 1797, verlangte das Konsistorium, den eventuellen Überschuß zwischen Stadt und Kirche wenigstens zeitweilig halbierend zu verteilen. Am 6. Januar 1791 aber verlangte die Regierung erst einmal:

"1. Es wird eine eigene Stipendienkasse errichtet und dahin die zum Stipendio gewidmeten 105 rthl. aus der Cämmerey jährlich bezahlt.

2. Zur Aufsicht über dieselbe und Führung der Rechnung habt ihr einen geschickten, sicheren und tüchtigen Mann als Rendant in Vorschlag zu bringen..."[149]

Die Stadt brachte dem Konsistorium gegenüber in einem nun beginnenden langwierigen Schriftverkehr den Stadtsekretär Gericke in Vorschlag:

"Zur allergehorsamsten Befolgung dieser Aufgaben schlagen wir als einen Mann von den obbenannten Erfordernissen den hiesigen Stadtsekretär Andreas Christian Gericke in aller Unterthänigkeit vor, überzeugt: daß unter unserer Mitaufsicht der p Gericke diese Kasse, so wie es einem treuen und redlichen Rendant gebühret, verwalten wird."[150]

Darauf hatte aber die Regierung noch vorzubringen: *"...jedoch muß er* [Stadtsekretär Gericke] *zuvörderst nachweisen, wodurch er wegen dieser Casse Vorstand* [d. h. Bürgschaft, Kaution] *machen will..."*[151]

[147] ebd.

[148] Stoyes Testament

[149] Archiv der Stadt Löbejün, Stipendienakte

[150] 10. 2. 1791, ebd.

[151] 3. März 1791, ebd.

Bürgermeister und Rat wurden damit auf den Punkt hingewiesen, auf den es der Regierung ankam und auf dem sie bestand. Gericke aber war damals noch ein gering bezahlter Angestellter, der kein Vermögen besaß und keine Bürgschaft leisten konnte. Deshalb mußte der Löbejüner Rat folgendes erklären:

"So viel nun 1. den Vorstand betrifft, so ist der Stadtsekretarius zwar ein Mann, der eine ordnungsgemäße Kasse führen kann, und für dessen Treue und Redlicheit wir alle bürgen können, aber Vorstand zu machen ist er nicht im Stande [d. h., er könnte für die in Aussicht genommene Kasse keine Bürgschaft leisten], *mithin müsse, wenn die zu machende Sicherheit nicht erlassen werden sollte, zum Rechnungsführer eine andere Person vorgeschlagen werden, aber diese findet sich um so weniger, weil der Rendant nicht allein Sicherheit stellen, sondern auch ohne Gehalt arbeiten soll, welches doch niemand, zumal der Kämmerer, vermöge der Einrichtung die Kasse nicht behalten kann, und die beiden Rathmänner zur Führung einer ordentlichen Rechnung untüchtig sind, zugemutet werden kann."*[152]

Die Regierung ließ sich auf Gegenvorstellungen nicht ein und beharrte auf der gestellten Bedingung: für die Kasse müsse Bürgschaft geleistet werden. Der Rat der Stadt Löbejün konnte (oder besser: wollte) jedoch keinen anderen Mann angeben und versuchte das nahezu Aussichtslose: die Regierung von der Bürgschaftsforderung abzubringen! Dabei beurteilte er den einen eigenen (!) Ratmann nicht mehr wie vorher als "untüchtig", sondern nur mit Geschäften überladen:

"...da von diesen Erfordernissen nicht abgegangen werden soll, so muß der p Gericke von der Kassenverwaltung abgehen, nur wissen wir keinen anderen Rendant vorzuschlagen. Der Kämmerer kann vermöge der Einrichtung [der Kämmerer kam für den Rendanten nicht in Frage, das war eine Forderung der Regierung] *die Kasse nicht behalten, und der Rathmann Becker* [er ist der Seilermeister Johann Friedrich Becker (1745 - 1802), der im Leben Loewes eine Rolle spielt], *welcher außer seinen eigenen auch noch alle Amtsverrichtungen des Rathmanns Röseler, der ein abgelebter unvermögender Mann ist, besorgen muß, hat schon zuviel Geschäfte, als daß er noch mit einer Rechnungsführung, deren er ohnehin nicht gewachsen ist, sich befassen könnte.*
Wir sind also in größter Verlegenheit und werden es nicht wagen dürfen: unsre fruchtlos gewesene Bitte vom 19ten v[origen] *M*[onats] *zu wiederholen, sondern ersterben in tiefster Devotion*
Euer Königlichen Majestät   Bürgermeister und Rath
Löbejün am 31 Mai 1791"[153]

[152] 19. April 1791, ebd.

[153] ebd.

Die Regierung zeigte sich entgegenkommend, sie taktierte in Nebenfragen flexibel, blieb aber im Kern unerbittlich: von der Bürgschaft ging sie nicht ab und schlug einen Bürgschaftsstellvertreter vor:

"Dahingegen kann aber von Bestellung der Caution nicht abgegangen werden. Es wird solche auch nur auf 50 rthl. bestimmt, und hoffen wir, daß sich jemand finden werde, der solche auch so hoch für den dortigen Stadtsekretär Gericke bestellet..."[154]

Schweren Herzens erklärten sich nun Bürgermeister und Rat zu folgendem bereit (nach einer Aufzählung von neun Argumenten, die für eine Befreiung von der Bürgschaft sprechen) und bissen dabei in einen sehr sauren Apfel:

"Sollten diese angeführten Umstände den Stadtsekr[etär] *von der Sicherheitsleistung nicht befreien, so können wir, die sämtlich unterschriebenen Magistratspersonen, ihn für hinlänglich sicher erklären, und sind bereit und willig: uns, einer für alle, und alle für einen, ohne Bedingung und Vorbehalt uneingeschränkt auf 50 rthl. - als so hoch die Kaution bestimmt ist, zu verbürgen, nicht allein in Absicht der Kasse selbst, sondern auch für den Nachtheil, welcher, wie wir doch nicht befürchten dürfen, aus der Vernachlässigung seiner Pflichten entstehen könnte. Wir wollen auch den Bürgen sonst zustehenden Rechtswohlthaten überhaupt... ganz wohlbedächtig entsagen und wollen samt und sonders ohne alle Einwendungen für ihn haften.*

Wir finden uns, ohne von ihm dazu aufgefordert zu seyn, zu dieser Erklärung um so geneigter, weil wir seine Lebensart und Umstände, seine Ordnung und Pünktlichkeit in seinen Geschäften kennen... und... ersterben wir mit tiefster Ehrfurcht

Ewr Königl. Majestät allerunterthänigst Bürgermeister und Rath

Heininger	*Opitz*	*Becker*	*Röseler*
Bürgermeister	*Kämmerer*	*Rathmänner"*[155]	

Daraufhin nahm die Königlich Preußische Regierung das Anerbieten an und bestätigte den Stadtsekretär Gericke als Rendanten der neu eingerichteten Stipendienkasse mit den sämtlichen Ratsmitgliedern als Bürgen!

Diese etwas längere Darstellung verfolgt den Zweck, einen Hintergrund zu schaffen für das Verständnis eines weiteren Vorgangs, der erst dreizehn Jahre später - doch noch! - in einer Aktennotiz dokumentiert wurde. Bei der damaligen, lange "erfolglosen" Suche nach einem Rendanten für die Stipendienkasse war nämlich auch der Kantor Loewe im Gespräch. Die Nichtberücksichtigung seiner Person durch den Magistrat, nicht einmal seine Erwähnung im Schriftverkehr von 1791/92, wird durch Argumente (des Magistrats) gerechtfertigt, die den

[154] 23. Juni 1791, ebd.

[155] ebd.

damals vom Magistrat gesehenen Gegensatz "Stadtsekretär Gericke - Kantor Loewe" umso deutlicher hervortreten lassen, wie der eine günstig empfohlen und der andere noch nachträglich diskreditiert, verunglimpft wurde.
Angesichts der vom Magistrat erwähnten Anforderungen an einen Rendanten:

ein geschickter, sicherer und tüchtiger Mann,
ein Mann, der eine ordnungsgemäße Kasse führen kann,
für dessen Treue und Redlichkeit wir alle bürgen können,
dessen Lebensart und Umstände, Ordnung und Pünktlichkeit in seinen Geschäften wir kennen,

und angesichts seines zögerlichen Verhaltens und schließlich seiner Weigerung, den Kantor Loewe als Kassenverwalter vorzuschlagen, wird deutlich, daß dem Kantor Loewe in den Augen des Magistrats diese geforderten Eigenschaften entweder alle oder einzeln gänzlich oder teilweise fehlten oder daß er sie nur in nicht ausreichendem Maße besaß.
Es müssen schwerwiegende Gründe gewesen sein, die den Rat davon abhielten, den Kantor Loewe als Rendanten für die Stipendienkasse vorzuschlagen. Aber es ist auch denkbar, daß das Verhalten des Rats das Ergebnis von Intrigen und persönlichen Auseinandersetzungen ist.
Im Jahre 1805 stellt der Magistrat in einem Bericht an die Regierung eine erneute Überlegung zur Verwaltung und Verwendung nichtbeanspruchter Stipendiengelder aus dem Stoyeschen Legat an, in der im Nachhinein eine - wie es aussieht - strenge und harte Kritik an Kantor Loewe zum Ausdruck kommt:
"Der Hauptpunkt des gedachten Regulativs ist der: daß diese 105 rthl. - nach Abzug dessen, was ein etwa vorhandener Stipendiat gezogen - zwischen der Kirche und der Kämmerei getheilt und in deren Rechnungen, jedoch unter besonderen Abschnitten, berechnet werden sollen.
Diese Anordnung führte indes einige Bedenklichkeiten mit sich, die dem damaligen Magistrat und besonders dem verstorbenen Bürgermeister Heininger sehr erheblich erschienen [er dankte 1796 des Alters halber ab, er starb am 12. Dezember 1799]; *die Kirche, die nur in dem Falle eines Baues auf diese Gelder Anspruch hat, würde dadurch übermäßig bereichert worden seyn, und es war überdis bedenklich die überschüssigen Gelder dem Kirchenkassenrendanten, Kantor Loewe, einzuhändigen, weil er, ungerechnet: daß er ein sehr unbewanderter und unordentlicher Rechnungsführer ist, der in beständiger Kontrolle gehalten werden muß, für seine Kasse keine Sicherheit bestellt hat; auch gab es außer diesen noch andere Bedenklichkeiten."*[156]

[156] ebd.

Die Stadt hatte also schon 1790/91 den Kantor Loewe im Gespräch gehabt, lehnte ihn aber als Rendanten ab. In der späteren (!) Begründung dazu werden schwere Vorwürfe gegen ihn formuliert. Sie richten sich gegen seine Zuverlässigkeit und Lauterkeit. Die Behauptungen bzw. Aussagen, *"daß er ein sehr unbewanderter und unordentlicher Rechnungsführer ist, der in beständiger Kontrolle gehalten werden muß,"* müßten eigentlich konkrete Ursachen und Gründe gehabt haben, die in der jahrelangen Praxis des Kantors als Kirchenrendant erkennbar geworden und die aus dem Bereich der Kirchenverwaltung bis zur Stadtverwaltung gedrungen sein müßten. Gab es berechtigte Anlässe, daß solche Bedenken einen Niederschlag in einem amtlichen Schreiben finden konnten? Schließlich war die Berichterstattung an die Königlich Preußische Regierung kein Privatbrief mit einer unmaßgeblichen persönlichen Meinung, und die zur Rede stehende Person war immerhin ein mit königlicher Zustimmung in sein Amt berufener städtischer Beamter und nicht ein Irgendjemand.
Es scheinen besonders bei der letzten Beanstandung auch Abneigungen und persönliche Differenzen in die Aussage eingeflossen zu sein, denn die Feststellung bzw. Behauptung *"der in beständiger Kontrolle gehalten werden muß"* (was hier geradezu als belastende Zumutung dargestellt wird) steht im Widerspruch zu der früher wiederholt geäußerten Versicherung, daß der Magistrat den Rendanten - *"er sei auch wer er wolle"* - unter seiner besonderen Aufsicht hielte, was er also bei jedem sowieso getan hätte und was im Falle Kantor Loewe gar nicht extra hätte vorgenommen werden müssen.
Aber die Kritik am Kantor geht noch weiter, denn letztendlich gab ein anderer, der für den Rat vielleicht wichtigste Umstand den Ausschlag für die Ablehnung als Rendant, nämlich: *"er hat für seine* [Kirchen-]*Kasse keine Sicherheit bestellt"*(!).

Es erhebt sich sogleich die Frage, warum er das nicht tat. Kantor Loewe besaß nichts, was er an Sicherheitsleistung hätte einsetzen könne, denn er hatte nichts von seinen Eltern ererbt, und nach den vorgestellten Zeitzeugnissen und der geringen Besoldung wegen konnte er im Berufsleben nichts an Geld und Gut anhäufen. Er wurde wie viele andere städtische Angestellte so bezahlt, daß er gerade so sein Auskommen hatte.
Es bleibt lediglich die Möglichkeit, daß er sich etwas "erheiratet" hätte, und so war es ja auch tatächlich, wenn es auch in der Ehe persönliches Eigentum der Frau geblieben sein mochte und er nur mit ihr den Nutzen davon gehabt hatte.
In diesem Zusammenhange kommt nun die Sprache wieder auf die oft erwähnten 1500 Taler, die die Mutter Carl Loewes in Form eines Hauses, einer Scheune und von sechs Morgen Ackerland in die Ehe einbrachte. Dabei soll davon abgesehen

werden, daß Carl Loewe den genannten Immobilien einen zu hohen Wert beigemessen haben könnte, wie es ihm ja auch mit der Angabe des Jerômeschen Stipendiums unterlaufen ist. Eine andere Bestätigung des Werts dieser Grundstücke steht nämlich noch aus.

Maria Eleonora Leopold verheiratete Loewe war immerhin neben ihrem Bruder und Stiefbruder die einzige Tochter eines Windmüllers und damit eine gute Partie für einen sonst völlig mittellosen jungen Mann, der zwar die Franckeschen Stiftungen "bis zur Prima" besucht hatte (mit oder ohne Abschluß?), aber ein Studium nicht aufnehmen konnte, weil er noch für eine arme Mutter sorgen mußte und wenig Aussicht hatte, als Student sich und die Mutter zu erhalten. Man erinnere sich, was hierüber die bisherige Loeweliteratur mitteilte:
"Mein Vater... war in seinem 20. Jahre im Begriff gewesen, aus Prima des Hallischen lutherischen Gymnasii die dasige Universität zu beziehen, um Theologie zu studieren, als ihm, seines ausgezeichneten musikalischen Talentes wegen, seine [also die Löbejüner] *Stelle angeboten wurde* [es scheint aber eher so gewesen zu sein, daß er sich von sich aus um die Stelle bemühen mußte].
Da er nur eine arme Mutter hatte und wenig Aussicht, sich und diese als Student zu erhalten, nahm er gerne dieses Anerbieten an."[157]
"Nur, um nach damaliger Art nicht gar zu lange auf eine Pfarre warten zu müssen [wozu das dazu erforderliche dreijährige Studium erst noch hätte begonnen, durchgestanden und erfolgreich abgeschlossen werden müssen!], *hatte er es vorgezogen, Kantor zu werden."*[158]
"In der Loeweschen Familie war seit Menschengedenken [!] *der Pfarrberuf erblich gewesen* [was bisher nicht nachgewiesen und belegt werden konnte!], *nur Carls Vater hatte das Gymnasium als Primaner verlassen und sich mit seinem bescheideneren Lose begnügt."*[159]
Es ist denkbar, daß unter den beschriebenen Umständen das sicher auch in bar vorhandene Heiratsgut der Mutter bei der Gründung des eigenen Hausstandes so nach und nach ganz oder teilweise aufgebraucht worden war. Dies ist umso wahrscheinlicher, als ab 1776 bis zur fraglichen Zeit um 1791/92, also in etwa 16 Jahren, in der Familie Loewe insgesamt zehn Kinder geboren wurden. - Über den Verbleib von Haus, Scheune und Ackerfeld konnte jedenfalls bis jetzt nichts

[157] Runze, Loewe redivivus, S. 23

[158] Runze, Carl Loewe, S. 6

[159] Bulthaupt, S. 18. Hier hat sich der Verfasser B. ohne eigene Nachforschungen auf Runze verlassen.

Genaues ermittelt werden. Mindestens das Haus könnte in Familienbesitz geblieben sein, denn 1836 gehörte dem Bergmann Franz Härzer *"ein Haus am Topfermarkte oder Schulbrunnen Nr. 242 zwischen Klinz und Regel"*.[160] Aus der Selbstbiographie ist bekannt, daß das Haus *"dem Schulgebäude im Rücken lag"*, also am Schulbrunnen, zwischen der heutigen Carl-Loewe-Straße und dem Schulberg. Franz Härzer ist sicher durch seine Ehefrau Marie Luise, der ältesten Tochter des Kantors Loewe, zu dem Haus gekommen, die es nach dem Tode des Vaters übernommen haben könnte. Sehr wahrscheinlich haben Kantor Loewe und seine Frau das Haus seit der Pensionierung 1820 bis zu ihrem Tode 1826 bewohnt.

Die Annahme, daß sich die Familie Loewe zum Vorteil der Haushaltskasse des flüssigen Heiratsgutes der Mutter nach und nach entäußerte, ist nicht so ohne weiteres von der Hand zu weisen. In einem weiten Bogen könnte sich demnach auch in diesem Falle der Kreis der Beweisführung schließen, daß nämlich der Kantor Loewe persönlich auch später ohne die Mittel dastand, die zur Gewährung einer Bürgschaft nötig gewesen wären. Auch Scheune und Ackerland könnten der Erhaltung eines gewissen Lebensstandards zum Opfer gefallen sein, nur das Haus wurde als letzte Bleibe für den Lebensabend in Reserve gehalten.

Das könnte etwa der Zustand der "Armut" gewesen sein, in der die Loewes lebten, nämlich eine Unbemitteltheit, die den Zustand buchstäblicher Not nicht kannte und in dem Mangel an Nahrung, Kleidung und Wohnung völlig unbekannt waren: ein arbeitsames Leben in Bescheidenheit, dem musische und intellektuelle Bestrebungen nicht fremd waren, sondern wo Geigenspiel, Gesang, Literatur und geistige Interessen Schönheit und Wärme in die Familie brachten.

Im weniger volkreichen Mitteleuropa des 18. Jahrhunderts gab es für die relativ zahlreicheren einfachen Menschen längst nicht so viel soziale Sicherheit wie heute. Trotzdem lebten manche von ihnen in großer Ausgewogenheit mit sich und ihrer Umwelt und ihren Erwartungen an ihren Lebensinhalt. Diese eben für die Familie Loewe umrissene Anschauung galt auch für Familien einfacher Leute in Gegenden, die von Löbejün weit entfernt waren. Ein Schweizer übermittelt als Zeuge aus dieser Zeit die folgende Aussage:

"Überhaupt genieße ich ein Glück, das wenigen Menschen meiner Klasse zuteil wird: arm zu sein und doch keinen Mangel zu haben an allen nötigen Bedürfnissen des Lebens."[161]

Es ist bei dieser Betrachtungsweise durchaus zulässig, die wenig wohlwollenden Aussagen über Kantor Loewes Zuverlässigkeit und Ordnungssinn in

[160] Stadtarchiv Löbejün, rot 836

[161] Bräker, S. 233

Geldverwaltungsangelegenheiten als den Ausfluß persönlicher Voreingenommenheit und durch bösen Willen verursachte Ablehnung der Person des Kantors anzunehmen, - so lange jedenfalls, wie sich konkrete Vorwürfe gegen Kantor Loewe in der erwähnten Hinsicht nicht finden. Um auf die "nicht erbrachte Kaution" für die Kirchenkasse zurückzukommen, sei die Angelegenheit dahingehend ausgelegt, daß man die Kaution einem Kantor Loewe nicht abzuverlangen brauchte, weil man seinen gerechten Sinn kannte und ihm vertraute.
In Anbetracht solcher positiven Charaktereigenschaften wie Sparsamkeit, Arbeitseifer, Bescheidenheit und strenge christliche Lebensführung, die ihm sein Sohn Carl bezeugt, und weiterhin in Würdigung einer (später noch zu besprechenden) ehrenhaften Einschätzung durch einen allerdings anderen Bürgermeister und Rat anläßlich der Pensionierung des Kantors, kann an eine ehrenrührige, das Ansehen von Loewes Vater herabsetzende Interpretation der letztgenannten Aktennotiz kaum gedacht werden. Sie diente in diesem Falle nur als ein weiterer Ausgangspunkt für ergänzende Überlegungen zur materiellen Lage des Elterhauses des Balladenkomponisten.
Zwei Jahre nach dem Tode des Kantors Loewe hat dessen Nachfolger im Amt den umstrittenen "Vorstand" doch erbracht:
"Der Kirchen Rendant Johann Friedrich Poppe leistet Caution zur Sicherstellung des Kirchenvermögens mit seinem beweglichen und unbeweglichen Vermögen."
Der Rendant der Kirche St. Petri[162]
Loebejün, den 31ten December 1828

Nach den hauptsächlich qualitativen Angaben über die materielle Lebensbasis der Familie Loewe sollen zusammenfassend die bisher ermittelten Angaben über die Gehälter des Kantors und des in dieser Zeit gehaltlich immer benachteiligten Organisten, zeitlich gestaffelt, konkret in Zahlen dargeboten werden. Bisher noch nicht erwähnte Fakten wurden eingearbeitet.

1762 vor diesem Jahr erhalten
der Kantor Schnell jährlich kaum 40 rthl. an Gehalt und Nebeneinkünften, zuzüglich 3 rthl. für Feuerwerk, wobei 1 Scheffel Steinkohle 25 Groschen (1 Taler hatte 24 Groschen) kostet; er kann sich also für 3 Taler 4 4/5 Scheffel Steinkohle kaufen,

[162] Archiv der Stadt Löbejün, Rechnung die Verwaltung der Kirche St. Petri zu Loebejün für das Jahr 1828 betreffend

der Organist Gneist jährlich nicht mehr als 26 rthl, zuzüglich ein unergiebiges Freibrauen, er hat keine freie Wohnung, bekommt kein Feuerwerk, erhält kein Schulgeld, bezieht keine Akzidentien. Seine werktägliche Einnahme beträgt etwa 2 Groschen (26 mal 24 Groschen): 313 Arbeitstage = 1,99 Groschen pro Arbeitstag)

1762 erhalten beide aus Mitteln des Hospitals jeder 25 rthl Zulage,
bis also
1765 der Kantor 68 Taler
der Organist 51 Taler *"wegen gar zu großer Theüerung"*

1765 Antrag auf Wegfall der Zulage durch die Kirch-, Schul- und Hospital-Inspektoren,
Einspruch der Betroffenen, wohlwollende Unterstützung durch die geistliche Oberaufsicht,
Zurücknahme der Zulage auf jeweils 9 rthl 9 gr jährlich, so erhalten der Kantor 50 Taler, der Organist 36 Taler.
Es muß bemerkt werden, daß nach einer inzwischen vorgenommenen Reduktion des *"leichten Kriegsgeldes"* zu dem *"neuen schwereren brandenburgischen Gelde"* diese 25 rthl (altes Geld) den 9 rthl 9 gr (neues Geld) entsprachen.

1772 erhält der Kantor Loewe zwischen 50 und 90 rthl, etwa 70 Taler (durch Interpolation und Vergleich gewonnen)

1788 bis kurz vor diesem Jahr erhält der Organist Franck jährlich etwa 42 Taler, wovon 18 Taler als Kosten für Hausmiete, Kleidung, Feuerwerk etc. abzuziehen sind, verbleiben 24 Taler. Einem Antrag auf 15 rthl zusätzlich wird stattgegeben, also erhält der Organist Franck nun 57 Taler, zum Verleben bleiben bei gleichen fixen Kosten etwa 39 Taler.

1816 Im Archiv der Superintendentur Könnern sind wohlverwahrt, aber ungeordnet "Acta betreffend die eingereichten Verzeichnisse der Stadt- und Landschulen und der dabey angestellten Lehrer" vom 6. August 1816 vorhanden. Sie wurden nach der Beseitigung der napoleonischen Vorherrschaft im Zusammenhang mit der Einrichtung des neupreußischen Staates angelegt. Für diese späte Zeit, in der das Kantorehepaar schon lange ohne Kinder im Hause allein lebte, werden für die Löbejüner Lehrer diese Angaben gemacht:

	Lebens- alter	Dienst- alter	Gehalt in Taler
1. Samuel Xstoph (Christoph) Noesselt, Rector	74	46	100
2. Johann Andreas Reichel, Conrector	57	32	80
3. Johann Andreas Loewe, Kantor	68	49	90
4. Johann Georg Salomon Franck, Organist	56	28	72
5. Johann Xstian (Christian) Richter, Custos und Mädchenschullehrer	52	25	147

Die Gelder kamen aus der Kämmereikasse, der Hospitalkasse, vom Schulgeld der Kinder, von den Akzidentien bei Taufen, Hochzeiten, Beerdigungen. Außer Bargeld wurden auch noch Naturalleistungen aus städtischem und Kirchenbesitz erbracht.

1820 Nach einer Analyse der Pensionierungsakte (Stadtarchiv Löbejün) erhalten der Kantor Loewe und der Konrektor Reichel zusammen 252 rthl Gehalt. Demnach hatte der Kantor Loewe etwa 130 Taler Jahresgehalt, kurz bevor er pensioniert wurde.

1821 Der (alte) Kantor Loewe erhält 100 Taler Pension jährlich, die ihm in monatlichen Raten von 8 rthl 8 gr ausgezahlt wird. Der mit ihm pensionierte Konrektor Reichel erhält das gleiche "Gnadengehalt". Vater Loewe kann es nicht fassen, daß seinem Sohn in Stettin 850 Taler als Jahresgehalt gegeben werden.[163] Der (neue) Kantor Poppe erhält zunächst 120 Taler, nach Wegfall der Pension des im Oktober 1822 verstorbenen Konrektors Reichel bezieht er zusätzlich 25 Taler, also nun 145 Taler. Nach dem Wegfall der Pension des Kantors Loewe im Jahre 1826 erhält er von dessen Ruhegehalt 90 Taler, wofür ihm 28 Taler vorher zugebilligte Zulage aus der Stadtkasse wieder entzogen werden, also erhält er schließlich 207 Taler Jahresgehalt.

[163] Selbstbiographie, S. 103

1836 Nach einem vom Löbejüner Magistrat neu aufgestellten Verzeichnis erhalten:	der Rektor Krienitz	293 Taler
	der Konrektor und Kantor Poppe	272 Taler
	der Organist Beau	201 Taler.

In diesem Zusammenhange muß noch einmal auf die Lebens- und Dienstaltersangaben im Jahre 1816 in der genannten Akte der Könnernschen Superintendentur eingegangen werden. Im August 1816 ist Kantor Loewe gerade 69 Jahre alt geworden, in der Akte aber ist sein Alter mit 68 Jahren angegeben. Die Differenz von einem Jahr läßt sich in diesem Falle mühelos erklären. Man kann nämlich annehmen, daß sich die Zusammenstellung der Übersicht gewiß auf eine Erhebung in den Gemeinden mit einem längeren organisatorischen Vorlauf gründete. So könnte dem Kantor zugebilligt werden, daß er sich bei der Erhebung durchaus noch als 68jähriger gefühlt haben mag.

Beim Dienstalter aber ist es anders. Es steht fest, daß Kantor Loewe seinen Dienst in Löbejün um Michaelis 1772 antrat. Demnach hatte er im August 1816 recht genau 44 Dienstjahre hinter sich. In der Akte werden aber 49 Dienstjahre angegeben, und das sind - rechnet man die Löbejüner Zeit allein, ohne etwas davor - mindestens vier Jahre zuviel. Das könnten gerade die vier Jahre sein, die zwischen dem Verlassen der Prima des lutherischen Stadtgymnasiums in Halle 1768 und der Anstellung in Löbejün 1772 liegen. Von dieser Zeit ist eben bisher nur bekannt, daß Johann Andreas Loewe damals Präfekt des Stadtsingechores in Halle gewesen ist (nach dem Testimonium habilitatis).
Vielleicht ging er in den bewußten vier Jahren parallel noch einer anderen pädagogischen Tätigkeit nach, die er 1772 dem Generalsuperintendenten Abt Frommann nicht mitteilte, die er sich aber später als "Dienstzeit" anrechnete?

Die Pensionierung des Kantors Loewe

Nach seiner Pensionierung hat der alte Loewe mit seiner Frau ein stillbeschauliches Rentnerleben geführt. Wie Philemon und Baucis beanspruchten und erwarteten beide nicht mehr viel vom Leben, sie hatten ihre Pflicht getan. Wie in den vorausgegangenen Jahren blieben beide in einer gewissen Naivität und altväterlichen Geistesbescheidenheit der kleinstädtischen Idylle Löbejüns befangen. Genügsamkeit im Materiellen und eine geradezu kindliche Freude daran - die für den heutigen Menschen an Simplizität grenzt - kennzeichnen die schlichte und bescheidene

Lebensführung der letzten Jahre, in denen die beiden Alten entsprechend dem ganzen bisherigen Leben von einer christlichen Gedankenwelt bestimmt waren.
All dies und ein bißchen Nachbarschaftsklatsch drücken sich in einem Briefchen aus, das Johann Andreas Loewe an seinen ältesten Sohn August Friedrich nach dessen Amtsübernahme als Pfarrer in Leiha (wahrscheinlich zu dessen Geburtstag am 28. Mai 1824) schrieb.
"Herzallerliebsten Kinder und Kindeskinder, Gott schenke Euch Gesundheit und Zufriedenheit und langes Leben. Wir, Eure Eltern, sind Gott sei gedankt gesund und zufrieden, und haben uns so recht ergötzt an den acht sauren Gurken und an den zwey Stücken Kuchen, nämlich Topf-Kuchen und Brettkuchen, und wollen Euch dafür schön danken. Auf den Diakonus zu kommen, da hast Du Dich wohl sehr verwundert. Der Pastor in Krosigk hat ihm eine Leichen-Predigt gehalten am Sonntage Jubilate (Leben wir so leben wir dem Herrn). Er war 55 Jahr und war 18 Jahre Seelen-Schäfer gewesen; sein Successor [Nachfolger] *wird vermuthlich der Rektor Miller werden. Der Diakonus von Cönnern hat sich auch gemeldet. Verdienst: 400 Thlr* [Thaler im Jahr]. *Der Pastor geht alle Tage spatzieren, und ich und meine Mutter* [d. h.: die Mutter meiner Kinder] *machen es auch so. Ja, wärest Du noch in Wettin, so kämen wir am 28. Mai auf dem Schweizerling zusammen.*
Löbejün, d. 13. Mai. 1824. Vale valete [Lebe wohl, lebt alle anderen auch wohl!]
NB. [ich empfehle,] *Etwas von Doctor Luthers Predigten zu lesen"*[164]

"Acht saure Gurken und zwei Stücken Kuchen, nämlich Topf-Kuchen und Brettkuchen". Man bedenke! Es war nicht viel, aber auch nicht wenig. Anspruchslosigkeit und Genügsamkeit sowie dankbare Freude an der geringsten Gabe waren den Loewes schon immer eigen. Man wird wieder an Ulrich Bräker erinnert, der in seinem Lebensbericht von sich sagt:
"Überhaupt genieße ich ein Glück, das wenigen Menschen meiner Klasse zuteil wird: arm zu sein und doch keinen Mangel zu haben an allen nötigen Bedürfnissen des Lebens..."[165]

Die große räumliche Entfernung Stettins von Löbejün erlaubten Loewe im Zeitalter der Postkutsche keine häufigen Besuche bei seinen Eltern. Auch scheinen die bescheidenen und geistig engen Verhältnisse der Eltern und Geschwister in Löbejün keinen großen Anreiz dazu geboten zu haben. Loewe hatte Löbejün weit hinter sich gelassen. Aus diesen Gründen hat er nach seiner Übersiedlung nach Stettin seinen Vater bestimmt wenigstens noch zweimal, die Mutter wahrscheinlich einmal wiedergesehen. Etwa 1824 hatte er nach dem Tode seiner ersten Frau seinen Sohn in den

164 Runze, Loewe redivivus, S. 24

165 Bräker, S. 233

Haushalt des Schwiegervaters nach Halle gebracht, um ihn dort erziehen zu lassen. Bei dieser Gelegenheit war er auch in Löbejün, wie er in einem Briefe aus dem Jahre 1826 indirekt angibt. Als der Vater nach dem Tode seiner Frau im Januar 1826 zur Tochter Maria, der Frau des Bergmanns Härzer, gezogen war, haben sich Vater und Sohn noch einmal gesehen. Loewe kam 1826 anläßlich einer Reise nach Berlin zu einem Abstecher kurz nach Halle und schaute auf der Rückreise auch in Löbejün vorbei.[166]

Als er im Jahre 1846 auf der Heimfahrt von seiner Kunstreise nach Braunschweig/Hannover durch Leiha bei Merseburg kam, besuchte er am 6. August zwei Wochen vor dessen Tode (am 18. August) den schwerkranken ältesten Bruder August Friedrich. Im Tagebuch vermerkte er:

"Gern möchte ich meinen Bruder Fritz in Leiha besuchen und Löbejün berühren."[167]

"Früh am Morgen fuhr ich mit eigenem Wagen zu meinem lieben ältesten Bruder, dem Prediger in Leiha, Friedrich August. Leider war es ein trauriges Wiedersehen. Meine Schwägerin kam mir in der Thür mit der Trauerbotschaft entgegen, dass mein Bruder todtkrank und hoffnungslos darniederliege. Ich fand ihn auf dem Sopha in Betten, sein Aussehen, das liebe, freundliche Angesicht war unverändert, sein Geist klar und hell. Er sprach mit Ruhe und Fassung und nahm rührenden Abschied von mir. - Nach einer Stunde Aufenthalts bei ihm wagte ich nicht länger zu bleiben... So reiste ich tief betrübt und ohne Hoffnung für ihn nach Berlin weiter."[168]

Auf den geplant gewesenen Besuch in Löbejün kommt er aber nicht zurück, wahrscheinlich hat er doch stattgefunden. In der Selbstbiographie teilt Loewe über den Tod seines Vaters mit:

"So lebte er bis in sein achtundsiebzigstes Jahr fort, kräftig und heiteren, ruhigen Geistes. Eines Tages fand ihn meine Schwester [Marie] *in seinem Lehnstuhle sanft entschlummert. Mir war es nicht vergönnt gewesen, ihn zu seiner letzten Ruhestätte zu geleiten. Erst nach Jahren habe ich an den Gräbern derer, die in so vieler Liebe und Treue für mich gesorgt, mir in ihrer einfachen Weise meine reichere Lebensstätte bereitet hatten, den Thränen dankbarer Erinnerung freien Lauf lassen können."*[169]

Der Kantor und Schulmeister Johann Andreas Loewe hat seiner Stadtgemeinde in Schule und Kirche 48 Jahre lang treu gedient. Mit Ablauf des Jahres 1820 trat er in den wohlverdienten Ruhestand, immerhin mit 100 Talern Pension. Vom Magistrat der Stadt Löbejün erhielt er aus diesem Anlaß das folgende Schreiben:

[166] Selbstbiographie, S. 102-113

[167] Selbstbiographie, S. 390

[168] Selbstbiographie, S. 407

[169] Selbstbiographie, S. 103

"An 1. den Herrn Konrektor Reichel
2. den Herrn Kantor Loewe hierselbst
Wir benachrichtigen Sie hiermit, daß Königl. hochlöbl. Regierung zu Merseburg mittels Reskriptes vom 3. November c. [currendis, lat.: des laufenden Jahres] *in Folge ihres hohen Alters genehmigt hat daß sie emeritiert* [des Ruhestandes würdig] *und pensioniert würden. Nach dem gefaßten Beschlusse tritt die Emeritierung am 1. Jan. c. ein und Sie empfangen eine jährliche Pension von 100 Rth welche Ihnen in monatlichen Raten mit 8 Rth 8 Gr. aus der eigens zu errichtenden Schulkasse, deren Rendant der Herr Stadtsekretär Hunsdorff sein wird, ausgezahlt werden soll.*
Sie haben seit einer langen Reihe von Jahren die Beschwerden eines Schulmannes empfunden, genießen Sie daher noch lange die Ihnen gebührende und verdiente Ruhe in steter Gesundheit, welches unser Wunsch ist.
Loebejün d. 12. Dezember 1820 Der Magistrat Teichfischer
[Brgmstr.]"

Der Konrektor Reichel hatte mit dem Kantor Loewe 36 Jahre lang an derselben Schule gearbeitet. Das Schreiben mit seinem anerkennenden Schluß ging gleichlautend auch an ihn, wodurch die Danksagung einen summarischen Charakter erhielt und ein wenig nach Routine aussieht.
Nach Runze hat Loewe *"nicht wenig dazu beigetragen"*,[170] daß seinem Vater ein *"liebenswürdiges und gemütliches Leben"*[171] ermöglicht wurde. Sicherlich hat Carl Loewe seinem Vater Geld überwiesen.
Eine solche Handlungsweise paßt durchaus in das Bild, das man vom pietätvollen Vater-Sohn-Verhältnis bei Loewe hat, und es entspricht der selbstverständlichen Abtragung einer Dankesschuld, die dem Rahmen, in dem die Eltern lebten, sicher angemessen war und bestimmt freundliche Anerkennung bei den alten Herrschaften gefunden hat.

[170] Loewe redivivus, S. 24

[171] ebd.

Rückblick auf die Geschichte der Familie

Untersuchungen zur Abstammung Carl Loewes brachten zahlreiche neue Erkenntnisse, die einer weiterführenden sozial-kritischen und personenbezogenen Analyse sowie einer sachlichen Kontrolle nunmehr zur Verfügung stehen.

Eine abgeschlossene Darstellung der Herkunft aller Familienzweige (etwa bis zum Ende des Dreißigjährigen Krieges) konnte jedoch nicht erreicht werden, vor allem bedarf die Aufhellung der Abstammung des Grenadiers Löwe noch weiterer Recherchen. Im Zusammenhang mit der Familiengeschichte harrt auch noch ein weiterer Umstand der Aufklärung: der Verbleib des von den Müllermeistern August Kurwy und Johann Hieronymus Leopold begründeten Besitzes an einer Mühle, an Häusern und an Acker, welcher Besitz wahrscheinlich aufgeteilt wurde und von dem die Mutter Carl Loewes einen Anteil erhielt.

Trotzdem erlaubt der bis jetzt erreichte Stand des Wissens die soziale Einordnung des Menschen Carl Loewe und läßt Rückschlüsse auf die eventuelle Prägung seiner Persönlichkeit durch sein gesellschaftliches Vor- und Umfeld zu. Im allgemeinen ergibt sich folgender Überblick über die familiären Zusammenhänge:

Die allmählich zur Ruhe kommenden Bevölkerungsbewegungen um die Mitte des 17. Jahrhunderts hatten nach dem Ende des Dreißigjährigen Krieges gleich mehrfach Urahnen der verschiedenen Familienzweige nach Löbejün oder in den Nahbereich Löbejüns geführt:

1. Paulus Liebhold kam aus *"Sonnenburg* [bei Bad Freienwalde] *in der Chur Brandenburg"* über Priesdorf nach Cösitz, sein Sohn von dort nach Kaltenmark,

2. Thomas Teuchmayer verschlug es von *"Ruddestorff im Lüneburgischen"* nach Kaltenmark,

3. Johann Förstenfeld aus *"Westphalen"* siedelte sich in Löbejün an,

4. Martin Tenner zog aus *"Kelm* [Köllme] *in der grafschaft Mannsfeld"* nach Kaltenmark,

5. Hans Gödicke kam aus dem *"Ambt Calenberg in Euringen"*(?) nach Könnern,

6. Michael Becker aus Trebshayn (Trebishain zwischen Borna und Geithain?) nach Könnern.

Sicher waren es die aktiven, unternehmungslustigen, geschäftigen Elemente der damaligen Bevölkerung, die sich etwas zutrauten und einen Neuanfang weit weg von der angestammten Heimat wagten. Die Begründer der einzelnen Familienzweige wurden in ihrer neuen Saalkreisheimat heimisch, und ihre Nachkommen heirateten z. T. in alte, lokal angesehene Familien ein. So war z. B. die Mutter Carl Loewes durch die zweite Ehe ihres Vaters mit den Beckers verschwägert. Dieses alte angesehene Handwerker- und Honoratiorengeschlecht stammte aus Könnern und war seit 1646 durch Einheirat mit den Leisegangs (ein Leisegang war im Dreißigjährigen Krieg Kämmerer in Könnern) versippt. Die Beckers waren ihrerseits mit einer in Löbejün hochgeschätzten Familie, den Edelings, einem alten Bürgeradel, verschwägert.

1525 bis 1575 war Hans Blasius Edeling Stadtschreiber in Löbejün, bis ihn in der Ratsstube der Schlag gerührt hatte; ihm folgte sein Sohn Thomas. 1644 war Balthasar Edeling Bürgermeister in Löbejün. Am 16. Februar 1652 führte der Amtmann von Giebichenstein Christoph Medicke den neuen Löbejüner Rat persönlich ein, darunter den Kämmerer Bartholomäus Edeling. 1664 war er Bürgermeister und dies noch mehrere Male bis zu seinem Tode am 1. April 1681.

Die Nachfahren der eingewanderten Beckers gehörten selbst dem Magistrat an, und sie waren selbstverständlich stolz auf die Leistungen und das Ansehen ihrer Vorfahren und der Verwandtschaft und auf ihre eigenen Verdienste, die ihnen auf der einen Seite Selbstbewußtsein gaben und auf der anderen Seite große Wertschätzung einbrachten. Mit dieser Sippe der Beckers standen die Loewes auf gutem Fuß, man stand bei den Kindern gegenseitig Pate und gab 1796 den mit kleiner Zeitdifferenz geborenen Söhnen sogar die gleichen Namen: Johann Gottfried Carl, woran Gottfried Hieronymus Leopold für seinen Sohn noch "Andreas" anhängte, den Rufnamen des Kantors Loewe, seines Schwagers.

Sicher fiel ein Abglanz des Ansehens der angeheirateten Familien auch auf die Familie des Kantors Loewe, der als ein Unbekannter nach Löbejün gekommen war. Hier hatte er die Tochter eines wohlsituierten Müllermeisters geheiratet, der zwar als armer Mann nur durch die Heirat mit der verwitweten Müllerin Louysa Dorothea in seinen relativen Wohlstand gekommen war, der aber trotzdem als ein achtenswerter Stadtbürger galt. In den Augen der Zeitgenossen war der Schwiegervater des Kantors ein Aufsteiger, der in einem großen Sprunge dem Kossatenmilieu entkommen war. Die Herkunft aus einer armen Kossatenfamilie, den Leipolds, und die Tatsache, daß nicht wenige seiner Vorfahren ebenfalls kleinstbäuerliche Dorfbewohner waren, gerieten mit der Zeit und angesichts seines relativen Wohlstands in Vergessenheit.

Einen guten Einblick in das soziale Umfeld der Familien Michael Leipold und später Johann Andreas Leipold/Leopold in Kaltenmark vermitteln die Berufe der

Leute, die zu Paten ihrer Kinder gebeten wurden: Schmied, Hufschmied, Anspänner, Frau des Anspänners, Kutscher, Ancilla (lat.: Magd), Maurer, Schenkwirt, Müller, Tochter eines Bedienten (eines Dieners).

Sie alle waren Dorfbewohner, Gehöftenachbarn mit einfachsten Tätigkeiten. Später in der nächsten Generation - nun schon in Löbejün - verbesserte sich die soziale Lage des Johann Hieronymus Leopold, und die Paten seiner Kinder und Stiefkinder hatten die folgenden Berufe: Seiler, Bäcker, Windmüller, Fleischhauer, Schuhmachermeister, Weißbäcker, Fleischer, Chirurgus, Handelsmann, Töpfer, Sattler, Hospitalvorsteher, Branntweinbrenner, Zimmermann - alles wohlgelittene Leute mit ehrbaren Berufen, meist biedere Handwerker und notgedrungen auch Ackerbürger, die tief verwurzelt in ihrem kleinstädtischen Milieu ihre Arbeit taten und vielfach gebunden an eine pfahlbürgerliche Szene und Enge lebten. Aber sie waren "Bürger und Brauer", also Hausbesitzer mit Braurecht in einer ländlichen Kleinstadt, zu denen sich nun auch Johann Hieronymus Leopold zählen konnte. Ein etwas größeres soziales Prestige als auf dem Dorfe war damit gegeben.

Wieder eine Generation später kommen bei den Paten der Kinder des Kantors Loewe die folgenden Berufe und Tätigkeiten vor: Pastor, Frau des Pastors, Diakonus, Rektor, Konrektor, Frau des Konrektors, Organist, Frau des Organisten, Kustos, Mädchenschulmeister, Hospitalvorsteher, Kaufmannsfrau, Böttchermeister, Windmüllermeister, Seilermeister, Weißbäckermeisterfrau.

Wie man sieht, waren die Ortsgeistlichen und die Lehrerkollegen mit ihren Frauen recht stark vertreten. Das wäre die durch den "Kantor"-Status gewonnene Gesellschaft, aber es kamen auch Handwerksmeister vor, und die waren das "Mitbringsel" der angeheirateten Müllerstochter. Damit war die Familie des Kantors Loewe im Sozialgefüge der Kleinstadtgesellschaft nicht nur in der Volksmeinung um einige Stufen höher angesiedelt als die Vorfahren der Leopoldschen Seite, sondern sie waren es tatsächlich - von denen der Loeweschen ganz zu schweigen, von denen man sowieso nichts oder nur wenig wußte.

Vom Kossaten in Kaltenmark bis zum Kantor in Löbejün: ein Aufstieg der Familie, der aus größerer gesellschaftlicher Höhe selbstverständlich völlig unbemerkt blieb. Aber im Mikrokosmos der Landstadt mit etwa 1200 Einwohnern und ihrem Nahbereich, wo sich alle eifersüchtig gegenseitig beobachteten und wo man viele hoffnungslose Versuche sozialen Aufstiegs wahrnahm, da war er ein nicht zu übersehendes Beispiel gesellschaftlichen Erfolgs und der Vergrößerung des Ansehens der Familie.

Innerhalb der Stadtgesellschaft nahm die Familie Loewe hinsichtlich ihrer ökonomischen Grundlagen und ihres Lebensstils eine Mittelstellung zwischen Bauern, königlichen Beamten und den unteren arbeitenden Schichten ein. Geistliche und

Lehrer auf der einen, aber auch die Handwerker auf der anderen Seite hatten beide neben ihrer Haupttätigkeit als Einnahmequelle noch weitere Einkünfte aus eigener Landwirtschaft auf Eigentums- oder Pachtland, worauf sie alle sehr angewiesen waren. Dazu bezogen Geistliche und Lehrer laut ihrer Anstellungsvereinbarung neben dem Gehalt in nicht geringem Maße Naturalien wie Holz, Getreide und auch Lebensmittel, die ihnen aus Kirchen- oder Hospitalbesitz zustanden. Insofern besaßen sie im Gegensatz zu den Handwerkern eine vertraglich vereinbarte und damit sichere Einnahme. Hierdurch und durch eine gewisse Bildung sowie durch Ausübung eines staatlich eingerichteten und geförderten Amtes wurde eine "moralische Besserstellung" der Familie Loewe bewirkt; eine materielle war gegenüber den städtischen Handwerkern nicht von Belang, wohl aber gegenüber den Steinbruchsarbeitern und den Bergleuten und anderen vergleichbaren Schichten. Kontakte zu ihnen oder zu den relativ Wohlhabenden in der Stadt, etwa zu den reicheren Bauern, oder zu den königlichen Steuer- oder Gerichtsbeamten auf der "Gevatterebene" gab es nicht. Der Kantor blieb hier in den Kreisen des eigenen Standes und dem der angeheirateten Handwerkerfamilie. In diesem Umfeld mit seinem verhältnismäßig engen intellektuellen Rahmen wurde Carl Loewe vom Vater nach dessen Vermögen schulisch und musikalisch für weitere Ausbildungsgänge elementar vorbereitet, wurde vieles an geistigen Gaben entwickelt und Potenzen im kindlichen Wesen als notwendige Basis für später angelegt. Der beachtliche Aufstieg des Kantorsohnes aber erfolgte nicht aus diesem geistig und künstlerisch beschränkten Löbejüner Milieu heraus, sondern wurde erst durch dessen zehnjährige Schul- und Studienzeit besonders auf musikalischem Gebiet in Halle möglich.

Noch ein Blick auf weitere Familienangehörige. Die Mutter seiner Frau hat der Kantor nicht mehr gekannt. Sie entstammte einer augenscheinlich sehr tüchtigen und wirtschaftlich erfolgreichen Tischlermeisterfamilie aus Köthen. Ihr reiches Heiratsgut hatte vor Jahren wesentlich dazu beigetragen, in Löbejün eine solide Existenz zu begründen und eine Mühle in Pacht zu nehmen, die sie nach dem Tode ihres ersten Mannes August Kurwy auf den Namen ihres zweiten Mannes Johann Hieronymus Leopold überschreiben ließ. Die Einheirat in eine solcherart seit Jahrzehnten in Löbejün etablierte Familie konnte für den mittellosen "Habenichts" Johann Andreas Loewe nur von der vorteilhaftesten Seite erscheinen. Bei seinen Eltern sah die Situation ganz anders aus. Die Herkunft seiner Mutter aus einer in Könnern ansässigen Salpetersiederfamilie ist zwar gesichert, aber über deren materielle Lage ist nichts bekannt. Daß der letzte Salpetersieder Hans Michel Gödicke um 1730 seinen Beruf aufgegeben und "auf der Freiheit" in Könnern von dieser Zeit an etwa von seinen Ersparnissen gelebt haben könnte, ist eine wenig begründete Vermutung. Auch wäre die Tatsache der Verheiratung seiner Tochter an einen einfachen

Soldaten bei deren fortgeschrittenem Alter eher ein Gegenindiz. Ebenso läßt die spätere Armut der Tochter des Salpetersieders, als ihr Sohn in Halle lebte und um 1770 eine Anstellung suchte, mit mehr Berechtigung auf eine weniger gesicherte materielle Lage als auf auskömmlichen Besitz der Gödickes schließen.

Zur sozialen Analyse eines jeden Menschen gehört die Betrachtung aller vier Hauptlinien der Abstammung, wenn auch traditionell von vielen aus historischen Gründen die Namensträgerlinie als die wesentliche Ahnenspur angesehen wird.
Wenn über die väterlichen Vorfahren Carl Loewes im Vergleich zu den mütterlichen Linien relativ wenig aufgedeckt werden konnte, so mag das manchen Anhänger der ausschließlichen oder vorrangigen Vater-Vater-Vater-Traditionslinie enttäuschen, das wenige aber ist doch recht aussagekräftig. Die behauptete Abstammung Carl Loewes aus einem Geschlecht von Theologen ließ sich nicht belegen. Die Reihe der festgestellten Loewe-Vorfahren endet vorläufig beim Großvater, dessen Status als altpreußischer Grenadier nunmehr feststeht. Vor dem bunten, geschichtlich hochinteressanten Hintergrund der Regierungszeit Friedrichs des Großen wurden an Beispielen einige hier interessierende Sozialcharakteristika des friderizianischen Grenadiers als Spezies näher beleuchtet: seine gewöhnlich niedere Abstammung aus den unteren Schichten des Volkes und damit verbunden seine mangelhafte Schulbildung, die unqualifizierte zivile Tätigkeit als Tagelöhner, Handwerksgeselle oder armer Bauer, sein geringes soziales Prestige, die relative Rechtlosigkeit, die starke Einschränkung der persönlichen Rechte und Freiheiten, seine erzwungene Unterordnung unter den altpreußischen Soldatendrill mit der Brechung des eigenen Willens, sein geringes Einkommen und seine Armut. Dazu kommt noch als ein hervorstechendes Merkmal die fehlende oder geringe Achtung vor der Menschenwürde des damaligen gemeinen Soldaten, was dem entsprach, was auch den anderen plebejischen Schichten dieser Zeit entgegengebracht wurde. So soll Friedrich II. am 18. Februar 1757 in der Schlacht bei Kolin seinen Grenadieren, als sie zu weichen begannen, mit gezogenem Degen entgegengeritten sein und gerufen haben: Kerls, wollt ihr denn ewig leben?! - In anekdotischer Weise wird so die ganze Geringschätzung und Mißachtung dem einfachen Soldaten gegenüber ausgedrückt, auch wenn sich der Vorfall so nicht ereignet hat oder der Ausspruch gar nur treffend erfunden wurde. In der realen Praxis nämlich klang es nicht anders. Dem Magistrat in Halle wurde z. B. anbefohlen, zwecks Rekrutierung *"eine Anzahl Kerls zu liefern"*, und diese Redeweise kam auch in anderen offiziellen Schreiben vor. Selbst ein August Hermann Francke bat, "den Menschen" von den Soldaten freizugeben und in diesem Tone ging man allgemein mit den Angehörigen der

unteren Schichten um.
Die Geringschätzung des Lebens eines Soldaten wurde auch bei anderer Gelegenheit deutlich. Wie gedankenlos-uninteressiert und gleichgültig man damals auf die Grenadiere herabblickte, läßt sich an einigen Eintragungen in Sterberegistern ablesen, die unbeabsichtigt vom Eintragenden dessen Einstellung dem Tode eines Grenadiers gegenüber erkennen lassen. Im Sterberegister der Magdeburger Friedrichstadt findet sich die in diesem Zusammenhange typische Eintragung:
"[Auch] *Noch ist den 5ten Febr.* [1757] *ein enrollirter Soldat hier* [in Magdeburg] *auf dem Wall gestorben u*[nd] *auff dem Closter Friedhoff bey U*[nserer] *L*[ieben] *F*[rau] *Begraben. Ohne Danksagung."*
Es berührt schon eigenartig zu lesen, daß ein Soldat auf der Wache stirbt und ohne Grabrede begraben und sein Name im amtlichen Totenregister nicht mitgeteilt wird. Bedurfte es solcher Umstände bei namenlosem Kanonenfutter nicht? Und: Könnte dieser Ungenannte nicht der Grenadier Andreas Christoph Löwe gewesen sein? Zeitlich würde es mit dieser Annahme passen.
Nach dem 27. Dezember 1746 führte der Pfarrer in Könnern zwei Grenadiere an, einen aus des Capitains Tauentziens und einen aus des Capitain Kanthens Compagnie, *"Sind beyde im vorigen Sommer verstorben und begraben aber bey dem Pastore* [als verstorben] *nicht angezeigt worden, weder wenn sie verstorben noch begraben noch wie alt sie ohngefähr seyn mogten* [mochten]."
Das sind nur zwei weitere kleine Steinchen im Mosaik des Bildes vom preußischen Grenadier, an denen sich aber gut erkennen läßt, wie gering so ein Soldatenleben angesehen wurde, dessen Träger sowieso "*in res publica nicht viel nütze"* war. In welcher Facettierung sich alle diese hier betrachteten Merkmale in der Person Andreas Christoph Löwe darboten, ist allerdings unbekannt, ein umfassender Rahmen für sein Persönlichkeitsbild aber ist mit diesen Kriterien gegeben.
Wie die sozialen Erfahrungen der Vorfahren Carl Loewes nun tatsächlich auch in ihm selbst bewußt oder sogar wirksam wurden, ist eine ganz andere Frage, die hier nicht weiter verfolgt werden kann. Nur dies könnte wichtig sein: Die Kenntnis der wenig rühmenswerten Lage des Großvaters als Grenadier, der Mittellosigkeit der verwitweten Großmutter sowie der vom Vater für sich gewünschten, aber wegen fehlender Mittel gar nicht erst begonnenen Ausbildung zum Pfarrer mögen Carl Loewe bewogen haben, in der Selbstbiographie auf eine ausführliche Darstellung seiner Abkunft als eines nicht vorteilhaften Umstands zu verzichten. Es darf nicht vergessen werden, daß Loewe in einer von Standesvorurteilen und Prestigedenken, von Ebenbürtigkeitswunsch und Ranghöhenvergleich maßgeblich beeinflußten Gesellschaft lebte und daher eventuell interessiert daran war, seine "niedere Herkunft" nicht gerade offen vor sich herzutragen. Wenn es ihm auf dem Umwege über die Kunst gelungen war, mit Angehörigen des reichen

Bürgertums, mit hohen Beamten der Provinzialregierung und der Kirchenverwaltung in Stettin, in Generalsfamilien, in Adelskreisen, ja sogar am Hofe des Königs Friedrich Wilhelm IV. in oft freundschaftlich engen Kontakt zu kommen und bei ihnen ein gern gesehener Gast zu sein, so wollte er das gewonnene Ansehen auch bewahren und nicht durch nachteilige Hintergrundinformationen schmälern oder aufs Spiel setzen. Seinem angestammten Königshaus fühlte sich Loewe zeitlebens fest verbunden, und er folgte stets gern dem Rufe, bei Hofe künstlerisch aufzutreten, was ihm die Wertschätzung des Königs eintrug. Darauf war er auch stolz. So ließ er sich mit dem Band des Roten Adlerordens im Knopfloch noch im hohen Alter fotografieren, obwohl er den Orden schon Anfang 1839 erhalten hatte.[172] Seine Schwiegersöhne waren Offiziere, und er selbst hatte vom kleinen Löbejüner Schulmeistersohn, der, mit einem Säckchen versehen, von den Straßen Pferdedung aufsammelte, bis hin zu seiner besten Zeit in Stettin einen erstaunlichen gesellschaftlichen Aufstieg genommen. Dieser Aufstieg hatte schon in Halle eingesetzt, wo er als erfahrener und erfolgversprechender Gesangskünstler Eingang in maßgebliche städtische Kreise gefunden und es sogar geschafft hatte - es ist zum Staunen! - Schwiegersohn des Professors, Kurators der Universität und Staatsrats Heinrich Ludwig von Jacob zu werden, der eine Spitzenkraft der Universität war. Später in Stettin setzte sich die künstlerische und dadurch auch die gesellschaftliche Siegesbahn fort, und es ist verständlich, daß Loewe keine Veranlassung sah, die Misere einiger Vorfahren extra hervorzukehren.

Das Weglassen eines Berichts über seine Vorfahren in der Selbstbiographie - wenn er etwas darüber gewußt hat - kann weder das Ansehen noch die Glaubwürdigkeit Carl Loewes beeinträchtigen. Der Wertschätzung seiner Balladenkunst hat diese Unterlassung Loewes nicht geschadet und wird ihr auch nicht schaden. In Abwandlung des von Bulthaupt in anderem Zusammenhang vorgebrachten Arguments soll nur gesagt werden: *"Und es ist schon Wichtigeres versunken und vergessen"*. Die Aufhellung eines Teils der Familiengeschichte Loewes aber kann dem Kenner und Freund der Loeweschen Kunst seine Freude an ihr nur noch vergrößern.

[172] Anton, S. 23, Fußnote 5

Anhang 2

Zeittafel zu Carl Loewes Biographie

1796 30. November	als 12. und jüngstes Kind des Kantors Johann Andreas Loewe (1747 - 1826) und seiner Frau Maria Eleonora geb. Leopold (1752 - 1826) in Löbejün geboren erster Unterricht beim Vater Bekanntschaft mit den Balladen von Gottfried August Bürger, die ihm seine Lieblingsschwester Marie vortrug
1807 - 1810	Schulbesuch in Köthen
1810 - 1817	Schüler an den Franckeschen Stiftungen in Halle Mitwirkung im Stadtsingechor, auch als Solist musikalische Ausbildung bei Daniel Gottlob Türk (1750 - 1813), dem Direktor des Stadtsingechores und Universitäts-Musikdirektor Bekanntschaft mit Johann Friedrich Reichardt (1752 - 1814)
1817 - 1820	Student der Theologie in Halle Mitwirkung im Marxschen Quartettzirkel Mitwirkung als Tenor bei Aufführungen der Singakademie unter Johann Friedrich Naue (1787 - 1858) erste Balladen: *"Erlkönig", "Edward"* *Abendfantasie für Pianoforte* Verlobung mit der Professorentochter Julie von Jacob (1819)
1820	Besuch bei Goethe in Jena Anstellung in Stettin auf Empfehlung Zelters
1821	Musikdirektor Organist und Kirchenmusiker an St. Jacobi Gymnasiallehrer Heirat mit Julie von Jacob (7. September) *Großes Trio für Klavier, Violine und Violoncello* *Herr Oluf*
1823 26. Februar	Geburt des Sohnes Julian
1823 7. März	Tod der ersten Frau Julie
1825	Hochzeit mit Auguste Emilie Laura Lange (1805 - 1895)

1826 3. Februar	Tochter Julie geboren	
1827	Tochter Adele geboren	
1829		Klavierkompositionen *(Große Sonate für Klavier, Mazeppa, Großes Duo für Klavier 4händig)* *Die Zerstörung von Jerusalem*
1833 1. Juni	Tochter Helene geboren	*Die sieben Schläfer*
1835	Konzertreise nach Berlin, Dresden, Leipzig, Mainz, Frankfurt/M., Jena	
1836		*Gutenberg* *Die Festzeiten*
1837	Konzertreise nach Greifswald, Stralsund, Hamburg, Lübeck, Münster, Elberfeld, Düsseldorf, Mainz, Weimar	
1838	Konzertreise nach Königsberg, Marienburg, Danzig	
1839	Konzertreise nach Frankfurt/O., Liegnitz, Breslau, Schweidnitz, Glatz, Reinerz	
1840 21. Mai	Tochter Anna geboren	
1841		*Die Heinzelmännchen*
1842		*Johann Huss*
1844	Konzertreise nach Wien (über Berlin, Dresden, Prag)	*Prinz Eugen*
1845	Konzertreise nach Magdeburg, Halberstadt, Hannover	
1846	Konzertreise nach Gross-Wickerstädt, Jena, Erfurt, Eisenach, Liebenstein, Coburg, Rudolstadt	
1847	Konzertreise nach London	*Zigeunersonate* *Das Sühneopfer des neuen Bundes*
1851	Reise nach Norwegen	*Odin's Meeresritt*

1852	*Die Uhr*
1857	Reise nach Frankreich *Der Nöck* *Archibald Douglas*
1860	*Tom der Reimer*
1863	*Die Auferweckung des Lazarus* letztes vollendetes Oratorium
1864	Schlaganfall und längere Krankheit
1866	Entlassung aus allen Ämtern Übersiedlung nach Kiel zur Tochter Julie von Bothwell
1869 20. April	in Kiel gestorben beigesetzt auf dem St. Jürgensfriedhof, später umgebettet in die Pommernkapelle der Nikolaikirche

Stammbäume

Die Familie des Salpetersieders - Carl Loewes Vorfahren väterlicherseits

80
Hans **Gödicke**
aus Euringen?
Amt Calenberg?

40
Hans **Gödicke**

41
Anna Maria **Körings**
aus Eisleben

∞ 1659 in Könnern

21
N.N.
Witwe,
gest. 2.2.1695

20
Johann Michael **Gödicke**
Salpetersiedemeister
in Golbitz/Könnern
um 1660-9.3.1709

Maria Anna (**Rosenfeld**?)
um 1656-4.9.1739

1. Ehe ∞ um 1683

2. Ehe ∞ um 1696

8
?

10
Johann Michael **Gödicke**
Salpetersieder in Könnern
um 1684-2.1.1750

Johann Christoph **Gödicke**
Brauer und Musiker
1697-1741

4
Andreas Christoph **Loewe**
Grenadier

2
Johann Andreas **Loewe**
Kantor und Schullehrer in Löbejün
4.8.1747 (Könnern)-1. 12.1826 (Löbejün)

∞ 19.7.1775 in Löbejün

Johann Gottfried Carl **Loewe**
30.11.1796-20.4.1869

44
Peter **Klugke**
Ackermann
in Mitteledlau

22
Georg **Klugke**
Bürger und Brauer in Könnern
um 1659-1.9.1739

23
Magdalena verw. **Fink**(en)
in Könnern

∞ 8.6.1684

11
Martha Catharina **Klugke**
um 1693-29.11.1741

∞ März 1707

5
Maria Catharina/Elisabeth **Gödicke**
16.7.1709 (Könnern)-31.7.1780 (Löbejün)

∞ 21.8.1746

3
Maria Eleonora **Leopold**
Löbejün
22.10.1752-8.1.1826

Die „Familie“ der Mutter Carl Loewes

Die Sippe der Kaltenmarker Kossaten

96
Paulus **Liebhold**
ein Fischer
aus Sonnenburg
in der Chur
Brandenburg

98
Christoph **Klotzsche**
Schneider in
Priesdorf
an der Fuhne

100
Thomas **Teuchmayer**
aus Rudestorf im
Lüneburgischen

102
Hanß **Kohl**
aus Caltenmark

48
Hans George
Leipold (Liebhold)
Schneider in Cösitz
gest. 23.11.1728

49
Margretha
Klotzschin
um 1640 (Priesdorf)-
4.3.1736 (Cösitz)

50
Heinrich **Teuchmeyer**
Kossat/Bauermeister
in Caltenmark
um 1654-16.1.1716

51
Barbara **Kohl**
Caltenmark
geb. 27.10.1655

52
Johann
Förstenfeldt
Löbjühn
„aus Westphalen“

∞ 22.1.1667

∞ 30.9.1681

∞ 18.10.1663

Elisabetha **Leipold**
Cösitz
um 1667-19.7.1689

30
Lorenz **Schnabel**
Zimmermeister
in Kahlendorf

24
Michael Leipold
Kossat und Schneider
in Caltenmark
21.9.1669-29.12.1742

25
Anna Maria **Teuchmeier**
aus Caltenmark
30.11.1683-24.10.1744

∞ 8.1.1704

Paul **Kurpy**
Löbejün
um 1674-
3.3.1749

Anna Christina **Hentzin**
Löbejün
21.8.1677-27.4.1737

14
Johann Georg
Schneider
Tischlermeister
aus Köthen

15
Susanna **Schnabel**

12
Johann Andreas **Leipold**
Kossat und Schneider
in Kaltenmarkt
15.11.1704-24.1.1774

∞ 20.10.1696

∞ 20.2.1716

∞ 6.12.1725

August **Kurwy**
aus Löbejün
Windmüller
17.11.1710-5.5.1751

7
Louisa Dorothea **Schneiderin**
um 1722-12.6.1768

6
Johann Hieronymus **Leipold**
Caltenmarkt
Windmüllermeister
8.12.1729 (Kaltenmark)-
12.9.1783 (Löbejün)

∞ 15.7.1744

∞ 19.1.1752

Henriette Catharina
Kurwy verh. Grolp
Löbejün
geb. 28.7.1745

Anna Elisabeth **Kurwy**
verh. Mennicke
Löbejün
geb. 19.9.1747

Maria Rosina
Kurwy
Löbejün
geb. 23.12.1749

3
Maria Eleonora
Leopold
Löbejün
22.10.1752-
8.1.1826

Johann Christoph
Leopold
Löbejün
Windmüller
geb. 22.2.1755

Johann Gottfried Carl **Loewe**
30.11.1796-20.4.1869

Die Seilermeistersfamilie der Beckers in Löbejün

106
Christian **Hertzog**

Michael **Becker**
aus Trebshayn

Catharina **Leysegang**

∞ 24.5.1646 in Könnern

Bartholomäus **Edeling**
Kämmerer

53
Catarina
Hertzog

54
Martin **Tenner**
Müller aus Kelm/Köllme
in der Grafschaft Mansfeld
gest. vor 1695

Michel **Becker**
aus Könnern
7.2.1647-20.12.1720
Deputierter der
Bürgerschaft

Sophia **Edeling**
aus Löbejün
15.7.1651-2.11.1724

∞ 26.7.1677 in Löbejün

Christian
Mundt

26
Martin **Fürstenfeld**
aus Caltenmark
14.11.1666-15.1.1708

27
Maria Sybilla **Tenner**

∞ 24.12.1695

Valentin **Becker**
aus Löbejün
25.2.1679-6-10.1745
Bürger und Brauer

Anna Maria **Mundt**
aus Löbejün
17.6.1688-8.5.1752

∞ 8.6.1706 in Löbejün

13
Susanna **Fürstenfeld**
Caltenmarkt
21.5.1700-16.12.1757

Johann Gottfried **Becker**
Seilermeister und Kramer
Deputierter der Bürgerschaft
9.1.1708-6.1.1771

Dorothea Elisabeth **Mingin**
Tochter eines Schneidermeisters
18.10.1708-10.7.1758

∞ 7.6.1733 in Löbejün

Johann Michael **Leipold**
Caltenmarkt
geb.1726

Johanna Elisabeth
Beckerin
Seilermeisterstochter
23.2.1742-24.8.1773

∞ 26.3.1769 in Löbejün

Johann Friedrich **Becker**
Seilermeister, 1. Ratmann
9.6.1745-26.8.1802

Maria Magdalena **Herbstin**
Windmüllerstochter
gest. 23.5.1806

∞ 1768 in Löbejün

Maria Rosina **Lange**
Sept. 1763-29.10.1797

Gottfried Hieronymus **Leopold**
Seilermeister in Löbejün
1.8.1770-26.12.1844
Stadtdeputierter
Pate Carl Loewes

Marie Sophie
Schwertfeger
aus Köthen
Febr. 1776-3.3.1833

Marie Sophie **Lange**
verw. Bennemann
aus Unterplötz
geb. 1769

1. Ehe ∞ 1790 in Löbejün

2. Ehe ∞ 1797 in Löbejün

3. Ehe ∞ 1833 in Köseln

Die Familie des Kantors Johann Andreas Loewe

4
Andreas Christoph **Loewe**
Grenadier

5
Maria Catharina/Elisabeth **Gödicke**
Tochter eines Salpetersieders
16.7.1709 (Könnern)-31.7.1780 (Löbejün)

∞21.8.1746

2
Johann Andreas **Loewe**
Kantor und Schullehrer in Löbejün
4.8.1747 (Könnern)-1. 12.1826 (Löbejün)

∞19.7.1775 in Löbejün

August Friedrich
28.5.1776-18.8.1846

Ludolph Andreas
2.1.1778-4.2.1859

Maria Luisa
15.3.1780-16.12.1856

Maria Henrietta
11.-17.5.1782

Friederika Charlotte
28.8.1783-26.12.1786

Maria Rosina
geb. 12.2.1785

Christane Friederike
Elisabeth
geb. 15.2.1787

6
Johann Hieronymus **Leipold**
Caltenmarkt
Windmüllermeister
8.12.1729 (Kaltenmark)-
12.9.1783 (Löbejün)

7
Louisa Dorothea **Schneiderin**
Tischlermeisterstochter
aus Köthen
um 1722-12.6.1768
Witwe des Windmüllermeisters
August Kurwy

∞ 19.1.1752 in Löbejün

3
Maria Eleonora **Leopold**
Löbejün
22.10.1752-8.1.1826

Johann Carl Friedrich
2.-11.8.1788

Anonymus
geb. um 1790

Maria Rosina Carolina
15.5.1792-21.9.1798

Johanna Sophie Henriette
30.11.1794-30.12.1795

Johann Gottfried Carl
30.11.1796-20.4.1869

Die Kinder Carl Loewes

Julie von **Jacob**
Tochter eines Prof. d.
Staatswissenschaften
der Univ. Halle
gest. 7.3.1823

Johann Gottfried
Carl **Loewe**
30.11.1796-20.4.1869

Auguste Emilie Laura **Lange**
Tochter eines Großkaufmanns
1805-1895

1. Ehe ∞ 7.9.1821

2. Ehe ∞ 1825

Julian
geb. 26.2.1823
in Amerika
verschollen

Julie
verh. von Bothwell
3.2.1826-1920

Adele
1827-1851

Helene
1.6.1833-
kurz nach
1869

Anna
verh. Ulffers
21.5.1840-
kurz vor 1895

Zara Mebes

Elly Ulffers

Frieda Ulffers

Dokumente

Wortlaut einer Nachricht aus dem Turmknopf der Hospitalskirche vom 21. Juni 1802:

Nachricht

Das Dach auf der hiesigen Hospitalkirche und der darauf stehende Thurm waren so schadhaft so beide bis auf die Mauer mußten abgetragen und von neuem Holz wieder aufgebaut werden. Dieser Bau wurde an den hiesigen Zimmermeister Martin Voigt, den Maurermeister Johann Christ[oph] *Parsch und den Schieferdekkermeister Jänsch verakkodirt für 933 Thlr 11 gr sage neun hundert drei und dreißig Thaler eilft Groschen in Preuß.Kurant. Für 55 Thaler und 11 gr mußten sie die alten Baumaterialien annehmen und 878 Thlr sage acht hundert und achtundsiebenzig Thaler erhielten sie in bar.*
Der Zimmermeister Martin Voigt erhielt 478 rthl 12 gr., dafür mußte er das ganze Dach und Thurm von der Mauer an von neuem Holz wieder aufbauen wie auch den Boden von neuen Bretern machen und die dazu gehörigen eisernen Anker die Giebel zu bevestigen und die Hänge Eisen an den Thurmsäulen liefern.
Der Mauermeister Johann Christoph Parsch bekam 64 Thlr 10 gr. Dafür mußte er die Mauer wieder abgleichen, neu berappen, verstreichen und inwendig ausweißen und die Dekke mit Leim und Kreide anfärben.
Der Schieferdekker Mstr. Jänsch aus Cönnern erhielt 390 rthl13 gr, drei hundert und neunzig Thaler dreizehn Groschen, den alten Schiefer abzunehmen, ihn wieder aufzuschlagen und den fehlenden neu anzuschaffen.
Dieser Bau wurde in September 1801 angefangen und den 21. Juni 1802 der Knopf auf gesezt. Der Knopf wurde neu angeschaft und kostete mit Farbe und Gold 12 Thaler, auch die [Wetter-]*Fahne ist von einem hiesigen Schloßermeister namens Lindner neu verfertiget worden und kostet 4 Thaler. Als die Kirche und Thurm abgetragen war[en], fiel die letzte Thurmsäule allein um und schlug einen Zimmergesellen aus dem Köthenschen Dorfe T*[r]*ebbichau, der mit daran arbeitete, auf der Stelle tod und wurde auf Kosten des Hospitals bei der Kirche im Hospital begraben. Das Traurigste dabei war: daß er eine arme Witwe mit 7 Kindern hinterlies, wovon das älteste 9 und ein halb Jahr, das iüngste aber 18 Wochen alt waren.*

Das Hospitalkollegium besteht gegenwärtig aus dem Magistrat und Pastor, wovon der Burgemeister und Pastor Hospitalinspektoren sind.
Der iezzige Burgemeister ist: Herr Andreas Christian Gericke, gebürtig aus Magdeburg.
Der Kämmerer, H[err] *Optatius Opitz,*
der erste Rathmann, H[err] *Friedrich Becker, ein Seiler,*
der zweite Rathmann, H[err] *Hufenreuter, ein Schuster und H*[err] *Teichfischer ist Stadtsekretär. Der Pastor ist H*[err] *Bernhardti. Der Diakonus ist H*[err] *Schäfer, beide aus dem Magdeburgischen. Der Hospitalvorsteher ist der Organist und Schullehrer H*[err] *Joh*[ann] *Georg Salomon Franck, gebürtig aus dem Herzogthum Gotha in Thüringen. Der alte Vorsteher namens H[err] Karl Laurentz, ein Tischler, lebt noch und ist 87 Jahr alt, konnte wegen Schwäche den Dienst nicht mehr versehen, und erhielt noch die hälfte des Vorsteher Gehalts;der ganze Gehalt trägt 30 Thaler und einige Accidenzien.*

Zustand des Hospitals
Das Hospital hat gegenwärtig an Kapitalien 1816 rthl, ein tausend achthundert und sechzehn Thaler in Golde und 1455 rthl 22 gr, eintausend vierhundert und fünf und fünfzig Thaler in Kurant, 31 Morgen Akker welche 150 rthl 6gr Pacht tragen und 3 u[nd] *1/2 Morgen Wiesen welche 60 Thaler und 6 gr Pacht geben.*
Der Garten ist das Obst für 15 rthl auf 6 Jahr nach einander verpachtet und das Gras hat der Burgemeister und Hospitalvorsteher, muß aber dafür jährl[ich] *3 rthl 12 gr bezahlen; den unteren Theil vom Garten aber haben die Hospitaliten zu ihren eigenen Nuzzen. Auser diesen Hat es noch Zinsen die aus den Rechnungen zu ersehen sind.*

Gegenwärtig herrscht hier Theurung, der Rokken kostet 2 rthl 15 gr, der Weizen 2 rthl 16 gr, die Gerste 1 rthl 14 gr, der Hafer 1 rthl, das Pfund Schweinefleisch kostst 3 gr 3 d [Pfennige], *Rindfleisch 2 gr 9 d, Schöpsenfleisch 2 gr 6 d und Kalbfleisch 2 gr.*
Der Haupt Nahrungszweig ist iezt der Akkerbau, die Bierbrauerei ist iezt ganz in Verfall. Der Bergbau von Steinkohlen wird stark betrieben. Der Akker und Wiesen sind j[etzt] sehr teuer, der Morgen guter Akker wird mit zweihundert, 200 Thaler, noch darüber, bezahlt. Die Grundstücke sind nach iezzigem Werth an acht tausend [Thaler] *werth.*
Gott erhalte diese Kirche und das Hospital, worinnen schon so viel Arme ihren Unterhalt erhielten, noch kriegen, noch lange, lange und...[?].
Dieses Gegenwärtige habe ich zur Nachricht aufgesezt, daß wenn einmal es die Noth erfordert, daß der Knopf abgenommen werden muß, unsere Nachkommen doch einige Nachricht finden.

Löbejün den ein und zwanzigsten Juni ein tausend acht hundert und zwei.

Johann Georg Salomon Franck Hospitalvorsteher

Kurze Andeutungen aus dem Leben des Musicdirectors Dr. Carl Loewe bei ehrenvoller Gelegenheit seiner Ernennung zum ordentlichen Mitgliede der Königlichen Academie der Künste in Berlin abgefaßt

Johannes, Karl, Gottfried, Loewe, ist am 30ten November 1796 zu Loebejün im Saalkreise geboren, wo sein Vater Kantor und Schullehrer war. Die erste Erziehung der würdigen und frommen Eltern war hauptsächlich dahin gerichtet, das Gemüth des Knaben für die Eindrücke der christlichen Religion recht empfänglich zu machen; durch fleißiges Lesen der Bibel und des Gesangbuches, mit Anknüpfung der sich daran anschließenden Choral- und Kirchenmusik, so daß er, bis zu seinem 10ten Jahre keine andere Musik hörte, als geistliche, wovon der Vater einen bedeutenden Vorrath hatte. Neben dem Schulbesuche war dem Sohne ein unausgesetzter Kirchenbesuch, auch der Wochengottesdienste, durch den Vater zur Pflicht gemacht, wo er denn auch mit dem Orgelspiele frühzeitig bekannt wurde. Nachdem er die Elemente der lateinischen Sprache kennen gelernt hatte, besuchte er vom 10ten bis zum 12ten Jahre die lutherische Stadtschule in Köthen, von wo er auf das Waisenhaus nach Halle verpflanzt wurde.

Während der Schullaufbahn durch die untern Klassen der lateinischen Schule im Waisenhause bildete der hochbegabte Professor Dr. Türk den Jüngling in arte musices aus, und unterrichtete ihn mit großer Vorliebe fast täglich selbst im Generalbaß, Contrapunct und Fuge, wie auch im Gesange, Klavier- und Orgelspiel und anderen auf die Tonkunst bezüglichen Wissenschaften. Als der Jüngling im Begriffe stand, zu den oberen Klassen des Gymnasiums überzugehen, wurde auf Türk's Antrag, und durch die hohe Vermittlung des damaligen Ober-Praefecten des Saalkreises, Herrn Goßler, im Jahre 1811 eine Gratification des Westphälischen Hofes von 300 rthl jährlich bewilligt, mit der Bedingung,daß L[oewe] *sich ausschließlich der Musik widmen, nach drei Jahren nach Rom und Paris reisen, und dem Westphälischen Hofe als Künstler verbleiben solle. Bis 1813 wurde ihm nun noch bei weitem gründlicherer Unterricht in der Musik, wie auch in der italischen und französischen Sprache zu Theil, als die Staatsreaction dieses Jahres ebensowohl der Unterstützung, als auch Türk's Tod dem Unterrichte ein Ende machte. Auf dringenden Wunsch des Vaters verließ Loewe seine artistische Richtung lieber ganz und gar, und begann sein unterbrochenes Schulstudium mit neuem und doppeltem Eifer. Im Jahre 1817 bezog er mit dem Maturitätszeugniße No. II die Halle'sche Universität und studierte drei Jahre mit Lust und Eifer Theologie. Nach beendigtem Triennium erhielt er einen Ruf nach Stettin, wo er als Kantor an der Sct. Jakobikirche und als Lehrer am Gymnasium, nach abgelegtem Examen pro schola, ein Jahr fungierte. Während dieser Zeit wurde die amtliche Function eines Musikdirectors von den Hohen Königlichen und Städtischen Behörden angeordnet, und Loewe wurde 1821, nach vorher abgelegter Prüfung bei Zelter, welcher sehr ehrenvolle Zeugnisse über dessen Qualification eingeschickt hatte, zu gedachtem Amte erwählt und höhern Orts bestätigt. Er übernahm damit das Orgelspiel in der Sct. Jakobikirche, sowie die Leitung der bei den Festzeiten aufzuführenden Kirchenmusiken, als ordentlicher Lehrer den musikalischen Theil des Unterrichts am Königlichen Schullehrerseminarium, wie auch als College am Gymnasium. - Jetzt erst, amtlich berufen und bürgerlich sichergestellt, widmete er sich ganz der Musik und der Komposition, schrieb bis zum Jahre 1837 seine Lehrbücher, Lieder, Balladen, Cantaten, Opern, Oratorien, wie auch Sonaten, Quartette, Concerte und Symphonien. Im Jahre 1829 verehrte ihm die Universität Greifswald das Doktordiplom, und 1837 ernannte ihn die Königliche Academie der Künste in Berlin zu ihrem ordentlichen Mitgliede, für welche unerwartete Ehrenbezeugung der Künstler in dankbarer Freude beharrt und weiter zu streben und zu schaffen gelobt.*

Stettin, der 16te September 1837 *Dr. Loewe, Musikdirector*

Quellen

1. Archivalien

Akten im Ratsarchiv der Stadt Löbejün

Akten im Stadtarchiv Halle

Akten im Landeshauptarchiv Sachsen-Anhalt in Magdeburg

Akten im Landeshauptarchiv Sachsen-Anhalt in Wernigerode

Akten im Landeshauptarchiv Sachsen-Anhalt in Oranienbaum

Akten im Archiv der Franckeschen Stiftungen in Halle

Kirchenbücher in Löbejün, Wettin, Könnern, Rothenburg, Halle Unser Lieben Frauen, Halle St. Ulrich, Köthen St. Agnus, Dessau Friedenskirche, Nelben/S., Gröbzig, Edderitz, Cattau, Wörbzig, Krosigk, Reideburg, Büschdorf, Weißandt-Gölzau, Görzig, Schortewitz, Cösitz, Domnitz, Magdeburg (alle sieben alten Kirchen), Ostrau, Alsleben, Nauendorf.

2. Literatur

1. Altenburg, Otto: Carl Loewe : Beiträge zur Kenntnis seines Lebens und Schaffens. Stettin : Leon Sauniers Buchhandlung, o.J.

2. Anton, Carl: Beiträge zur Biographie Carl Loewes. - Halle : Max Niemeyer, 1912

3. Asmus, Andrea: Sachsen-Anhalt Landesgeschichte. - Magdeburg : Helmut Block, 1991

4. Bulthaupt, Heinrich: Carl Loewe - Deutschlands Balladenkomponist. - Berlin : Harmonie Verlagsgesellschaft für Literatur und Kunst, 1898

5. Bräker, Ulrich: Lebensgeschichte und natürliche Abenteuer des Armen Mannes im Tockenburg. - Stuttgart : Philipp Reclam jun., 1989. - (Universal-Bibliothek ; 2601(3))

6. Crankshaw, Edward: Maria Theresia, Frau Mutter und Kaiserin. - München : Wilhem Heyne,1991

7. Das alte Halle / aus den Schriften von Siegmar von Schultze-Gallera zsgest. u. hrsg. von Erich Neuß. - Leipzig : Koehler und Amelang, 1968

8. Dorn, Günter ; Engelmann, Joachim: Die Infanterie-Regimenter Friedrich des Großen 1756-1763. - Augsbgurg : Weltbild, 1992

9. Göbel, Torald: Die Geschichte der Stadt Cönnern im Sallkreise : Erster Teil. - Cönnern: Dampfpressendruck und Verlag von Bruno Knauff, o.J.

10. Götz, Carl: Carl Loewe (1796-1869) in Wort und Ton. - Birkenfeld (Fürstentum) : Buchdruckerei Ewald Scheur Wwe, 1909

11. Haffner Sebastian: Preußen ohne Legende. - Hamburg : Gruner u. Jahr. - genehmigte Taschenbuchausgabe im Goldmann Verlag 6/90. - 3. Aufl.

12. Hertzberg, Gustav Friedrich: Geschichte der Stadt Halle an der Saale. - Bd. 3. - Halle: Buchhandlung des Waisenhauses, 1893

13. Hertzberg, Gustav Friedrich: August Hermann Francke und sein Hallisches Waisenhaus. - Halle : Buchhandlung des Waisenhauses, 1898

14. Hertzberg, Gustav Friedrich: Löbejün und Cönnern während des dreißigjährigen Krieges. - Halle : C. E. M. Pfeffer, 1882. - (Neujahrsblätter / hrsg. von der Historischen Commission der Provinz Sachsen ; 6)

15. Hinz, Johannes: Pommern : Wegweiser durch ein unvergessenes Land. - Mannheim: Adam Kraft, 1988

16. Holmsten, Georg: Friedrich II. - Reinbeck bei Hamburg : Rowohlt Taschenbuch Verlag, 1969

17. Jany, Curt: Geschichte der Preußischen Armee vom 15. Jahrhundert bis 1914. - Bd. 2. - Osnabrück : Biblio, 1967

18. K[efer] Stein: König Mys von Fidibus oder Drei Jahre auf der Universität : Wahrheit und Dichtung aus dem Leben eines Künstlers. - 2 Bde. - Gera : C. G. Scherbarth, 1838

19. Kleemann, Hans: Beiträge zur Ästhetik und Geschichte der Loeweschen Ballade. Halle: Max Niemeyer, 1913

20. König, Carla: Carl Loewe. - Stettin : Leon Sauniers Buchhandlung, 1937

21. Kugler, Franz ; von Menzel, Adolf: Geschichte Friedrichs des Großen / geschr. von Franz Kugler, gez. von Adolf Menzel. - Köln : Hans Kaiser (cop. E. A. Seemann), 1988

22. Linnebach, K.: Deutsche Heeresgeschichte. - Nachdruck der Ausg. Hamburg 1935. - Neustadt (Aisch) : Degener, 1980

23. Loewe, Carl: Dr. Carl Loewes Selbstbiographie / für die Öffentlichkeit bearb. von C. H. Bitter. - Berlin : Wilhelm Müller, 1870

24. Manfred, A. S.: Napoleon Bonaparte. - Übers. aus dem Russ. - 2. Aufl. - Berlin : Dt. Verl. der Wissenschaften, 1981

25. Menge, Wolfgang: Alltag in Preußen : e. Bericht aus dem 18. Jahrhundert. - Weinhei; Basel : Beltz Quadriga, 1991

26. Moser, Hans Joachim: Musikgeschichte in 100 Lebensbildern. - Klagenfurt : Hans Kaiser cop. Stuttgart Reclam), 1958

27. Musketa, Konstanze: Der Stadtsingechor als ein "Annexum" der Franckeschen Stiftungen zu Halle. - Halle : Händel-Haus, 1991. - (Schriften des Händelhauses in Halle ; 7)

28. Neuß, Erich ; Piechocki, Werner: Halle an der Saale. - Dresden : Sachsenverlag, 1955

29. Runze, Max: Ludwig Giesebrecht und Carl Loewe : z. 350jährigen Gedenkfeier des Stettiner Marienstiftsgymnasiums. - Berlin : Carl Duncker, 1894

30. Runze, Max: Loewe redivivus. - Berlin : Carl Duncker (C. Heymons), 1888

31. Runze, Max: Carl Loewe. - Leipzig : Philipp Reclam, 1905. - (Reclams Universal-Bibliothek der Musikerbiographien ; 24)

32. Sachsen-Anhalt : Historische Landeskunde Mitteldeutschlands / hrsg. für die Stiftung Mitteldeutscher Kulturrat Bonn von Hermann Heckmann. - 3. Aufl. - Würzburg: Weidlich ; Flechsig, 1991

33. Schultze-Galléra, Siegmar Baron von: Wanderungen durch den Saalkreis : geschichtl.und kulturhistor. Darstellungen und Forschungen. - Bd. 2. - Halle : Curt Nietschmann, 1914

34. Schultze-Galléra, Siegmar Baron von: Wanderungen durch den Saalkreis : geschichtl. und kulturhistor. Darstellungen und Forschungen. - Bd. 4 - Halle : Karras u. Koennecke, 1921

35. Schwab, Heinrich W.: Das Carl-Loewe-Denkmal in der Gartenstraße : Kiel und die großen Komponisten. - In: Begegnungen mit Kiel : Gabe der Christian-Albrechts-Universität zur 750-Jahr-Feier der Stadt / hrsg. von Werner Paravicini... - [Kiel?] Wachholtz, [o.J.]. - S. 284-287

36. Selber, Martin: König Lustick und sein Bauer. - Halle ; Leipzig : Mitteldt. Verl., 1976

37. Sietz, Reinhold: Carl Loewe : e. Gedenkbuch zum 150. Geburtstag. - Köln ; Krefeld : Staufen, 1948

38. Wellmer, August: Karl Loewe : e. deutscher Tonmeister. - Leipzig : Max Hesse, 1886

39. Wilcke, Ferdinand: Geschichte der Stadt Löbejün. - Halle, 1853

Personenregister

Veröffentlichungen des Händel-Hauses in Halle

Museumsführer

Heyde, Herbert: Historische Musikinstrumente des Händel-Hauses : Führer durch die Ausstellungen. - Halle : Händel-Haus, 1983. - 120 S. : 44 Abb. DM 5.-

Werner, Edwin: Das Händel-Haus in Halle : Geschichte des Händel-Hauses und Führer durch die Händel-Ausstellung. - 3. veränd. Aufl. - Halle : Händel-Haus, 1992. - 108 S. : 75 Abb. ISBN 3-910091-06-4 DM 10.-

Werner, Edwin: The Handel House in Halle : History of the Building and Museum and Guide to the Handel Exhibition. - Halle : Händel-Haus, 1987. - 96 S. : 75 Abb. DM 10.-

Schriften des Händel-Hauses in Halle

1. Rackwitz, Werner: Geschichte und Gegenwart der Halleschen Händel-Renaissance. - 1. Teil: 1803-1929. - Halle : Händel-Haus, 1977. - 122 S. : 12 Abb. DM 4.-

2. Rackwitz, Werner: Geschichte und Gegenwart der Halleschen Händel-Renaissance. - 2. Teil: 1929-1976. - Halle : Händel-Haus, 1979. - S. 125-256 : 15 Abb. DM 4.-

3. Bimberg, Guido: Dramaturgie der Händel-Opern. - Halle : Händel-Haus, 1985. - 111 S. : 22 Abb. ISSN 0232-3214 DM 4.-

4. Sasse, Konrad: Beiträge zur Forschung über Leben und Werk von Robert Franz 1815-1892 / bearb. u. hrsg. von Edwin Werner. - Halle : Händel-Haus, 1986. - 96 S. : 23 Abb. ISSN 0232-3214 DM 4.-

5. Samuel Scheidt : Wirkungskreis, Persönlichkeit, Werk ; Bericht über eine Konferenz am 17. u. 18. Okt. 1987 im Händel-Haus Halle anläßl. d. 400. Geburtstages von Samuel Scheidt / hrsg. von Gert Richter. - Halle : Händel-Haus, 1989. - 112 S. : 1 Abb. ISSN 0232-3214 - ISBN 3-910019-02-1 DM 18.-

6. Verzeichnis der Werke Samuel Scheidts (SSW) / zsgst. von Klaus-Peter Koch. - Halle : Händel-Haus, 1989. - 96 S. : 12 Abb. ISSN 0232-3214 - ISBN 3-910019-03-X DM 4.-

7. Musketa, Konstanze: Der Stadtsingechor als ein "Annexum" der Franckeschen Stiftungen zu Halle: e. Beitrag zur Geschichte des Chores in der Zeit von 1808 bis 1946; dargest. an Dokumenten a. d. Archiv der Franckeschen Stiftungen. - Halle : Händel-Haus, 1991. - 325 S. : 24 Abb. ISSN 0232-3214 - ISBN 3-910019-05-6 DM 10.-

8. Johann Friedrich Reichardt <1815-1892> Komponist und Schriftsteller der Revolutionszeit; Bericht über die Konferenz anläßl. seines 175. Todestages und des 200. Jubiläumsjahres der Französ. Revolution am 23. und 24. September 1989 im Händel-Haus Halle / hrsg. vom Händel-Haus Halle durch Dr. Konstanze Musketa unter Mitarb. von Gert Richter und Götz Traxdorf. - Halle : Händel-Haus, 1992. - 128 S. : 16 Ill., 31 Notenbeisp. ISSN 0232-3214 - ISBN 3-910019-04-8 DM 9.50

9. Robert Franz <1815-1892> : Bericht über die wissenschaftliche Konferenz anläßl. seines 100. Todestages am 23. und 24. Oktober 1992 in Halle/Saale / hrsg. vom Händel-Haus Halle durch Dr. Konstanze Musketa unter Mitarb. von Götz Traxdorf. - Halle :

Händel-Haus, 1993. - 384 S. : 24 Abb. (z. T. farb.), 72 Notenbeisp.
ISSN 0232-3214 - ISBN 3-910019-07-2 DM 21.-

10. Carl Loewe : Selbstbiographie / bearb. von Carl H. Bitter, hrsg. vom Händel-Haus Halle durch Konstanze Musketa. - Reprint des ersten Teils der Original-Ausgabe Berlin 1870. - Halle an der Saale: Händel-Haus, 1994
ISSN 0232-3214 - ISBN 3-910019-08-0 DM 10.-

11. Georg Friedrich Händel - ein Lebensinhalt : Gedenkschrift für Bernd Baselt (1934 - 1993) / im Auftr. der Georg-Friedrich-Händel-Gesellschaft und des Händel-Hauses hrsg. von Klaus Hortschansky und Konstanze Musketa. - Halle an der Saale : Händel-Haus ; Kassel ; Basel [u.a.] : Bärenreiter, 1995
ISBN 3-7618-1261-2 (Bärenreiter) ISBN 3-910019-09-9 (Händel-Haus) DM 58.-

12. Henry Joachim Kühn: Johann Gottfried Carl Loewe (1796 - 1869) : e. Lesebuch u.e. Materialsammlung zu seiner Biographie. - Halle an der Saale : Händel-Haus, 1996
ISSN 0232-3214 - ISBN 3-910019-10-2

Die Reihe wird fortgesetzt.

Katalog zu den Sammlungen des Händel-Hauses in Halle

1. Teil: Handschriftensammlung / hrsg. von Konrad Sasse. - Halle : Händel-Haus, 1961. - 330 S.: 8 Abb. DM 8.50

2. Teil: Bildsammlung : Porträts / hrsg. von Konrad Sasse. - Halle : Händel-Haus, 1962. - 288 S.: 265 Abb. DM 13.50

3. Teil: Bildsammlung : Städte- und Gebäudedarstellungen / hrsg. von Konrad Sasse. - Halle : Händel-Haus, 1964. - 383 S.: 367 Abb. DM 18.50

4. Teil: Bildsammlung : Hogarth-Graphik ; Darstellungen zur Geschichte, Händelpflege und Musikkunde / hrsg. von Konrad Sasse. - Halle : Händel-Haus, 1966. - 164 S.: 152 Abb. DM 9.50

5. Teil: Musikinstrumentensammlung : Besaitete Tasteninstrumente / hrsg. von Konrad Sasse. - Halle : Händel-Haus, 1966. - 292 S. : 109 Abb. vergriffen

6. Teil: Musikinstrumentensammlung : Streich- und Zupfinstrumente / hrsg. von Konrad Sasse. - Halle : Händel-Haus, 1966. - 336 S. : 143 Abb. DM 25.-

7. Teil: Musikinstrumentensammlung : Blasinstrumente, Orgeln, Harmoniums / erarb. von Herbert Heyde. - Halle : Händel-Haus, 1980. - 528 S. : 314 Abb. DM 58.-

9. Teil: Nachlässe und Teilnachlässe : Heft 1: Teilnachlaß Hans Stieber / erarb. von Gert Richter. - Halle : Händel-Haus, 1986. - 80 S. : 16 Abb. DM 4.-

Die Reihe wird fortgesetzt.

Händel-Haus Mitteilungen kostenlos

Der Autor

Dr. Henry Joachim Kühn, Jahrgang 1930, geboren und aufgewachsen in Naundorf-Deuben bei Zeitz, 1949 Abitur an der Oberschule für Jungen (Stiftsgymnasium) in Zeitz, anschließend Rangier-Hilfsarbeiter auf dem Güterbahnhof in Zeitz, Januar bis Dezember 1950 Ausbildung als Neulehrer auf Schloß Beichlingen im Kreis Kölleda, von Januar 1951 bis Januar 1996 Lehrer in Löbejün/Saalkreis, 1957 Staatsexamen als Fachlehrer für Physik, 1969 Diplomlehrerprüfung als Fachlehrer für Mathematik, 1975 Promotion an der Sektion Mathematik der Martin-Luther-Universität Halle-Wittenberg; speziell interessiert an heimatkundlichen Stoffen und an Biographie und Familiengeschichte Carl Loewes. Mehrere Veröffentlichungen auf diesem Gebiet.

Dank

Allen Damen und Herren, die in den Archiven bei der Aktensuche behilflich waren, sei hiermit recht herzlich gedankt.
Besonderer Dank gilt den Pastorinnen und Pastoren, die mit großer Geduld und weitreichendem Entgegenkommen meist in ihrer Freizeit oft langdauernden Einblick in die von ihnen verwalteten Kirchenbücher gewährten.

Henry Joachim Kühn